山内弘隆・上山信一 編著
Hirotaka Yamauchi　Shinichi Ueyama

Public Economics and Policy Management

公共の経済・経営学

市場と組織からのアプローチ

慶應義塾大学出版会

目 次

はじめに ……………………………………………………………… 1
01 ミクロ経済学をどう使うか　2
02 公共部門の経営の確立　5
03 公共の経済・経営学に向けて　10

第Ⅰ部　公共の経済学

第1章　公共の経済学の考え方 ……………………………………… 13
01 はじめに──行政の分析と経済学　14
02 市場と公共政策　15
03 市場から公共政策に向けて　24

第2章　政策分析の理論と手法 ……………………………………… 25
01 市場と公共政策の関係　26
02 ミクロ経済学の分析ツール　32
03 費用便益分析──理論的基礎と役割　41

第3章　政策形成と公共選択 ………………………………………… 53
01 政策形成プロセスと政治の機能　54
02 直接民主制と政策形成──住民投票モデル　57
03 間接民主制と政策形成──政治家の行動原理　64
04 官僚による政策形成への関与　66
05 利益集団による政策形成への関与とレントシーキング活動　68
06 政治の失敗と改革のための制度設計　70

第4章　政策執行の主体と効率性 …… 75
01　政策の執行プロセス　76
02　政府とインセンティブ　80
03　政策の執行主体　84
04　政府の改革と政策評価　91

第Ⅱ部　公共の経営学

第5章　公共の経営学の考え方 …… 97
01　公共の経営学 vs 行政学　98
02　個別の組織への着目　103
03　「良い経営」とは何か　108
04　公共分野の経営の難しさ　114
05　公共経営の理論　116
06　これからの公共経営と民主主義　121

第6章　パブリックマネジメントの実際 …… 125
01　NPM（New Public Management）の潮流　126
02　NPMにおける改革アプローチ　134
03　パブリックマネジメントの価値基準の転換　138
04　パブリックマネジメントの課題──持続的な改革イニシアティブを引き出す仕組みづくり　142

第7章　行政評価とガバナンス …… 149
01　行政評価とそのメカニズム　150
02　「行政評価」制度のわが国への普及と浸透　160
03　評価制度の現状と課題　167
04　政治主導による政策の評価と刷新　175
05　今後の評価制度の進化　182

第8章　地域主権時代の自治体財務のあり方
　　　──公的部門の資金生産性の向上 …………………………… 185
　01　大規模自治体の財政と都市事業サービスの実態　186
　02　国による地方財政の管理　188
　03　自治体の財務マネジメントの強化　190
　04　事業サービスのための地方債改革　198
　05　事業リスクに合わせた地方債制度の再構築　204
　06　経営形態の変更による都市事業サービスの財務力強化　205
　07　まとめ　206

第Ⅲ部　事例分析

第9章　医療・公衆衛生における公的役割・介入のあり方
　　　──予防接種政策を事例として ……………………………… 211
　01　社会保障制度の役割　212
　02　公衆衛生と政府の役割　215
　03　公衆衛生における政府の介入──予防接種政策　218
　04　予防接種に対する需要──個人の意思決定　222
　05　ワクチンの最適分配について　230
　06　おわりに　235
　◇　本章の検討課題　238

第10章　公教育政策の経済学的評価 ……………………………… 239
　01　はじめに　240
　02　人的資本理論　243
　03　政府が教育に関わる根拠　245
　04　教育の費用効果分析　248
　05　米国での教育政策評価の現状　253
　06　わが国の教育政策評価研究　259
　07　よりよい教育政策の選択に向けて　263
　◇　本章の検討課題　266

第11章　都市高速道路の料金体系の変更
——首都高速道路における対距離料金制への移行 ……… 267

01　都市高速道路の料金決定原則と料金問題　268
02　料金体系変更の社会厚生上の含意　277
03　3つの対距離料金体系案　281
04　料金体系決定の政治経済学　287
◇　本章の検討課題　291

第12章　空港経営の仕組みと課題
——関西国際空港の経営再生を考える ……………… 293

01　空港の本質と現状　294
02　関西3空港の現状と経営課題　295
03　現行の関西3空港体制の評価　305
04　今後の課題　308
05　抜本的解決策を考える　310
06　経営形態の変更　314
07　債務処理の方法　315
08　おわりに　319
◇　本章の検討課題　321

第13章　河川統制から治水政策へのパラダイム転換
——管理からガバナンスへ ……………………… 323

01　日本の河川政策　324
02　問題が生まれた原因と今後の方向性　339
03　地方と国で模索されている転換　344
04　まとめ　353
◇　本章の検討課題　356

第14章　米作のビジネスモデルと政策の評価 …………………… 357

01　はじめに　358
02　稲作産業の特性と位置づけ　358
03　新潟市の米作りの現状　360
04　新潟の米作りの成立基盤　370
05　持続可能性の評価　375
06　今後の課題　383
◇　本章の検討課題　388

索引　389
執筆者紹介　401

［初出一覧］

　本書は山内弘隆・上山信一編『パブリック・セクターの経済・経営学』（NTT出版、2003年）を全面的に改訂したものである。収録論文の多くは前著には未収録の新規のものだが、詳細は以下のとおりである。

第1章　「パブリック・セクターの経済学」（序章1）『パブリック・セクターの経済・経営学』（NTT出版、2003年）を加筆・修正し転載。
第2章　「政策分析の理論と手法」（第1章）同上。
第3章　「政策形成と公共選択」（第2章）同上。
第4章　「政策執行の主体と効率性」（第3章）同上。
第5章　「パブリック・セクターの経営学」（序章2）同上。
第6章　「NPM（New Public Management）とは何か」（第5章）同上。また、第4節は「NPMにおける3つのマネジメントアプローチ：戦略・組織・マーケティング」（『自治体の経営革新——新たな公共経営へ向けた挑戦』内閣府経済社会総合研究所NPM研究ユニット、2009年に収録）を参考に作成。
第8章　『地域主権時代の自治体財務のあり方——公的セクターの資金生産性の向上』（21世紀政策研究所、2010年）を大幅に加筆・修正し転載。
第10章　「初等中等教育における政策評価の手法と現状——責任ある人材育成に向けて」『グローバル社会の人材育成・活用——就学から就業への移行課題』樋口美雄・財務総合政策研究所編著（勁草書房、2012年）および「『検証なき教育改革』を繰り返さないために——教育政策評価の普及を目指して」『季刊政策分析』（2011年、第6巻1・2号）を加筆・修正し転載。
第12章　「関西3空港問題解決に向けた提案」（上・中・下）」『地方行政』（時事通信社、2009年11月2・9・16日）を加筆・修正し転載。
第13章　「河川統制から治水政策へのパラダイム転換（上・中・下）」『地方行政』（時事通信社、2011年、5月12・16・19日）を加筆・修正し転載。
第14章　「米作のビジネスモデルと政策の評価」（①〜⑤）『地方行政』（時事通信社、2008年11月27日、12月4・11・18・25日）を加筆・修正し転載。

　以上に列挙したもの以外は新たに書き下ろしたものである。

はじめに

Summary

本書の目的は公共部門のあり方をミクロ経済学と経営学の視点から検討することにある。いうまでもなく、ミクロ経済学も経営学もひとつの確立した学問体系を持っている。本書で強調したいのは、双方ともに公共部門との関係を論じる際には原理の応用が必要となり、ある種独特の領域を形成していることである。特に経営学の視点から公共部門を扱う分析は過去10年程度の間に急速に進歩し、NPM（New Public Management）と呼ばれる分野が構築されている。本書では、現実の問題を念頭に置いて両理論の実状と今日的意義を論じる。本編に入る前に、まずは基本的視点について概説する。

01　ミクロ経済学をどう使うか

　ミクロ経済学のひとつの目的は、社会全体の経済的資源がどのように有効利用されるかを示すことである。市場（market）には、売り手（生産者）と買い手（消費者）が存在し、それぞれの主体が自分にとっての利得を求めて行動する。消費者は市場で提供される財を自分の満足度が最も高まるように消費する。この消費者の選好は、市場において需要という形で現れるが、生産者はその需要を前提として供給を決定する。どのような財が求められているか、どのくらいの数量が適当か、これらの情報は市場を通じて生産者にもたらされるのである。

　生産者にとっての利得は、最も単純に解釈すれば利潤である。利潤を獲得するには、前提として、市場において需要される財を供給することが求められるが、利潤を増加させるためには、それをより低い費用で生産しなければならない。市場には常に競争が存在する。同じ財の供給が複数の主体によってなされ、価格は需要との関係で決定される。個々の主体がより多くの利潤を得ようとすれば、当然生産効率を向上させ、競争相手に対抗しなければならないのである。

市場の補完としての公共部門
　ミクロ経済学との関係で公共部門はどのように位置づけられるのであろうか。第1の視点は、市場機構の補完的役割である。
　市場が完全な場合には市場機構によって資源配分が最適化される。しかし、そもそも市場が存在しなかったり、財の所有権が明確にならなかったりすれば、この原理は成り立たない。つまり市場は最適な資源配分に失敗するのであり、公共部門には、市場の失敗を補完する役割が期待される。
　たとえば、電気や都市ガスの供給のように、ある市場で供給が独占的にならざるを得ない場合、公的部門はその事業者が独占的行動をとって消費者を搾取することがないよう企業の行動を規制しなければならない。また、民間事業者では供給されない（あるいは、供給されたとしても供給量が著しく不足

する可能性が高い）道路を供給することもこの例である。どちらの場合も、公共部門は市場によってもたらされる弊害を除去するのである。

　このような市場の補完として求められる機能は、公共部門の側からすれば、政策の選択にほかならない。独占の例では、どのように価格を決定すればよいか、道路（公共財）の例では、どれだけの量を供給するかは政策選択の問題である。経済学では、それぞれの政策選択について適切な指針が示されている。たとえば、独占体の価格形成には、市場競争が可能であった場合にもたらされるであろう価格設定（限界費用価格形成と呼ばれる）が推奨され、道路建設の適切性については、費用便益分析が政策決定手段になる。ミクロ経済学の立場に立つ限り、政策選択の究極的目的は社会的な選択を効率的なものにすることである。

　もちろん、ミクロ経済学においても、効率以外の視点がないわけではない。そもそもマーケットは、その参加者が初期においてどのような経済状態にあるかに依存するから、平等な富の分配に失敗する。これもひとつの市場の失敗であり、その補正、すなわち所得の再分配も公共部門に課されている重要な役割である。

　政策選択においてどのような判断基準、価値基準が重視されるべきかについては、経済状況にも依存する。経済成長が急速な段階では、得られた成果をいかに分配するかが重要になる。一方、経済が停滞していれば、いかにシステムを効率化するかに重きが置かれやすくなる。20世紀末に世界を席巻した市場経済重視の傾向は、1970年代に米国で規制緩和が主張されたことに始まるが、この施策は、当時の経済の停滞に対するマクロ経済政策が無力であったためといわれている。ミクロ経済学の観点から公共部門に要請されるのは、まずは市場の失敗を補完する役割だが、一方で、いかにうまく市場を利用するか、機能させるかという視点を忘れてはならないであろう。

公共部門の歪み

　ミクロ経済学と公共部門の関わりの第2の視点は、公共部門の歪みを認識することである。公的意思決定においては、経済効率の点からみて合理的な処方箋が選択されるとは限らないのである。

現実の政策形成はさまざまな主体の影響を受ける。政治家、官僚、利益団体そして一般国民。経済学の基本的考え方に沿って合理的個人を想定すれば、それぞれの構成員は自らの利益を最大化するように行動する。マーケットでは、このような行動の結果が最適な資源配分となる。しかし、公的意思決定においては、利害関係にある各主体の自由な行動の結果、公的に供給されるべき財・サービスの供給量は最適とならない。

　直接民主主義では、中位投票者の選好が社会的決定に大きな影響を持つと考えられる。しかし、中位投票者の選好は必ずしも社会全体の厚生を最大化するものではない。また、利益団体は自らの利益のために政策決定を誘導しようとする。特に、産業に対する何らかの政策が自由な企業行動を制限し、その結果特定の者に利益が及ぶことが明らかならば、ロビー活動を通じてその政策を需要すること（レントシーキング活動）は、利益団体の視点からすれば合理的な行動である。

　公的意思決定において注意しなくてはならないのは、政策執行機関である行政（あるいは官僚）自体が有力な利害関係者になりうるということである。これも第3章で紹介するが、米国の経済学者Niskanenは、官僚の行動原理として「予算最大化仮説」を主張した。現実の官僚行動が単なる予算最大化だけで近似できるかどうかは別として、公的意思決定が持つ強制力、情報に関する優位性を前提とすれば、官僚機構のパワーはきわめて大きく、官僚が利己的な行動をとれば、外部からは抗しがたい体制が生まれる可能性もある。経済的な面に限ってみれば、このような「公的部門の暴走」に歯止めをかけるのも市場の役割であり、近年実施されてきた規制緩和は、そのような動きの現れである。

　わが国の行政法は「公共の福祉の増進」を目的として、公的主体に大きな権限を与え、それが円滑に行使されることを基本として構成されている。しかし、規制緩和は、公共の福祉を増進する手段を、公権力の行使から市場を通じた社会構成員の相互作用という手法に移行するものである。このことを前提とすれば、法のあり方も市場機構の円滑な運営を主眼に置いたものであるべきなのである。

02　公共部門の経営の確立

　市場機構をベースとした経済では企業間の競争が存在し、経営組織・運営に対し外部から効率化の圧力が与えられる。一方、公共部門は、多くの場合公共サービスの独占的供給者であり、住民や議会から一定のモニタリングはあるものの、基本的に組織運営効率化の圧力は弱い。このような場合、通常の民間企業で用いられる経営効率化のためのノウハウが参考になる。それを基本として公共部門における経営手法をまとめたものがNPM (New Public Management) であると理解できよう。

　以下では、公共部門の効率的な組織・運営について、フレキシビリティ（柔軟性）、コンパラビリティ（比較可能性）、アカウンタビリティ（説明責任）、トランスペアレンシー（透明性）の4つの観点から整理する。

フレキシビリティ（柔軟性）

　公共部門の組織やその運営が柔軟でなくてはならないことは明白である。行政が批判される場合、社会的・経済的環境の変化や国民・住民の価値観の変化に対応できないことが大きな要因になっている。また、執行上の効率を上げるためには、アウトカム（成果）の達成度に応じた柔軟な組織設計と運営基準の採用が不可欠である。「NPMの先進国」における改革アプローチの共通点として、成果の達成に責任を持つ自立的な活動単位の設定、顧客起点による価値基準の明確化、持続的な改善活動を実現するための評価システムの実施等が挙げられるが、これらを実現するためには、旧来型の固定的な組織・運営からの発想の転換が必要である。

　そもそも、行政は法律（条例を含む）に基づいて執り行われることが大前提であり、議会ないし住民とのプリンシパル・エージェント（依頼人・代理人）関係の上に成り立っている。したがって、執行機関としての行政は、その行動原理自体が本来委託者の意図のもとにある。

　しかしながら、行政のなすべき内容がすべて文書化され、確定したものではありえない。顧客（国民、住民）の価値の変化を認識しつつ達成されるべ

き成果を設定し、それが実現されるべきコンテクスト、すなわちどのような形態でそれが提供されるのが最も効果的かについて明確にすることが第1に必要である。そして、そのためには組織・運営のフレキシビリティが十分に確保されなくてはならない。

　もっとも、行政運営上のフレキシビリティの実現は、ともすれば行政裁量の拡大と捉えられかねない。本書の文脈からすれば、現代の公共部門に対して恣意的な行政運営が求められていないことは明らかであろう。行政運営におけるフレキシビリティは、以下で述べる行政内容・結果の比較可能性や透明性、アカウンタビリティと結びついて初めて意味を持つ。つまり、柔軟な組織と運営は、明確なルールの中で初めて機能するものである。

コンパラビリティ（比較可能性）

　公共部門の組織・運営に関わる2つ目の視点は、コンパラビリティ（比較可能性）である。マーケットでは常に提供される財・サービスが比較される。一方、公共部門によるサービスの供給は通常独占である。顧客がそのサービスを比較考量し、供給者を選択することはできない[1]。米国の連邦政府のように、2大政党の政権交代に応じて行政機関の中枢部分が入れ替わるとすれば、政治プロセスを通じて公共部門の比較考量がなされることになるが、いうまでもなく行政だけが政権交代の要因ではなく、行政が投票によって選ばれるわけではない。また、わが国の政権交代では、それ自体が公約とならないかぎり、行政の組織や構成が大きく変化することにはならない。

　行政の組織・運営に比較可能性を導入する取組みは、英国などで多く見られ、日本でも導入されつつある。たとえば、市場化テスト（market testing）は、公共事業等について公的部門と民間企業とが競争入札を行うもので、政府現業の効率性を官民で直接的に比較できるようにしたものである。また、

---

[1] この点、かつて経済学者のTieboutが「足による投票」として指摘したように、理論的には住民が居住地を変更することによって提供される行政サービスを選択することは可能である。そして、移動コストがほぼゼロに等しいならば、足による投票により望ましい公共財の量が達成されるかもしれない。しかし、あらためて指摘するまでもなく、この仮定はわが国の実情において十分に機能するとはいい難いであろう。

公共事業等に民間投資を導入する PFI（Private Finance Initiative）の実施の際には、同じ財・サービスを公的部門だけで供給する場合と比べて VFM（Value For Money）が向上するかどうか、すなわち、支払いに対してより価値の高い財・サービスが供給されるかどうかが検討される。

コンパラビリティを重視した公共経営のもうひとつの手法は政府の業績評価である。これは、国民・住民に対するアカウンタビリティを果たすと同時に行政内部のマネジメント・ツールとしても利用できる。この場合、マネジメントの基本は行政目的に対する効率上の比較を行うことであり、比較によって次のステップにおける予算のあり方、組織のあり方が決定されることになる。

政府部門における企業会計の採用もまた、アカウンタビリティを高めると同時に、民間部門と公共部門の比較を可能にするものである。公共部門はコスト意識が薄いとしばしば指摘されるが、それは経常的に支出される資金についてだけではない。いわゆる投資的経費により公的な固定資本形成が行われるが、その資金には広い意味での陰の価格、企業でいえば資本コストが存在する。必ずしも自明ではないこの種の価格（シャドー・プライス）を認識し、投資に見合ったリターンが得られているかを検証するためには、企業財務的な把握が不可欠であり、その適切性の比較については同一の基準に基づかねばならないのである。

アカウンタビリティ（説明責任）

広く指摘されているように、公共部門は常にアカウンタビリティ（説明責任）を負っている。それは、議会に対するもの、国民・市民に対するものである。原則として、公共部門は国民・市民の代理人（エージェント）と捉えられる。プリンシパル・エージェント理論によれば、情報の不完全性から代理人は委託者の意思どおりに行動するわけではなく、委託者は、モニタリングの実施やインセンティブ・システムの構築によってこれを補う必要がある。モニタリングもインセンティブ・システムもその実施に費用がかかり、代理人は費用対効果を考慮しつつ制度を設計することになる。

エージェントの議論から国民・市民と公共部門との関係を整理すれば以上

のようになるが、現代の民主主義は代議制であり、その間に選挙・投票プロセスという国民・市民と代表者としての政治家との関係、立法府としての議会と行政の関係が存在し、それぞれがプリンシパル・エージェントの関係にあると考えられる。したがって、モニタリングやインセンティブ・システムといっても、それらの関係は重層的であり複雑である。公共部門は直接的な委託者である議会だけでなく、その根本にいる国民・市民に直接モニターされる側面もあり（たとえばオンブズマン制度や直接監査請求制度）、住民投票のように市民が直接の委託者として登場するケースもある。

アカウンタビリティは、このような多層にわたる関係において、公的主体自らがその業務内容について情報を公開し委託者の納得と合意を得るために求められるものである。特に、業務範囲が広がり、その内容の直感的な理解がままならない現代の公共部門では、受け手が理解できることを前提とする情報公開、アカウンタビリティが要求されるのである。

行政経営の具体的手法は、アカウンタビリティを高めることを直接的な目的とする。業績評価や企業会計基準の採用は、前項で述べたように、比較可能性という点からアカウンタビリティを高める。これはいわば「結果に対する説明責任」であるが、対外的説明責任の概念では、意思決定全体のあり方を視野に入れ、行政側が提案する内容に対する理解を引き出すだけでなく、Communication（対話）、Collaboration（協働）というプロセスの中でSolution（解決策）を求め、Consensus（合意）を得ることに力点が置かれている。このような合意のプロセスに関するものが第1段階での説明責任であり、その決定内容を行政の責任で遂行し、その結果を説明することが第2段階の説明責任であると解釈することができる。

トランスペアレンシー（透明性）

行政の透明性も近年の行政改革の中で常に強調される点である。わが国の行政は、行政の権限を重視する法制度という背景もあり、意思決定プロセス、執行プロセスの両面について情報を秘匿する傾向があったことは否めない。このことと裏返しに行政の無謬性が前提とされ、行政自身、過去の決定の蓄積に拘束されることから、機動的対応がとれないという自縄自縛の状況に陥

るケースが少なからず見られた。

　行政の透明性については、情報公開法（条例）、行政手続法などの制定により、制度的側面が整いつつある。しかし、より重要なのは、プロセス自体を積極的に公開したうえで国民・住民の合意を形成しようとする行政側の姿勢である。行政側が積極的に施策の内容を開示し公開の場で議論することによって参加意識が高まり、結局は円滑な行政執行につながる。ガラス張りの中での行政運営は、ともすれば合意のための時間と人手を要する。それは、旧来の手法と比べれば、円滑な政策執行の足かせと映るかもしれないが、行政の適正化と相互理解のための費用と捉えられるべきである。適切な提案と合理的な根拠が存在すれば、社会的合意が得られる可能性は高いと考える。

　このような公開・参加型のひとつの姿は、パブリック・インボルブメント（PI）である。対外説明責任としてPIは行政の透明性の究極的な姿である。PIの要点は、①単なる住民参加ではなく広く利害関係者を対象とし、②積極的に意思決定に参加させることによって、広範かつ強固な合意形成をめざすこと、さらに、③広い観点からの意見、情報を収集することによって多様な選択肢を開発しその中で解を得ることであろう。

　現実のPIで問題となるのは、まさにこの3点である。上述のように、透明なプロセスによる意思決定は、時間や人手という費用がかかり、PIの場合にも、ともすれば一部の利害関係者による形式的な参加プロセスに陥りがちである。米国では、そのような弊害を排除するために一定のガイドラインが設けられており、わが国でも基本となる考え方を徹底させるための手段が必要であろう。

　また、PIのもうひとつの問題は、情報共有である。本書を通じて何度か指摘されるが、行政機構は議会に対しても情報上の優位を持つ。この点は、PIのような一般参加型の場でより深刻である。論じられるべき情報がコントロールされたうえでの決定は、結論の押しつけであって社会的合意ではない。その意味でPIは、行政の透明性を確保する手段であるとともに、それ自体が行政の透明性の上に成立している点に注意すべきであろう。

03　公共の経済・経営学に向けて

　20世紀の末から今世紀にかけて実施された公共部門の改革は、歴史的に見ても公的部門の大きな変曲点と位置づけられるものになろう。それは、冒頭に記したように、経済的繁栄に基づいて行われてきた拡大基調の公共部門の役割が、効率的かつ適時適切な施策の実施をめざすという方向への大きな転換である。戦後の世界経済ほど、短期間にしかも長足の成長を遂げた事例は歴史上存在しない。公共部門は、成長に支えられて国民の福祉の向上に寄与したが、「右肩上がり」の終焉は行政に対し根本的な発想の転換を要求している。

　わが国の行政は、その基礎となる制度に規定されているとおり、公平性、公正性を旨として、国民の福祉の増進に寄与することを目的に行われてきた。しかし、パターン化された政策選択と硬直的な施策実施プロセスという実態が生まれ、絶対的規模の拡大と効率性の低下という弊害を生んでいる。これは国民・住民の間だけではなく、公共部門自体の共通認識となっている。行政の改革が一夜にして達成されるわけでも、民間部門的な経営手法の導入が問題解決の特効薬となるわけでもないかもしれない。本書で述べられた経済学の視点、経営学の視点は、あくまでも公共部門改革のためのヒントにすぎない。得られた示唆が、日々の具体的施策に生かされ、積み重ねられて、大きな改革のうねりとなることを期待する次第である。

　　　　　　　　　　　　　　　　　　　　　　　　　　　　［山内弘隆］

第Ⅰ部
公共の経済学

第1章
公共の経済学の考え方

Summary

　本章では、ミクロ経済学の観点から、公共部門を分析する際の基本的な考え方を整理する。ミクロ経済学では、消費者も生産者も利己の目的に適うように合理的に行動することを前提とするが、この「方法論的個人主義」は公共部門の分析の際にも維持される。

　ミクロ経済学は市場の働きの解明が主たる目的である。公共部門は市場の働きを見極めながら政策を策定・実行する。市場は、個人主義、自由主義および民主主義を体現したものであり、方法論的個人主義の考え方に合致する。一方、公共政策は、必然的にそれによって何らかの利得を得る者と損失を被る者を作り出す。その意味で、公共政策は、個人主義、自由主義を超え、個人の自由および権利への介入となりうる。それゆえ、まずは市場を活用することから議論を始めなければならない。

　しかし、市場は万能ではない。市場が失敗するときに、公共部門が介入する根拠が生まれる。ただし、市場の失敗に対し、公的権力の中心たる国家が直ちに介入すべきではなく、その程度と範囲にしたがって、より身近な存在である「共」や地方自治体といった小規模な「公」が、まず介入主体として検討されるべきである。

　「市場」か「公共」かという二者択一ではなく、その間に無数のヴァリエーションが存在する。どのような形態がよいのかについては議論が分かれるとともに、時代とともに考え方も変化してきた。しかしながら、社会の構成員に対するインセンティブに注目して議論を進めることが重要である。

01　はじめに──行政の分析と経済学

　単純に考えれば、社会の組織は公共と民間に大別される。民間は法人を含んだ国民全般であり、国民の行動は憲法によってあるいは民主主義の原則に基づいてその自由が保障されている。公共の行為は、つまり公共政策は、それが民間を支援するものであっても、民間の行動に対する介入とみなされる。自由に対する介入は何らかの理由によって正当化される必要がある。公共政策を問うことは、民間の自由に対する介入が正当であるかどうかを論じることである。

　国民の行動が経済取引であれば、それを行う場は市場である。市場に対する介入政策は一般に経済政策、産業政策と呼ばれる公共政策である。ミクロ経済学は経済政策、産業政策を分析するツールとして有用であり、それは公共政策全般を論じるツールにもなり得るため、本書もミクロ経済学の考え方を採用している。

　ミクロ経済学は合理性の科学であるといわれる。ここでいう合理性とは、家計や企業などの経済主体が目的に適った行動をするという意味である。この合理性を前提として、経済主体の相互関係の場である「市場」を分析するのがミクロ経済学の基本的な方法論である。

　現実には、人は常に合理的に行動するわけではない。無駄とわかっていても惰性で行動したり、必要のないものを購入したりしてしまう経験は誰もが持っている。しかし、経済全体として見れば、そして無限に近い回数繰り返される人々の行動をまとめて見れば、結果として人は合理的に行動すると考えることも可能であろう。財の交換の場である市場がどのように働くかを分析するには、個別事象の特殊性を捨象して、経済主体の行動のコアとして合理性を仮定することが理に適っているということになる。

　公共政策や公共の行動を考える場合にも、合理性の仮定は有用でありかつ必要である。ある施策を実行すれば、経済主体はどのように反応するか、どのように市場で評価されるか、どのくらいの便益[1]がもたらされるのか。人々は合理的に行動すると仮定することによって初めて、この答えが得られ

る。政策実施者である公共主体は、経済学による分析結果やそれが示す方向性に基づいて、選択肢の中から望ましい政策を選択することができる。これが経済政策の基本的なスタンスである。

合理性の仮定は、公共政策の選択に用いられるだけではない。ミクロ経済学は市場を分析すると書いたが、合理性の仮定によって人々の行動をモデル化できれば、その考え方は市場以外の分野にも適用可能である。たとえば、議会制民主主義のもとでの政治家の行動、あるいは行政機構における官僚の行動などがその対象となりうる。

公共部門の経済学は、市場機構がどのように働くか、政治・行政主体はどのように行動するかを踏まえたうえで、政策のあり方、行政組織のあり方を論じるものである。以下本章では、公共政策と市場との関係をどのように捉えるかについて考察する。

02　市場と公共政策

方法論的個人主義と公共的選択

市場に参加している人々と公共政策に関わっている人々とは同じ種類の人であろうか。同じ種類というのは、同じ行動原理を持っていることを意味する。民間企業に勤め、会社の利益のために働いている人は、利己的であろうか。その一方、国家公務員は国のために、地方公務員は地方のために、つまりは公益のために奉仕する高潔な人なのであろうか。低劣であるか高潔であるかを、学問的に論じることは難しい。もしある学者が「低劣」や「高潔」を定義したとしても、それが社会的に受け入れられるとは限らない。

社会科学である経済学は、学問としての客観性を追求するため、価値判断をなるべく排除しようとする。ある人が高潔かどうかは、価値に関する判断の問題であり、普遍的な社会科学を確立しよう（社会経済システムを客観的に

---

1) 本書では、「便益」、「効果」、「効用」、「利益」および「利得」などの用語を用いており、これらはとくに断りがない場合、何がしかのプラスをもたらすものを示している。経済学的には、これらの用語は使い分けられており、厳密には異なる意味を持つが、入門書である本書においては「プラスのもの」ととらえることで十分である。

描写しよう）とする経済学には解答することができない問題である。このため、経済学では、より弱い価値判断、つまりより多くの人々が合意できるような価値基準を採用する。

人間の行動原理に関して、経済学では、次のように想定する。人々は自分の利益が最大になるように行動する。これを合理的経済人の仮定と呼ぶ。自己利益しか考えない利己的な人間像を想定しているという批判がなされようが、それは当たっていない。合理的経済人の仮定は、のどが渇いたときに目の前にウーロン茶とコーラがある場合、人々は自分の好みに応じて好きな方を選ぶ、という自然な設定を行っているだけである。

個人は国家あるいは社会の基礎であり、まず個人の行動原理を設定してから、すべての社会・経済システムについて考察しようという考え方が経済学の基本である。もちろん、市場は社会・経済システムのひとつである。個人を基礎とし、社会・経済システムを検討するこの考え方を、方法論的個人主義と呼ぶ。

人々は自分の好みに応じて選択を行う——利己的に行動すると言い換えても同じであるが——という方法論的個人主義の想定は、自然な想定であるという以上の意味を持っている。それは、この考え方が個人主義、自由主義および民主主義の理念に合致しているということである。

各個人を尊重するという個人主義の考え方は、各個人の合理的な選択をそのまま受け入れることを意味しなければならない。基本的人権でもある「人は生まれながらにして自由である」という自由主義の考え方は、すべての個人的選択を尊重する考え方と合致する。すべての公的意思決定は国民が決めるべきであるという民主主義の考え方は、各個人の選好（好み）を公共的選択に反映させるべきであるとするものであり、これも方法論的個人主義に合致する。

このように、方法論的個人主義は、個人主義、自由主義および民主主義の考え方に合致し、かつ強い価値判断を回避したものである。それゆえ、この方法論的個人主義に基づいて、市場や政治プロセスが分析できるのであれば、その分析は客観的であり普遍性を持つと判断される。問題は、個人が自由気ままに行動することが社会全体にとって好ましいかどうかである。両者を調

和させるのが市場機構であるが、これについては次項で論じる。

　ここで、公共政策の本質的性質のひとつを指摘しておこう。個々人の選択は、基本的には個人の自由に任せられる。しかしながら、公共政策の選択はそれなりの根拠とプロセスを経ないことにはなされえない。なぜなら、すべての公共政策は不可避的に損失者を生じさせるからである。公共政策は社会全体の利益のために実施されるというのが建前であるが、すべての社会構成員（国民）に利益をもたらすような公共政策は存在しない。なぜなら、すべての国民に利益をもたらすような公共政策は、誰も反対しないのであるから、すでに実行されているはずだからである。

　公共政策は、公的権力を背景として強制力を持って実行される。たとえば、国家財政は歳入と歳出からなるが、前者は徴税であり、後者は公共サービスの提供である。また、前者は権力作用と呼ばれ、後者は管理作用とも呼ばれる。つまり、国民は誰であろうと、自分の利益に基づいて税金を逃れることはできず、かつ自分だけに差別的な公的サービスの供給を求めることもできない。

　公共政策は、公共的選択の帰結であるが、ある人に損失をもたらしながらほかの人に利益をもたらし、総体として社会全体の利益に合致するがゆえに、その実施が正当化されるべきものである。それゆえ、公共政策は、確固たる理論的根拠を持たなければならず、かつその執行方法も適切なものでなければならない。

効率性の発揮――まずは市場から
　人々が生活や生産活動を行うためには資源の投入（消費）が必要である。この投入される資源が無駄なく使用されなければならない。資源配分とは、投入される資源がどのように生産活動や消費活動に配分されるかを意味する用語であり、それゆえ、効率性とは資源配分効率の程度を示すことになる。経済学では、効率性をパレート改善およびパレート最適という概念を用いて理解している。以下では、この点も含めて解説する。

　市場は、典型的な自由主義の発現の場である。市場では、すべての人々が自由にモノやサービスを売り買いする。買い手（消費者）は、購入を強要さ

れることはなく、高いと思えば買わなければよい。売り手（生産者）は、販売を強要されることはないため、値切られすぎれば（価格が低すぎると思えば）、売らなければよい。市場における取引は、いかなる強要もなされることなく、成立するか、成立しないかのどちらかである。

取引が成立するときには、買い手（消費者）は払った値段（購入価格）以上の利益（効用）をその取引から得ているし、売り手（生産者）はかかった費用（限界費用）以上の値段（販売価格）で売ることによって利益を得ているはずである。このように、市場取引は取引を行う両者（消費者と生産者）に利得をもたらすものである。誰にも損失を与えることなく、取引に参加した者の状態が改善されていることになるが、これをパレート改善と呼ぶ。

経済学では、パレート最適状態が効率的な状態であると定義する。パレート最適状態は、パレート改善がもはや不可能な状態と定義される。パレート改善は、誰にも迷惑をかけることなく、誰かの状況を改善することであるから、それほど反対はないであろう。そして、このパレート改善をし続けると、資源の制約がある限り（社会全体で使える資源は限られているから）、いつかはもうこれ以上、パレート改善をすることができない状態に達する。もうこれ以上改善をすることができないギリギリの状態をパレート最適状態と呼ぶのである。したがって、パレート最適状態は、社会の資源が最も効率的に使用されている状態であり、それゆえ効率性が最も発揮されている状態であるといえる。

厚生経済学の第1基本定理は、市場がもたらす結果は効率的であることを証明したものである。競争均衡状態は、市場の結果の別名であり、すべての市場参加者が利己的に行動した、つまり競争した帰結であることを表現している。厚生経済学の第1基本定理は、経済学的には、競争均衡状態はパレート最適状態である、と表現される。なお、定理はそれが成立するためにいくつかの条件が必要である。経済学者は、現実の公的機関などの非効率を観察して、規制緩和や民営化を主張しているだけではなく、その論理的基礎として市場の優位性を示す厚生経済学の基本定理を常に意識している。

効率性の基準であるパレート最適基準は、所得分配の公平性[2]については判断を行わない。効率性と公平性を厳密に峻別するこの二分法の考え方は、

経済学において広く受け入れられている。効率性と公平性の問題を区別して論じることは重要であり、これを組み合わせて、あるいは混同して論じると、しばしば効率性が損なわれる結果をもたらす。

厚生経済学の第2基本定理は、すべてのパレート最適状態は市場を通じて達成できることを証明している。つまり、第2基本定理は、パレート最適状態でありかつ公平性の基準に適う状態が決定されれば、その状態は市場を使うことによって実現可能であることを示している。

市場の失敗——市場は万能ではない
　厚生経済学の基本定理は、市場の優位性を高らかに謳っているが、それとて完全無欠ではない。市場が効率的であるためには満たされなければならない条件が存在する。この条件は、完全競争の条件と言い換えられるが、必ずしも常に満たされるわけではない。完全競争の条件が満たされず、その結果として市場が望ましい成果を達成しないケースは「市場の失敗」と呼ばれる。

市場の失敗には、大きく分けて3つの種類がある。「競争条件の不成立」、「市場の欠落」および「市場の限界」である。

競争条件の不成立は、まさに厚生経済学の基本定理のための条件が満たされないケースである。第1に、価格に対する支配力がある（価格をコントロールすることのできる力のある）経済主体（消費者であれ、生産者であれ）がいる場合には、市場は望ましい結果を達成できない。すなわち独占の問題であり、独占力は市場競争の結果を非効率、かつしばしば不公平にする。

第2に、これは独占力の源泉ともなりうるが、規模の経済性および範囲の経済性が競争条件の不成立の要因として挙げられる。なぜなら、規模の経済性および範囲の経済性はより少数の生産者数が効率的であるような技術的性質であるためである。

第3に、情報の不完全性が挙げられる。情報が不完全である場合には、生産者や消費者などの経済主体は合理的な選択を行うことができない。合理的

---

2) 公平性は公共政策を評価する際に考慮されるべき（効率性以外の）要素の総称である。これは、公平 (fairness)、公正 (equity)、平等 (equality)、衡平 (balanced)、（社会的）正義 (social justice) などの用語によって論じられることもある。

ではない選択に基づく市場の帰結は効率的なものにはなりえない。

次に市場の欠落は、あるモノやサービスにおいてはそもそも市場が存在しないことを意味する。市場が存在しなければ、財・サービスの供給や分配を市場に任すことができないのは自明である。

市場の欠落の典型例は、外部効果である。市場の外部で何らかの影響が生じていることを指し、外部効果と呼ばれる。プラスの効果であれば外部経済効果と呼び、マイナスのそれは外部不経済効果と称される。たとえば、公害や環境破壊などの外部不経済効果は、その市場が存在しないために、社会全体に大きな被害をもたらしている典型例である。

第2に、公共財が挙げられる。公共財は外部効果が極端に発揮された例であり、民間による供給が不可能な財・サービスである。典型例は、国防、警察、司法・裁判制度、消防などである。ただし、何を公共財として供給するかについては、技術革新もあり、価値判断を伴う決定が不可避である。

第3に、情報の不完全性とも関連するが、情報の不確実性があまりにも高くなると、市場そのものが成立しなくなる。つまり、経済主体が、不完全な情報に基づく選択を行うことすら危険であると考え、市場に参加しないケースである。たとえば、大規模災害に関する保険制度が機能しない（民間のみでは大規模災害の保険を供給できない）ことが挙げられる。

市場の限界の第1の視点は公平性に関係する。たしかに理論的には（厚生経済学の第2基本定理）、すべてのパレート最適状態を市場によって達成できるから、公平性に適う社会状態を市場によって実現できることが期待される。しかしながら、現実には、既得権や社会的慣習などの制約がある。また、社会的弱者に対する措置は、市場を通じて行うよりも、公共によって担われるべきかもしれない。

もうひとつの市場の限界は、市場に参加できない者が存在することから生じる。たとえば、将来世代は現在の市場に参加できない。しかし、現在の市場に参加している者は、現在世代の選好を反映する選択行動をとる。たとえ、その中の一部の者が将来世代のことを考えていたとしても、それは必ずしも将来世代の選好を正しく反映しているとはいえない。環境破壊や有限エネルギー資源の消費などは、将来世代の厚生に影響を与えるはずであるが、将来

世代が被る費用は現在の市場においてほとんど考慮されていない。

　以上のような要因によって市場は「失敗」する。市場が失敗するのならば、その失敗を修正する措置が講じられるべきである。こうして、公共の出番が用意されることになる。なお、公共政策には、しばしば「公共性」がある、あるいは「公共の福祉」のために実行される、といわれる。以上の論理からいえば、「公共性」あるいは「公共の福祉」は、私的選択の失敗（社会の構成員が自己の利益を最大にしようとして行う選択が結果として望ましくない状況を生起させること）を補整することであるから、「市場の失敗」の別名と捉えられる。それゆえ、「公共性」が高いことは、「市場の失敗」の度合いが大きいことと同義である。

私から共へ、共から公へ——まずは地方から始めよ

　私的な選択（各個人の利己的な行動）が失敗する（資源配分上効率的ではない、あるいは社会的に不公平である）ことは、「私」的ではない主体が登場することを期待させる。ただし、「私」的ではない主体は必ずしも「国家」ではない。「私」的な利益追求の結果として問題が生じた場合にすぐさま最強の公的権力を持つ「国」が介入するわけではない。「私」的利益追求の問題が及ぶ範囲および問題の質や強さによって、解決を図るレベルは異なるべきである。

　図表1-1は、主体の広がりと「公・共・私」の範囲を概念的に表したものである。左側には、中央集権的ともいえるトップダウン型の組織主義に基づく図が描かれている。右はボトムアップ型の図であり、個人主義および自由主義に基づくものである。

　図表1-1の右の図に基づいて考えてみよう。最も小規模な「共」は家族である。それよりも少し広がった「共」は親戚や隣近所である。農村文化が残っているところでは、部落や村落は、都市住民にとっての町とは異なって、「共」同生活体である。行政機構が整備されて、町役場や市役所になると、「公」の側面が強くなるが、町民や市民の共同の利益のために奉仕するという「共」の範囲は少しであるが残されている。

　さて、前述のように、「公共性」の強さは「市場の失敗」の度合いによっ

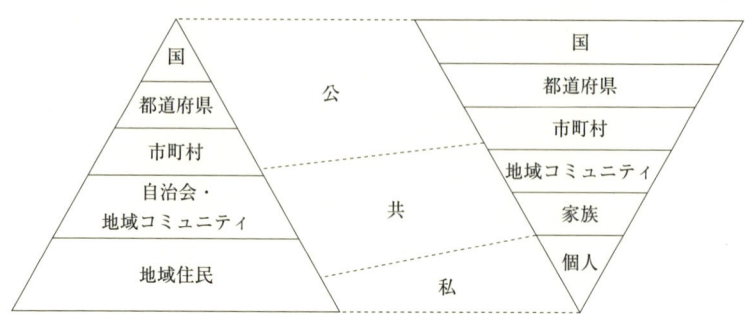

図表1-1 「私」と「共」と「公」の階層構造

て測定される。より一般的に考えると、「公共性」は個人の自由な行動の失敗と捉えることができる。子どもの兄弟げんかも、一種の個人の自由行動の失敗である。ただし、その公共性は小さい。なぜなら、家族の内部で解決されるほど軽妙な問題だからである。

個人では解決できないことは家族で、家族で解決できないことは集落で、集落で解決できないことは町で、町で解決できないことは市で、市で解決できないことは県で、県で解決できないことは国で、というように、問題が及ぶ範囲が拡大していくほど、公共性が高まると考えられる。このように、ボトムアップの考え方で問題解決の主体を検討することを補完性の原則と呼ぶ。つまり、より個に近いところで解決できない問題を1段階広い範囲で補完的に解決するという考え方である。このアプローチは、地方分権のありようを検討する際に用いられるべきものである。

これまでの説明によって、少人数のコミュニティにおいて解決できない問題は、より大きなコミュニティにその裁定を委ねることによって解決を図るという構造がわれわれの社会にはあることがわかる。村の長老に裁可を仰ぐとか、庄屋さんに相談するということとそれほど変わりはない。決定を上に預けることは、決定の責任とともに権利をも預けることを意味する。そして、決定には不服であれども従うというのがコミュニティのルールである。

現代社会はより複雑である。長老や庄屋の代わりに首長や役所が決定権を持つ。つまり、個人の責任によって決定を行っているのではなく、役職上の

責務に応じて決定を下している。それゆえ、その決定は公的機関の決定ということになる。概念的に、首長や役所には自由裁量は認められていない。社会の構成員である国民が社会契約によって委ねた権限しか公的機関は持たないし、持ってはならない。個人の自由や権利を制限する公的権限は立法によってのみ確立されているのである。

行動原理とインセンティブ

　冒頭に記したように、経済学では、各経済主体は目的を持ち、その目的に対して合理的に行動すると想定している。消費者は自己の効用を最大化し、生産者は自己の利潤を最大化するように行動する。自己の利益を最大化しようとする行動原理は、そのままインセンティブにつながることになる。インセンティブとは、「誘因」あるいは「動機」という意味であるが、平たくいえば「努力を促す要因」である。たとえば、市場において競争にさらされている企業は、生き残るために、費用を削減するインセンティブを持つ。つまり、市場競争が費用削減努力を促す要因になっているのである。

　インセンティブには良い結果をもたらすものと悪い結果をもたらすものがある。また、同じインセンティブであっても、結果が良くなることも悪くなることもあるが、これは制度や環境によるものである。

　市場は、利己的な行動原理に依拠するインセンティブを持つ経済主体の行動を、いくつかの条件が満たされるならば、好ましい結果へと導く。この場合、市場は、各経済主体に、合理的な選択をし、努力をするというインセンティブを与えている。これらの努力は望ましい結果（パレート最適状態）をもたらすから、市場は、各経済主体に好ましいインセンティブを付与しているといえる。

　しかしながら、市場が不完全であると、利潤を最大化しようとする生産者の努力は望ましい結果をもたらさないことがある。たとえば、独占市場においては、生産者は費用削減や技術開発とは異なる方法で独占利潤を獲得しようとする。具体的には、独占の供給者は、生産量を削減することによって価格を吊り上げ、独占利潤を得ようとするであろう。あるいは、市場における競争を避けるために、政治プロセスに対し、自己に有利な規制変更を働きか

けることも考えられる。このように、価格を引き上げようとするインセンティブや政治プロセスを利用しようとするインセンティブは悪いインセンティブである。なぜなら、これらの行動は望ましい結果を導出しないからである。

　留意しなければならないことは、この独占的供給者であれ、政治に接近する生産者であれ、競争的生産者と同じ行動原理（利潤最大化）を有していることである。行動原理は同じであるが、結果が異なるのは、その経済主体を取り巻く環境が異なることによる。公共政策を含む公共的意思決定システムもこの環境のひとつである。それゆえ、公共的意思決定システムが、つまり行政制度が、好ましい結果を導出するかどうかを確認する必要がある。

03　市場から公共政策に向けて

　本章では、公共と市場の関係を整理するために、資源配分効率を達成するための市場の働き、その限界としての市場の失敗、さらに私的な行動から公共性への橋渡し、そして、行動原理としてのインセンティブの問題を論じた。市場は、その参加者が利己的な行動をとることによって結果的に効率性がもたらされるという意味で「魔法の箱」といえる。しかし放置した結果、独占が成立したり、取引のための情報が不完全であったりすれば、競争が有効に機能するための条件が満たされない。外部効果や公共財のように市場自体が存在しない場合もある。さらに、将来世代の人々は現在の市場に参加できないが、現在の市場の結果は確実に将来世代に影響するという意味で、市場には限界がある。

　このような市場の働きと限界を見極め、私的な行動の帰結を修正するために公共政策が要請される。ただ、それによってすぐに既存の行政組織による介入が必要となるわけではない。本章では、利己的な行動のみによっては達成されない目的や市場がなしえない機能の部分を「公共性」と定義したが、公共性を実体のあるものにする（公共性を根拠として私的選択を修正するための介入を適切に行う）には、個人 vs 行政という二分論だけではなく、地域・コミュニティといった「共」の部分の認識が必要なのである。

［山内弘隆・太田和博］

第2章
政策分析の理論と手法

Summary

　公共部門の役割を考察するためには市場と公共の役割分担を検討する必要があるが、その際に重要なのは、市場か政府かという二者択一ではなく、市場の機能をうまく利用して公共目的を達成するという考え方である。そのためには、まず、市場の性質を正確に把握し、市場と公共の関係を的確に規定しておく必要がある。

　第1節では、市場と公共政策の関係を以下の4つに類型化して整理する。（1）市場を活かす競争促進政策においては、公共は、市場の環境整備を進め、経済主体の合理的な活動を支援する役割を果たすべきである。（2）地球温暖化等の外部不経済効果があるケースでは、公共は、経済主体の行動原理を前提に課税・補助金政策等によって市場を修正するべきである。（3）公共が、市場への参加者を制限して、市場参加者の行動をコントロールする必要があるケースがある。（4）従来、公共が独占的にサービス供給を行っていた分野においても、民間活力を活かすために市場を創造する工夫が可能である。

　次に、公共の役割が明らかになったとしても、その役割を具体化する個々の公共政策について、その是非や優劣を評価する必要がある。第2節では、ミクロ経済学に基づいて公共政策の効率性を判断する理論的枠組みを解説する。消費者の利益の尺度である消費者余剰と生産者のそれである生産者余剰を測定し、その合計値である総余剰によって公共政策の効率性を判断する。

　第2節で説明した総余剰分析の考え方を具体的な公共政策の評価に応用したものが費用便益分析である。第3節では、費用便益分析の概要を説明する。費用便益分析は、公共政策の利得者の利得と損失者の損失を勘案し、かつ将来世代の利得と損失も包含する合理的な分析ツールである。

01　市場と公共政策の関係

　第1章では、市場の位置づけを理念的に整理した。理念的な整理は出発点として有効であるが、現実の市場を分析するためには、より具体的な手法が必要である。本章では、市場に対する公共政策を評価する方法をミクロ経済学に基づいて論じる。まず、本節では、市場に対する公共政策を類型化する。

市場を活かす──競争促進政策
　市場における競争は、生産者に、費用削減インセンティブと技術開発インセンティブを与える。費用削減と技術革新（費用を削減するための技術開発とより高質な商品の開発）は、稀少な資源を有効に利用することを意味するから、資源配分効率を改善することになる。資源配分が効率化することは、各経済主体の経済活動の付加価値が増進することを意味し、一国全体のGDPの増大に寄与する。

　経済全体を効率化し、各経済活動を高付加価値化することは、特にわが国のように天然資源に恵まれない国においてはきわめて重要である。それゆえ、持続的な生産性の向上をもたらすような環境を一国全体で整備していく必要がある。

　以上のような政策課題意識に基づいて、規制緩和政策や民営化政策が実施されてきた。参入・退出のような市場への参加の意思決定、および価格付けの意思決定は生産者にとって最も重要なものであるが、わが国ではしばしば厳しく規制されてきた。これらの経済的規制の撤廃は、その副作用に配慮しながら、進められてきている。交通分野を例に挙げると、2000年前後に各事業法が改正され、競争を促進し、利用者の利益を増進することが掲げられるようになった。つまり、事業の根幹である参入・退出および価格付けに関する競争制限的な規制方針を改め、競争促進的な方向へと転換している。

　さて、規制緩和や規制撤廃は経済活動の自由化を意味するが、すべての活動が自由化されてよいものではない。自由の帰結が望ましいものでないのであれば、そのような自由は制限されなければならない。公正な競争が望まし

い結果をもたらすとするならば、不公正な競争は制限されなければならない。たとえば、他社の技術開発を模倣する自由は認められるべきであろうか。このような自由が認められれば、どの会社も技術開発に資金を投入することはなくなり、技術開発の停滞という望ましくない状態に陥る。それゆえ、知的財産権、特許権、さらには意匠権などの排他的権利が設定されている。

　労働集約的な産業においては、競争は労働条件の切り下げにつながる可能性がある。労働者が勤めている会社に特化した技能しか有していないケースや他社で活かせる技能を持っていないケースでは、その労働者は悲惨な状態に追い込まれるかもしれない。労働条件の悪化はその産業が提供する生産物やサービスの質を悪化させる恐れがある。このような事態を回避するために、社会全体としては、労働基準法や最低賃金制度によって一定の水準を維持するシステムが整備されている。また、看護現場や営業用トラック輸送などでは、個別の基準によって規制や行政指導がなされている。

　公正競争の確保政策および労働者保護政策に加えて、有効な市場競争を実現するために重要であるのは、反独占政策（独占禁止政策）である。独占力を持った生産者がその独占力を乱用し反競争的行為を行った場合には、公正な競争を促進するために、反競争的行為は排除されなければならない。

　反独占政策は競争促進当局の担当である。わが国では、公正取引委員会がその任にあたっている。一方、たとえば国土交通省航空局は国内航空市場における各航空会社の反競争的行為に対する是正命令権限を持っている。市場ごとの所管官庁と一般的な競争促進行政を司る公正取引委員会との間における権限や役割の適切な分担については明確な正解はない。この点については今後も議論が必要である。

市場を修正する──市場介入政策

　市場競争を促進するだけでは、良好な帰結を生み出せないケースでは、公共は市場に対して働きかけを行う根拠を持つことになる。競争促進を越える公共による市場への働きかけは、市場への介入と市場の制限（次項参照）の２種類がある。市場への介入は、市場参加者の行動の自由を認めるものの、その自由が良好な結果を生み出すように市場を修正するものである。

環境汚染などの外部不経済効果は、公共が市場に介入しなければならない典型例である。工場の煙突からの煤煙が周辺の環境を悪化させているとしよう。このようなケースでは、その工場の生産活動は最適な水準にはないため、何らかの修正が必要である。

しかしながら、工場からの煤煙をゼロにすることは不可能であろうし、ゼロにすることは最適ではない。なぜなら、廃棄・排出物を発生させることなく生産活動を行うゼロエミッション工場などの特殊例を除くと、現在の技術水準で工場煤煙をゼロにするためには生産を中止するしかなく、その財の生産が全面的に禁止されればそれによって多くの利便が失われるからである。

経済学では、外部不経済効果があるとしても、それをゼロにすることを良しとはせずに、最適な外部不経済効果の水準を達成することが好ましいことであると考える。工場煤煙の例では、最適な公害水準の達成を目標とするのであるが、これは効率性基準に従った考え方である。

効率的な外部不経済効果の水準は、自由な市場の帰結として導出されるわけではない。それゆえ、市場に対する公共の介入が必要とされる。外部不経済効果の場合には、市場で実現される生産量は最適生産量よりも大きい。したがって、生産量は削減されるべきであるといえる。この場合、外部不経済効果に対応する従量税を当該財の生産に課せばよい。逆に第三者に正の効果を及ぼす外部経済効果の場合には、補助金を支給すればよい。たとえば、都市部における緑化に対して政府が補助する制度はこの点から正当化される。

外部不経済効果や外部経済効果などが存在する場合における市場への課税・補助金政策は、市場参加者の行動原理（利潤最大化や効用最大化）を利用しながら、望ましい状態を達成しようとするものである。それゆえ、市場参加者の行動を直接制御するものではない。

市場を制限する――公共等による公益・公共サービスの供給

市場の制限は、市場参加者の自由を制限するものである。市場の制限はさらに2つに分類される。まず、市場への参加は認めるが、市場内での行動の自由を制限することが考えられる。第2に、市場への参加そのものを制限するケースがある。

市場内での行動を制限する典型例は、公益事業に対する規制である。公益事業は、鉄道などの交通事業や電気・都市ガス・通信などのネットワーク産業である。近年では、技術革新や規制改革論議によって公益事業型の規制は緩和もしくは撤廃されつつある。従来型の公益事業規制では、免許制による参入制限のために、市場では独占が形成され、それゆえ競争が存在しなかった。

競争が存在せず免許制度によって人為的に独占が認められている民間企業は、その行動が制限されるのは当然である。なぜなら、独占が認められる一方で行動の自由も容認されるのであれば、独占的価格設定が野放しになり、独占利潤が認められることになる。こうして、参入規制と同時に価格規制が行われることになる。民間企業によって提供されるこれらの分野の財・サービスは、公共料金として規制されることになるのである。

市場への参加そのものを制限するケースでは、公共が自ら財あるいはサービスを供給することになる。外部経済効果が極端なケースがこれにあたり、具体例としては、消防や警察、司法、国防サービスが挙げられる。ただし、警備サービスなど部分的には民間による付加サービスの提供も可能である。電電公社時代の電話サービスや郵政省時代の信書サービスは市場への参加が制限されていたケースであるが、最近ではその制限も緩和されてきている。

また、公共事業や公共投資も政府が直接関与するものである。しかしながら、公共事業や公共投資を実際に行う事業者は民間の建設会社であり、公共が直接施工するケースは稀である。事業主体が公共であるとしても、それに携わる主体は民間であるケースが多い。ただし、サービスを利用者に供給する責任は公的主体にある。たとえば、道路は民間建設業者によって建設されるが、道路サービスの供給は公共の費用負担と責任に基づいてなされる。

市場を創る──新しい市場の創出・インセンティブ付与

市場はモノ（財）およびサービスを取引する場である。モノについていえば、市場は所有権を移転させる場である。所有権の移転は、それと逆方向の貨幣の支払いによって成立する。サービスの場合には、所有権の概念は希薄であるが、供給者がサービスを提供するか否かは消費者がその対価を支払うか否かによって決定される。消費者が対価を支払えば、サービス供給者はサ

ービス提供の義務を負う。それゆえ、モノであれサービスであれ、権利関係および義務関係が確定されれば、市場を創設することができる。

　コースの定理は、外部不経済効果の被害者がその加害者に金銭的補償を支払うことによって最適生産量を達成する可能性を示唆している。煤煙を撒き散らすおもちゃ工場とその被害を受けている周辺住民を考えよう。これは典型的な外部不経済効果であるため、おもちゃの生産量は最適生産量に比べて過大になっている。おもちゃの生産量を最適生産量まで減少させれば、おもちゃ工場の利益は減少することになるが、この利益の減少額は周辺住民の利益の増加額（公害被害の低減効果を金銭評価したもの）よりも小さい。したがって、周辺住民が工場に生産量の削減を要求し、それに伴う利益の減少額の補償を申し入れることも可能であるというのがコースの定理である。

　このような解決策が公平であるかどうかは簡単には判断できない。一見すると不公平に思えるが、工場が以前からその場所に立地していたと想定すると判断は変化するであろう。つまり、工場煤煙のために地価が安かったので土地を購入し転居してきた住民がおもちゃ工場に被害の不平を申し立てるのははばかられるようにも思える。どちらが正当であるのかは明確ではない。なぜなら、おもちゃ工場が周辺の大気を汚染する権利があるのか、周辺住民がきれいな空気のもとで生活をする権利があるのかが確定していない、換言すれば、大気に対する所有権は確定していないからである。

　おもちゃ工場が大気の所有権を有しているのであれば、おもちゃ工場がどのように大気を汚染してもそれは自由である。自分のTシャツを泥まみれにして遊ぶのは私たちの自由であるのと同じである。一方、もし周辺住民が大気の所有権を有しているのであれば、おもちゃ工場による大気汚染は周辺住民の器物を破損していることになる。しかしながら、このいずれでもない。

　外部効果とは市場の外部で経済効果が生じる現象であるが、コースの定理が示すように、その本質は所有権の欠如である。換言すれば、所有権あるいは権利義務関係を確定させることができれば市場を創出することもでき、外部不経済効果をもたらす行為を市場取引によって制御することも可能になると考えられる。ただし、すべての市場が自動的に効率的であり、公平であるとはいえないため、市場を創設する際には制度設計が重要である。

市場創設の典型例は、CO_2の排出権取引市場である。CO_2の排出は地球を温暖化させる典型的な外部不経済効果である。CO_2の排出権を設定すれば、排出する権利を市場において売買することが可能となる。排出許可量が、つまり排出権量が適切に設定されれば、地球温暖化に関する外部不経済効果は内部化される。

　ただし、権利義務関係の設定によって、市場を創設しても、それだけでは市場が適切に機能することを保障できない。また、同じモノあるいはサービスを対象としているとしても、うまくいく市場とそうでない市場が存在する。たとえば、規模が小さすぎるために市場が機能しない例もある。その典型例は、地方株式市場や新興株式市場である。わが国のケースでは、東京証券取引所がガリバーであり、地方株式市場では株価がつかない場合があるほど市場参加者が限定されている。

　市場参加者が限定されているもうひとつの例は、公共事業において行われていた指名競争入札である。入札制度はそれがうまく機能するのであれば、民間活力が発揮され、公共事業の費用が最小化されるはずである。ところが、指名競争入札によって市場に参加する者が人為的に限られてしまい、しばしば談合の温床となっている、と批判されてきた。このように市場を創設しただけでは効率性を増進するという目的を達することができないため、市場を育てていく工夫が必要である。

　市場そのものを創設するのではなく、すでにある仕組みを前提として、各経済主体に適切なインセンティブを付与する措置をとることによって、各経済主体の創意工夫を引き出し、公共サービスの効率性を発揮する方法もある。

　一例として、バウチャー制度がある。たとえば、教育バウチャーは、消費者である学生（あるいはその保護者）に支給され、教育を受けるための権利券として機能するが、売却することはできない。学生はそのバウチャーを自分が選択した学校に提出することによってその学校で教育を受けることができる。学校は、そのバウチャーを発行元である公共当局に提出することによって教育予算を受け取ることになる。各学校には学生に選択されるためによりよい教育サービスを提供するインセンティブがある。つまり、バウチャー制度は、同額の公共予算を支出する際に、消費者の選好を顕示させる方法を

導入することによって、より高い公共サービスを提供しようとするものである。

すでにある市場を改良する例のひとつとして、公共事業（社会資本整備等）におけるPFI（Private Finance Initiative）もしくはPPP（Public Private Partnership）が挙げられる。わが国では、PFIやPPPは社会資本の整備財源に困窮している公共が民間資金を当てにして導入する点が注目されているが、本来の主旨は公共事業分野において民間の創意工夫を発揮させるための方法である。PFIやPPPは、近年急速に適用事例が増加しており、適切なインセンティブを与えるように各種の工夫がなされている。

02　ミクロ経済学の分析ツール

第1章と本章第1節では、市場の機能とその優位性について解説した。加えて、公共分野における市場化（インセンティブの付与施策）を紹介した。しかし、市場は無条件で優れたものではなく、加えて公共分野の市場化にも複数の代替的方法がある。それゆえ、個別の政策や制度を論じるためには評価基準が必要である。確立された評価基準に基づいて市場化の是非や政策の代替案の優先順位づけを論じなければならない。

もちろん、政策の評価基準は複数ありうるが、ここでは、効率性の基準を論じる。なお、ここで確立する効率性の基準は、第1章で論じられたような抽象的なもの（たとえば、パレート最適）ではなく、政策を実際に評価するために用いられる具体的なものである。

本節で述べる評価基準を手法として整理したものが、第3節で解説する費用便益分析である。費用便益分析は公共政策を評価する手法として広く用いられているものである。それゆえ、本節は、費用便益分析に内包されている評価基準を明らかにすることに目的があることになる。

消費者余剰と生産者余剰

ミクロ経済学では、社会の構成員（つまり、すべての経済主体）を消費者と生産者に分類する。それゆえ、消費者の利益の尺度と生産者の利益の尺度を

確立し、その2つを合計すれば、社会全体の利益を測定することができる。そこで、ここでは、消費者および生産者の利益の尺度を確立することとする。

消費者も生産者も自己が持つ稀少な資源を投入し、それを利用して利益を得る。つまり、消費者も生産者も費用をかけて利益を得ている。それゆえ、得た粗利益からそれを得るために投入した費用を差し引いたものが、純利益となる。この純利益のことをミクロ経済学では「余剰（surplus）」と呼ぶ。

消費者の利益の尺度を消費者余剰（consumer's surplus）と呼ぶ。消費者の粗利益は消費したモノから得られる満足であり、それは消費者の主観に依存する。また、消費者の満足は消費量に依存する。たとえば、居酒屋で飲むビールは、1杯目は大変うまいが、2杯目はそれほどでもない。3杯目は2杯目よりもおいしくなくなる。また、同じ1杯目であってもビールのうまさは人によって異なる。

喜びや悲しみの理由の説明は簡単であるが、その程度を他者に伝えることは困難である。たとえば、日本代表チームが世界一になれば嬉しいが、その程度を表現することは難しい。主観的な満足を他者に伝えることは難しいのである。

ミクロ経済学では、消費者の満足を貨幣で測定することによって、尺度を統一している。もしある消費者が、1杯目のビールに対して、500円は支払う気があるが、501円であれば購入しないとすると、そのビールからその消費者が得ている粗利益は500円であると考える。消費者が支払う意思がある最大額のことを支払意思額（willingness to pay）と呼ぶ。

ビール1杯当たりの価格が300円である場合、1杯目のビールに対して500円の支払意思額を持つ消費者は、200円の消費者余剰を得ることになる。この消費者の支払意思額が、2杯目が400円であり、3杯目が320円であり、4杯目が270円であるとすると、3杯飲むことになる。そして、2杯目から得られる消費者余剰は100円（＝400−300）、3杯目は20円（＝320−300）である。こうして、この消費者は居酒屋で3杯のビールを飲み、合計で320円（＝200＋100＋20）の消費者余剰を得ることになる。

生産者の利益についても、居酒屋のビールを例に考えてみよう。ビールを1杯追加して売ることによって得られる収入（限界収入）は300円である。

この1杯を提供するために必要な費用（限界費用）が100円であるとすると、この1杯を販売することによって、居酒屋は200円の利益を得る。これを生産者余剰（producer's surplus）と呼ぶ。追加的費用（限界費用）は一般に逓増する（増加する）ため、この居酒屋は追加的費用が価格に等しくなるまで販売量を拡大する。このようにして、この居酒屋におけるビール販売の生産者余剰が測定される。

消費者であれ、生産者であれ、費用のかかる資源を投入し、そこから利益を得ている。経済主体は、インプット（費用）から最大のアウトプット（便益）を引き出すように行動する。つまり、消費者は消費者余剰を最大化し、生産者は生産者余剰を最大化するように行動する。

需要曲線と供給曲線

消費者余剰と生産者余剰は確立された概念であるが、それだけでは実際の政策評価に利用できない。特に、個人の消費者余剰や個別企業の生産者余剰を測定することは困難である。概念的には、あるモノの市場全体の消費者余剰はそのモノの各消費者の余剰を合計したものになるから、各消費者の余剰がわからなければ市場全体の消費者余剰もわからないことになる。しかし、データ収集の面から見ると、市場全体の消費者余剰は各個人の消費者余剰よりも把握しやすい。同様に、市場全体の生産者余剰も個別企業の生産者余剰よりも推計が容易である。それは以下のような理由による。

まず、消費者についてであるが、各消費者の限界支払意思額曲線はその消費者の需要曲線を表す。支払意思額と実際の支払額との差が消費者余剰であるから、消費者余剰は需要曲線の下の面積から支払額を除いたものである。この関係は市場全体の消費者余剰と市場全体の需要曲線との間にも成立する。

図表2-1は、缶ビールの市場需要曲線と消費者余剰の関係を表しているとしよう。缶ビールの市場需要曲線はDD'であり、市場価格はp*、このときの需要量（消費量）はq*である。消費量がq*のときの市場全体の（消費者全員の）支払意思額はODEq*で表される。一方、消費者が支払う総額は、p*×q*であり、図表2-1ではOp*Eq*で表される。こうして、ビール市場全体の消費者余剰はDEp*となる。

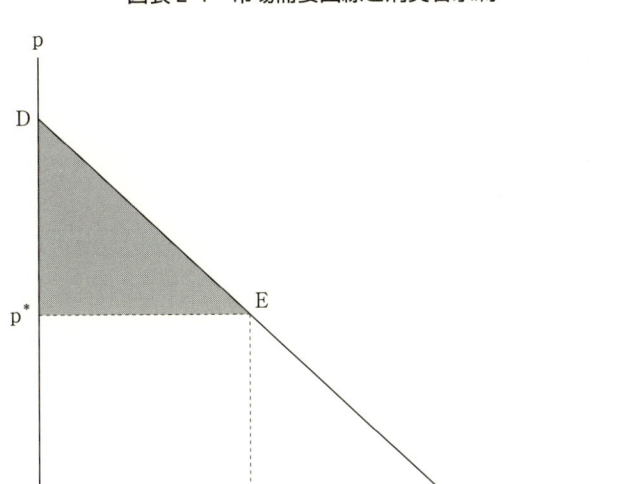

図表 2-1　市場需要曲線と消費者余剰

ある経済政策の結果として、缶ビールの価格が p' に低下したとしよう。この場合、消費者余剰は**図表 2-2** において $p^*EE'p'$ 増加する。これがこの経済政策による消費者の利益を測定していることになる。

缶ビール市場全体の需要曲線は過去のデータ等によって推計が可能である。こうして、缶ビールに対する経済政策の効果が推計されることになる。

一方、生産者余剰に関しても同じように推計が可能である。各ビール会社の生産者余剰は、販売価格から生産するために必要であった限界費用を差し引いたものである。それゆえ、各ビール会社の限界費用曲線が情報として必要となるが、それを得ることは難しい。

市場全体の（産業全体の）限界費用曲線は各ビール会社の限界費用曲線を集計したものである。缶ビール市場全体の限界費用曲線は缶ビールの供給曲線になる（くわしくはミクロ経済学の教科書を参照されたい）。缶ビール産業全体の供給曲線は各種データを収集することによって推計可能であるため、生産者余剰も計測可能である。

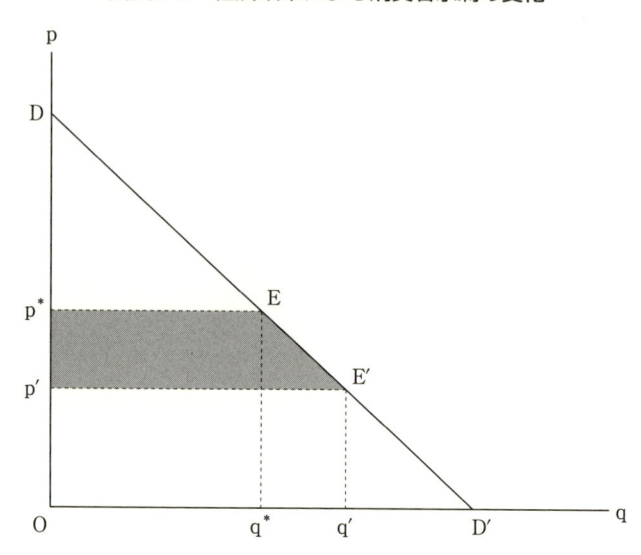

図表 2-2　経済政策による消費者余剰の変化

　図表 2-3 において、SS′は、缶ビール産業全体の供給曲線であり、限界費用曲線でもある。今、缶ビールの価格が p^*、このときの供給量（生産量）は q^* であるとする。生産者余剰は SEp^* で表される。なぜなら、Op^*Eq^* が売上高（総収入）であり、$OSEq^*$ が可変費用総額であるからである。

　ある経済政策によって、ビール産業の生産費用が低下したとしよう。図表 2-4 において、この経済政策の効果は限界費用曲線（＝供給曲線）の下方シフトによって表される。今、供給曲線が S_wS_w' へとシフトしたとしよう。この経済政策による生産者余剰の増加は、S_wSEE_w で表される。

　このようにして、需要曲線（需要関数）および供給曲線（費用関数）を推計することによって、経済政策の効果を把握することが可能となるのである。

社会全体の便益と費用──総余剰による評価

　以上では、缶ビール市場を取り上げて、消費者と生産者の利益の尺度とその測定方法を解説した。この消費者余剰と生産者余剰の合計は、缶ビール市場の創設による社会的利益と捉えることができる。ミクロ経済学では、消費

図表 2-3　市場供給曲線と生産者余剰

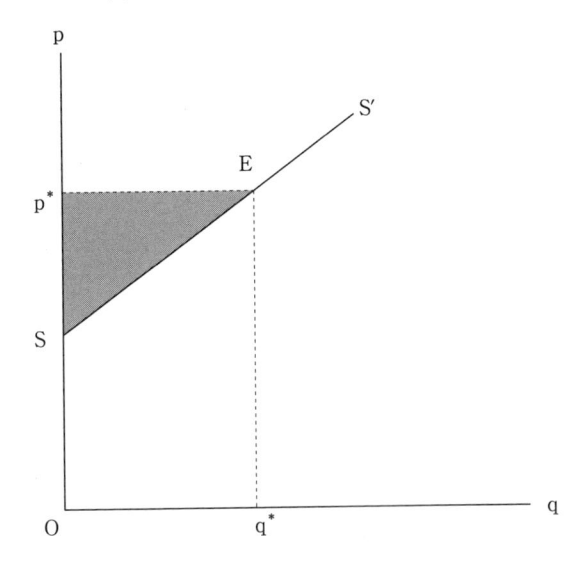

図表 2-4　経済政策による生産者余剰の変化

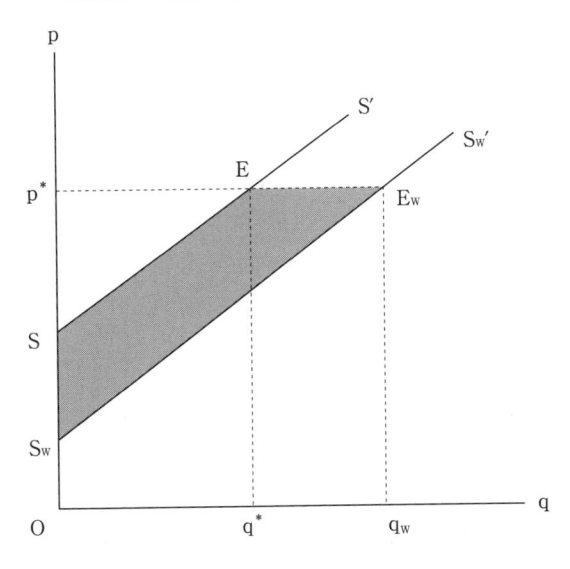

者余剰と生産者余剰の合計（単純加算値）を総余剰と呼び、これを判断基準としている。

　公共政策は、第1章で述べたように、その実施は不可避的に損失者を生じさせる。公共政策の最も単純な評価方法は、利得者の利得額と損失者の損失額を比較するものである。つまり、利得者の総余剰の増加額が損失者の総余剰の減少額を上回るかどうかがひとつの評価基準となる。

　総余剰を用いたこの評価基準は補償原理にその理論的基礎を持つ。補償原理は、

- ▶ ある経済政策によって利得を得た者がその経済政策によって損失を被った者の損失を全額補償したあとにもなお余りある利得を得ることができるのであれば、その経済政策は社会を改善する

　　　　　　　　　　　　　　　　　　　……効率性の判断基準

- ▶ ただし、実際に補償を行うべきかどうかは別の視点から判断されるべきである

　　　　　　　　　　　　　　　　　　　……公平性の判断基準

というものである。

　経済政策の実施による損失者は補償されるべきであるという考え方（一般常識）は既得権に基づくものであり、必ずしも公平性に適うものではない。

　例として、第二次世界大戦後の農地解放を取り上げてみよう。農地解放は、耕作を行わない地主から実際に耕作を行っている小作農に対して農地を再分配した。地主に対するきわめて少額の補償が政府からなされたが、それは地主の損失をとうてい埋め合わせるものではなかった。しかしながら、生産性の見地からすると、小作農は自営農に変わることによって、生産性向上インセンティブが付与され、わが国全体としては農業生産高が増加した。この生産性向上の利益はまずはこの自営農に帰着する。この場合、農地解放の受益者である自営農は、農地解放の損失者である地主の損失を補償してもなお余りある利益を受けることになる。それゆえ、補償原理に従えば、農地解放は社会を改善する。ここで、自営農は地主を補償するべきであろうか。公平性の観点から見て、この補償は不必要と判断されるであろう。

　補償原理に基づく総余剰分析によって判定されるのは、社会の効率性の改

善である。補償原理のひとつの重要なポイントは、効率性（資源配分効率）の問題と公平性（所得分配）の問題を峻別することである。効率性と公平性の二分法は政策を分析する場合に、問題点を整理するのに有効な方法である。

こうして、ミクロ経済政策の効果を効率性の観点から評価する場合には、総余剰分析を行うことになる。実際の政策評価においては、経済政策の費用（損失者の総余剰の減少額）と便益（利得者の総余剰の増加額）を比較する費用便益分析を行うことになる。

なお、総余剰分析や費用便益分析には、公平性の観点からの有力な批判もある。すなわち、億万長者の100万円と庶民の100万円では価値が異なる（所得水準によって所得の限界効用は異なる）にもかかわらず、すべての個人の利益と損失を単純加算していることへの批判である。

たしかに、社会保障政策や一部税制などの所得再分配政策は、まさに公平性の確保を目的としており、所得階層間における効用（貨幣の価値）の差異が考慮されるべきであろう。所得分配問題に対しては、バーグソン—サミュエルソン型社会的厚生関数のように、所得階層間で便益・費用をウェイト（重み）づけして分析する手法も提案されてはいる。

しかし、そもそもミクロ経済分析は、効率という価値に特化することで、社会が生み出す富を最大化するために稀少な資源を最も無駄なく活用するには、どのような配分が望ましいか（最適資源配分）を明らかにし、その最適状態と現状との乖離度を測定するものである。ミクロ経済政策を論じる際には、保障原理に基づく効率性と公平性の二分法を厳密に採用し、政策判断に公平性の観点を不用意に混入させないことが重要である。

輸入自由化の利益——総余剰分析の例

以下では、輸入自由化の利益を総余剰分析によって把握し、補償原理の考え方を適用する例を示す。

米の輸入自由化を考えることにしよう。**図表2-5**において、これまでと同様に、横軸は数量、縦軸は価格である。DD′は国内の米に対する需要曲線であり、SS′は国内の米の供給曲線である。今、米の輸入が認められていないとすると、米の価格は国内の需要曲線DD′と供給曲線SS′の交点Eによっ

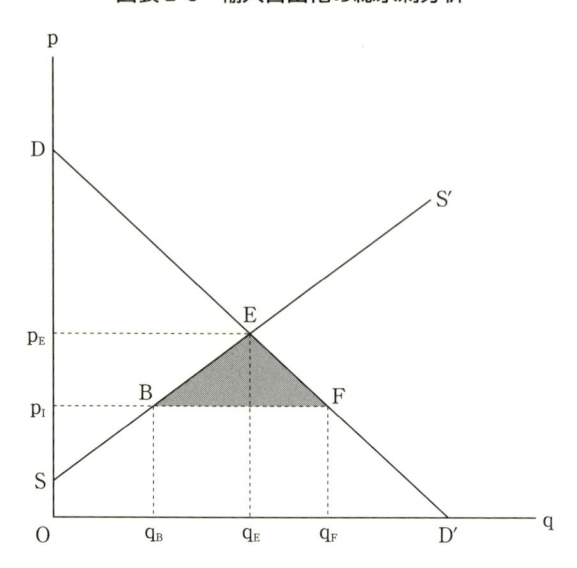

図表2-5　輸入自由化の総余剰分析

て決まり、価格は p_E、数量は q_E となる。

　一般に、国内の米作農家が米の輸入自由化に反対するのは、米の国際価格（単純化のために輸入して国内で販売する価格と同一とする）p_I が国内価格 p_E よりも低いからである。ここで米の輸入が自由化されたとすると、国内の米の価格は p_I まで低下することになる。価格が低下したため、消費者は q_F まで消費を拡大し、生産者は q_B まで生産量を縮小することになる。この消費量と生産量の差（$=q_F-q_B$）が米の輸入量である。

　米の輸入自由化という経済政策によって総余剰はどのように変化するかを確認してみよう。輸入自由化前は、消費者余剰は DEp_E であり、生産者余剰は SEp_E であるから、総余剰は DES である。輸入自由化後は、消費者余剰は DFp_I へと増加し、生産者余剰は SBp_I へと減少することになる。総余剰は、DES + EBF であり、EBF だけ増加していることがわかる。

　補償原理の考え方をあてはめてみると以下のようになる。輸入自由化の利得者である消費者は、利得が p_EEFp_I 増加しており、損失者である生産者の損失額 p_EEBp_I を補償しても、なお EBF だけの利得が手元に残ることに

なる。したがって、米の輸入自由化はわが国の総余剰を拡大するといえる。

　米の消費者が生産者を補償するべきかどうかは、公平性の問題であり、その是非については議論が分かれるであろう。ただし、補償するべきであるとしても、米の消費者から米の生産者に対する直接的な補償は困難である。このような場合には、政府が生産者の損失を補填するような対策を行うことが考えられる。

03　費用便益分析──理論的基礎と役割

　公共政策は、利得者とともに必ず損失者を生み出す。利得者が得た利益は公共政策によって生み出された便益である。公共政策の損失者には、直接的な損失者ばかりではなく、公共政策の費用を負担した納税者も含まれる。これらすべての損失を合計したものが、この公共政策の費用となる。

　費用便益分析は、公共政策が生み出す費用と便益を把握し、代替的な公共政策間に優先順位を付与しようとするものである。伝統的に、費用便益分析は、その政策効果が長期に及ぶ公共投資プロジェクトなどに用いられる。

　資源配分に関して、消費者および生産者という経済主体が、自ら費用と便益を考え、効率的に行動することは第1章および本章第2節で述べた。また、この経済主体の合理的行動がいくつかの条件のもとで社会全体として効率性を発揮することも第1章で論じた。これらの条件が満たされないとき、市場の結果は効率的ではなく、市場の失敗が生じる。市場の失敗は政府が市場に介入するための根拠を与える。

　以上がミクロ経済学から見た政府介入の根拠であるが、政府が理想的に機能する保障はない。政府の構成員である公務員、立法府で政策を法的に裏づける政治家、政策に影響を与えようとする利害関係者などが自らの利益（目的関数）に基づいて行動するならば、望ましい政策は実現されないであろう。この点については第3章においてくわしく論じられるが、ここでは効率的な政策は自動的には策定されないことを認識しておくのみで十分である。

　公務員や政治家などの公共政策の意思決定に関わる者の行動原理が、公共目的と一致しないとするならば、その公的意思決定システムは自動的には望

ましい公共政策を導出することにはならない。特に、官僚機構や政治家の関与が非効率な公共政策を選択する傾向があると批判されている。これは、公共政策の効率性を向上させることが、官僚機構および政治家にとって自己の利益に結びつかないことに起因している。この公的意思決定システムが生む非効率性を改善するためのひとつの手法が費用便益分析である。

費用便益分析の目的と位置づけ

　費用便益分析（Cost Benefit Analysis）は、公共政策の費用とその効果を比較してその公共政策を評価するための手法である。そして、その評価の目的は、公共政策の効率性の増進である。

　費用と効果というインプットとアウトプットを判断の要素とするため、損益計算書の公共版であるといわれることがある。たしかに、損益は、収入から費用を引いたものであり、便益は公共政策による社会全体の収入であると考えられるから、もっともらしいアナロジーともいえる。

　その一方、重要な差異がある。損益計算書がすでに行われた企業活動の結果を説明するものであるのに対して、費用便益分析はこれから実施する公共政策の評価を目的としている。つまり、費用便益分析は、公共政策を選択するための情報を得る目的で行われるのであり、換言すれば、公共政策の意思決定のために実施されるのである。

　一般に、費用便益分析は、公共投資プロジェクトの評価に用いられる。工場新設などの民間投資では投資の収益率などを検討するが、概念的にその手法は費用便益分析のそれと類似している。公共投資の評価手法としての費用便益分析は、民間投資の評価手法を参考にして編み出されたともいえる。つまり、将来の利益のために現在時点において資金（資源）を投入し、その投入した資金を将来時点での収入（便益）によって回収するという考え方が共通なのである。

　民間であれ、公共であれ、限られた財源（稀少な資源）を最大限有効に活用すべきであることには違いはない。わが国の公共投資プロジェクトの採択や一般の公共政策では、効率性という視点が長らく欠落してきた。昨今、わが国において費用便益分析が盛んに議論されるようになったのも、この欠落

が大きな無駄を生み出しているという反省が広く行き渡ってきたことによる。

費用便益分析の原則

ここでは、費用便益分析の評価原則を論じるが、簡単化のために、同一年度に費用と便益が生じ、他年度には波及しないとしよう。インプットである費用によってアウトプットである便益を生み出すのが公共政策の意義であり、この費用と便益に基づいて公共政策を評価するのが費用便益分析となる。つまり、費用（マイナスの効果）と便益（プラスの効果）を比較して、公共政策や公共プロジェクトの是非を検討するのが費用便益分析である。費用便益分析の評価の基本原則は、

- ▶ 同一の目的（アウトプット水準が目標として与えられているケース）は最少の費用によって達成されるべきである
- ▶ 同一予算（投入できる資源量が限られている）ならば最大の便益を生み出すべきである

とまとめることができる。

この原則を経済学に基づいて評価手法として確立すると、内部収益率法となる。内部収益率は、投資資金が各年平均して何％の収益をもたらすかを表す。しかしながら、わが国の費用便益分析マニュアルでは、わかりやすさを理由として費用便益比率法の適用を推奨しているので、ここでは費用便益比率法を中心に費用便益分析の考え方を解説することとする。

費用便益分析は主に公共投資プロジェクトの評価に用いられるので、ここでは、単年度であるが、以下のようなプロジェクトを想定しよう。まず、プロジェクト完成前に大きな支出Kが必要であり、プロジェクト完成後には便益Bと比較的少額の維持管理費用Cがかかるとしよう。費用便益比Rは、純便益（便益Bマイナス維持管理費用C）を投資費用Kで除することによって導出される。つまり、$R=(B-C)/K$である。このRの値によって、プロジェクトの可否やプロジェクト間の優劣を判定しようというのが、費用便益比率法である。

費用便益比Rが1よりも小さければ、投資した資金Rよりも小さな純便益（B-C）しか得られないことになり、このプロジェクトは貴重な資金を

浪費することを意味する。つまり、このプロジェクトは社会全体に対してマイナスの効果をもたらすことになる。

このため、R＞1がプロジェクト採択のための条件となる。ただし、R＞1は、プロジェクト採択のための必要条件であって、十分条件ではない。この点が正しく理解されていないのが実態であり、事実、政府の費用便益分析マニュアルを用いても誤った運用がなされる余地がある。

なお、費用便益比は、費用と便益の比率のことであるから、その定義は無数存在することになる。たとえば、前述の(B−C)／K以外にも、B／(C+K)も、分子が粗便益、分母が総費用であるから、これも費用便益比である。また、投資費用を大きくすることによって維持管理費用を小さくすることができる（施設をきわめて強固に造れば、傷みは少なく維持費用は小さくなる）ため、プロジェクト立案者は費用便益比の値をある程度コントロールすることができる。これらの問題があるため、費用便益比率法は完全なものではないが、投資費用と維持管理費用の定義を厳密に定めれば、この問題は回避できる。いずれにしても、以下では、投資費用Kと維持管理費用Cの定義はプロジェクトごとに確定しているとしたうえで考察することにしよう。

意思決定のための費用便益分析

費用便益分析は、公共政策の実施の可否を決定するための評価手法である。ただし、費用便益分析は、効率性の基準であり、公平性を扱うものではないため、その役割と意義は限定されることになる。以下では、費用便益比率法を取り上げ、適切な費用便益分析の評価の仕方について論じる。

まず、個人同様、政府も予算が限られているため、公共プロジェクトにおける意思決定は、採択か非採択かの二者択一の判断ではなく、多数存在する代替案からの選択になることを確認しておこう。平たくいえば、代替案間で優先順位を付与することになる。

数値例から始めることとしよう。**図表2-6**では、6つのプロジェクトとそれぞれのプロジェクトの費用と便益がまとめられている。各プロジェクトは互いに独立であり、1つのプロジェクトを採択したからといって他のプロジェクトが棄却されることはない。わかりやすい例を挙げると、交番の新規設

図表2-6　プロジェクト評価のための数値例

プロジェクト	投資費用 K	投資費用を考慮しない 純便益 B−C	投資費用を考慮した 純便益 B−C−K	費用便益比 R
a	5	15	10	3.0
b	5	10	5	2.0
c	10	60	50	6.0
d	10	25	15	2.5
e	10	5	−5	0.5
f	20	100	80	5.0

置の候補箇所が6つあり、6つの候補箇所はお互いに十分に離れているため、警察サービスの範囲は重ならないと考えればよい。

　図表2-6では、6つのプロジェクトが、投資規模（投資費用K）の小さい順に並べられている。また、投資規模が同じ場合には、投資費用を考慮しない純便益（B−C）が大きい順に並べられている。この並べ方に沿って、プロジェクト名がaからfまで付与されている。

　この並べ方から政策的意味を見出すことができる。交番の拡充は、警察サービス・ネットワークの拡充を意味するから、なるべく多くの交番を設置するべきである、と考えるならば、投資費用が小さい順に優先順位をつけることが正当化される。同じ投資費用が投下されるのであれば、整備地点数が多い方がよい、と考えるのは自然であろう。この場合、プロジェクトの優先順位を図表2-6のように設定することはありうる。

　一方、投資費用の多寡で優先順位を設定することは、便益面を無視しているとの批判を浴びることになる。高速道路のケースが典型であるが、過疎地域の高速道路建設費用は、都市部のそれに比較して圧倒的に小さい。しかし、その費用差以上に需要の差があるとみなされるのであれば、過疎地での高速道路建設は「無駄な公共投資」というレッテルを貼られうる。

　さて、図表2-6には、投資費用を考慮しない純便益（B−C）と投資費用を考慮した純便益（B−C−K：しばしば純現在価値と呼ばれる）に加えて、費用便益比Rが記されている。前述のように、Rは（B−C）/Kであり、投資

費用1円に対して何円の純便益が生じるかを表している。つまり、プロジェクトaであれば、投資費用5に対して15の純便益があるため、投資費用1円当たり3円の純便益があることを表し、それゆえ費用便益比は3である。

費用便益比に基づいてプロジェクトの優先順位を決定するためには、図表2-6の費用便益比Rが高い順にプロジェクトを採択すればよい。以下では、**図表2-7**を用いてその意味をより深く考えてみよう。図表2-7は図表2-6の数値例に基づいたものである。

図表2-7では、縦軸に費用便益比Rがとられている。原点から右に向かって費用便益比Rが高い順にプロジェクトが並べられており、横軸は投資費用の累積額ΣKである。つまり、横軸の35は、費用便益比が高い3つのプロジェクトの合計投資額（プロジェクトcの10、プロジェクトfの20およびプロジェクトaの5の合計額）を表している。

費用便益比Rは$(B-C)/K$であるから、横軸の各プロジェクトの投資費用Kと縦軸の費用便益比Rを掛け合わせたものは、図表2-7では棒グラフ状の四角形の面積であるが、投資費用を考慮しない純便益$(B-C)$となる。

費用便益比Rが1であることは、投資費用とその見返りである便益$(B-C)$が等しいことを意味し、投資した分だけしか純便益が生じないことを意味する。つまり、社会全体としては、投資をしてもしなくても同じであることを意味している。投資費用に1を掛け合わせたものは、たとえばプロジェクトcであれば、10×1であるため、図表2-7の左下のアミのない四角形の面積となる。そして、これは投資費用Kそのものである。

各プロジェクトを表す四角形のうちアミかけ部分の面積は、投資費用を考慮した純便益$(B-C-K)$である。このアミかけ部分の総面積を大きくすることが、費用便益分析の目的である。つまり、社会全体により多くの純便益をもたらすことが、プロジェクト評価の目的なのである。

前述したように、費用便益比Rが1以上であることは、プロジェクトを採択するための必要条件であるが、十分条件ではない。なぜなら、投資予算の制約があるため、費用便益比Rが1以上のすべてのプロジェクトを実行することができないのである。すべてを実行できない場合、優先順位を付与することによって実行プロジェクトを選択しなければならない。

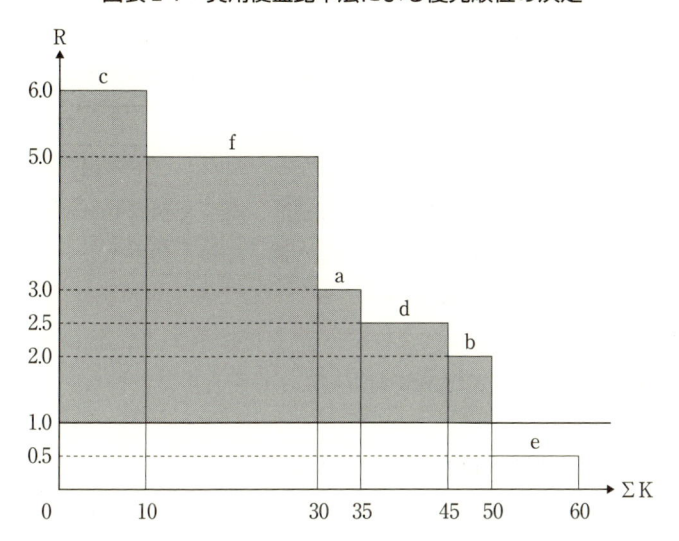

図表2-7　費用便益比率法による優先順位の決定

```
R
6.0 ┤ ┌──c
5.0 ┤ │   ┌────f────┐
    │ │   │         │
3.0 ┤ │   │         ┌─a─┐
2.5 ┤ │   │         │   ┌d┐
2.0 ┤ │   │         │   │ ┌─b─┐
1.0 ┤
0.5 ┤                         ┌─e─┐
    └─┴───┴─────────┴───┴─┴───┴───→ ΣK
    0 10           30 35 45  50  60
```

　図表2-6および図表2-7のケースにおいて、投資予算が30に限られているとしよう。費用便益比率法の考え方に基づけば、費用便益比Rが大きい順に採択し、そのプロセスを予算が尽きるまで続ければよい。図表2-7から、投資予算が30のときの採択プロジェクトは、cとfであることが容易にわかる。そのときに社会全体にもたらされる純便益は、図表2-7ではプロジェクトcとfのアミかけ部分の面積であるが、130となる。これは、投資予算が30であるときに、社会全体が得ることのできる最大の純便益である。

　費用便益比率法、つまり費用便益分析は、優先順位を付与するために用いられなければならない。ここで提示した例では、費用便益分析の結果、プロジェクトcとfが採択されることになる。

　もちろん、費用便益分析は効率性の基準であり、それ以外の基準や価値判断も尊重されなければならない。たとえば、より多くのプロジェクトを実施するべきである、という政策判断もありうる。交番の新規設置を検討している場合、予算が30であれば、図表2-6において上から順に採択すれば、aからdまでの4カ所に交番が設置されることになる。この場合、4つの交番

は設置されるが、社会全体の純便益は80にすぎない。便益は小さいが、多くの交番を造るという考え方は、ネットワークを拡充するという積極的な評価を受けるとともに、無駄なものをばらまくという批判を受ける可能性がある。

費用便益分析の役割は、効率性の視点からプロジェクトの優先順位を付与することのみではなく、公平性や政治的判断に基づく総合評価がもたらす帰結を明らかにすることにもある。ここでの例示では、費用便益分析を実施することによって、aからdまでの4つのプロジェクトを採択することは、cとfという効果が高い2つのプロジェクトを採択することに比べて、50（＝130－80）の純便益の実現を放棄することを明らかにできる。

社会的割引率――異時点間のウェイトづけ

以上では、単純化のために、単年度に費用も便益も発生するケースを想定した。しかしながら、公共事業（公共投資）のように、現在時点において行う意思決定が長期間に及ぶ（プラスおよびマイナスの）効果をもたらす公共政策も多い。投資は失敗したとしても時間を遡り取り消すことはできないため、より慎重な意思決定が求められる。

公共投資などの公共政策が多年度に影響を与える以上、現在の便益および費用に加えて、将来の便益および費用も現在における意思決定に反映されるべきである。ただし、将来時点の、あるいは将来世代の費用および便益は100％評価されるべきではない。平たくいえば、1年後の100万円の価値と現在の100万円のそれは異なり、前者は後者よりも小さいはずである。この将来の価値を小さく見ることを、将来価値を割り引くといい、現在と将来の価値の差を調整するものが社会的割引率（social discount rate）である。

社会的割引率が存在することは、現在と将来の間でトレードオフがあることを意味する。費用便益分析がその基礎を持つ経済学では、現在と将来を比較する際に消費に注目し、現在と将来の間でのトレードオフを次のように説明する。私たちは手に入れた富をどう扱う（処理する）であろうか。それは、消費するか貯蓄するかという2つの選択肢しかない。貯蓄された富は最終的には投資に回されることになる。貯蓄や投資はそれ自体は私たちを豊かにす

るものではない。私たちは消費することのみから満足を得ている。つまり、貯蓄や投資は現在の消費を我慢することによって将来の消費を拡大することにつながるものでなければならない。

　将来の消費に対する現在の消費の重要性はどの程度であるかは、人によって異なるであろう。しかしながら、「現在」対「将来」に対する考え方は人々の間で共通しているはずである。例でそれを説明しよう。

　あなたは、会社の利益に大きく貢献したため、100万円の特別賞与がもらえることになったとしよう。しかも、支給時期についていくつかの選択肢が与えられているとしよう。

　まず、本年の1月末日に100万円を受け取るか、来年の1月末日に100万円を受け取るかと尋ねられたら、あなたはどうするであろうか。まず、間違いなく、本年の100万円を選択するであろう。

　では、本年の100万円と来年の200万円との間の選択であったならば、あなたはおそらく来年の200万円を選ぶであろう。本年の100万円と来年の110万円であれば、この低金利の時代なら、来年の110万円を選ぶ人が多数であろうし、あなたもそうであるとしよう。しかし、本年の100万円と来年の104万円ならば、あなたは本年の100万円を選択するとしよう。加えて、来年の支給額が105万円であるならば、あなたは本年でも来年でもどちらでもよいとしよう。

　この場合、あなたにとっては、現在の100万円分の消費と1年後の105万円分の消費が同じ価値を持つことになる。つまり、現在時点から見て、1年後の価値は5％低下している（割り引かれる）ことになる。こうして、あなたは年率5％の割引率を持つ（時間選好率が年率5％である）ことになる。

　社会全体の割引率（社会的割引率）は、社会の時間選好率であり、個人の割引率を基礎として算定されるべきである。しかし、個人によって時間選好率は異なるうえに、社会的割引率の算定に現在世代の個人のみを基礎としてよいのかという議論もある。このため、一義的な社会的割引率を決定することは理論的には不可能である。

　しかし、公共プロジェクトの費用便益分析を行う際には、社会的割引率の決定は避けて通ることができない。なぜなら、公共プロジェクトの便益はか

なり長い期間にわたって生じるため、異時点間の便益の集計が必要であり、そのためには社会的割引率の決定が不可欠であるからである。

社会的割引率の設定が一義的に困難であるとしても、その高低が意味するところを考えてみよう。

社会的割引率が高いことは、将来の消費の価値をより高い率によって圧縮することを意味する。したがって、割引率が高いことは将来よりも現在を重要視していることになる。逆に、社会的割引率が低いことは、社会が将来に対して比較的高い価値を付与していることを意味する。換言すれば、社会的割引率が低い社会は将来世代のことを深く考えている、つまり将来世代のためになにがしかのことを行おうと考えていることになる。

費用便益分析において使用する社会的割引率を国あるいは各官庁がどのようなレベルに設定するかにより、その国あるいは各官庁の方針を読み取ることができる。たとえば、米国のニクソン政権時代には、オイルショックやドルショックなど経済環境が激変していたこともあり、12％という高い社会的割引率が設定されていた。この社会的割引率は米国連邦政府が補助金を拠出するすべての公共プロジェクトに対して強制的に適用されていた。12％という高率の社会的割引率のもとでは、便益が長期にわたって生じるようなダムや道路などの公共投資プロジェクトは採択されないことになる。

図表2-8は、4％、6％および12％という3つの社会的割引率のケースにおける現在と1年後および10年後の相対的価値を表したものである。4％はわが国において広く用いられている社会的割引率である。6％は先進諸国において広く用いられている水準であり、わが国は低めに設定しているといえる。

各割引率における下段に注目してみよう。下段の値は、10年後の100万円が現在および1年後にいくらの価値があるかを表している。4％の場合には、10年後の100万円は68万円弱の価値を持つ。しかしながら、12％であるならば、同じ10年後の100万円は現時点では32万円強の価値しか持たない。つまり、公共投資プロジェクトを評価するときに、割引率が4％である場合に比べて12％の場合では、10年後の便益額に対して2分の1以下の価値しか付与しないことになる。

図表 2-8　社会的割引率と「現在と将来」の相対的価値

社会的割引率	現在	1年後	10年後	基準年
4％	100.0万円	104.0万円	148.0万円	現在
	67.6万円	70.3万円	100.0万円	10年後
6％	100.0万円	106.0万円	179.1万円	現在
	55.8万円	59.2万円	100.0万円	10年後
12％	100.0万円	112.0万円	310.6万円	現在
	32.2万円	36.1万円	100.0万円	10年後

注：100万円の相対的価値を現在、1年後および10年後において比較したものである。
　　各割引率において、上段は現在の100万円を基準にし、下段は10年後の100万円を基準としている。

　こうして、公共投資を拡大したいと考える公共当局はわが国のように低めの割引率を設定しようとし、現在世代の消費水準を重視するために将来に対する投資を抑えたいと考える公共当局は米国ニクソン政権のように高めの割引率を採用する。つまり、社会的割引率の設定を見ることによって、公共当局が現在世代と将来世代の間にどのようなウェイトをどのような意図に基づいて付与しているのかを推察することができる。

　たとえば、平成不況に苦しむ現在世代の厚生を重視し、現在世代の消費を拡大するべきであると考えるならば、社会的割引率は高く設定されるべきである。8％から10％が適当であろう。その一方で、高い社会的割引率は、公共投資を抑制することになるから、建設業に近い政治家や官僚機構は低い社会的割引率を選好する。このように、わが国において設定されている4％という社会的割引率は、国債の平均利子率を基礎としていると説明されるものの、その設定プロセスには政治的な意図あるいは圧力が働いている可能性があると解釈されるのである。

［太田和博］

【キーワード】

市場、公共政策、効率性基準、消費者余剰、生産者余剰、総余剰分析、補償原理、費用便益分析、社会的割引率

【参考文献】

太田和博（1995）『集計の経済学』文眞堂。

ストーキー、E./R. ゼックハウザー著、佐藤隆三・加藤寛監訳（1998）『政策分析入門』勁草書房（特に第1章、第2章、第9章）。

藤井彌太郎監修、中条潮・太田和博編（2001）『自由化時代の交通政策』東京大学出版会（特に第1章）。

藤井彌太郎・中条潮編（1992）『現代交通政策』東京大学出版会（特に第6章）。

第3章
政策形成と公共選択

Summary

本章では、政策形成を政治による意思決定プロセスと捉え、公共選択論の理論・モデルを用いて、政策形成に関与する主体の行動目的と資源配分への影響を解説していく。政策形成に登場する行動主体として、個人(有権者)・政治家・官僚・利益集団を取り上げる。各々の主体がいかなる行動目的を持って政治に参画し、どのような影響をもたらしうるか。選択された政策は、資源配分上どのように評価され、国民・住民(有権者)の選好は政策にどのように反映されるのか。

まず初めに、有権者による直接投票制を想定し、中位投票者モデルを取り上げる。多数決投票においては、各自の選好と政策形成の結果が一般的には乖離すること、資源配分上の効率性も一般的には達成されないことが説明される。さらに、特定の政策に強い選好を持つ有権者が票取引(ログローリング)を行う場合、また、投票を棄権する人が出てくる場合の政策形成への影響も検討する。

次に、政策形成を政治家に付託する間接民主制において、政治家が得票の最大化をめざして行動するモデル、政策形成とその執行に影響を持ちうる官僚(組織)が予算の最大化をめざして行動するモデル、をそれぞれ取り上げ、国民・住民の選好との関係や資源配分への影響を見る。

政治による政策形成では、個人の選択と社会の選択との間には常に葛藤が存在する。政策的な解決は、各自の私的行動による解決では限界のある問題に大きな満足を与えてくれる可能性がある一方で、各自の選好からは乖離するリスクも伴う。資源配分の改善という点でも必ずしも最善とはならない可能性がある。

最後に、利益集団が自分たちの利得となる政策の獲得をめざすモデルを取り上げ、政治の失敗が起きるメカニズムを解説する。政策形成の結果が、国民・住民の選好から大きく乖離してくると、市場の失敗よりもさらに事態が悪化する政治の失敗に陥る危険性もある。したがって、政策的な解決の必要性と同時に、政治の失敗を回避する手段・制度も常に考えておく必要がある。分権的な意思決定制度および政策評価制度の導入は、そのひとつの手段になりうることを解説する。

01　政策形成プロセスと政治の機能

政策形成と資源配分の効率性

　本章では、政策形成および政策決定がいかになされるかを説明・描写する実証的なモデル・仮説を解説していく。われわれは基本的に市場経済の中で日々私的な意思決定を通じて、自分の満足を高めるべく資源の使い途（資源配分）を決定している。しかし、市場経済における私的な解決法はしばしば限界に遭遇する。たとえば治安や安全というサービスを得るために、われわれは市場で防具を購入し、また警備員を雇い、自分で自分の身を守ることができる。しかしそれよりは、集団（社会）を形成し、その構成員で資源・財源を出し合うことで、警察や消防のサービス供給を受ける仕組みをつくる方がより大きな満足を得ることができる。

　これが、政府が誕生することの、そして社会における公的な意思決定に問題解決を委ねることのきっかけといえる。その政策的な解決のための一連のプロセスが政策形成である。先の例でいえば、治安や安全についてどのような内容のサービスをどれだけの量、それをどのようにして供給するかということが、政策形成の中身である。

　われわれにとって政策的な解決に委ねるインセンティブは、それによって満足がどれだけ改善されるかであり、それは資源配分の効率性がどれだけ改善されるかである。資源配分の効率性には2つの側面があり、うちひとつは「配分の効率性」と呼ばれ、人々の私的な選好・選択と公的な意思決定（選択）とがどれだけ一致しているかに関わるものである。政府は社会の構成員が欲している財・サービスを供給できているか、人々の財・サービスへの需要と政府の供給にミスマッチは起きていないかという問題である。

　資源配分の効率性のもうひとつの側面は「生産の効率性」と呼ばれ、財・サービスの量・質を所与として、それを最小の費用で供給できているかどうかに関わるものである。生産要素の投入は最適に組み合わせて行われているか、労働に代表される生産要素に怠け・無駄は発生していないか、といった問題である。生産の効率性は政策の執行段階の問題であり、このテーマにつ

いては次章でくわしく扱う。

政策形成と行動主体

　前章では、政策形成がいかなる場面で必要となり、社会全体の満足度を最大化するとはどのようなことを意味するかを理論的・概念的に解説してきた。しかし、現実の政策は教科書どおりに行われるわけでも、全知全能の神様が行うわけでも、慈悲深い政府が行うわけでもない。現実の政策はさまざまな行動主体が登場する公共選択の場で形成され、そして執行される。公共選択論とはそうした現実の政策形成のプロセスを分析・評価する学問である。現実の政策は、従前の市場の失敗が起きていた状態をさらに悪化させてしまうかもしれない。そうした問題が「政治の失敗」と呼ばれる。

　図表 3-1 は政策形成のプロセスを簡略化して描いたものである。政策形成の資源配分上のパフォーマンスを評価するには、個人（住民・有権者）を意思決定主体の基本に据えて、彼らの選好がいかに集計されるかを見なければならない。政治における個人の選好表明手段の基本は投票である。したがって、いかなる投票ルールが採用されるかがそこでは重要になるが、民主主義を最も簡易に象徴するルールは、通常、単純多数決（過半数）ルールとされる。そこで続く第 2 節では、人々が単純多数決投票によって意思決定を行う直接民主制の政策形成を検討する。

　図表 3-1 に描かれるように、政策形成プロセスには、個人（有権者）以外に、政治家・利益集団・官僚といった行動主体が各々の行動目的を持って参画してくる。市場における私的意思決定に代わる手段として政治を位置づける限り、各自がすべての政策問題に選好を表明し意思決定に関わることは理想ではあっても、各自がすべての政策問題について情報を収集し、自らの選好に照らして個々の政策の便益と費用を評価することは、情報収集および意思決定の費用という点で至難である。

　したがって、多くの状況では、人々（有権者）から付託された議員（政治家）が、代理人として政策形成を担う間接民主制（代議制）が採用されている。政治家に政策形成の仕事を委ねることで、われわれは相当の意思決定費用、すなわち時間と労力を節約しているのである。しかし他方で、付託した

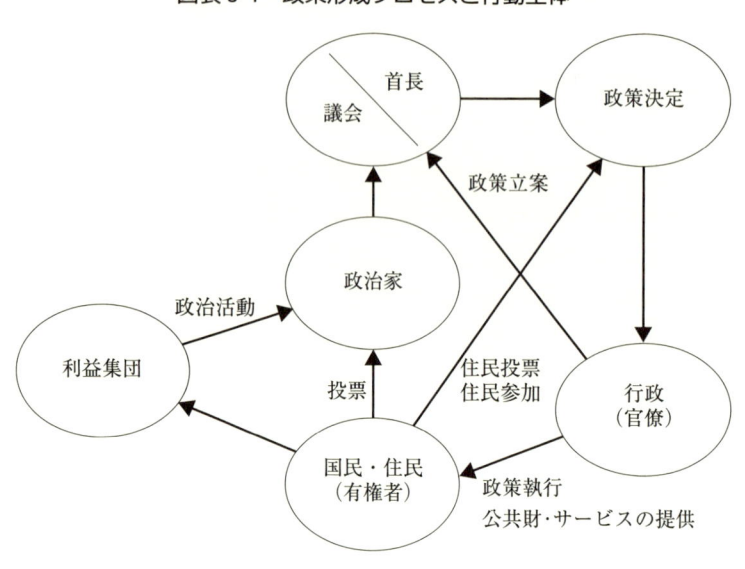

図表3-1 政策形成プロセスと行動主体

政治家が、われわれの選好を政策形成にどこまで反映させてくれるか、というリスクも伴う。社会的な政策課題が多くなるほど、1人の政治家を個々の政策問題の代理人と考えることは難しくなる。各自の選好と政治による選択とが乖離するリスクが高まるのである。第3節では、政治家の行動を想定した政策形成モデルを考えてみる。

直接民主制をとるか間接民主制をとるかという問題は、意思決定費用の大きさと政策が各自の選好から乖離することの費用（不満足）の大きさとを秤にかけることである。もちろん両制度の短所を補うべく、直接民主制（たとえば住民投票制度）と間接民主制を適宜組み合わせる方法も考えられる。

政策形成に関与する主体として、官僚の存在も大きい。官僚（行政）は、本来、政治（立法）が決定したことを忠実に履行する主体として位置づけられる。しかし、現実の政策形成では、官僚はそうした受動的な立場にとどまってはいない。政策の中身が多種多様で複雑になるほど、官僚は専門家集団として政策の議案（内容）を提案し、それを執行する過程で、多大な影響を及ぼしうる。日本はしばしば官僚国家と形容されてきたが、国会や地方議会

の議案のほとんどが官僚の手で作られているように、影響力は多大である。

　官僚が国民・住民の満足度の改善を考えて行動しているのであればよいが、官僚自身も自己目的を追求している可能性がある。また官僚機構は、縦割り構造、縄張り争いといった政策形成の弊害となりうる独自の問題も抱えている。政策執行主体としての官僚組織の問題は次章で扱うが、本章の第4節では、官僚行動が資源配分に与える影響という観点から検討を行う。

　政治による政策形成では、各個人や各企業の選好が満たされる保証はない。そこで、利害を共有する住民や企業が集団を作り、自分たちに有利な方向へと政策形成を誘導しようと政治に働きかける動機が生まれる。こうした共通の政治的利害で結びついた有権者や企業の集団は、利益集団や圧力団体と呼ばれる。第5節では、自分たちに有利な方向へと政策を誘導できる可能性があるとき、利益集団が政治活動に資源を費やすレントシーキングと呼ばれる問題を取り上げる。

　そして最後の第6節では、政治家・官僚・利益集団の行動によって陥るかもしれない政治の失敗とそれを抑止するための制度設計に言及し、本章を閉じることにする。

02　直接民主制と政策形成——住民投票モデル

中位投票者モデルと1次元の選択対象

　政治による政策形成の基本は、各自の選好を多数決投票ルールで集計を図るものである。多数決ルールにもどの程度の多数で勝ちとするか、選択対象をどう定義するか、投票は何回行うかなどによって、さまざまな形態がありうるが、ここでは基本的な単純多数決投票による意思決定を考える。

　第1に、選択肢は1次元上に表現できると仮定する。たとえば、公園を造るとした場合、どのくらいの規模（面積）にするか、どのくらいの予算にするかといった1次元上で量的に扱いうる選択肢を考える。第2に、投票は、2つの選択肢に対してどちらを好むか、という二者択一型で行われる。第3に、勝敗は過半数、すなわち51％以上の票を得るかどうかで決定する。第4に、どの代替案にも負けることのない選択肢が勝ち残るまで、投票は繰り返

し行われる。以上のような設定における帰結が、以下述べる「中位投票者モデル」と呼ばれるものである。

今、選択対象として、図表3-2の横軸に示した公園の規模（公園整備の投資額）を考えてみよう。5人の社会を想定し、個人 i (i=1, 2, 3, 4, 5) の公園規模に対する需要曲線を D_i とする。各自の負担比率を一律の20%（5分の1ずつ）とすると、このとき水平の MC 曲線が各自の直面する限界費用曲線となり、Q_i (i=1, 2, 3, 4, 5) が各自の望む公園規模を表すことになる。このような状況で、2つの公園規模を選択肢として取り出し、多数決投票を繰り返していくと、最終的に公園規模 Q_3 に対応した「多数決投票均衡」に到達するというものが中位投票者モデルである。多数決投票均衡とは、横軸上で示されるいかなる代替案に対しても、その案が多数決投票で過半数を得るという意味である。たとえば Q_3 と Q_4 を投票にかけるならば、個人1・2・3の3人は Q_3 を支持し、個人4・5の2人は Q_4 を支持することから、3対2で Q_3 が選択される。

以上の多数決投票による意思決定は集団による政策形成を象徴するといえるが、いくつか重要な示唆を含んでいる。第1に、集団による政策形成においては、個人が選好する最適点（これを主体的均衡と呼ぶ）と集団の決定（政策）とは、一般的に一致しないということである。図表3-2でいえば、多数決投票均衡 Q_3 は各人の最適点 Q_i ではない。第2に、集団による政策決定は、社会全体から見た資源配分上の最適点、いわゆる Samuelson の効率性条件を満たす状態（Q^*）とも一致しない[1]。多数決投票ルールにおいては、偶然によって一致する場合を除いて、両者は一般的に乖離することが証明されている。

したがって、政治による政策形成は、資源配分の効率性に関して何らかの改善を保証するものではないということになる。その原因をひと言でいえば、投票という選好表明の手段は選好の強さを表現できないからである。

---

[1] 公共財を対象にしたとき、社会全体で見て満足度の最大化が図られている状態を、Samuelson (1954) は社会的限界便益＝社会的限界費用の条件が成立している状態と定義した。これを Samuelson の効率性条件と呼ぶ。

図表 3-2　1 次元の選択対象と多数決投票

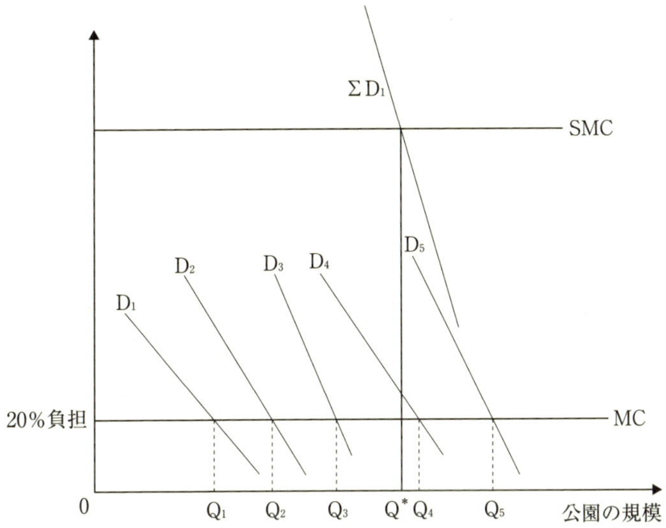

サイクル（循環）と複数次元の選択対象

　中位投票者モデルの限界のひとつは、選択対象を公園規模の大小といった 1 次元上に表現できることを前提としている点にある。しかしたとえば、ある土地に公園・体育館・図書館のどれを建設するかといったいわゆる複数次元の問題になると、中位投票者モデルが妥当しなくなる状況が出てくる。今、3 人の個人あるいは 3 つの住民グループ｛A, B, C｝からなる社会において、それぞれの選好が**図表 3-3** のように想定されるとしよう。3 つの住民グループ内の人数は単純化のため同数とする。

　このとき、先と同様に二者択一型の多数決投票を行うならば、以下のような選好序列の結果となる（＞は選好の序列を表すものとする）。

　　　　公園＞体育館＞図書館＞公園

すなわち、公園と体育館を比べたとき、個人 A・B が公園を支持、個人 C が体育館を支持、その結果、公園が体育館よりも選好される。同様に、体育館と図書館の間では体育館が選好される。このとき「推移律」[2] という合理

図表 3-3　複数次元の選択対象と多数決投票

	公園	体育館	図書館
A	1	2	3
B	2	3	1
C	3	1	2

注：表の数字は選好の順位を表す。

的選好序列の条件を満たすには、公園が図書館よりも選好されなければならない。しかし公園と図書館の間で多数決投票を行うならば、図書館の方が公園よりも選好されることになる。ここでは、ほかの2つの選択肢に常に勝てる選択肢は存在しない。投票は無限に繰り返される可能性があり、そうした状態はサイクル（循環）と呼ばれる。推移律を満たさない矛盾を指して、「投票のパラドックス」と呼ばれることもある。

　サイクルが起きる状況は、多数決投票が複数次元の選択肢を対象とした場合に、常に発生するわけではない。図表3-3のケースでは、個人Bの選好を図書館＞公園＞体育館から、図書館＞体育館＞公園に入れ替えるならば、サイクルは起こらず体育館が多数決投票均衡になる。しかしそれでも、この問題は、複数次元を対象とした政策形成においては、多数決投票が整合的な意思決定を行えない可能性を示唆している。

ログローリング（票の取引）

　多数決投票による政策決定は、すでに指摘したように、Samuelsonの効率性条件を満たす資源配分の効率性を一般的に達成できない。その原因のひとつは、1票による選好表明では、各自の選好の強さを表明できないからである。市場メカニズムが資源配分の効率性を達成できるのは、財・サービスに対して高い評価を与える消費者は、同じ量に対してより高い値をつけ、あるいは同じ価格に対してより多くを購入し、需要の高低を表明できるからで

2）推移率とはA＞BかつB＞Cのときには、必ずA＞Cとなる関係を意味する。選好体系の合理性の条件としてしばしば挙げられる。

図表3-4 ログローリングとペイオフ表

	Y地域で道路をつくる	Z地域で橋を架ける
X地域の住民	−2（反対）	−2（反対）
Y地域の住民	5（賛成）	−2（反対）⇒（賛成）
Z地域の住民	−2（反対）⇒（賛成）	5（賛成）

ある。しかし投票による意思決定では、先の図表3-2の例でいえば、公園に強い需要を持つ人も弱い需要を持つ人も、同じ1票という選好表明に制約される。

以下で取り上げるログローリング（暗黙の票の取引）は、投票者が選好の強さを表明するひとつの手段となりうる。今、ある社会（国や自治体）があり、3つの地域 {X, Y, Z} から構成されているとしよう。各地域には単純化のため各々同数の住民が住んでいるとする。そこでY地域で道路を整備する事業とZ地域で橋を架ける事業がそれぞれ提案され、各地域の住民は図表3-4で表されるペイオフ（利害損得）を受けるとしよう。この表の数字は、たとえばY地域の住民たちは道路から5の便益を受けるが、X地域やZ地域の住民は費用のみ負担するため−2の損失を被ることを意味する。

まずそれぞれの提案を社会全体の多数決投票で決めるとすると、Y地域の道路事業に対して、Y地域の住民たちはもちろん賛成するが、X地域とZ地域の住民たちは反対するため、この事業は否決される。同様にZ地域の架橋事業に対しても、Z地域の住民だけは賛成するものの、ほかの2つの地域の住民は反対するため否決される。

ところがY地域とZ地域の住民たちは、それぞれ自分たちの地域内の事業に強い欲求を抱いており、次のような結託に合意する可能性がある。すなわち、Y地域の住民からZ地域の住民に対して、Z地域の架橋事業に賛成投票するので、代わりに自分たちのY地域の道路事業に賛成投票してくれるようにと持ちかけるのである。Y地域の住民にとっては、仮にZ地域の橋が建設されても、自分たちの地域の道路が整備されれば、なお+3（= 5−2）の純便益が得られる。同じことがZ地域の住民にもいえるため、この提

案は合意に至る可能性がある。その結果、2つの事業に対してY地域とZ地域の住民が賛成投票することで、多数派が形成される。このような結託行為が投票者間のログローリング（暗黙の票の取引）と呼ばれる。

ログローリングに対しては、肯定的・否定的両方の見方がある。肯定的な見方は、先に指摘したように、選好の強さを表明できない投票による意思決定において、資源配分の効率性を改善するひとつの手段になりうるというものである。図表3-4では、Y地域とZ地域の事業は、いずれも社会全体では+1（=5-2-2）の純便益を生み出すものであった。案件ごとの個別の多数決投票では、弱い選好の多数派が強い選好の少数派を上回るため、強い選好を持つ少数派同士が票を取引するインセンティブを持ったのである。

しかし、そうした社会的純便益がプラスになる状況は、若干の数字の変更で容易に覆る。たとえば、X地域の住民がY地域とZ地域の各事業から受ける損失を各々-2から-4に変更すると、社会的純便益は各々-1になる。すなわち、ログローリングが選好の強さを具現化する手段になりうるとはいえ、結果としての社会的純便益はプラスにもマイナスにもなりうる。ログローリングは個々の多数決投票で否決されるものを可決することで、事業を過大に決定する手段になる可能性もある。

ここまでは住民による直接投票を前提としてきたが、ログローリングは後述する政治家間の結託として理解した方が現実的かもしれない。たとえば国政の場では、地方選出の政治家同士が、それぞれの地元での事業を実施するため、お互いの地域の事業を支持し合う状況が考えられる。国の予算で地方の公共事業やハコモノ整備が数多く行われている状況は、このモデルと符合するといえる。

合理的な棄権

これまでは有権者全員が投票し、棄権は発生しないという前提で説明をしてきた。しかし周知のように現実には棄権者が常に存在し、日本では国政選挙でも地方選挙でも、投票率の長期低落傾向が話題となってきた。衆議院選挙の投票率は、1980年代までは70％前後で推移してきたが、過去20年間では60％前後へ低下している。常に4分の1から3分の1の有権者が棄権し

ていることになるが、これだけ棄権者が存在する政策形成をどう考えるべきだろうか。

棄権あるいは低い投票率に対しては次のような見方がある。ひとつは、投票は参政権であり、国民・住民であることの義務・権利を意味する。よって棄権は社会の構成員であることの放棄につながるという規範的な見方である。その場合、棄権の存在や増加傾向は懸念される現象であり、投票の結果も社会全体の選好を反映していないという問題提起につながる。

もうひとつは、棄権という行為を有権者の合理的選択の結果と解釈する実証的な見方である。Riker and Ordeshook（1968）は、個人の投票という行為の期待便益（EU）を以下のように表現した。

$$EU = P \times B - C + D$$

この式で、Bは投票によって自分の望む政策が選択されたときの純便益を表す。純便益（B）とは、自分の望む結果になった場合の便益（満足）から、自分の望まない結果になった場合の費用（苦痛）を差し引いたものである。Pは自分の1票が自分の望む政策の選択確率をどれだけ高めうるかという影響度である。よって、投票を通じて自分の選好を表明することで期待される便益がP×Bで表される。

次に、Cは投票に要する諸々の費用を表す。この費用は、投票所に行くことの直接的費用、政策や候補者に関する情報を収集するための費用、そして投票に行くことで諦めるほかの行動からの便益（機会費用）も含む。そして最後の項Dは、投票という行為自体から得られる満足度を表す。先に指摘した投票することで社会的義務を果たすという満足感である。

かくして、各有権者はこの式の純便益（EU）がプラスであれば投票し、マイナスであれば棄権する。ダウンズ（1980）は、こうした解釈に従って、棄権の存在は有権者の合理的な選択の結果であるとして、それを「合理的無知」と呼んだのである。

翻って、現在日本で問題となっている棄権者層あるいは政治的無関心層はどう解釈されるだろうか。これにも以下に挙げるようなさまざまな解釈がありうる。第1に、どの候補者も自分の選好から等しい距離（つまり無差別）

であるため、誰が選ばれても大きな違いはなく、自分の1票が結果に与える無視しうる程度の影響を考えれば、期待便益はマイナスになる（つまり棄権）と考えている可能性である。第2に、どの候補者も自分の選好から大きくかけ離れているため、その意味で誰が選ばれても大きな違いがなく、期待便益がマイナスになる（つまり棄権）と考えている可能性である[3]。第3に、投票の機会費用が大きい、すなわちせっかくの休日を選挙で犠牲にしたくないと思っているのかもしれない。そして第4に、投票に義務感を感じない人が増えているのかもしれない。

おそらくこれらの原因が複合して実際の棄権は発生していると考えられるが、近年の現象として、投票に値する候補者がいないといった不満が有権者から聞かれる。このことは、いくら棄権が合理的であると解釈されるとしても、政治による政策形成は国民（有権者）の意思を反映できないという根本的かつ深刻な問題を投げかけているといえる。

03　間接民主制と政策形成──政治家の行動原理

これまでは主として直接民主制を前提とした議論をしてきた。しかし日本もそうであるように、有権者は政治家（候補者）を投票で選び、その付託を受けた政治家（国会議員・首長・地方議員等）が実際の政策形成を担う「間接民主制（代議制）」をとっている場合の方が一般的である。

そこで次に、政策形成プロセスにおける政治家の行動を考えてみよう。公共選択論においては、ダウンズ（1980）が提起した「政治家（候補者）は得票を最大化する」という行動仮説が広く受け入れられている。政治家にも、国のため地域のため自分を捧げる篤志家、理想とする社会を実現するために自分の信念を貫く人がいるであろう。しかし「政治家も当選しなければただの人」といわれるように、一般的には選挙で当選すること、すなわち得票の

---

[3] 投票から期待される純便益は、もちろん選択対象に対する各自の選好に依存する。その点で、棄権の原因は2つに分類される。ひとつは、選択対象がいずれも自分の選好から見て無差別である場合で、これは「無差別による棄権」と呼ばれる。もうひとつは、選択対象が自分の選好からあまりにかけ離れてしまい、投票の意欲が出てこない場合であり、「疎外による棄権」と呼ばれる。

図表3-5 代議制による候補者間の競争モデル

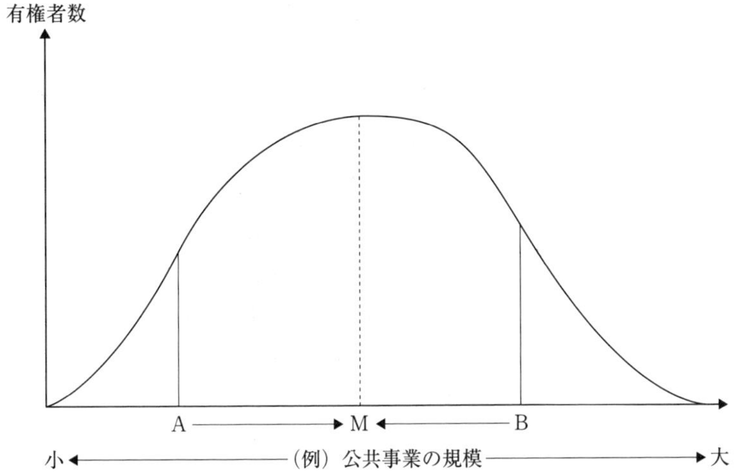

縦軸：有権者数
横軸：（例）公共事業の規模　小←→大
横軸上の点：A、M、B

最大化を考えて公約（政策案）を提示するという仮説には説得力がある。

候補者が選挙で当選するための戦略は、もちろん小選挙区制か比例代表制か等、選挙制度に依存する。ここでは最も単純な1選挙区1当選者の小選挙区型選挙を考えてみる。今、選挙の争点が**図表3-5**の横軸の1次元上に表現されるとしよう。たとえば、ある県の知事選挙で、公共事業の規模を争点にするようなケースがあてはまる。有権者はこの横軸上に各自の選好を持っている。そして横軸上の各点を選好している有権者の数を縦軸にとったとき、有権者の分布関数の一例が図表3-5に描かれている。

今、2人の候補者 {A, B} が、横軸上の点Aや点Bの位置を公約として表明しているとする。そして第1に、有権者は自分の選好により近い公約を提示する候補者に投票し、第2に、2人の候補者は当選するために得票を最大化するように行動するものと仮定する。このとき、候補者 {A, B} が提示する公約は、有権者の分布の中位点である点Mに収束するというのが、このモデルの帰結である。たとえば候補者Aは、横軸上の点Aの左側にいる有権者の票を獲得できるが、点Aと点Bの間にいる有権者の票は相手と取り合うことになる。得票を増やすには、公約の位置を右に移動させていかな

ければならない。候補者Bも同様の行動をとるならば、2人は中位点Mに近づいていく。そして最初に中位点Mにたどり着いた候補者が、51％の票を獲得することができる。

　このモデルは、先に説明した中位投票者モデルを代議制に応用したモデルといえる。そして米国のように小選挙区型投票制度のもとで2大政党（共和党と民主党）が争う選挙において、政策（公約）が相互に似てくる現象を説明できる。しかし、現実には候補者の公約が完全に一致するわけではない。政策（公約）が中位点に収束しているかどうかを判断するにも、多くの仮定を吟味する必要がある。第1に、公約の争点ははたして1次元上で表現できるほどに単純かどうか。第2に、有権者の分布は図表3-5のように単峰型かどうか。第3に、棄権者の発生に一定の傾向はないかどうか、等々。モデルの構造や帰結は、これらの仮定の妥当性によって異なってくる。

　代議制による政策形成のパフォーマンスを見るには、公約が選挙後に実現されているかどうかも評価しなければならない。公約が守られなければ、政治家は有権者から反発を受けるであろうが、そうした調整には次の選挙まで待つといった時間を要する。有権者はその間の調整コスト（我慢する費用）を被るリスクも負う。さらに、すでに指摘したように、現実の政策形成が中位投票者モデルにあてはまるとしても、社会全体でどの程度の資源配分の効率性が達成されているかは別問題である。代議制による政策形成は、有権者の意思決定費用を節約できる長所を持つが、その一方で、政策の次元が多様化し、有権者の選好が多様化・複雑化するほど、政策形成の結果は個人や社会全体の最適点から乖離していく可能性が高まる。

04　官僚による政策形成への関与

　政策形成には官僚も多大な影響を与えている。日本は官僚主導国家と形容（揶揄）されるように、政策形成の実質的な決定権のかなりの部分が官僚に握られているといわれる。国政レベルでいえば、各政策案や予算案は各省庁によって原案が策定され、最終議決権こそ国会に委ねられているものの、その場で詳細な政策論争が繰り広げられることは少ない。たとえば、国が社会

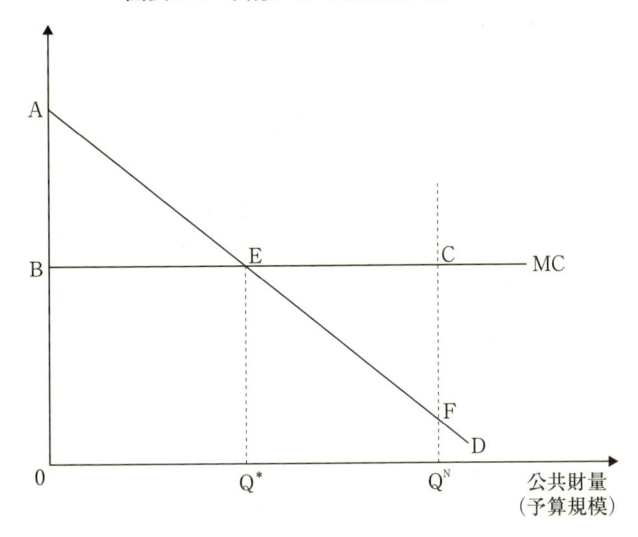

図表 3-6　官僚による予算最大化モデル

資本をどれだけ整備するかという政策は、国土交通省等が大枠の中長期計画を定め、そのもとで毎年度どの地域のどの事業にどれだけの予算をつけるかという箇所づけが、官僚の裁量によって決定され執行されている。地方自治体レベルでも、行政と議会の関係は似たようなものである。

以上のように、官僚は政策形成に大きな影響力を持っていることが窺われるが、彼らはいかなる行動原理に基づいて政策や予算を提案しているのだろうか。公共選択論における最も有名な仮説は、Niskanen（1971）によって提示された「予算最大化仮説」である。官僚は、国民・住民の忠実な従僕とは異なり、自分たちの報酬や昇進機会を拡大できるよう、自分たちの属する省庁・部局の予算や組織を最大化しようと行動するというものである。

図表 3-6 には単純な Niskanen モデルを描いている。ある公共財量あるいはその予算規模を決定する状況を想定し、横軸に公共財量（あるいは予算規模）をとり、曲線 D は国民や住民の社会的需要曲線、水平に描かれた曲線 MC が社会的限界費用曲線を表すものとする。たとえば国土交通省道路局が国の道路投資額を提案するといった状況であり、ここでは官僚が公共財量

（予算規模）を提案する裁量権を持っている。ただし、国民の満足度を現状よりも悪化させる場合には、議会や国民の承認は得られなくなるという制約も置く。

図表 3-6 における社会的に最適な公共財量は、Samuelson の効率性条件に従えば、曲線 D と曲線 MC の交差する点 E において、Q^* という水準で与えられる。それに対し予算最大化を図る官僚はどの水準を提案するだろうか。それは図表 3-6 の公共財量 Q^N を提案することである。Q^N においては、$\triangle$ABE で示されるプラスの消費者余剰と $\triangle$FCE で示されるマイナスの消費者余剰がちょうど相殺し合い、社会的な純便益はゼロになる（つまり現状より悪化することはない）。Q^N を超えてさらに予算を拡大すると純便益はマイナスとなり、議会や国民の承認は得られなくなる。

官僚の予算最大化仮説は、先進諸国で一様に観察されてきた政府規模の拡大傾向、そして歳出削減や行政改革に対して必ず官僚組織が抵抗する現状とかなり符合する。しかし現実はこのモデルほど単純ではなく、予算最大化がどこまで実現されているかを検証することも容易ではない。またこのモデルにおけるひとつの論点は、拡大された予算が、過大とはいえ公共財の形で国民・住民に還元されているのか、官僚自身の満足として消費（浪費）されているのかという点である。

現在の日本のように政府債務が拡大し財政破綻が懸念されるような状況では、国民の満足度が現状以下には悪化しないという歯止め（制約条件）自体も実際に機能しているのか怪しくなる。Niskanen モデルの想定以上に予算拡大あるいは浪費が起きている可能性も考えられる。

05　利益集団による政策形成への関与とレントシーキング活動

これまでは、有権者の政策への選好表明や投票行動は、基本的に個人単位で行われることを前提としてきた。しかし政治活動は、集団で行う方が影響力という点で効果的である。また政策の受益者の中には個人以外の企業・団体も存在する。実際、多くの住民団体・消費者団体・業界団体等が、陳情・請願・署名活動・政治献金といった政治活動を行い、自分たちの望む方向へ

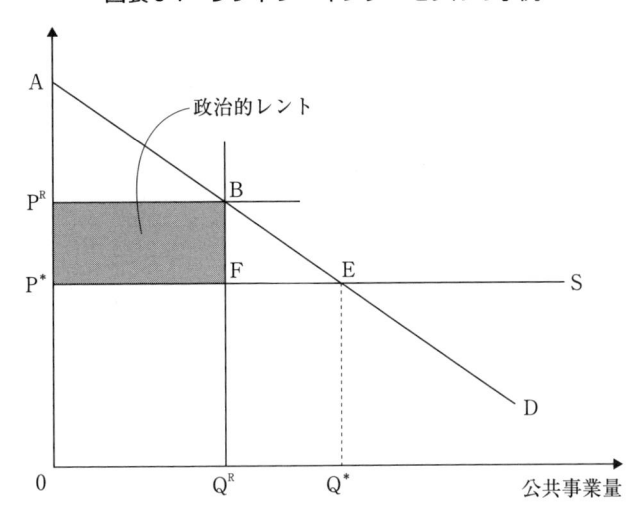

図表3-7　レントシーキング・モデルの事例

と政策形成に働きかけている。ある特定の政策に関連した政治的利害で結ばれた集団を「利益集団」と呼ぶことにする。米国には利益集団と政治家の間で政治活動（ロビイング）を行う専門家（ロビイスト）も存在する。

　利益集団の活動も、自分たちの選好を表明するための手段として活用される限りでは望ましいが、度を超すと「政治の失敗」の原因となりうる。いかなる政策も、社会の構成員に大なり小なり満足度の変化をもたらし、とりわけ規制や補助金にまつわる政策形成は、便益を得る主体とそうでない主体を明確に分ける。そこに利益集団を形成して政治活動を行う動機も生まれる。

　今、ある市場（業界）の価格形成に、何らかの目的で政府が関与しているとしよう。業界の過当競争を防ぐための供給量規制や価格規制といった事例が挙げられる。ここで公共事業の入札市場を考えてみよう。**図表3-7**の横軸にはある公共事業の量をとり、社会的需要曲線を曲線 D、建設業者の供給曲線を単純化のため水平の曲線 S で表せると仮定する。

　公共事業の入札が競争的に行われるならば、両曲線の交点 E で単位当たりの価格 P^* が決まり、$\triangle AP^*E$ の消費者余剰が発生する。ところが、建設業者の保護や過当競争防止を理由に（実際には工事の質を上げるためといった

弁明がなされるが)、供給量(参入業者)がQ^Rの水準に制限されたり、単位当たりの入札価格がP^Rの水準に引き上げられるならば、消費者余剰は△ABP^Rへと減少し、△BEFの資源配分の損失が発生する。そして、建設業者は四角形P^RBFP^*分の特別利益を獲得する。

　この特別利益は、本来の企業活動によって生み出された利潤(プロフィット)ではなく、入札制限というある種の政策によってもたらされた利益であり、「政治的レント」と呼ばれる。Tullock (1967) が提起したレントシーキングという概念は、業界団体等が政治的レントによる旨味を追求し、入札制限のような政策(規制による保護政策)を勝ち取るための政治活動に投資することを指す。利益集団にとっては、政策獲得に要する政治活動の費用が政治的レント(四角形P^RBFP^*)よりも少なくてすむならば、レントシーキング活動への投資は十分に利益に見合うことになる。

　さらにこうした投資の一部は、政治家への献金や賄賂に流れていくかもしれない。本来、政治的レントは少なくとも利益を受ける業界に帰属する余剰である。しかしそれが政治活動(ロビイング活動や接待等)や政治家への賄賂に消えてしまうならば、それは社会にとって浪費以外の何ものでもない。

06　政治の失敗と改革のための制度設計

政策形成の限界と政治の失敗

　ここまで本章では、政治的意思決定に基づく政策形成のパフォーマンスを、資源配分の効率性という観点から検討してきた。市場メカニズムの最大の長所は、個々人の選好に応えうることであるが、市場で応えられない問題への政策的対応においては、人々の選好をいかに集計し、その結果どう改善されるのかということが問題になる。政治における選好表明手段の基本に投票を置き、直接民主制から間接民主制へと、また有権者から政治家・官僚・利益集団へと、政策形成プロセスにおいて意思決定ルールや行動主体の利己的動機が結果にいかなる影響を及ぼしうるかを検討してきた。

　これまでの議論をまとめると、第1に、集団による政策形成の結果は、各自の選好とは一般的に一致しない。第2に、社会全体の満足度についても、

社会の構成員の選好を投票等による限られた情報伝達手段で集計せざるを得ない制約から、一般的に社会全体の満足最大化を保証することはできない[4]。第3に、多くの政策形成の場では、社会の構成員の間に利害対立が発生し、政策決定が国民（有権者）をその恩恵に浴する人と損失を被る人に二分する可能性がある。このことは、各行動主体が自分も政策の恩恵に浴するグループに入れるよう、戦略的に行動する可能性を示唆する。そうした行動が増加すれば、政策形成の結果は人々の選好や社会全体の最適状態からますます乖離する恐れがある。

　以上が「政策形成の限界」とでも呼べるものである。しかし限界はあるにせよ、各自が個別に行動をとるよりは、社会全体で政策的対応を図ることで社会的により望ましい状態、すなわち次善の状態が達成されうるのであれば、その政策自体が否定されるわけではない。問題は、政策決定と国民・住民の選好が大きく乖離することで資源配分の損失が深刻なものとなり、各自が私的に行動することや市場に委ねる場合の方がまだ満足度が高い、という事態にまで陥ったときである。そうした状態がいわば「政治の失敗」と呼ばれる。

　日本では、はたして政治の失敗はどの程度発生しているだろうか。その厳密な実証分析は容易でない。しかし、膨大な政府債務残高が累積されるほどに過去において資源・財源が政策に費やされてきたにもかかわらず、国民・住民の満足度の方はそれに見合うほどでなかったとすれば、そこには資源・財源の使い途（資源配分）に政治の失敗があったことを示唆することになる。

　第5節で取り上げたレントシーキングの事例は、まさに政治の失敗の典型といえる。業界が政治家に献金や賄賂を渡し、それを受けて政治家が規制の権限を持つ所管官庁（官僚）に圧力をかける。あるいは、直接に入札業者を（天の声によって）指定する。こうした「政官財の鉄のトライアングル」の構図は、政策形成の場面から消滅させなければならない。

　政治の失敗が起きているとすれば、当然それを解消するための政策形成の改革を考えなければならない。以下では、現在の日本の政策形成を国民・住

---

4) 公共財を対象とした議論では、各自が効用最大化を達成しながら（つまり主体的均衡に到達しながら）、かつ社会全体の満足度をも最大化している状態をリンダール均衡と呼ぶ。

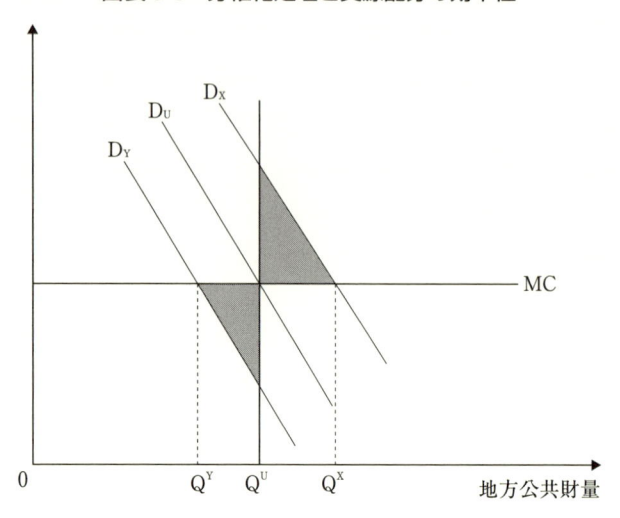

図表3-8 分権化定理と資源配分の効率性

民にとって好ましい方向へ近づけるための、すなわち資源配分の非効率性（浪費）を改善するための改革案を2つ示すことにする。

分権的な政策形成の仕組み

政策に関する資源配分の効率性改善に向けて、期待を持てる方法のひとつは、分権的な意思決定制度への移行である。分権的な政策形成のメリットを単刀直入に表現している Oates（1972）の「分権化定理」を図表3-8で説明しよう。今、2つの地域 {X, Y} からなる国（社会）を想定する。横軸にある地方公共財の量（Q）をとり、この地方公共財に対して国が想定している各地域の社会的需要曲線を D_U、限界費用曲線を水平の MC と仮定する。このとき国レベルの政策では、国が最適と考える供給量が2つの曲線の交点において Q^U の水準に与えられる。

しかし、この地方公共財に対する2つの地域 {X, Y} の選好（需要）は異なるとしよう。地域 X を代表する需要曲線は D_X、地域 Y のそれは D_Y で表される。各々の地域の最適供給量は、限界費用曲線が両地域で同一と仮定すると、各々 Q^X と Q^Y の水準に与えられる。このことは、地域間で地方公共

財への選好が異なるときに、国が一律の供給量を設定すると、アミかけ部分の資源配分の損失が生じることを意味する。この損失は地域ごとの分権的意思決定へと移行することで解消することができる。分権化定理とは、供給条件は一定として、国が画一的な政策決定を行うよりも、個々の地域が独自に政策決定を行う方が、社会全体の満足度は必ず高まるというものである。

現在、日本でも地方分権改革が進行中である。分権改革が資源配分の効率性改善を意図しているとすれば、図表3-8で表現されるような分権的政策形成へと変換していかなければならない。第1に、地域ごとに住民の公共財やまちづくりに対する選好が多様化しているとの認識を持つ必要がある。第2に、そうした前提のもとで、国が法令や通達など政策の中身を画一的に縛ることが、満足度低下を招いていると認識しなければならない。第3に、そうした認識に基づいて、分権化定理が発揮されるよう、地域が政策形成を行う仕組みを構築しなければならない。国からの縛りを解いて、地域が各自の予算制約に直面して資源配分を決定しうる仕組みにすることが必要である。

政策評価に基づいた政策形成

政策形成が自己目的を追求する官僚や利益集団の行動によって歪められる原因のひとつに、政策に対する客観性や科学性に基づいた分析・評価と、それを踏まえた政策論争を欠いてきた点も挙げられる。それゆえに、より強い権限やより多くの情報を有する行動主体が政策形成に影響力を持ち、政策を自分たちの望む方向へ誘導することを可能にしてきたのである。

そうした政治の失敗を打開する手段として、近年、政策評価制度に対する期待が高まっている。ある政策手段を選択する前に、その目的に照らしてどういった代替手段があり、各々がどれだけの費用・効果・副次的影響をもたらしうるかを事前に分析・評価し、それに基づいて政策論争を行うのである（事前評価）。そして政策を執行したのちも、どれだけの費用がかかり、意図した効果が表れたのか、政策目的はどれだけ達成されたのかを分析・評価し、問題点があればその改善策を検討するのである（事後評価）。

こうした手続きは、国民・住民が何を望んでいるかという点から、資源配分の効率性改善につながってこよう。そのため国民・住民の選好に関する調

査・分析も必要になる。また民主主義のあり方としても、そうした政策評価の結果を情報公開し、その政策手段を選んだ根拠や政策目的の達成度について国民・住民に説明する責任が求められてくる。

　以上のような政策評価の試みにしても、先に挙げた分権改革にしても、適切な仕組みを制度化し機能させるのは今後の課題である。しかし、これらの改革を進展させ、政策形成のパフォーマンスを改善していかなければ、われわれの生活の満足度を改善していくことも、膨大な政府債務を解消していくこともできないであろう。

［長峯純一］

【キーワード】
政策形成、公共選択、直接民主制、間接民主制、公共財、資源配分の効率性、中位投票者モデル、ログローリング、レントシーキング、政治の失敗、地方分権、政策評価

【参考文献】
オーツ、ウォーレス・E. 著、長峯純一訳者代表（1997）『地方分権の財政理論』第一法規出版（Oates, Wallace E.（1972）*Fiscal Federalism*, Harcourt Brace Jovanovich）。
ダウンズ、アンソニー著、古田精司監訳（1980）『民主主義の経済理論』成文堂（Downs, Anthony（1957）*An Economic Theory of Democracy,* New York: Harper & Row Publishers）。
長峯純一（1998）『公共選択と地方分権』勁草書房。
長峯純一・片山泰輔編著（2001）『公共投資と道路政策』勁草書房。
ミュラー、デニス・C. 著、加藤寛監訳（1993）『公共選択論』有斐閣（Muller, Dennis C.（1989）*Public Choice II*, *Public Choice*, first edition（1979）, Cambridge University Press）。
Niskanen, W. A.（1971）*Bureaucracy and Representative Government*, Chicago: Aldine-Atherton.
Riker, W. H. and P. C. Ordeshook（1968）"A Theory of the Calculus of Voting," *American Political Science Review*, Vol.62, pp.25-42.
Samuelson, P. A.（1954）"The Pure Theory of Public Expenditure," *Review of Economics and Statistics*, Vol.36, pp.386-389.
Tullock, G.（1967）"The Welfare Cost of Tariffs, Monopolies and Theft," *Western Economic Journal*, Vol.5, pp.224-232.

第4章
政策執行の主体と効率性

Summary

本章は、政治過程を通じて決定された政策が、実際に執行される形態とそこにおける効率性の問題を検討する。

まず、第1節では、政治的システムを通じて決定された政策が、実際に執行され、その結果が次の政策にフィードバックされるまでのプロセスを整理する。政策執行における車の両輪は「法」と「予算」であるが、いずれにおいても何らかのインプットが行われる。政策執行の効率性を高めるためには、インプットに対するアウトプットやアウトカムの評価を行うことが肝要である。

第2節では、効率性と大きな関わりを持つインセンティブの問題を検討する。政府が政策を執行する際には、市場競争下にある民間企業とは異なり、効率化へのインセンティブが不足しているために、「政府の失敗」が発生し、非効率がもたらされる場合がある。プリンシパル・エージェント問題の存在も政府が失敗する要因のひとつである。

第3節では、政策の執行主体の問題を取り上げる。政策を執行する主体には、政府本体についても、国、都道府県、市町村といった役割分担があるが、政府が財団法人などの非営利団体を設立する場合や、営利企業を設立するようなケース（第3セクター）までさまざまなものがある。さらに、民間委託や民営化といった形で政府サービスを提供するのが効率的な場合もある。

第4節では、政府の失敗を克服し、政策執行を効率化していくための方向性を検討する。第1には、政策評価と情報公開を進めることでプリンシパルである国民との間の情報の非対称性を軽減していくことが重要である。第2には、地方分権や「新しい公共」の推進によって自治体間、あるいは自治体と民間非営利団体との競争を促進するなど、政府の政策執行においても競争原理が働くようにしていくことによって、効率化が推進されることになろう。

01　政策の執行プロセス

　本章では、前章で検討した政治的システムを通じて決定された政策が、実際に執行され、その結果が次の政策にフィードバックされるまでのプロセスについての整理と、政策執行の効率性を高めるうえでの留意点の検討を行う。

　政策執行における車の両輪は「法」と「予算」である。前者は、行政やその関連機関の活動に根拠を与えたり、個人や民間企業の活動を規制したりすることで、政策目的を達成する。後者は、財政システムを通じて政府自らが資源の配分を行い、公共サービスを直接・間接的に生産・供給することによって政策目的を達成する。法制定だけで予算配分がほとんど行われないような政策執行もあれば、法制定なしに予算配分だけで執行される場合もある。もちろん、法制定と予算配分の両方を伴う政策執行もある。

　こうして行われた政策執行の結果は、「アウトプット」と「アウトカム」に区分される。前者は政策執行の結果もたらされた直接的な産出物であり、公共住宅の供給数、施設の利用者数、道路の距離、公園・緑地の面積など、計量可能な場合も多い。後者は政策目的に照らして評価される効果であり、地域イメージの向上、生活の質（QOL）の改善など、しばしば量的把握は困難である。ここで重要なことは、同じアウトカムを得るためのアウトプットの選択肢は複数あることである。さらに予想しなかった副次的なインパクトについても、プラス面、マイナス面ともに注意が必要である。

　アウトプットをインプットに対応させて評価することは、政策執行の生産面の効率性を検証するうえで不可欠である。また、アウトカムおよび副次的なインパクトについて評価を行うことは、政策決定の段階における意思決定の貴重な判断材料となる。こうしたフィードバックを行うことが、配分面および生産面の両方の視点における効率性を改善するために重要である。

立法と予算

　政府は、市場メカニズムでは解決できない問題を解決するために活動を行う。しかしながら、政府は万能の神ではないので、そのために割くことがで

きる資源は限られている。したがって、どの政策課題を優先的に解決するかを選択（配分の効率性）しなければならないし、さらにその政策をより効率的に執行（生産の効率性）しなければならない。

　前章で述べたとおり、政治システムによる決定にはさまざまな問題点があるが、とにもかくにも決定された政策は執行段階に移される。政府が政策を執行する際の、車の両輪ともいえるものは、「法」と「予算」である。現代の民主的な政府では、ほとんどの政策には「法」と「予算」が関わっている。ここで重要なのは、「予算」が政府にとっての政策の「インプット」であることは直感的にも理解しやすいが、「法」についても少なからぬ「インプット」が必要だということである。

　政策執行に関わる法については、大きく分けて2つのタイプがある。第1は、政府自身がその政策を執行するに際して、あらたな機関を設置したり、制度を導入したりすることがあるが、これを規定するための法律である。国の首相や自治体の首長は選挙によって信任を得てはいるが、政策執行にあたって、自由勝手に思いつくままに動けるわけではない。ある程度の規模で政府の組織を変更したり、制度を導入したりする場合には議会によって法律（地方の場合は条例）を制定してもらい、それに従うことが必要となる。教育や科学技術振興に関する政策を執行するために文部科学省を設置することを定める文部科学省設置法や、伝統文化の保存・振興や芸術創造を行うために日本芸術文化振興会を設置することを定める日本芸術文化振興会法等がそれにあたる。こうした法律はその機関の存在と権限を正当化する役割を果たす。地方自治体が保健施設、福祉施設、文化施設、公園といったさまざまな施設を設置する場合も設置条例の制定が必要になる。こうした法律が存在することは、予算を安定的に獲得する際の根拠としても重要な意味を持つ。

　政策執行に関わる法の第2のタイプは、民間の活動を規制する法や条例である。環境に関して民間企業等が守るべき基準を設定したり、安全基準やバリアフリーの基準を民間の建物に義務づけたりするような例がこれにあたる。こうした法の場合、実際にスプリンクラーや車椅子で入れるトイレを設置する、という資源配分を行うのは、民間企業であるが、それによって政策目的が達成されることになる。ただし、こうした規制型の法律の場合も、政府内

における資源配分に少なからぬ影響を与える。第1に、こうした規制のための法律をつくるには、基準等を定めるために詳細な調査が必要となり、そのために相当な資源配分をしなければならない。さらに法が施行されたあとは、それがきちんと守られているかどうかを監視、指導し、場合によっては取り締まるためにも政府内の資源を投入しなければならないからである。さらに、法による規制は、規制の内容によっては、政府のインプットのみならず、民間企業等における非効率の原因となってさまざまな機会費用を発生させる可能性にも注意が必要である。

　予算は、政府が租税等の形で民間から集めた資源を政策執行に配分するための計画を表したものである。かつてシュムペーターは『租税国家の危機』という書物の中で、予算は国家の「あらゆる粉飾的なイデオロギーを脱ぎすてた骨格」であると表現しているが、まさに予算は政策の縮図でもある。予算は、国においても地方自治体においても必ず選挙で選ばれた議員が、毎年審議し議決を行って決定するものであり、行政の長である首相や首長もそれに従って政策を執行しなければならない。なお、米国では毎年の予算決定も法律の形をとるが、日本では議会の決定事項ではあるが、予算は法律とは区別されている。

　通常、国や地方公共団体の予算は、「人件費」、「旅費」、「物件費」、「施設費」、「補助費・委託費」、「他会計への繰入」、「その他」、といった項目で使途が分類されている。つまりある政策を執行する場合、建物を建てて（施設費）、公務員を雇用し（人件費）、文具や通信サービス等の必要な道具を購入し（物件費）、政策対象の場所に出向き（旅費）、実施する。ただし、すべてを政府自らが実施するのではなく、地方自治体や民間企業に政策意図に沿った行動を行うように委託したり、誘導したりするために委託費を支払ったり、補助金を支払ったりすることも多く行われている（補助費・委託費）。また、後述するように政府自身が企業活動を行い政策執行に必要な事業を推進する場合もある（他会計への繰入）。国や自治体の予算の使途は、このように政府がどのように資源を配分して政策執行を行っているかを表している。労働集約的なサービス生産であれば、施設費よりも人件費が増えていくであろう。しかし、物件費や施設費を節減しすぎると、たとえばコンピュータを使わず

に、紙と電卓で表計算を行うといった非効率も生じてしまう。限られた資源の中で、政策執行を行うためには、こうした資源配分を効率的に行うことが不可欠であるが、政府においては、予算配分を生産性向上の観点からフレキシブルに変更するのは必ずしも容易ではないのが現状である。

政策と効率性

　法による規制であれ、予算配分を伴う直接的介入であれ、政府が政策を実施すると、当然ながら世の中に何らかの変化がもたらされる。政策執行によって生じた変化については、「アウトプット」と「アウトカム」という2つの概念で区別して捉えることができる。アウトプットとは、政策執行によって直接的あるいは間接的に生産されたサービスの量のことであり、たとえば、保健所における健康診断受診者数等といったように客観的に把握できる場合が多い。生産面における効率性は、このインプットとアウトプットの関係において最もよく表現されると考えてよい。できるだけ少ない資源投入でできるだけ多くのアウトプットを得るような資源配分を行うことが求められるのである。

　これに対して、アウトカムは、地域における住民の健康の増進といったような政策目的に照らし合わせて捉えられる変化であり、たとえば、成人病患者比率等といった指標で捉えられるかもしれない。しかしながら、先に見た保健所における健康診断の受診と成人病予防との直接的な因果関係が証明できなければ、単純にその地域の成人病患者比率を計測しても、その政策のアウトカムかどうかはわからない。このようにアウトカムはアウトプットに比べて、客観的な計測が技術的に難しい場合がある。さらに重要なのは、同じアウトカムを得るためのアウトプットは1種類に限らないという点である。政府が、ある政策目的を決定したとすると、それを達成するための政策のメニューにはさまざまなものがあるからである。最後に、政策の結果生じた変化については、政策目的に照らし合わせて評価されるアウトカムのほかに、当初予想していなかったような副次的な効果が生じることもしばしばある。たとえば、博物館を建設する、という政策執行に伴い、当初は予想しなかったような交通渋滞が発生して、近隣住民の生活環境を破壊するといったマイ

ナスの効果が出ているかもしれない。逆に博物館の存在によって観光客が多く訪れ、飲食店や商業を振興したといったプラスの効果が出るかもしれない。また、地域イメージの変化など、中長期的に見ないと現れない効果もある。こうした効果についても「アウトカム」に含めて考える捉え方もあるが、政策目的に照らして評価される「アウトカム」と意図せざる効果とは区別しておく方が望ましい。

　これまで見てきたように、何らかの政策目的があり、政策決定がなされ、政策執行に対するインプットが行われると、何らかのアウトプットが得られる。そして、そのアウトプットが政策目的に合致するアウトカムをもたらす。さらに、何らかの副次的効果も出ているかもしれない。これらすべてを客観的に把握しきることは必ずしも容易ではないが、多少バイアスのある方法であっても、継続して同じ方法で調査を行っていけば、そこに生じた変化をもって、効率性における変化を確認することもできる。そして、このような把握を行っていくことは、政策の意思決定を行う際に重要な情報を提供することになり、配分面の効率性を高めるうえでもきわめて重要な問題となる。

02　政府とインセンティブ

　政府が行う政策は、本来は市場メカニズムの欠陥を補うためのものであるが、現実には意思決定のみならず、その執行段階にもさまざまな困難が生じる。本節では、政策の執行段階における問題点を検討する。
　一般に民間企業では効率化に向かって絶えず努力していないと市場競争に敗れ、企業が倒産したり、買収されたりしてしまう。また、従業員も減給あるいは失職してしまうリスクを持っている。これに対し、政府は非効率な生産を行っていても倒産や買収のリスクがないために、政策の執行に直接的に関わることになる公務員あるいは政府企業の職員は、所属組織および身分の安定性から効率的に業務を執行するインセンティブを持ちにくい（X非効率性）。
　また、プリンシパル（依頼人）とエージェント（代理人）の利害が必ずしも一致せず、エージェントがプリンシパルの期待どおりには行動しないとい

うプリンシパル・エージェント問題は政府における生産面の効率性を阻害する要因ともなっている。こうした問題は主として両者の間の情報の非対称性や不確実性等によって生じる。プリンシパル・エージェント問題の完全な解決は難しいが、特に政府の場合は、モニタリング、インセンティブ賃金、所有権の付与等、民間企業では導入可能な解決策も必ずしも有効に機能しない場合も多い。

このように、たとえ政治システムによる決定が人々の選好を反映するように決定されたとしても（配分の効率性）、実際に政策を実行する段階においては、その効率的執行を阻害するさまざまな要因があり、「政府の失敗」が生じてしまうのである。

所有権とインセンティブ

市場メカニズムが効率性をもたらすのは、市場で活動を行う企業や個人が効率的に行動しようとするインセンティブを持っているからである。こうしたインセンティブは、市場メカニズムの根幹である価格、利潤とともに、所有権を通じてもたらされる。価格は、市場で取引されている財やサービスがどのように評価されているのかという情報を企業や個人に与えてくれる。こうした情報をもとに、企業は利潤を最大にするように行動するが、このメカニズムが有効に機能するためには、所有権を伴った私的な所有（私有財産）がなければならない。所有権には、所有者が自分の財産を自由に使える権利と、それを販売することができる権利の2つが含まれる。所有権が存在することによって、企業や個人は自分の所有する財産を効率的に使おうとするインセンティブが生まれることになる。一般の民間市場においては、こうしたインセンティブによって効率的な生産が行われる。効率的に生産を行わなければ、つまり消費者が望むものをより少ない資源投入によって生産しなければ、価格競争に敗れ、結果として利潤を得ることができず、逆に損失を被ることになるからである。

しかしながら、政府の活動は、こうしたインセンティブが存在していないため、必ずしも資源が有効に活用されるとは限らない。効率的に生産を行っても利潤が自分の所有物になるわけでもなく、形成された財産を高く売って

儲けることもできないとすれば、政府サービスの生産者は積極的に効率的な生産を行うインセンティブを持たず、資源は有効に活用されない可能性が大きい。

　もちろん、政府サービスを生産する公務員、あるいは政府企業の職員についても地方自治法、地方公営企業法、そして公務員について定めた公務員法等では、公務員が効率的に業務を推進することが期待されている。しかしながら、公務員も人間であり、必ずしも期待どおりにベストをつくすかどうかは明らかではない。民間企業の場合は、効率化に向かって絶えず努力していないと市場競争に敗れ、従業員も減給あるいは失職してしまうリスクを持っている。必ずしも従業員1人ひとりがそのような意識を持っていないとしても、企業としては、人事考課等で皆が努力しなければならない方に誘導しようとするのが普通である。しかし、公務員や政府企業の経営者や職員の場合は、怠けて働いていたとしても市場競争に敗れて職を失うリスクが少ない。また、逆にがんばって働いても給与や賞与に反映される可能性が少なく、効率的に業務を執行するインセンティブを持ちにくい。このように競争に敗れることのリスクが小さい状況において生じる非効率性を「X非効率性」と呼ぶが、政府はX非効率性が生じやすい典型例ともなっている。

プリンシパル・エージェント問題（エージェンシー問題）

　政府における政策執行の効率性の問題を考える際には、プリンシパル・エージェント問題（エージェンシー問題）の存在も重要なポイントとなる。プリンシパルとは依頼人、エージェントとは依頼人の依頼を受けた代理人のことを指す。プリンシパルとエージェントの間でも経済取引が行われるわけであるが、問題は、エージェントは、必ずしもプリンシパルが期待したとおりに働いてくれるとは限らないという点である。

　こうしたプリンシパル・エージェント問題は、政府に限らず、民間市場における取引においても数多く存在する現象である。具体的には、依頼人と弁護士、株主と経営者、経営者と労働者、銀行と融資先等といった関係である。政府について見ると、究極のプリンシパルは国民であるが、プリンシパルのもとに政府サービスが届けられるまでには、さまざまなプリンシパル・エー

ジェント問題が複雑に関わりを持つことになる。関係する主体としては、選挙で選ばれる政治家、選挙によらない公務員、政府に所有されている企業や業務を委託されている企業の経営者、政府企業や委託を受けた企業の労働者等を挙げることができる。

プリンシパル・エージェント問題には2つの側面がある。第1は、エージェントがどれだけ一所懸命に働くか、つまり効率的に生産を行うか、という側面である。第2は、エージェントがどれだけリスクを冒すか、という側面である。これは、エージェントの関心やインセンティブは、必ずしもプリンシパルのそれとは同じではなく、しかも両者の間には情報の非対称性や不確実性が存在するために、こうした問題が発生することになる。たとえば、経営者は労働者と契約を結ぶが、労働者がどれだけの能力を持ち、実際にどれだけ一所懸命働くのかどうかについて完全にはわからない。弁護士を雇う場合も、一般に依頼主はその弁護士がどれだけの能力を持ち、どれだけベストをつくしてくれるかどうかわからない場合が多い。こうした場合には、エージェントは効率的な生産を行わないかもしれない。また、経営者は株主が期待しているよりもリスクの高い行動をとるかもしれない。あるいは、セールスマンはまかり間違えば会社の評判を落としてしまうような手荒な営業活動によって自分の業績を高めようとするかもしれない。

このようにエージェントはプリンシパルが期待するとおりには働かない可能性があるが、政府の場合は、究極のプリンシパルである国民の期待どおりに、政治家が行動しないかもしれない、という政策選択の問題に加えて、決定された政策を実施する公務員や政府企業の経営者や職員が、政策を監督する当局の期待どおりには働かないかもしれないという政府内部のプリンシパル・エージェント問題も存在する。つまり、民間企業の株主と経営者の関係と同様に、監督する立場の官僚にとって、実際にサービスを生産する現業部門あるいは公的企業の経営者の行動を十分に知ることは必ずしも容易ではない。

プリンシパル・エージェント問題を解決するためには、モニタリング、インセンティブ賃金、所有権の付与といった方策が指摘されている。モニタリングは、エージェントがプリンシパルの利益にそぐわない行動をしないよう

に監視することであり、エージェントの行動指針を定めるために詳細な情報を得ようとする。他の部門や他の企業と比較可能な財務データを取得することもこうしたモニタリングに貢献する。しかし、エージェントの行動について完全に知ることは非常に大きな費用がかかるうえ、不確実性の問題もあるため、プリンシパル・エージェント問題を完全に解消するだけのモニタリングを行うことは困難である。また、政府の場合には、民間企業の場合とは異なり、収集した情報を評価するための比較対象が存在しないといった問題もしばしば起こりうる。

インセンティブ賃金は、エージェントの報酬にプリンシパルの利益を反映させることによって、エージェントに効率化のためのインセンティブを与えることである。業績を反映したボーナス支給等が典型例であり、民間企業では程度の差はあるが広範に導入されている。しかし、政府の場合は、株主と経営者、経営者と労働者の場合のようには、プリンシパルの利益を定量的に表すことやエージェントの手柄を特定することが容易ではないために、インセンティブ賃金の導入は、郵便局の保険の外交等、きわめて限定的な事例にとどまっている。

所有権の付与は、たとえば労働者が企業の株式を持つというような場合である。これによって、労働者は効率的な生産を行って企業の業績を高めるインセンティブを持つことになるし、企業の評判を落とすようなリスクの高い行動も慎むようになるという点で、プリンシパルの利益とエージェントの利益がかなり一致することになる。ただし、エージェントに実際に所有権を持たせることが可能な事例は必ずしも多くはなく、ましてや政府の活動においてはこのような解決策をとることができる場合はさらに少ないといえる。

03　政策の執行主体

本節では、政策執行の多様な主体について整理し、それぞれの特徴について検討する。

現代社会における政府は多段階から構成されており、政策執行の主体は、市町村、都道府県、国の3段階に大きく分類される。さらに通商政策や欧州

の共通通貨等のように、政策課題によっては国を超えた国際機関に委ねられるものもある。また、政策決定を行う主体と実際の執行主体は必ずしも一致せず、国が決定し費用負担も行うが、実施主体は地方というケースもしばしば見られる。

政策目的を果たすために生産される公共サービスは、実際にはさまざまな形態で供給される。①政府が一般財源を用いて一般会計からの財政支出として行われるもの、②政府が特別会計、独立行政法人、公営企業等を設立して供給されるもの、③公共サービスを供給するための施設や機関として設置されながら実際の運営は民間主体に委託されるもの、④政府が財団法人等の民間非営利団体を設立して供給されるもの、⑤営利企業を設立あるいは出資して供給されるもの（第3セクター）、⑥政府とは直接関係のない外部企業や団体に委託して実施されるもの、に大別される。

今日、政策執行の効率性を高めるための手段として、民間委託と民営化が注目されている。民間委託は、上記の③および⑥に相当する。これは、政府が「公共サービスの生産者」から「公共サービスの購入者」になることを意味しており、生産面における民間企業等の技術やノウハウを享受するとともに、発注段階での競争により、費用の節減に向けた効果も期待するものである。一方、民営化は上記④、⑤を指す。前者では、行政機関に特有の規制や硬直的な意思決定から解放され、柔軟な対応が行われることが期待される。後者では、意思決定や事業範囲の自由度を生かしてより柔軟な事業展開が期待されるとともに、市場競争により効率化へのインセンティブが組み込まれる（built-in）ことが期待されている。さらに、近年では、公共事業など、巨額の資金を必要とする分野における新たな民間活力導入の方策として、PFI（Private Finance Initiative）が注目されてきている。

国と地方

日本を含め多くの国では、政府は国と地方に分かれ、多段階で構成されている。したがって、政策実施主体を考える際には、どの段階の政府が担うべきかを考えることが必要になる。

一般に、外交、安全保障、司法制度、科学振興等といった政策は、国がも

っぱら担当するのに対し、住民に身近な分野の政策は地方自治体が担う場合が多い。日本の地方政府は都道府県と市町村の2段階で構成されているが、都道府県と市町村の役割分担については地方自治法によって規定されている。基礎自治体と呼ばれる市町村は、初等教育、保健衛生、福祉、消防等といった住民の日常生活に深く関わる領域のサービスを担当する。一方、都道府県は警察、高等学校、産業振興や大型の公共事業等を担うとともに、市町村間の連絡調整等を行うこととされる。

　前章で検討した政策決定の問題や費用負担の問題に注目すると、その便益が及ぶ範囲や再分配を行う範囲（多くの場合、国全体）を基準に国と地方の役割分担を考えればよい。しかし、実際の実施主体については、意思決定や費用負担のレベルとは必ずしも一致していない場合もある。それは、国が本来担うべきサービスであっても、住民に近い地方自治体が実施する方が効率的と考えられるために地方自治体に委託される法定受託事務が数多く存在するからである。これらは、かつては機関委任事務と呼ばれ、都道府県が実施している事務の8割以上、市町村でも40〜50％を占めてきたともいわれる。そして、これらは地方自治を歪めるものとして批判の対象になってきたが、地方分権推進委員会の勧告に基づき、1999年に廃止され、地方自治体の事務は法定受託事務とそれ以外の自治事務に再編されることになり現在に至っている。

　また、地方自治体が政策執行のためにサービスを供給する際には、単独の自治体で実施するのではなく、複数の自治体が共同で実施するような場合もしばしば見られる。一部事務組合や広域連合等が例として挙げられる。実施するサービスの分野としては、し尿・ごみ処理、消防、教育等、特に地方圏の小規模の自治体が単独では事業を実施できないときに結成する場合が多く見られる。

　最後に、政策課題の中には国レベルでも解決できないものも数多くある。多国間での通商問題の解決や国際的なルールづくりなどがその例として挙げられる。こうした政策の実施主体はWTOや国際連合等、国際機関が実施している。欧州では27カ国が加盟しているEU（欧州連合）が、従来実施していた通商政策、農業政策、地域格差是正のための構造政策等だけでなく、

ユーロという通貨発行をも行うに至っている。

独立行政法人や外郭団体の設立

　政府は市場メカニズムでは解決できない政策課題を解決するために存在する。個人や企業から税金を集め、それをもとに市場では供給されないサービスを市場メカニズムとは別の原理で供給するのが原則である。しかし、現実の政府においては、バスや鉄道事業、病院経営、観光地でのホテル事業等、民間と同じような企業的活動を行っている例が多く見られる。国や地方の政府が企業的な活動を行う際には、特別会計を設置して通常の行政の業務と区分したり、さらには独立行政法人を設立したりしている。

　国レベルの企業的活動は、かつては特別会計による経理や特殊法人の形態によって運営されてきたが、現在では独立行政法人の形態をとっているものが多い。国立大学、国立病院、国立劇場（日本芸術文化振興会）、造幣等がそれにあたる。また、かつての公的企業の中には、郵政事業や国鉄のように民営化され、現在では民間企業として運営されるようになっているものも少なくない。

　地方にも多種多様な公的企業が存在する。多くの地方自治体が、水道、下水道、病院、交通（バス・市電・地下鉄等）等のサービスを提供している。これらの事業は国の一般会計に相当する普通会計とは区別され、事業会計等の形で経理されている。これら地方公営企業は、普通会計（国の場合は一般会計）が現金主義をとっているのに対し、企業会計方式をとり、発生主義を採用している。地方公営企業については地方自治法とは別に、地方公営企業法によってその運営のあり方が規定され、地方政府の直接的な規制を受ける。その一方で、法人税や固定資産税が免税になるなど、税制面での優遇が得られるほか、地方債を発行して資金調達を行うことができる。

　これら政府部門にありながら企業的活動を行う政策主体に加えて、政府が民間法人を設立するという形態も多く見られる。これらはさらに民間非営利団体を設立する場合と営利企業を設立する場合に分けることができる。民間非営利団体については、財団法人、社団法人等を設立する場合である。2008年12月以降、これらについては制度が大きく変更され、従来は非常に高か

った財団法人、社団法人設立のハードルを引き下げ、要件さえ整えて届け出れば一般財団法人、一般社団法人であれば容易に設立できるようにし、税制上の優遇を受けるための認定は別途行い、それをパスした団体は公益財団法人、公益社団法人となる仕組みになった。

また、政府が出資して営利法人を設立するケースもある。自治体が出資する建物の管理会社やリゾート施設の運営会社等がその代表例であり、こうした企業はしばしば「第3セクター」と呼ばれることがある。なお、国際的には第3セクターとは民間非営利部門を指し、政府が出資した営利企業を第3セクターと呼ぶのは日本に特殊な用語法である点には注意されたい。

国や地方の政府が独立行政法人、民間非営利団体、営利企業等を設立する理由はそれらの事業を行う主体に独立性を持たせ、柔軟で効率的な経営を行うことをめざすからである。通常の行政活動とは異なり、これらの主体が担う事業は、授業料、診察料、入場料、宿泊料、賃貸料等といった事業収入が見込まれる。税金による負担分とこれらの収入を合わせた総収入と総費用の帳尻を合わせることで経営を持続させていくことが求められる。また、業務に従事する人材についても、ジェネラリストが基本で2〜3年ごとに頻繁に異動するのが一般的な公務員とは異なり、それぞれの法人固有の職員を雇用することでそれぞれの組織に合った専門的な人材を確保することが可能になる。

現実には、いわゆる「天下り」のためにこれらの組織が使われたりといった面も指摘されており、政策執行の効率化に必ずしも十分な効果を発揮していない面もある。

民間委託と民営化

本節の冒頭でも述べたとおり、今日、政策執行の効率性を高めるための手段として民間委託と民営化が注目されている。

民間委託が行われる最大のメリットは、競争メカニズム導入による効率化である。民間委託の際に、民間企業や民間非営利団体同士が競争することによって、政府はより安価で良質なサービスを購入して住民に供給することができるからである。競争入札などを導入することによって（それが健全に機

能する場合)、民間企業はより低価格でサービスを提供しようというインセンティブを持つことになる。したがって、自社企業の持つ技術やノウハウを積極的に導入しようとするであろうし、また、他の自治体からも同様のサービスを受託することによって、規模の経済性による効率性を発揮することも可能になる。2003（平成15）年の地方自治法の一部改正によって導入された「公の施設」における指定管理者制度もこうした民間委託の一例である。

　高度成長期の1963（昭和38）年の地方自治法の改正以降、地方自治体は「公の施設」と呼ばれるさまざまな施設や機関を提供してきた。その範囲は、スポーツ施設から、博物館、劇場、保育施設や福祉施設、さらには駐車場や駐輪場まで多岐にわたる。地方自治体がこれらを運営するにあたっては、行政による直営の方式のほか、当初から管理委託制度という制度が導入され、民間委託が行われてきた。ただ、その際の委託先は自治体が自ら出資している外郭団体等に限られていた。それが2003年の地方自治法の改正によって、「公の施設の設置の目的を効果的に達成するため必要があると認めるときは、条例の定めるところにより、法人その他の団体であって当該普通地方公共団体が指定するもの（以下本条及び第244条の4において「指定管理者」という。）に、当該公の施設の管理を行わせることができる。（地方自治法第244条2の3）」という規定がなされた。これにより、自治体と資本関係のない営利企業や市民が設立したNPO等を含め、その範囲が大幅に拡大することになった。しかも、指定管理の期間を定めることが義務づけられたため、たとえ公募による競争が行われないような場合においても、潜在的な競争相手を意識して緊張感を持って運営に取り組むことが不可欠になった。これにより、管理委託制度のときと同様に自治体の外郭団体が指定管理者になった場合においても、効率化に向けてのインセンティブが高まることになった。なお、多くの地方自治体がコスト削減を目標に掲げて指定管理者制度を導入している状況が見られるが、指定管理者制度の目的はあくまでも「設置の目的を効果的に達成する」ことにあり、コストダウンだけがめざされているわけではない。

　このように、わが国において民間委託が導入されてきているが、これが公共サービス生産の効率化をもたらすためには一定の条件が整うことが必要で

ある。それは供給者間に競争が働くことと、その成果に対するモニタリングが容易に行えるという条件である。たとえば、ゴミ収集や警備業務等では、供給者はどの地域にも多数存在する。そして、きちんと業務を行ったかどうかについても比較的容易に判断することができる。このような場合は、民間委託は良い成果をもたらす可能性が高い。

これに対し、取引費用が高い場合やプリンシパル・エージェント問題が発生するような場合は、必ずしも民間委託が効率化をもたらさない場合がありうる。取引費用とは、取引（ここでは民間委託）を行う際に、その事前、事後に生じるさまざまな費用のことである。民間委託を行う際には、その委託する内容や契約条件等について事前に詳細に定めることが必要になるが、結果についての不確実性が非常に高い場合や、生産技術についての情報を受託側のみが独占しているような場合には、その手間は大きく、取引費用は非常に高くなる。また、何とか契約はできたとしても、契約どおりのアウトプットを効率的に供給したのかどうかを評価するのが困難な場合にも取引費用は非常に大きくなる。このような場合、これらの取引費用を負担してまで民間委託を実施するよりも、政府自らが内部組織によって実施する方が予想できない変化等にも柔軟に対応でき、結果的に効率的に政策を執行できるケースもある。具体的には、外交、安全保障、治安維持等といったサービスが挙げられる。

一方、公的企業については、その効率性を高める手段として注目されている方法に民営化がある。政府は数多くの公的企業を運営している。その理由は、公共の福祉の推進であり、たとえば、市場に委ねていては確保されにくい安全性や平等性等を担保するために、公的企業は政府の管理下に置いて経営を行うものとされる。しかしながら、国民や住民というプリンシパルのエージェントである政府が、さらにそのエージェントである公的企業のモニタリングを行うことは前節でも述べたとおり必ずしも容易ではない。また、公的企業が供給するサービスの中には、民間企業によっても供給されているサービスも数多くある。公的企業は政府のバックアップがあるので倒産リスクがないため、効率化へのインセンティブが希薄になったり、あるいは税制面や資金調達面（公債発行）における優遇等から、競合する民間企業との競争

に歪みをもたらしてしまったりする危険性がある。この場合、公的企業を民営化し、競争条件を他の企業と対等にして生産面における効率性を高め、市場では果たせない政策的な目的（たとえば辺境地へのサービス提供、シビルミニマムの提供、弱者保護等）については、別途、規制や補助金、委託等の形で実現する方が、社会全体としての効率性を高めることができる場合がある。近年では郵政事業が民営化されたが、多くの課題をかかえており、その改革は現在進行中である。

　最後に、英国の行政改革における取り組み以来、近年注目されている民間活力導入の方法としてPFIがある。これは、社会資本の整備等、巨額の資金を必要とするような分野において、民間企業に資金調達から建設、さらには運営までを委ね、そこで生産されるサービスを政府が購入するというものである。つまり、政府の活動を、社会資本整備等の政策を策定し計画を立てる部分と、それを執行する部分に分離し、後者の部分を民間企業（民間企業のコンソーシアム）に担わせるという方式である。ここで重要なことは、前者が生産されるべき公共サービスの質・量を明示し、公正な競争のもとで事業者を決定するということである。

04　政府の改革と政策評価

　本節では本章の第1〜3節の検討を踏まえ、市場メカニズムの欠陥を補完するはずの政府においても「政府の失敗」が生じてしまう中で、どうすれば政策執行をより効率的に行うことができるのかを検討する。

政策評価と情報公開

　政策執行の効率性を高めるために重要なこととして第1に挙げられるのは、政策評価の実施と情報公開の推進である。まずは、政策執行のためのインプットとアウトプットあるいはアウトカムの関係を継続的に評価することが求められる。そして、評価結果についての情報公開を常に行うことが必要である。これによって、プリンシパルである国民との間の情報の非対称性は減少し、プリンシパル・エージェント問題がゼロにはならないものの状況が改善

されることが期待できる。また、政策評価にあたって、他の選択肢との間の比較が行われれば、エージェントのモラル・ハザードが発生するリスクを軽減することも可能になる。また、政策評価の結果が適切な人事考課等と結びつくようになれば、個々の官僚の行動における効率性が高まることも期待できる。さらに、政府内部における生産性が客観的に把握されるようになれば、民間委託を行う場合に、民間企業に要求する期待水準の判断基準も得られ、入札基準等もより明確になってくることが期待できる。

地方分権、「新しい公共」と自治体の競争環境

　政策評価とならんで政府の効率化推進のために重要なのは競争の導入である。政府は元来、独占的な性格を持ち競争が生じにくいことを特徴とするが、英国の強制競争入札制度のように、行政機関であっても業務の推進において他の組織との競争意識を持たせることが重要である。

　さらに、地方分権が進展することによって独占的性質を緩和することも可能である。すなわち、地方自治体が自らの政策を主体的に決定し、かつその費用負担も自ら決定できる状況になれば、人々は自治体の供給する公共サービスのメニューとその税負担を考慮して、自治体を選択することがある程度可能になる。そして、このような状況においては、各自治体はより良いサービスを効率的、つまり少ない税負担で供給できないと住民に逃げられてしまうことになるため、自治体間にも、民間企業間の市場メカニズムに似た競争原理がある程度働くことが期待される。ティボーという経済学者によって1956年に提案されたこのような考え方は、「足による投票（voting with one's feet）」と呼ばれている。もちろん、現実の世界においては、人々はそれほど自由に移動できるわけではなく、足による投票が有効に機能するためにはいくつかの前提条件が必要である。①人々はすべての地方政府の公共財および租税負担のメニューについて、完全な情報を持っている。②人々は完全に移動可能（移動コストはゼロ）であり、自分の公共財および租税負担への選好のみを考慮して、すなわち財政面での変数のみに反応して地域間を移動する。③住民の選好の多様性に応えうるだけの十分な数の地域が存在している。また、新しい地域もコストなしで常に形成可能である。④地域間の移動に際

して、人々の雇用面や所得面での制約はない。⑤公共財は、規模に関する経済性も不経済性も持たない。⑥地域間の外部性（スピルオーバー効果）は存在しない。⑦公共財は一括定額税によってまかなわれる。といった条件である。

　もちろん、このような前提条件はあくまでも理論上のものであり、現実には、雇用機会や近隣との関係等、移動を妨げる要因は数多くある。しかし、そのような制約があったとしても、地方自治体が自主的にサービス内容と費用負担を決定することができれば、自治体間の競争は少なからず機能し、地方政府自らが政策執行の効率化に向けて努力するインセンティブが働くだろう。政府の効率化をめざす行政改革と地方分権が不可分の関係にあるのも、このような理由からである。

　さらに、近年のわが国では「新しい公共」という考え方が注目されている。これまで、公共的な問題に対する責任と権限はもっぱら政府が独占してきたのに対し、「新しい公共」の考え方においては、民間主体も地域の公共的な問題に責任を果たしていくことがめざされている。そのための取り組みとして、公益法人改革やNPO法の改正等、民間非営利団体の設立を容易にする制度改革が行われ、これらの民間非営利団体の財政基盤を強化するための租税優遇制度が導入されてきている。住民としても税金を納めて自治体から公共サービスを受け取るのではなく、寄付（税金は減免される）を行って民間非営利団体から公共サービスを受け取る、というような状況も近い将来には実現する可能性もある。このような状況においては、政府の独占的状況は崩れ、政府といえども質の高いサービスを効率的に供給しなければ民間非営利団体との競争に敗れ、税収が得られないという事態にもなりかねない。「新しい公共」に向けた改革は、民間部門への期待だけでなく、政府部門の改革という点でも重要な意味を持っているといえよう。

［片山泰輔］

【キーワード】

生産面の効率性、アウトプット、アウトカム、政策評価、公的企業、独立行政法人、民間非営利団体、第3セクター、指定管理者制度、エージェンシー問題、取引費用、足による投票

【参考文献】

大住莊四郎（1999）『ニュー・パブリックマネジメント』日本評論社。
貝塚啓明・金本良嗣編（1994）『日本の財政システム』東京大学出版会。
黒川和美（1987）『公共部門と公共選択』三嶺書房。
ジェイムズ、E.／S. ローズエイカーマン（1986）（田中敬文訳、1993年）『非営利団体の経済分析』多賀出版。
シュムペーター、J. A.（1918）（木村元一・小谷義次訳、1983年）『租税国家の危機』岩波書店。
高島博（1984）『増補版・公共支出の財政理論』多賀出版。
長峯純一（1999）『公共選択と地方分権』勁草書房。
並河信乃（1997）『図解・行政改革のしくみ』東洋経済新報社。
山谷清志（1997）『政策評価の理論とその展開』晃洋書房。
Ferris, James M. and E. A. Craddy (1998) "A Contractural Framework for New Public Management Theory," *International Public Management Journal*, Vol.1, No.2, pp.225-240.
Vickers, J. and G. Yarrow (1988) *Privatization: An Economic Analysis*, MIT Press.

第Ⅱ部
公共の経営学

第5章
公共の経営学の考え方

Summary

　わが国では「経営」といえばもっぱら企業にまつわること、大学でいえば経営学部、商学部で扱うものとされてきた。一方、"行政"や"公共"に関することはもっぱら法学部、分野でいえば行政学、公法学、政治学の課題とされ、主に制度論や政策論の切り口から議論されてきた。しかし政府の仕事は福祉国家モデルの高度化とともにますます拡大、複雑化しつつある。また通貨の信用低下やテロリズムなどへの対処、あるいはIT戦略など従来の静的 (static) な制度論や政策論の範疇を超えた課題が次々に現れる現実に対処するためのサイエンスが求められている。そこで注目されたのが企業の現場で培われてきた「経営」のノウハウである。

　"公共"への「経営」ノウハウの導入の典型は民営化である。民営化することで事業体は市場競争原理にさらされ、おのずと改革が進む。それが無理な場合でも独立行政法人化など経営形態の変更が有効である。特に交通、水道などの現業部門では公務員が法令に従って仕事をするという伝統的な公務の形態は著しく非効率である。なお、近年は行政機関が自ら執行する必要のある業務（警察、都市計画など）にも可能な限り、民間経営のノウハウをとり入れようという動きがある。これは新公共経営（ニュー・パブリックマネジメント）といわれる（詳細は第6章「パブリックマネジメントの実際」で解説）。

　本章では、まず企業経営における「良い経営」とはどういうものかを解説する。そこでは「生産性」と「持続可能性」が鍵概念となる。具体的には民間企業が「生産性（労働と資本の両面において）」を上げ、さらに「持続可能性」を支える仕組みとして開発してきた現場改善運動、戦略経営、業績評価、ガバナンスなどの本質を探る。そのうえでそれが公共分野でどこまで応用できるかを検証する。

01 公共の経営学 vs 行政学

　最近の政府の文書には経営用語が頻出する。「市場化テスト」「民営化」「アウトソーシング」「公会計」「PPP（パブリック・プライベート・パートナーシップ）」などがその典型だ。いずれも民間企業の経営ツールに由来する言葉である。しかし、この傾向はほんのこの十数年のことで、かつては行政機関には経営の考え方はなじまないとされてきた。たとえば「民間企業は営利を追求するのに対し、行政機関は公益を追求する。だから行政機関に経営の考え方はあてはまらない」と言われてきた。わが国における「公共の経営学」の歴史はまだまだ浅く、いまだ発展途上段階にあるといってよい。

　だが米国に目を転じると事情は一転する。「公共経営」は20世紀初頭に行政学（public administration）として誕生して以来100余年の歴史を誇る。公共経営の当初の関心事は、腐敗した政治から行政機関を分離、独立した存在と捉え直し、業務の能率向上策を探求することにあった。1880年代当時、産業界ではひと足早くフレデリック・テーラー（Frederick W. Taylor）が科学的管理法（scientific management）に基づく「能率」の概念を提唱していた。この流れに沿って1906年にニューヨーク市政調査会が設立され、都市行政の各分野での効果と効率の向上をめざした実証調査が始まった。その後、米国の行政学は経営学の影響下で発展し、現在では全米各地にMBAに対応するMPA（Master of Public Administration）を授与する大学院がある。

わが国の「行政学」

　一方、わが国の「行政学」は経営学ではなく公法学と政治学の系譜に属する。最近では実証研究や計量分析も盛んだが、かつては制度、機構の解説、あるいは政治学の手法を行政分野に応用した理論研究が中心だった。今でも多くの大学で行政学は法学部の科目とされる一方で、経済学部、商学部や経営大学院では公的機関の経営問題についてはあまり触れられない。

　こうした事情を念頭に置いたうえで、本章では近年、急速にわが国の行政現場に浸透し始めた各種経営ツールの背景にある経営学の考え方を解説する。

また、その公共分野への応用の可能性と限界、そして公共の経営と民間企業の経営の違いを整理したい。

制度論と政策論

さて「公共の経営学」というときの「公共」を、本章では「民間企業が市場の経済原則に沿って提供できないサービスを政府もしくは非営利組織が広く社会に提供し、あるいは規制などの社会的ルールを作って運用すること」と定義したい。

このような意味で「公共」を捉えた場合、そのあり方をめぐる社会科学としてはすでに膨大な蓄積がある。多くはいわゆる「制度論」もしくは「政策論」である。制度論は主に行政学、政治学、公法学、財政学などが扱ってきた。具体テーマとしては財政、税制、公会計、地方自治制度、議会制度、民主制など統治や権力の行使、あるいは決定の仕組みに関するものが多い。政策論は分野別に語られることが多い。たとえば教育、農業、航空、福祉、エネルギーなどである。

医学とのアナロジー

ちなみにこの「制度論」と「政策論」の分類は、医学における「基礎医学」と「臨床医学」の分類になぞらえることができる（図表5-1）。医学も公共分野の社会科学も問題解決のサイエンスである。対象が人間か社会かとい

図表5-1 医学とのアナロジー

	医学	公共の社会科学
対象	人間	社会
区分／分類	基礎医学 ・解剖学　・遺伝子学 ・免疫学　・生理学 etc. 臨床医学 ・内科　・麻酔　・外科 ・救急　・精神科　・看護 ・産婦人科 etc.	制度論 ・財政　・公会計　・議会制度 ・税制　・地方自治制度　・民主制 etc. 政策論 ・教育　・福祉　・農業 ・エネルギー　・航空 etc.

う違いはあるが、実学としての成り立ちは似ている。まず医学のうち「基礎医学」は、解剖学、免疫学、遺伝子学、生理学などで構成される。いずれも人の体の基本メカニズム、つまり運動法則を捉える。これは公共分野の社会科学では「制度論」に相当する。一方、「臨床医学」は疾病治療のための経験工学で内科、外科、精神科、産婦人科などの疾患タイプ別、あるいは麻酔、救急、看護などの手法別の科目から構成される。これらは「政策論」に相当する。

システム化と経営への着目

さて、公共でも医療でもサービスの現場では近年「経営」という新領域が急速に出現してきた。たとえば「公共経営」や「医療経営」を表題に冠した本や大学での授業科目や講座が目につく。この背景にはサービス提供の仕組みの巨大システム化という事情がある。医療の世界では近年、機械化やIT化が急速に進んだ。巨額の機材を投資し、かつそれらを維持管理する能力を持つ組織でなければ高度医療は行えない。新薬開発にも費用がかかり、グローバルレベルでの投資と回収が求められる。新薬1件当たりの開発に必要な金額と人員も増えた。そして患者1人当たりの医療費も増大していく。さらに昨今では医療関係者の関心事は個々の医師のあり方や倫理、技量から、巨大化したシステムを構築、維持する方法論、つまり多数の人間を組織化したり巨額の資金を調達し、また有効活用する方法論にシフトしつつある。

画一化とシステム化

行政機関も同じだ。福祉国家化の進行に伴って政府の役割は国民生活のすみずみにまで及んでいる。その典型が国民総背番号制による個人の年金、税金、保険の一元管理だろう。これによって究極のシステム化が進むだろう。個別の行政分野、たとえば福祉サービスでも自動車免許でもすべてが画一ルール化、制度化され、同時にシステム化が進んでいる。もともと官僚主義は画一化やシステム化を好む。しかし昨今は手続きやルール、システムの都合にあわせて制度や人と組織の動き方が規定される傾向がある。選挙と政治もシステム化している。かつて選挙では政治家個々人が信任されていた。しか

し選挙で必要となる政治資金が巨額化するとともに選挙戦は高度な情報戦、宣伝合戦そして投資を要求するイベントになりつつある。

巨大化したシステムではサービスや技術（公共分野では「政策」）の中味のみならず、それを安定的に提供する仕組みのあり方が関心事となる。たとえば航空会社の予約システムや銀行のATM、あるいは税金の電子納付システムがダウンしたり、ミスが生じると社会全体に大きなダメージを与える。さらに巨大システムの運営に失敗し、再構築か放棄かを迫られる分野もある。その典型が原発問題、そして消えた年金の問題だろう。いずれも原発の技術や年金制度のあり方以前に電力会社、関係官庁などの仕事のずさんさ、つまり組織経営の失敗が社会的に非難された。

さらに視野を広げると、わが国の首相が毎年変わるという現象、衆参のねじれ、いわゆる天下り問題なども、政と官における人材の供給と育成のシステムに関わる問題といえるだろう。

このような巨大化、システム化の流れはこの20年ほどの間に急速にわが国の社会全体に及んだ。その洗礼を受けるのは民間ビジネス、企業が最も早く、システム化に伴う問題を解決するために各種の経営ツールが開発された。やがてそうしたツールやビジネス界の経営の考え方は公共分野にも応用されるようになる。そして今や企業のみならず医療でも公共でも経営の考え方やツールが広く共有化されるようになった。

経営とは何か

ちなみにここで「経営」とは何か、を整理しておく。経営とは「企業をはじめとする組織が、外部環境や組織内部の状況変化に合わせて最適な行動を抽出し実行していく営み」のことである。また経営学は主に民間企業を対象にその効率的、効果的な運営の仕組みを研究する学問として発達した。

だがここで注意しておきたいのは、企業の経営はもともと投資家（オーナー）から信託を受けて組織と事業を運営する管理者の仕事だったという点である。オーナーの関心は"投資"であり、"経営"は部下の仕事だった。オーナーになるのは簡単ではなく、また学習したからなれるものでもない。しかし経営は違った。多様な分野で経営者が必要され、職業上のノウハウとして

"経営"を学びたいという需要があった。こうして経験の共有化に根ざした経営学が発達し、やがてMBAの資格がプロとしての価値を保証するようになった。

さて公共の場合は事情が異なった。米国を例外とすれば、もともと公共、つまり政府の仕事の担い手は君主とごくわずかの側近に限られていた。たとえばドイツの行政学は官房学として発達した。ドイツに限らず近代国家では当初、公共のことはひと握りの政治家、しかも貴族たちと官僚に委ねられていた。そのため公共の判断や経営にまつわるノウハウはあまり客観化、学問化されず、主に議会の慣習や官僚組織の中で継承されてきた。わが国も例外ではない。わが国の行政学は官僚組織における伝承活動の一翼を担うもの、つまり主として国立大学の法学部で官僚を養成する科目として発達した。

経営学と巨大システムの制御

話をシステム化に伴う経営の必要性に戻そう。現代の政府は福祉国家化と財政の膨張を反映し、巨大かつ複雑なシステムと化している。政府は何十万人もの公務員を雇い、国と地方で合計するとGDPの約2割を超える規模の事業を営む。しかも行政活動は国と地方の各自治体が省庁縦割り構造の中で遂行するため、全体像を捉えることすら容易ではない。また行政をコントロールするはずの政党や官僚組織も積極的にシステムを動かすというよりも制度に従って現実を追認する歯車のひとつとして粛々と動いている。政治家も同様だ。20世紀初頭には、チャーチルやド・ゴールなど強力なリーダーシップを発揮した政治家がいた。だが、今や顔の見えない大衆が政治の主役となり、そこに巨大化し、あるいはいわば企業化した政党とメディアがまとわりついて、選挙と政局を左右する。民主主義のもとでは、国民、大衆がさまざまな形で政策決定に参画する仕組みが用意されている。しかし誰も全体の動きを総括的に管理できないというパラドックスが生じている。かくして現代社会の政治と行政、つまり公共は巨大な"システム"と化し、しかも惰性と温性に従って限定された作業をひたすらこなしている。もはや人の手で制御しにくいものになりつつある。

しばしば「原子炉の中では何が起きているのかわからない」といわれる。

システム化した政治と行政もそれに似た状況にあるのではないだろうか。一方で従来からの制度、たとえば選挙制度、大都市制度、税制などの制度疲労も目立つ。そして年金よりも生活保護の扶助費の額の方が高いといった制度間の対立や矛盾が起きている。こうした問題は従来の個別方針別の「制度論」や「政策論」だけでは解決できない。

現代社会における公共はもはや従来型の「制度」「政策」といった観点からだけでは捉えにくくなっている。一方、公共の担い手が王、貴族、官僚などの限られた人々から一般大衆や顔の見えないマス（大衆）へと急激に拡散している。公共の問題が噴出する一方で、その問題解決のためのノウハウは広く社会全体で共有化されていない。「公共経営」はこの現実に対処すべく、ひと足先に複雑化を遂げたビジネス界からやってきた助っ人なのである。

02　個別の組織への着目

従来の行政学は主に制度と政策を分析する。たとえば米農業のあり方を論じる場合、行政学では米の輸入関税や農家の保護政策、あるいは農地の転用規制などの是非を議論する。これに対して経済学は広く市場全体を分析対象とし、その動きを分析する。たとえば米の需給バランスや価格変動のデータをもとに、関税や補助金の変化によって市場がどう反応するかを見ていく。

問題解決志向

一方、経営学では個々の組織の動きを分析する。つまり主眼を「個別具体的な組織が何をすべきか」に置く。公共経営では政策を実際に動かす現場の組織、そして制度の担い手である農林水産省や各政党の動きを分析する。具体的には米農業の直接的な担い手である農家の収支やインセンティブを見る。そこから農協、さらに自治体や農業委員会、そして政府や政党へ分析対象を広げていく（米農家の実際の分析事例については第14章を参照）。なお、経営学では現場の実態分析から出発し、制度設計にあたって想定された与件や建前を前提としない。制度はあくまで現実を構成するひとつの要素にすぎないと割り切る。また、建前と化し、事実上機能していない制度も前提としない。

図表 5-2　公共経営の考え方

	道路のアナロジー	米作農業	医療保険
分野／課題 （アジェンダ）	A市とB市を結ぶ道路	米農家保護	国民皆保険
プレーヤー／組織	車	農家、農協、農水省など	病院、医薬品メーカー、自治体、健康保険組合、個々の国民など
政策／制度	交通規則	輸入関税率 農地転用規制	診療報酬制度 保険適用範囲

　より具体的に公共経営の分析手法を説明しよう。最初に各組織が成り立つ基盤にある制度をよく理解する。そのうえで今の実態（売り上げや予算、収支、インセンティブ）を数字で把握する。さらにインタビューや実地調査を通じて現場の実態を摑む。そこから各組織が直面する課題を洗い出し、今後の戦略を考える。また今のままの組織でよいのか（組織構造論、経営形態論）、どうすればスピーディかつ効率的に目標を達成できるか（戦略論、運営システム論、資源配分論）を考える。経営学では、経済学がしばしば採用する一般論や仮定条件を置いたケース分析ではなく、あくまで個別具体的な組織の実地について分析を行う。また多くの場合、最終目的をその組織の行動の見直しに置く（問題解決志向）。つまり公共経営では一般法則や過去の傾向の分析よりも、今後に向けた具体論の提案を志向する。

道路、車、交通規則のアナロジー

　このような公共経営の考え方を、道路と交通規則と車の関係にたとえてみよう（図表5-2）。考察の対象となる「分野／課題」つまりアジェンダが"A市とB市を結ぶ道路"だとする。この道路上では多くの"車"が「プレーヤー／組織」として"交通規則"という「政策／制度」に従って目的地に向けて動いている。公共経営はこのように「分野／課題」「プレーヤー／組織」「政策／制度」の組み合わせで考えるとわかりやすい。
　このイメージになぞらえて"米農家保護"という「分野／課題」について

考えよう。ここでの「分野／課題」、アジェンダは先ほどの"A市とB市を結ぶ道路"に相当する。そのうえで個々の農家や各地の農協などの「プレーヤー／組織」があたかも道路上に散らばる1台1台の車のように動いている。これらの車はゲームの「プレーヤー／組織」に相当する。そしてこの分野では、外国米の輸入関税率や農地転用規制などの「政策／制度」が定められている。これらは"交通規則"に相当する。

　さて、経営学では何よりもまず具体的に今、道路上にある個々の車、つまり「プレーヤー／組織」をどう動かすべきかを考える。まずは個々の車の性能をフルに発揮させて生産性、つまり燃費とスピードと安全性を上げる方法を考える。これがいわゆるマネジメントである。個々の車の工夫で改善できることをやり尽くすと、次に制度の見直しができないかを考える。これは道路の例だと有料道路を並行して作るといったことだ。農業の例では国と農協が協同で加工ビジネス会社を作る、あるいは農業への株式会社参入の規制を緩和するといった案である。このように公共経営ではあくまで個々の組織をどうするかを先に考え、そのあとで制度や政策のあり方を考える。各論のあとで全体を考えるのである。これを「マイクロ・ベースド・マクロ」の考え方という。

　もう1つ別の例として、国民健康保険について考えてみよう。"道路"に相当する「分野／課題」は国民皆保険制度である。これは日本国民は誰もが加入できる仕組みになっている。全国民が所得に応じた負担をし、誰もがリーズナブルな負担で一定レベルの医療サービスが受けられる仕組みである。ここで"車"に相当する「プレーヤー／組織」は病院、医薬品メーカー、自治体、健康保険組合、個々の国民等である。彼らは政策の動向をチェックしながら自分にとって有利な方策を考えていく。またこの制度には"交通規則"に相当する診療報酬制度や保険適用範囲などの「政策／制度」が定められている。これは、たとえばカイロプラクティックや国内でまだ認可されていない新薬は保険が使えないといったルールである。

プレーヤーの行動インセンティブに注目

　さて、ここで国民健康保険制度全体の効率とサービスの水準を引き上げる

必要が出てきたとする。そのためには何をすべきか。道路のアナロジーでいえば、道路を拡幅する、あるいは交通規則を変えるといった手段が考えられる。前者に相当するのが保険制度の完全民営化や医療サービスの完全国営化だろう。後者に相当する例は混合医療の解禁などの政策変更だろう。だが、まずは個々の車の性能を上げて目標達成を図るというやり方もある。たとえば個々の自治体が病院から集まってくる診療レセプトの不正や間違いを厳しくチェックする。あるいは各健保組合が組合員に働きかけ、高い薬のかわりに安くて同等の効能のジェネリック薬に切り替えていく。こうした個々の組織の努力の蓄積によって国民健康保険制度全体のレベルを上げる方法もある。公共経営では「政策／制度」の見直しと同時にこうした「プレーヤー／組織」の行動インセンティブに着目した改革アプローチも考える。

　ちなみに米国にはもともと日本のような国民皆保険がなかった。そこでオバマ大統領は2010年に医療保険改革法を成立させた。これは抜本的な制度改革である。制度改革には強力なエネルギーと政治力が必要だ。この問題にはかつて、ルーズベルト、トルーマン、ニクソン、クリントンの各大統領が取り組んだが財政上の問題や政治的抵抗から実現しなかった。また、医療保険のような巨大システムを動かすと失敗したときのリスクが大きい。このような場合は、まずは公共経営の改革アプローチで個々の組織に努力を求めるという方法も有効だ。その過程でさまざまなデータが揃い課題の本質が明らかになる。あるいは官民でどこまで協力できるかという限界もわかる。それを理解したうえで、政治による制度の見直しを提唱すると実現しやすいだろう。巨大化、複雑化したシステムの改革では、公共経営が制度改革よりも先に出てくるメリットが大きい。そのことで各プレーヤーへのインセンティブの工夫などがなされ、後の制度改革の中身もより現実的になる。

　現代社会が直面する公共課題は多岐にわたる。いじめや虐待の問題、エネルギーの確保、移民受け入れの是非、領土問題、伝統文化の支援など枚挙にいとまがない。これらの課題の多くにはすでに何らかの「政策／制度」、つまり法律、規制や支援策がある。だが「政策／制度」が時代の変化に追いつけていない場合がある。あるいは家庭内暴力や少子化問題など、もともと政府には解決しにくい問題も多い。こうした課題の解決ではまず課題に直面し

たり、その解決を担う個々の組織のあり方に注目すべきだ。個々の組織の行動と実態を分析すると、公共経営のアプローチによる解決の糸口がつかめてくる。そこからしだいに制度や政策のあるべき姿も見えてくる。

　営利、非営利を問わず、すべての組織には何らかの経営がある。まず、組織は必ず何らかの目的・目標のもとに形成される。そして組織には、必ずお金の出入りと労力の授受がある。営利企業は有償、NPOなどは無償といった違いはあるが、目的に沿って資金と人を動かす点では同じだ。だから市役所にも政党にも、そして高校のクラブ活動、町内会、家計にも経営はある。そしてそこには企業経営のノウハウを活かす余地がある。

経営は経験工学

　繰り返しになるが、あるべき経営の姿は個々の具体的組織にあわせて考える。経営の中味は人の人生と同様に個々の組織ごとに異なる。同じ業種でも組織が違えばまったく異なるタイプの経営がある。また個々の組織でもその時々の事情や経営者の方針や才覚で経営の姿は大きく変わる。そうして地道に個々の組織の現実を見据えていく。そこから、やがて巨大化したシステムの動き方やそれを変える方法がわかってくる。だから公共の世界には経営が必要なのである。

　経営とは、個々の組織がそのつど編み出していく即興演奏のようなものだ。そして即興からはしばしば新しいスタイルやイノベーションが生まれる。同様に個々の現場における公共経営の実験からすばらしい政策や制度が生まれてくるのである。

　こうした経営の本質は捉えどころがないように見えるかもしれない。状況対応、個別対応、そして即興演奏だ……とくれば、ますます空を摑むようなものに見えるかもしれない。だが医学と同様に、経営学はもともと経験工学でしかない。理論は即興的に展開する現実を、あとから追いかけて作られていく。また理論化された頃に現実はもっと先に展開している。量子力学や哲学のように理論や思想が先に展開し、それが現実の分析や問題解決に応用されていくものではない。したがって公共経営も経営学もその先端には限りがない。永遠に発展し続け、そしていつまでたっても未完なのである。

03 「良い経営」とは何か

このように経営は元来、個々の組織のその時々の状況に即して考える"組織特有（specific）"かつ"即興的"なものだ。しかし、一方で、広く多くの組織にあてはまる「良い経営」の共通要素というものがある。キーワードは「生産性」と「持続可能性」である。筆者は「良い経営」を、「事業と組織がともに高い"生産性"を誇り、かつ経営者が目標に向けた強固な意思を提示し、顧客や従業員などのステークホルダー（利害関係者）から幅広い理解を得ている状態」と定義する。以下では主に民間企業の事例をとって、「良い経営」を支えるこの2つの要素について解説する。そのうえで公共経営に特有の事情について後述したい。

生産性の向上
(1) 生産性とは何か

経済を語るうえでは"価格決定メカニズム"の解析が欠かせない。同様に、経営を語るときには"生産性向上メカニズム"の解析が不可欠だ。組織の生産性（Total Factor Productivity）は、資本と労働の2つの要素で決まる。前者には、資金だけでなく資材や設備などのモノを含む。後者は、正社員、アルバイトなど投入された労働の総計である。生産性は、実際に投入された資本と労働の各々の生産性と、そもそもそれぞれがどれくらい投入されたか（投入量）という2つの要素で決まる。

保健所が行う予防接種の事業を例にとって考えてみよう。ある保健所が1週間以内に、管轄地域の3歳児2,000人すべてに予防接種を行うとする。まず労働生産性を考える。これは一義的には医師1人が単位時間当たり何人の子どもに接種できるかで測られる。次には何人の医師が投入されるかが重要だ。少なすぎると非効率だし、多すぎると手持ち無沙汰になる医師が出てくる。最大効率が実現できる適正な人員数があるはずだ。

次に資本の生産性だが、設備や機器の稼働率が決め手だ。この例では注射器や診療室などの稼働率を上げると資本の生産性も上がっていく。もちろん

最適量の投資、つまりインプットも大切だ。機材が足りなければ生産性は上がらず、多すぎると逆に下がるだろう。少々値段が高くても効率のよい機械に代替するといった判断もありうる。こうして考えていくと、この仕事をこなすうえで最も効率的な設備と人員数の組み合わせがわかる。こうした事情を勘案して経営者は将来の需要動向を予測し、最適なタイミングで最適な投資と人員投入を行っていく。

生産性はアウトプット（産出量）÷インプット（投入量）で計算できる。たとえばこの保健所では医師4人、職員4人、注射器40本、4つの診療室というインプットで、1週間に2,000人の接種ができたとする。ところが同じ仕事をするのに韓国の保健所では医師2人、職員2人、注射器20本、診療室2つですんだとする。この場合、韓国の保健所の生産性は日本の2倍である。生産性向上のメカニズムを測るうえでほかとの対比、いわゆるベンチマーキングはきわめて有効だ。そこで両者の差の原因を一つひとつ突き詰めていく。そこからたとえば、日本では規制が強くて消毒作業や一部の雑務まで医師がやらなければならないとか、職員が足りないので事前の健康チェックや体温測定が不十分で医師に手間がかかっている、といった課題が浮かび上がってくる。こうした分析を経て生産性向上の方策が見えてくる。

そして、これが実はマイクロ・ベースド・マクロ、つまり個別組織の経営のあり方を考えていくと制度や政策の改革の方向が見えてくるということなのである。

(2) 生産性の向上策

個々の組織の生産性は具体的にどのようにして上げていくのか。

生産性を上げるポイントは2つある。第1には、いつどこにどれだけの量の資本と労働（人）を投入するかの判断である。第2には、そうして投入（配置）された労働（人）と資本（設備、資材など）が効率的に働く（稼働する）ような環境をいかにして作るかである。

(3) 現場人材が鍵

前者は経営者の才覚と判断次第である。後者は現場で働く人たちのやる気

と努力で決まる。彼らが自らの作業内容を点検し、自らさまざまな工夫を続けると生産性は上がり続ける。経営者の仕事は、彼らがやる気を出して目標達成に挑戦できる環境を作ることである。こうした努力は主に労働生産性を上げるが、間接的には資本の生産性にも大きな影響を与える。なぜなら現場の作業員が怠ければ、彼（彼女）のペースに合わせて機械の作業効率も落ちる。逆に作業員がしっかりしていると適切な設備投資、つまり資本投下の量やタイミングがわかる。機材の具合は彼らが一番よく知っている。彼らの「気づき」は当初は、自分の作業手順の改善等から始まる。だがもっと深く考えるうちに、機械の改良や入れ替えの必要性に気づく。さらに発展すると、生産工程の改良の提案や不良品が発生しやすい設計は見直すべきだといった進言までするようになる。このように現場の人材が深くものを考え、レベルの高い情報を提供してくれると、経営者の投資判断は容易になる。

　経営の仕事で最も難しいのは、大規模投資の判断である。現場の日常の改善活動はそれとは一見、無関係に見えるが両者は実は密接な関係にあるのだ。

　「良い経営」をめざすためには、まず労働生産性の向上を追求する。そのうえで資本の生産性の向上策が見えてくる。要するに生産性向上のためには既存の人材と機材をフル活用する。これを行ってはじめて、追加投資の必要性を判断する情報が入手できる。

(4) 終わりなき努力

　このような生産性向上のメカニズムは、あたかもオーケストラがチームとして最高の演奏を実現するために積み重ねる鍛錬のプロセスに似ている。よい奏者、よい楽器を揃え、仲間で励ましあいながら練習を繰り返す。日々の練習を積み重ねて、かなりのレベルに達しても上を見るとまだ限りがない。レベルが上がってはじめて見えてくる課題も多い。この意味で生産性向上のメカニズムは、工夫と探究を繰り返す果てしない作業の連鎖である。

「持続可能性」を支える仕組み

　「良い経営」の実現には生産性の向上に加え、組織と事業の「持続可能性」の確保が必要である。具体的には、先述の果てしない生産性向上に向けた努

第5章 公共の経営学の考え方　111

図表5-3　持続可能性を確立する4つの要素

	担い手	内容	情報の流れ
④ガバナンス（Organizational Governance）	外部の専門家、監査役	・第三者の視点からチェック ・ディスクロージャー（情報開示）	外圧効果
③業績評価（Performance Measurement）	部門長と経営者	・部門の目標管理 ・重層的な評価の仕組み	・データ ・評価結果
②戦略経営（Strategic Management）		・使命（ミッション）の明確化 ・行動計画ごとの達成目標設定	内部へのフィードバック
①現場改善活動（Total Quality Management）	現場の職員	・PDS（Plan, Do, See）サイクル ・自ら課題を見つける ・解決策をチームで考える	

力を続ける仕組み、そして組織文化を作り上げること、そして外部の環境の変化に対応した戦略を次々に繰り出す経営能力を構築することである。こういう状態にある組織はしばしば「学習し続ける組織」と呼ばれるが、その本質はいかにして優秀な経営者と社員を育てるかという問題である。

　社員も経営者も生身の人間である。余裕ができると油断し、現状に安住する。組織が持続可能性を確保するためには、そのような沈滞化の芽をいち早く見つけ、刈り取り、そして手を打っていく。それには日頃から組織がめざす目標を示し、行動を促す仕組みが必要である。

(1)　持続可能性を確立する4要素

　そのために必要な仕組みを、次の4つの要素で説明したのが**図表5-3**である。持続可能性を確立する仕組みは、組織の中と外からしっかりとしたガバナンスを構築することで形造られる。組織階層に従ってここでは下から上へ、①から④の流れで説明をする。

① 「現場改善活動（TQM: Total Quality Management）」

　これは文字どおり、現場の第一線の職員が与えられた目標の達成に向けて精進する活動である。ポイントは、現場の人々が自ら課題を見つけること、そして解決策をチーム全体で考えることである。TQMではあらかじめ達成すべき目標と期限を設定したうえで、チーム単位での努力を促す。このサイクルは計画、実行、見直しの順で繰り返されていく。これを経営用語ではPDS（Plan, Do, See）、あるいはPDCA（Plan, Do, Check, Action）という。どんなに立派な戦略があっても現場がその本質を理解し、実行しなければ絵に描いた餅である。また戦略はすぐに陳腐化する。この意味で現場改善活動は、持続可能性を支える基盤に相当する。

② 「戦略経営（Strategic Management）」

　これは①よりも１つ上位の活動である。戦略経営とは、組織が市場環境、つまり顧客のニーズと競合の動きを踏まえたうえで、自らの強みを生かした差別化優位のための作戦シナリオ（戦略計画）を遂行することをいう。経営者は組織を動かすために、従業員や株主、顧客などのステークホルダーに対して、その組織の目標とその実現シナリオを説明しなければならない。その道しるべが「戦略計画（Strategic Planning）」である。戦略計画では企業全体と個々の事業部門の使命（ミッション）を明確にしたうえで、分野別、機能別の作戦シナリオとそのための投資の方針や判断基準を明らかにする。戦略経営の先ほどの生産性向上のメカニズムに照らすと、これはどれだけの労働（人）と資本（金）をインプットすべきかを判断する行為に相当する。

③ 「業績評価（Performance Measurement）」

　これは戦略計画の達成状況を定期的にチェックし（上場企業の場合、四半期ごとが通例）、それに基づき、信賞必罰を行うことをいう。業績評価は、従業員が自ら目標を立て、その達成に向けた自助努力をするよう促すことから始まる。目標の達成状況についても自ら評価させ、それを上位者が２次評価する。この仕組みは「目標管理（MBO: Management by Objectives）」ともいわれる。

　業績評価は重層的に担保される。まず現場の個々人が自ら目標管理を行う。その達成状況は部門長がチェックする。さらにその部門長については上位の

事業担当役員が、さらに事業担当役員の目標管理は社長がチェックする。そのうえで社長、そして会社全体として証券アナリストや格付け機関、そして株主から評価される。組織は業績評価を行うことで、全体が1つの目標に向いて動いているかどうかを自ら重層的にチェックする。

④「**ガバナンス（Organizational Governance）**」

これは企業経営では「企業統治（Corporate Governance）」と呼ばれ、企業が健全に経営されているかどうかをさまざまな角度からチェックし、軌道修正を迫る。具体的には取締役会、社外役員、監査役、ディスクロージャー（情報開示）などの制度を駆使する。ガバナンスによるチェックは、「生産性」「適正投資」「経営の透明性」などの観点からなされる。なお企業の場合、企業統治の仕組みの大枠は会社法や証券取引所の上場基準等で定められている。

(2) 4要素の重層関連構造

以上の①〜④の4つの要素は組織の「持続可能性」を支えるとともに相互に作用しあって、組織をより高い生産性の実現に導く。このプロセスを再び図表5-3に沿って考える。

先述のとおり一番基礎に位置するのが①の「現場改善活動」だが、ここで解決できない課題は②の「戦略経営」レベルで解決する。たとえば設備が古くなって、生産性を上げようとしても職員の努力では限界があるとわかった場合、彼らが設備の更新を経営者に提案する。経営者は現場職員が提供する情報に加えて事業の将来性などの要素を考慮し、その是非を判断する。その意味で②は①の上に成り立つ。

こうして投資がなされた場合、その効果をチェックし、また会社全体の収益確保の観点から各事業の生産性向上の余地をチェックするのが、③の「業績評価」の役割である。業績評価では「戦略経営」への貢献度をチェックする。業績を評価されると各人は発奮する。また、業績評価の作業から不適切な人事や投資があぶり出されてくる。この意味で②の戦略経営のモニタリングのツールとして、③の業績評価は必須である。

そして最後が④の「ガバナンス」である。③は組織の中での業績のチェッ

クだが、これは組織の外からのチェックである。チェックした結果に基づき、経営者に戦略の軌道修正を迫る機能を果たす。しかしこれは③の「業績評価」が機能していないと役割を果たさない。なぜならいくら有能な社外役員、あるいは証券アナリストといえども間違った業績評価データをもとに分析していては威力を発揮できない。彼らは所詮は部外者で、日常の企業活動に精通していない。この意味で④は③なくしては成立しない。

(3) 原点に位置する現場改善

　図表5-3に沿って見返してみると、下から順に①から④へ4つの要素が積み上がっていく構造が確認できる。つまり、①なくして②なく、②なくして③はなく、そして③なくして④はない。そしてすべての原点に①の現場の努力と、そこからの情報提供があることがわかる。逆に大きな改革の際には、上から下への力の作用（重石）もある。たとえば社長が株主からの要求や株価の低迷など、④の動きを理由に社内改革や合理化を促す場合がある。あるいは部門長は、②の戦略計画の要請を理由に部下に①の現場改善活動の充実を迫ったりする。実際には下から上に積み上がる流れと同時に、上から下への流れも作用する。かくして①から④の4つの仕組みは、お互いに支えあって「良い経営」を担保する。

04　公共分野の経営の難しさ

　以上、主に企業経営について「良い経営」とは何かを述べてきたが、公共経営の場合はどうか。企業経営の仕組みのほとんどが公共経営でも応用できる。しかし公共経営は企業経営よりも複雑なので、「良い経営」の実現はもっと難しい。たとえば規制やルールの縛りが強く、生産性の向上よりも手続きの正しさが優先される。そのため①から④に至る積み重ねがすんなりと始まらない。また、政府の経営には倒産のリスクがない。しばしば「親方日の丸」と揶揄されるとおり、市場からの圧力による改革が促進されない。これは先ほどの図表5-3でいう、④の上からの圧力が弱いことを意味する。したがって③や②が働きにくく、①の職員による現場改善活動のインセンティブ

も弱くなる。

　もちろん政府は選挙の結果によっては大きく方針を転換することがある。そのマグニチュードの大きさは企業の改革よりはるかに大きく過激である。また、政治家がトップダウンの強力なリーダーシップを発揮することがある。かくして④から③、②、①への改革の指令が下りることもある。しかし一方で①から④へしっかり積み上げてきた組織内の知見の蓄積が政治的圧力によって断絶することにもなりかねない。要するに公共経営は企業経営よりも一見静的だがいったん動くと激しく動く。そして政治はそれ自体が党派性を帯びて一枚岩でないうえに継続性を重んじる行政とは相入れない部分がある。そのため公共経営のコントロールが難しい。

　また企業経営の目標は利潤追求と企業価値の向上でわかりやすい。片や公共経営は、公益の実現と社会全体の価値の向上を目標とする。公益は必ずしも数字で測れない。つまり、公共経営では目標の追求も生産性の追求も目に見えにくく、かじ取りは難しい。

民間との比較

　このような公共経営の難しさを民間との比較で整理すると、次のような特徴がある。

　第1に、公共経営では生産性の向上よりも手続きの正しさが優先される。たとえば、効率性やスピードよりも法令遵守が重視される。その結果、分厚い書類作りに時間を費やしたり、形式的な確認作業に手間をかけたりすることがある。

　第2に、公共経営では現物レベルで生産性を上げるインセンティブが乏しい。たとえば現場の改善努力で合理化ができたとする。企業なら表彰ものだ。しかし、行政機関では「本来やるべきはずのことをやっただけ」とされがちだ。行政機関では公平性や前例踏襲が重視され、あまりほめることをしない。「決められたことをきちんとすること」が重視され、努力や工夫、イニシアティブの発揮は"想定外"とされる。

　第3に、公共経営では生産性が上がらなくても組織が存続できる。もともと市場原理が成り立たない分野であり、制度が変わらない限り競合は出現し

ない。また組織の存続や各人の身分が法令で保障されているうえ、費用が税金でまかなわれている。そして公務員には仕事のでき具合とはあまり関係なく報酬が与えられる。

第4に「非営利イコール非効率」という誤解や甘えがある。たとえば「研究や教育はごみ収集や道路工事とは違う。生産性は追求すべきでない」といった意見がままある。たしかに公共分野には、生産性を少々犠牲にしてもやらなければならない仕事がたくさんある。しかし、公共のためという理由で仕事の生産性の追求を放棄するのはおかしい。

たとえばある市役所が行う、障がい者向けのコンピュータ講習を考えてみよう。チャレンジド（Challenged）といわれる人々にとってコンピュータは、ハンディキャップを埋める手段として重要だ。十分に公益性のある事業だから採算は度外視してよいだろう。ところが、実際に開催したところ受講者がわずか5人しか来なかったとする。この場合、担当職員が告知や宣伝など集客努力をしたうえでの5人、そして赤字発生なら何ら問題はない。だがそうした努力をせずにたった5人という結果なら問題だ。

公共分野では民間企業のビジネスと比べると、生産性の向上や持続可能性の追求を妨げる要素が多々ある。しかし、さまざまな制約の中でも政府は「良い経営」の実現をめざす必要がある。その方法を見出していくのが公共経営の役割である。

05　公共経営の理論

前節で述べたとおり、企業経営と公共経営は本質的に異なるところがあり既存の行政機関における公共経営の実現は容易でない。だが、それにもかかわらず公共経営の概念は先進諸国においてこの半世紀、政治主導による改革の一環として、あるいは管理ツールの普及と浸透という形でしだいに広がっていった。その間、1980年代後半から90年代にかけては社会主義国家の崩壊があり、公共経営への流れが一気に加速した。

公共経営の2つの方法

　公共経営を実現する手段は単純ではないが、大きく分けて2つの方法がある。1つは民営化である。端的にいうと、これは政府の直営となっている事務や事業を民間企業に任せることによって「良い経営」を実現していくことである。手段としては現業部門の民営化や民間委託、PFI（Private Finance Initiative）、指定管理者制度の導入、市場化テストなどがある。もう1つはあくまで政府の関与を前提としたうえで「良い経営」を実現する工夫をこらす方法である。この方法は広く「NPM(New Public Management)」、あるいは「新公共経営」といわれる。たとえばエージェンシー化によって、主に政府の執行機能の一部を疑似民間組織化する。日本では独立行政法人や特殊法人がこのエージェンシーにあたる。この場合、執行部門を政府本体とは別の組織とすることで政府特有の各種の運営上の制約や煩雑な手続きから解き放つ。そして各機関に企業経営に準ずる自由度を与えることで自由闊達な政策の追求や効率化を図る。対象分野としては、当該の事務や事業を民営化すると支障があり、さりとて政府の中に置いておくと非効率が著しい領域（たとえばミュージアム、大学、病院など）が選ばれる。ちなみに第7章で解説する行政評価も NPM の手法の1つである。これは先述の行政機関内で業績評価を行うための手法である。

　なお以上のような NPM や新公共経営が注目を浴び始めたのは、1980年代以降のことである。社会主義体制の崩壊と前後して資本主義諸国でも政府機能の見直しが進んだ。先駆けとなったのが英国やニュージーランドで、そこでの成果が民営化、NPM の理論として体系化され、世界各地に影響を与えたのである。

民営化と NPM

　民営化はわが国では、政府の直営事業や特殊法人などを株式会社などの民間企業の経営形態に変えること、つまり脱国有化（denationalization）と同一視されがちである。しかし、欧州で培われた民営化論（privatization）はもっと幅が広い。第1に脱国有化だけでなく外部委託（outsourcing, contract out）やバウチャー制（消費者が選択して購入した企業サービスのコストを政府

が負担する)、フランチャイズ制（特定の企業に経営権を与えるが、対価は企業が消費者から得る）、さらに政府の関与の廃止などを含む。つまり経済活動や公的サービス分野での政府の関与をできるだけ減らし、市場競争原理に委ねるための方策全般が幅広く民営化と呼ばれる。

　第2に、欧州の民営化論では経営形態の問題と同等か、それ以上に競争環境の確保にこだわる。つまり、仮に国有事業が民間会社化されても独占状態を保っていると民営化の効果は薄いと考える。

　第3に、経営形態よりも所有の実態に注目する。多くの識者は50％以上の資本を政府が持っているかどうかにこだわる。たとえば、株式会社であっても政府が過半数の株式を所有する場合には事実上の公営と考える。わが国の場合、株式会社化イコール民営化とされがちだが、経営形態よりも実質的に誰が支配するかに着目するのである。

　民営化の目的は、多岐にわたる。第1には、政府の関与を減らし、市場に任せることで、経営の質が向上する。第2に財政負担の軽減、第3に経済活性化である。国有企業や公益産業は、電力、通信、エネルギーなど国民生活や企業活動の基盤に関わる産業が多い。これらの効率化はインフラコストの低下につながり、経済全体の生産性を上げる。民営化論はこのように国民経済と政府の関わりを根本的に見直すことで、福祉国家とケインジアニズムという戦後の中心的イデオロギーに対しても挑戦する。

　一方、NPM論も民営化と同じく経済原則を重視する。しかしこの場合、政府は経営に関与したままである。そして運営形態のみを改良し、可能な限り民間企業の経営手法を導入する。そして公的サービスの効率化と質の改善をめざす。その際の中心原理は、現場への権限の委譲、顧客志向の経営原則、そして市場競争原理の応用である（なお、NPM理論については、第6章のほか上山（1999；2002a）、大住（1999；2002）等を参照）。

先進各国における公共経営の領域拡大と手法の進化

　公共経営のあり方は、国によってかなり異なる。たとえば、欧州各国では公共経営の中心課題は長らく、国営企業をどう制御するかということだった。一方、米国にはもともと国営企業が少ない。民営化論の中心課題は、民間委

図表 5-4　公共経営の領域拡大と手法の多様化

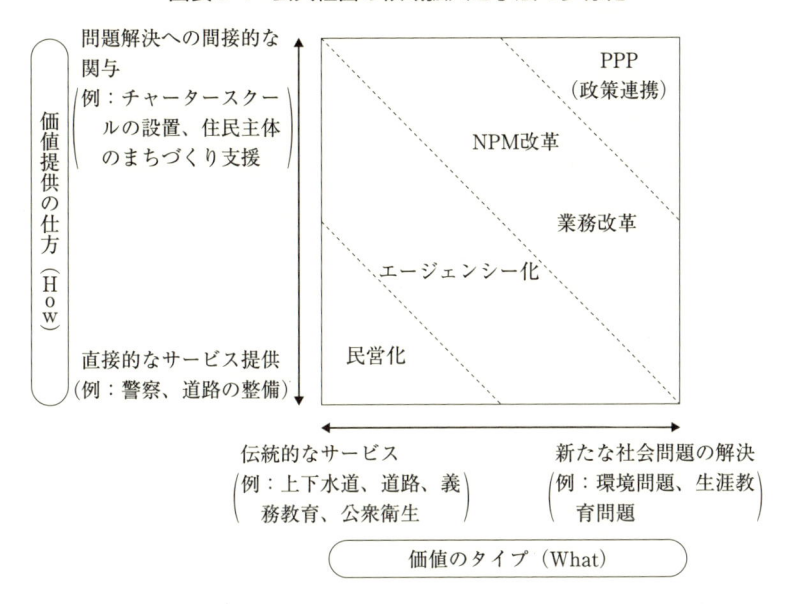

価値提供の仕方（How）
- 問題解決への間接的な関与
  （例：チャータースクールの設置、住民主体のまちづくり支援）
- 直接的なサービス提供
  （例：警察、道路の整備）

図中（左下から右上へ）：民営化 → エージェンシー化 → 業務改革 → NPM改革 → PPP（政策連携）

価値のタイプ（What）
- 伝統的なサービス（例：上下水道、道路、義務教育、公衆衛生）
- 新たな社会問題の解決（例：環境問題、生涯教育問題）

託（水道など）やバウチャー制（教育など）、フランチャイズ制（国立公園のサービス業務など）が中心だった。

　日本は戦後改革を経ており、欧州各国ほど国営企業は多くない。民営化のターゲットは日本航空や国鉄、電電公社、専売公社などに限られていた。また、NPM も日本ではあまり本格化したとはいえない。

　ここで**図表 5-4** に沿って、欧米の改革の足取りを振り返ってみよう。

　図表 5-4 では、民営化と NPM が公共経営の中でどのような関係にあるのかを整理した。横軸は政府が提供する「価値のタイプ（What）」を示す。より左に行くほど「伝統的なサービス」を、より右に行くほど「新たな社会問題の解決」に関わる分野となる。前者は、たとえば上下水道や道路、義務教育、公衆衛生などの機能である。後者は、たとえば環境問題や生涯教育問題である。縦軸は、「価値提供の仕方（How）」を示す。すなわち、下ほど「直接的なサービス提供」を、上にいくほど「問題解決への間接的な関与」を意味する。前者は警察や道路の整備など、後者はたとえば、NPO によるチャータースクール（教師、親などの自主運営を基本とした特別認可学校）の設置

支援や住民主体のまちづくり支援などの仕事である。

(1) パブリックセクター改革の領域拡大

さて、どこの国においても1980年代以降、公共経営はこの図の左下から右上へとその対象領域を拡大してきた。当初の対象は左下が中心だった。たとえば電話会社、航空会社に代表される国営企業の民営化などである。まさに「伝統的なサービス」かつ「直接的なサービス提供」の効率化やサービスの改善が中心課題であり、その手段が民営化だった。やがて改革の対象は上に向かい、政策立案機能や問題解決機能の領域に広がり対象領域も右に向かった。たとえば官民協働のまちづくりやチャータースクールの設置など、政府がまだ業務として行っていない領域に拡大していった。

(2) 改革手法の多様化

左下から右上へと改革の対象が広がるにつれ、改革の手法も多様化した。当初は「民営化」、とりわけ脱国有化が中心課題だった。それが一段落すると政府業務の民間委託やフランチャイズ化、バウチャー制度などの手法が出てきた。これらも民営化の一形態とされた。

次には民営化はしないものの、生産性の低い政府の執行業務の改革が課題とされた。そこで出てきたのが「エージェンシー化」の手法である。これは政策立案部門と執行部門を分離し、後者を契約原理と目標管理の手法で律する手法で、いわば政府内での疑似民営化である。

こうして民営化、エージェンシー化を進めていくと、最後にはどちらにもなじまない執行業務や政策立案業務が残る。たとえば立ち入り検査や認許可、警察や防衛などである。これは、政府が自ら直接やるしかなく組織や制度をいじっても限界がある。そこで行政機関の運営の方法、基本原理を変えるために先進企業のマネジメントシステムを行政組織に可能な範囲で導入することになった。これが狭義のNPM改革である。そこでは権限はできるだけ現場に委譲し、顧客（利用者）の意向を物事の価値判断の基礎に置き、目標を立ててその達成度で成果を評価する。そうやって行政の組織運営の中に競争とインセンティブの仕組みを取り入れていく。その手法として行政評価や

TQM（Total Quality Management）が重用された。

英米における公共経営の拡大

　民営化と NPM 改革に代表される先進国の公共分野の改革は、いわゆる新自由主義の流れの中で実現された。新自由主義では、政府の機能をなるべく小さくして、民間企業に仕事を行わせる。そして調整はなるべく民間市場の競争原理に委ねようとする。1980年代のサッチャー政権下の英国、そしてレーガン政権下の米国で強力に推進され、わが国の中曽根改革や橋本改革に影響を与えた。またソ連の解体プロセスとも連動しながら、90年代には東欧、ラテンアメリカやアジアをも巻き込んだ一大改革トレンドを形成した。もちろん展開の時期、スピードは国によって異なるが、大局的にはまず民営化、つまり公共分野の市場経済化が先行した。そして政府のサイズそのものが小さくなった。その後に政府機能に経営原則を入れる NPM 改革がはじまった。このようにして民営化は政府の一部の機能を市場経済に引き出し、それによって官僚組織を融解させた。

　一方、NPM 改革は、あとに残された政府機能の中に市場で鍛えられた"経営"という遺伝子を埋め込んでいった。2000年代以降は IT の発達、経済のグローバル化といったマクロトレンドがこの流れをさらに加速した。その結果、公務の分野でもアウトソーシングが普及し、非正規雇用の公務員が増えた。また PFI など資金調達の"民営化"も進んだ。

　かくして公共経営の流れはもはやとどまるところを知らないところまできたのである。

06　これからの公共経営と民主主義

　民営化にしろ NPM 改革にしろ、これまで述べてきた公共経営の正攻法は、主としてそれぞれの行政機関に「良い経営」の手法を普及させ、経営マインドを育てていくアプローチをとっている。しかし、行政の改革だけでなく行政機関と外との関係のあり方の見直し、たとえば情報公開、入札の手続きのオープン化などの改革も大切だ。なぜなら、こうした改革は政府の事務と事

業を非合理な政治的決定や遅れた商慣行から解放するからだ。

　そしてもうひとつ忘れてならないのが政治との関係である。政治において何が"適正"かを論じるのは難しいが、公共経営の観点からは透明性が高く、安定的で、しかもダイナミックな政治環境が望ましい。その実現に向けた努力は民主主義の修正や改良という名のもとで行われているが、公共経営もそれと無関係ではない。

　公共経営の普及は3つの意味で民主主義の強化につながる。第1に巨大化した政府をダウンサイジングし、民営化し、市場に戻していくことで政府の統治機能を回復させていく。第2にNPMの導入で、政府の経営が民間と同じくわかりやすいものになる。そして第3には、わかりやすくなった政府の運営に市民や企業経営の経験を持った人たちが参加できるようになる。

　以上3つの意味において、公共経営は民主主義を実質的な意味において下支えする役割を担うといえるのではないか。言葉を替えていえば公共経営の浸透によって行政プロセスに民主主義を埋め込むことが可能である。もちろん行政の民主化の動向はひとえに政治のあり方にかかっている。だが民主的でない政治は行政の民主化を望まない。だとすれば、民主化を公共経営の導入による行政プロセスの見直しからはじめるという逆説的な発想があってよい。公共経営は、本質的には個々の機関をその組織の枠内でよりよく経営するという地味な存在である。しかし同時に、公共経営はその実践を通じて現実の行政や政治の形を変える力を秘めている。巨大化するシステムを前にして私たちはなすすべを失いつつある。その無力感は政治においてますます濃厚になりつつある。だが、目の前の行政に公共経営を導入することで有効な解決策が見つかるかもしれない。この意味において公共経営は、実は企業経営における経営学をはるかに超えた威力を発揮する可能性を秘めている。

［上山信一］

【キーワード】
制度論、政策論、経験工学、システム化、マイクロ・ベースド・マクロ、生産性、持続可能性、生産性向上のメカニズム、労働の生産性、資本の生産性、ガバナンス、TQM、PDS、PDCA、戦略計画、使命（ミッション）、良い経営、MBO、民営化、脱国有化、NPM、新自由主義

【参考文献】
新たな行政マネージメント研究会（2002）『新たな行政マネージメントの実現に向けて』総務省行政管理局。
石井幸孝・上山信一（2001）『自治体DNA革命——日本型組織を超えて』東洋経済新報社。
伊丹敬之他編（2005）『企業とガバナンス（リーディングス日本の企業システム第2期 第2巻）』有斐閣。
上山信一（1998）『行政評価の時代——経営と顧客の視点から』NTT出版。
――――（1999）『行政経営の時代——評価から実践へ』NTT出版。
――――（2002a）『行政の経営改革——管理から経営へ』第一法規出版。
――――（2002b）『政策連携の時代——地域・自治体・NPOのパートナーシップ』日本評論社。
上山信一・大阪市役所（2008）『行政の経営分析——大阪市の挑戦』時事通信出版局。
上山信一・桧森隆一（2008）『行政の解体と再生——ニッポンの"公共"を再構築する』東洋経済新報社。
上山信一（2012）『公共経営の再構築——大阪から日本を変える』日経BP社。
OECD編（2010）『図表でみる世界の行政改革——政府・公共ガバナンスの国際比較』明石書店。
大住荘四郎（1999）『ニュー・パブリックマネジメント——理念・ビジョン・戦略』日本評論社。
――――（2002）『パブリック・マネジメント——戦略行政への理論と実践』日本評論社。
大嶽秀夫（1997）『「行革」の発想』TBSブリタニカ。
オズボーン、デビッド／テッド・ゲーブラー（1995）『行政革命』日本能率協会マネジメントセンター。
経済産業省・経済産業研究所「日本版PPP研究会」（2002）『日本版PPP（Public Private Partnership：公共サービスの民間開放）の実現に向けて——市場メカニズムを活用した経済再生を目指して——中間とりまとめ』。
ゴールドスミス、スティーブン／ウィリアム・D．エッガース著、城山英明・奥村裕一・高木聡一郎監訳（2006）『ネットワークによるガバナンス——公共セクターの新しいかたち』学陽書房。
国土交通省国土交通政策研究所（2002）『NEW PUBLIUC MANAGEMENT——歴史的展開と基礎理論』財務省印刷局。
シュライアー、ポール（2009）『OECD生産性測定マニュアル——産業レベルと集計の生産性成長率測定ガイド』慶應義塾大学出版会。
田中秀明・岩井正憲・岡橋準（2001）『民間の経営理念や手法を導入した予算・財政のマネジメントの改革——英国、NZ、豪州、カナダ、スウェーデン、オランダの経験』

財務省財務総合政策研究所。
玉村雅敏（2005）『行政マーケティングの時代――生活者起点の公共経営デザイン』第一法規出版。
手島孝（1997）『アメリカ行政学』日本評論社。
東洋大学 PPP 研究センター（2010）『公民連携白書 2010 ～ 2011 新しい公共と PPP』時事通信出版局。
豊永郁子（1998）『サッチャリズムの世紀――作用の政治学へ』（現代自由学芸叢書）創文社。
野田由美子（2004）『民営化の戦略と手法――PFI から PPP へ』日本経済新聞社。
宮脇淳（2003）『公共経営論』PHP 研究所。
Salomon, Lester M. (2002) *The Tools of Government*, New York: Oxford University Press.

第6章
パブリックマネジメントの実際

Summary

　行政の活動は、しばしば「お役所仕事」と揶揄され、非効率性やサービスの質の悪さの典型例とされてきた。だが、1990年代後半以降の日本の自治体では、「生活者起点の行政」「成果志向の行政運営の追求」「住民満足の向上」といった標語を掲げた改革が各地で行われてきた。また、行政の活動の結果として何を達成したのかという「成果」を重視した行政評価や事業分析を実施し、評価からはじまるPDCAサイクルを構築して活動基盤とすることや、高い成果の効率的な実現をめざした組織や制度の体制づくりや試行錯誤が数多く行われ、実態の変化も生じつつある。海外の先進諸国の行政を見ると、より明確に変化している。たとえば、執行部門に対して大幅に権限を委譲したうえで、成果の達成について一種の契約を結び、徹底的に成果と効率を追求することや、住民を顧客と考え、その満足追求を活動の基準に据えることなど、民間経営に学びながら改革が行われ、行政経営の姿は変貌を遂げている。

　こういった動きは、OECD主要諸国共通[1]の行政経営の新しいパラダイムとして、NPM（New Public Management：新しい公共経営）と総称されている。NPMとは、行政経営に、成果の追求をめざした「改革イニシアティブ」を引き出す制度設計を行いながら、民間企業で活用されている経営理念や改革手法を可能な限り適用することで、パブリックマネジメントの効率性や生産性、有効性を高めようとする試み全体を総称するものである。このNPMは、各国の行政実務の現場において、公共部門の生産性向上や活性化を図ることを目的に推進されてきた、さまざまな試行錯誤の結果として現れたものである。本章では、このNPMのパラダイムを前提に、パブリックマネジメントで実際に適用されるアプローチについての解説を行う。

1）英国・ニュージーランド・米国・オーストラリア・カナダといったアングロサクソン系諸国のみならず、フランス・スペイン・ドイツといった大陸系諸国、スウェーデン・ノルウェー・フィンランドといった北欧諸国など、改革アプローチやコンセプトには違いがあるものの、先進諸国の行政経営共通の動きとして指摘できる。

01　NPM（New Public Management）の潮流

NPMとは何か──行政の構造改革を経て登場したパブリックマネジメントの新しいパラダイム

　1980年代以降、先進諸国の行政改革や行政経営の理論的支柱となったのは、New Public Management（以下、NPMとする）である。これは、行政経営に成果の追求をめざした「改革イニシアティブ（自発的に、自ら率先して改革を推進しようとする行動）」を引き出す制度設計[2]を行いながら、民間企業で活用されている経営理念や改革手法[3]を可能な限り適用することで、行政経営の効率性や生産性、有効性を高めようとする試み全体を総称するものである。

　このNPMという用語は、1991年にC.フッドによる論文 "A public management for all seasons?" で、英国、オーストラリア、ニュージーランド等のOECD諸国において、1970年代後半以降に行われた行政改革の共通した特徴の呼称として用いられたのが最初とされる。以後、NPMは、研究者によって、また国・地域によって、その定義や理論、実践アプローチにはある程度の幅がある[4]ものの、実務家によるさまざまな活動実践と、研究者による成功事例の体系化・理論化とが相互に影響し合いながら発展し、行政改革や行政経営の新たな潮流（パラダイム）を指し示すものとして定着してきている。

英国におけるパブリックマネジメントの改革

　公的部門の効率化、活性化を図ることを目的に推進されてきたさまざまな

2）執行部門の分離・独立、資源利用の権限委譲と業績ベースの契約、顧客起点の価値定義、競争入札制度、民営化や民間委託など。
3）たとえば、TQM（Total Quality Management）手法、発生主義会計、ABC（Activity Based Costing：活動原価計算）手法、アウトソーシング、従業員提案制度、顧客調査手法など。
4）OECDや世界銀行などの国際機関では、各国の共通的な特徴として、NPMと総称することが一般的だが、実際に改革に着手している諸国では英国・ニュージーランド型の改革を指してNPMと呼ぶことや、北欧諸国や大陸系諸国では自らの改革を「公的部門の現代化（Public Modernization）」と呼ぶこともあり、「NPM」という用語は少し狭い意味で用いられることもある。

試行錯誤の結果として現れたのがNPMである。すなわち、その理論や体系は実践事例をもとに組み立てられているものであり、国や地域、あるいは時代により、そのコンセプトやアプローチにはかなりの幅がある[5]。そこで、NPMについての具体的なイメージを捉えやすくするために、NPMの実践トレンドをリードしてきた英国において、1980年代から2000年代中盤に実際に行われてきたアプローチを俯瞰する。

政府の構造改革としての商業的事業の民営化

英国では、1940年代以降、「ゆりかごから墓場まで」と表現されたとおり、福祉国家と完全雇用の追求をめざして、財政政策を中心とした有効需要管理政策や、物価安定のための所得政策、基幹産業・先端産業の国有化などといった経済政策が実施されてきた。

しかし、1970年代、第一次石油危機等を契機として、景気後退、インフレ、高失業率が深刻化し、さらにポンド危機にも見舞われ、経済状況は停滞し、税収も伸び悩んだ。その一方で、社会保障費などの歳出は膨張を続け、加えて、官僚機構の非効率性・非革新性の弊害も目立ち出し、財政赤字の拡大と公的債務の累増が進んでいった。いわゆる「英国病」[6]に陥ったのである。

こうした中、1979年5月、サッチャー政権が誕生する。

サッチャー政権のスタンスは、肥大化した政府部門の縮小や公共サービスへの競争原理の導入を推進するとともに、税制改革、労働市場改革、金融の自由化などを強力に推し進めることにより、自由・公正・効率を支柱とする「小さな政府」を実現し、市場メカニズムの働く競争社会をめざすというも

---

5) たとえば、NPMのトレンドを主導してきた英国やニュージーランドでは、トップダウン的なアプローチで民営化やエージェンシー化を幅広く適用することを通じて、自律的な組織体の構築を進める組織改革を先導させたのに対して、スウェーデン・フィンランド・ノルウェーのような北欧諸国や、フランス・ドイツなどの大陸系諸国では、民営化などは緩やかに適用することにとどめて、ボトムアップ的なアプローチで、行政の組織運営の現代化(Modernization)を図ることを先行させている(大住、1999)。
6) 公共部門の肥大化、高福祉・高負担、強い労働組合、低い生産性などがその特徴として挙げられる。

のであった。すなわち、政府による大規模な財政支出や、広範な守備範囲を持つ公共部門の存在が、民間の経済活動を阻害し、英国経済に長期停滞をもたらしたとの認識に立ち、公共部門の規模や範囲の削減、公共部門の干渉制限、市場に基礎を置いた公共サービスの供給等をめざした行政改革を実践していったのである。

まず、公共企業体[7]の労使問題や生産性の悪さが社会問題化していたという背景から、サッチャーの強いリーダーシップのもと、積極的に株式売却・民営化が推進された。

公共企業体によって行われている商業的事業は、民営化によって、①企業の意思決定から政府の関与を削減して自律性と柔軟性を高め、業績を改善する行動を引き出すこと、②市場での評価と競争環境にさらすことで、改革へのインセンティブを促し、成果の追求をめざした「自発的な改革・改善活動」を引き出すことが期待できる。

具体的には、1979年11月に石油事業の株式を売却したのを皮切りに、広範な分野で株式売却の推進が進められた。他国では大半が民間企業によって行われている業種（石油、電子機器、航空機など）[8]の公共企業体から手がけ、その後（1984年以降）、電気、通信、ガス、水道といった、公共サービス的性格の強い、比較的大規模な企業体についても実施した[9]。

自治体の公共サービスへの強制競争入札の導入

サッチャー政権は、1980年、地方自治体によって提供される公共サービスにも市場メカニズムを活用する「強制競争入札（compulsory competitive

---

7) 政府現業もしくは公共法人。サッチャー政権前の英国では、電力、石油、ガス、航空、通信、鉄鋼といった基幹産業が国有化されており、1979年の時点でその付加価値額は国内総生産の10.5％を占めていた。また、1970年代の10年間で石炭事業は7％、郵便事業は12％生産性が低下するなど、生産性の悪さも顕在化していた（国土交通政策研究所、2001）。

8) これらの大半は、過去に民間企業体であったものが経営悪化し、その建て直しのために国有化された産業であった。すなわち、本来ならば、民間部門により行われるべき分野であったため、民営化に際しての困難は比較的少なく、その規模も比較的小さなものであった。

9) たとえば、British Telecommunications（電話、1984年）やBritish Gas（ガス、1986年）、Water Companies（水道、1989年）、Distribution Companies（配電、1990年）、National Power、Power-Gen、Scottish Power/Hydro Electroric（ともに発電事業、1991年）など。

tendering)」制度を導入した。

　これは、地方自治体が法定の業務に関わる発注を行う際には入札（民間業者との競争）を経なければならないという制度である。この制度のもとでは、たとえ行政内部の部局が行っている事業であっても、民間企業でも提供できる可能性がある事業については、強制的に民間業者との競争入札にさらされる。そして、この競争入札で自治体側の部局が落札できなければ、その部局は廃止ないし縮小が検討されることになる。

　この強制競争入札の対象は、当初、道路管理等の限られた範囲の現業部門のみであったが、1988年の地方自治法により、清掃、給食等をはじめとする幅広い範囲の現業部門に適用され、さらに、1992年には、専門性の高い財務部門やスタッフ部門にまで拡大された[10]。

　こういった強制的に入札を行う制度を導入することで、民間部門でも提供しうる可能性がある公共サービスについては、可能な限り競争環境にさらし、効率性や有効性の改善を図る「自発的な改革・改善活動」を引き出すことをめざしたのである。

執行部門のエージェンシー化と業績契約の導入

　こうした商業的な事業や、競争入札にさらすことができる公共サービス以外の分野については、「エージェンシー化」と「業績契約の導入」によって、高い成果を効率的に実現することをめざす行動を引き出す環境整備を行った。

　行政の経営改革のヒントを得るために、サッチャーは民間経営にノウハウも求めた。就任直後の1979年6月、大手スーパーのマークス・アンド・スペンサーの取締役であったD. レイナー卿を、効率性に関する首相特別顧問に任命し、さらにその補佐機関として、6人のメンバーからなる改革研究チーム「効率室（Efficiency Unit）」を内閣府に設置し、どうすれば行政を効率的に経営できるのかを調査研究させたのである。

---

[10]「強制競争入札は地方自治に対する国の過度の関与である」と地方自治体の労働組合等から批判された。労働組合の支持を受けているブレア労働党政権に交代後、1997年に強制競争入札は廃止され、過度の市場原理追求による弊害の反省に基づき、「公共サービスの質」を重視する改革へと変化していった。

この「効率室」は、1982年、多くの実態調査をもとに、新たな行政マネジメント方法について提言と推進策を出す。それを踏まえて、「財務管理新構想（Financial Management Initiative：FMI）」[11]という制度が導入された。このFMIは、行政マネジメントのあり方について変革を迫るものであったが、結果的には、全体的な成果はあまり芳しいものではなかった。制度は作ったものの、その制度が動く基本システム（業績改善のための予算利用や人事管理の権限委譲など）には変更を加えなかったため、結局、業績改善のための行動変革を促すことはできなかったのである。こういったFMIの教訓は、手続きや情報流通の改善などの個別的な修正では不十分であり、抜本的な構造改革が不可欠であるという認識を生んだ。

これらの経験を踏まえて、「効率室」は、1988年、報告書（*Improving Management in Government: The Next Steps*）を発表する。この報告書では中央省庁の現状を次のように分析した。

① 公務員の約95％は、政府サービスの執行業務に従事している。
② 幹部職員は政策立案技術を有している。しかし、政策の執行については重要視していないし、ほとんど経験もない。
③ 政策の立案と執行の両方に責任を負う結果、大臣の負担は過重である。すなわち、大臣は政策の立案で手一杯であり、政策を効率的に執行するマネジャーとして機能することは期待できない。
④ 政策執行の結果についての評価や業績の改善には重点が置かれていない。
⑤ 政策立案と執行をともに行う省庁の組織は巨大かつ複雑であり、ひとつの組織体として中央から効果的に管理することは不可能である。
⑥ 執行業務は、政策立案業務と分離されていなければ効果的に行うこ

---

11) FMIは、①トップ・マネジメント・システム（大臣や上級管理者に対して、業務領域、利用資源、業務活動状況に関する情報を提供するもの。各省庁は業務セクションごとの年間計画と業績報告書の作成を義務づけられた）、②予算権限の分散化（各業務の管理者に予算管理を任せ、財務管理と運営責任を与える）、③業績評価（運営コストと効率性に関する業績指標を政府全体で1,800以上設定し、各省庁はこれを用いて目標達成度を公表する）、といったシステムとして構築された。

とはできない。

　以上の現状分析から「効率性室」は、政策の執行やサービス供給を担う専門の組織体である「エージェンシー（執行庁）」の設立と、このエージェンシーの運営権限と成果達成の責任を持つ経営者（チーフ・エグゼクティブ：CE）の任命についての提言を行った。

　この報告書の提言を受けて、1988年以降、エージェンシーが設立されていった。

　このエージェンシーの運営は、公募したCEによって行われる。CEと大臣の間では業績ベースの契約が結ばれ、CEは資源利用（予算・人事）の裁量権を持って、政策目標の達成責任を負うことになる。一方、大臣と省庁の政策立案部局は、戦略的な方向性や政策目標の設定と監視、資源配分の検討などの役割を果たしている。

　このような役割が明確な自律的な組織体を作り、権限と責任を委譲することで、高い成果を追求するためのさまざまな「自発的な改革・改善活動」が、各現場レベルで推進されるようにしたのである。

サービス品質の改革——顧客の視点からのサービス品質の定義

　サッチャーを引き継ぎ、1990年にメージャー政権が誕生する。サッチャー政権の基本的なスタンスは、市場メカニズムを最大限に活用して公的部門の効率化および規模の縮小を行い、公的部門の活性化を図るというものであったが、メージャー政権でもこの方針を継承しつつ、公共サービスの質の確保と向上をめざすという方針が加わった。

　その一環として、1991年、公共サービスの質を高めるための10カ年計画である「市民憲章（Citizen's Charters）」[12]プログラムを開始した。これは、公的機関が市民に対してサービス水準等を約束し、毎年、その現状値の測定と公表（議会に報告）を行い、高い成果を達成しているプログラムを表彰するというものである。具体的には、内閣府によって設定された6つの基本方

---

12) 市民憲章とは、「市民に対する宣言」という意味であり、英国の市民憲章は、市民に対して、公的機関が一定品質のサービス提供を約束するものである。

針[13]に則り、行政機関別の憲章（社会保険庁の憲章など）や受益者別の憲章（納税者の憲章、旅行者の憲章、病院患者の憲章、郵便局利用者の憲章）などが定められ、1995年の時点で中央政府で40以上、地方で約1万の憲章が制定された。

　この市民憲章は、サービスの質の改善や、不具合への対処方法の明確化など、一定の成果があったが、曖昧なサービス水準が設定されたり、一部の幹部職員のみで検討され、利用者の視点が抜け落ちてしまうことも起きた。そこで、1997年に発足したブレア政権下では、市民憲章の基本方針を6つから9つに見直した[14]うえで、「サービス第一の新憲章プログラム（Service First the New Charter Program：SFNC）」として改正された。

　こういった「顧客にとって何が大切な価値か」を定義する制度を導入し、その価値の実現を義務づけることで、公共サービスの品質を持続的に改善していく「自発的な改革・改善活動」を引き出すことをめざしたのであった。

自治体の業績測定の義務化と比較情報の提供

　公共サービスの質を向上させるには、サービスの現状についての実態分析が必要になる。そこで、自治体によって提供されている、医療・教育・警察といった基本的な公共サービスの質を上げるために、業績マネジメントの導入も推進された。

　メージャー政権下の1992年、地方自治体の基本サービスについて、自治体ごとに業績を測定し、年次報告書として報告することを義務づけた。これは、中央政府の自治体監査委員会（Audit Commission for Local Authority）[15]が設定した業績指標について、すべての地方自治体が測定し公表することを義務づけ、この各自治体の業績を比較対照する年次報告書を自治体監査委員会が発表するというものである。

---

13) ①サービス基準設定、②情報公開原則、③選択の自由の提供と改善義務、④礼儀と奉仕の精神、⑤是正措置の確保、⑥効率運営。
14) ①サービス基準設定、②情報公開原則、③協議と参加、④アクセスと選択の促進、⑤公平な扱いの保証、⑥是正措置の確保、⑦資源の有効利用、⑧革新と改善、⑨協議。
15) 自治体監査委員会自体はサッチャー政権下の1982年に設置されている。

これにより、複数の自治体間で、同一サービスの業績についての比較分析が可能になり、自治体間のサービス改善競争を促進することとなった。また、継続的な測定により経年比較が可能となり、改善のためのヒントを提供することにもつながった。そして、こうした業績測定の義務化と比較情報の提供を行うことで、一種の競争環境と相互学習の環境を構築し、自治体ごとに自発的な改善行動を実践するようにしたのである。

政府の役割転換と公共サービスの担い手の多元化

サッチャー、メージャーと続いた保守党政権下では、市場メカニズムをテコとした改革が進められてきたが、1997 年に誕生したブレア労働党政権では、政府や市場の役割を否定はしないものの、これまでの「市場」か「政府」かの二元論ではなく、「市民社会」も主要な主体として想定したうえで、この3つの主体が相互に補完し合うパートナーシップに支えられた公共経営モデルを構築していく、「第3の道」と提唱された改革が推進された。

「市民社会」とは、市民やその活動団体（市民団体やNPOなど）の協働によって実現するものであり、共感や協働、パートナーシップなどが、その活動原理となる。したがって平等や公平性、公共的な価値の増進といった原理を持つ「政府」や、競争原理によって最適化をめざす「市場」とは異なる原理を持つこととなる。このような違いを持つ三者が相互補完的にパートナー関係を構築することで、効果的な社会システムを構築していくことが期待できるという発想である。

また、この「市民社会」という主体が効果的に役割を果たすには、「市民社会」を構成する市民相互の関係性を高めていくことも求められる。そのためには、市民には「サービスの対象者」や「説明責任を受ける立場」としてではなく、「ステークホルダー（利害や持ち分を持つ立場）」や「行動主体」として、主体的に意思決定や実践に関与していく役割が期待される。

そして、「政府」の役割は、介入や命令ではなく、パートナーとして、「市場」や「市民社会」が活力を発揮し、その機能をより有効に発揮できるように「条件整備」を推進することに主眼が置かれる。

このような理念を持つブレアの改革では、多様な主体による自律的な改革

とパートナーシップに支えられた「福祉のニューディール」や「教育改革」、政府が枠組みを作り、民間の主体が運営する「年金制度改革」、民間資本やその投資手法を活用することで公共分野での投資の有効性を高める「PFI（Private Financial Initiative）制度」の実質化などが行われた。

02　NPMにおける改革アプローチ

NPM改革の5つの共通項

これまで、NPMの実践トレンドをリードしてきた英国のアプローチを紹介してきた。NPMにおける改革のアプローチは、国や地域、あるいは時代により異なるものであるが、英国のみならず他国の実践も含めてその共通項を整理すると、以下の5つの点が指摘できる。

① 成果の達成に責任を持つ自律的な活動単位の設定
② 資源利用に関する権限委譲と業績契約の実施
③ 市場メカニズムの活用
④ 顧客起点による価値基準の明確化
⑤ 持続的な改善活動を実現するための評価システムの設計

行政組織の構造や直面している課題、改革経験などにより、取り組む順序や濃淡には違いがあるものの、これら5つの改革アプローチを共通項として、その選択・組み合わせで改革が推進されてきたのである。以下、この5つの改革アプローチについて、解説する。

成果の達成に責任を持つ自律的な活動単位の設定

英国におけるエージェンシー制度のように、NPMでは改革イニシアティブを引き出す制度設計として、行政組織のヒエラルキーを簡素化することや、執行部門を分離して独自のマネジメントができるようにすることなど、「成果の達成に責任を持つ自律的な活動単位」の設定が行われていた。

行政の組織は、長らく能率性の追求を目的として、専門的職能による分業と命令系統の一元化に適するようデザインされた「ヒエラルキー構造の組織

形態」をとり、法令や規則等の事前規定による統制が行われてきた。ここで成立する組織は、政策に関わる動的なプロセスを一貫して所掌する組織ではなく、専門的職能に基づきプロセスの一部の処理を遂行することに特化した組織である。このシステムでは一連のプロセスを分掌し、各プロセスについて、個々の組織に付与されている権限の範囲内において処理を行う。

　このような「集権化されたヒエラルキー重視の組織構造」によるプロセスの分掌は、公共性という使命を有する公的部門の組織論としては適正なものであった。しかし、こういったシステムでは、個々の組織が自部門にとっての最大限の努力を払えば、一連のプロセスを分掌する他の部門においてどのような処理が行われるかは関知しなくてもよくなってしまう。さらに、個々の処理に対する強い責任意識は、ときにはプロセス全体の問題点に意識が及ばないという事態も生み出しかねない。

　公的部門がその役割を増大させ、巨大化かつ専門分化していくにつれ、この問題は顕在化し、公的部門の膨張傾向と慢性的な赤字体質、効率性・生産性の悪化という事態を生み出した。

　こうした状況に対する改革の結果として生まれたNPMでは、その組織構造を、プロセスごとに管理を行う「階層的なヒエラルキーシステム」から、成果を達成する権限を委譲され、一貫したプロセスを責任を持って遂行する「自律的な組織によるマネジメント」へと転換させている。

資源利用に関する権限委譲と業績契約の実施

　民間経営では、限られた資源の中で顧客満足度を高めながら、生産性を向上させ、最終的にできるだけ多くの成果（収益）を確保することが目標となる。そのためには、企業の経営企画部門では経営戦略の立案といった企業の運営方針に関わる部分に特化し、顧客に最も近く、絶えず変化するそのニーズを最も効率的に把握できる現場サイドにできるだけ日々の運営や資源利用に関する権限を委譲するという方法がとられる。そして、経営企画部門で立案された経営戦略に沿った業績目標を設定し、その実現をめざして、個々の現場において業務が遂行され、目標に対する実現責任を負うという形をとる。また、現場の活動を常に監督することにはコストがかかるため、現場へ裁量

を付与する代わりに、成果の実現に対する責任を負わせるという方法をとるのである。

　行政の運営においても、成果の効率的な達成を意識した場合、同様のシステムを作る必要が出てくる。執行方法の管理・監督を通じて目標達成を実現するのではなく、政策の執行部門に権限を委譲する（let managers manage）代わり、成果の実現に対する説明責任を負わせる（make managers manage）ことで、目標を効果的に達成しようとするのである。具体的には、

- ▶ 企画部門と執行部門を分割し、執行部門の独立化および最高責任者への裁量権の賦与を行うこと
- ▶ 業績改善のために行使できる権限の所在と、その権限行使についての責任の所在を一致させること
- ▶ 権限委譲と併せて業績目標に対する契約を行い、自律的な運営を推進できる体制にすること

が行われている。

市場メカニズムの活用

　市場メカニズムの活用とは、公共サービス・財を供給する際に、公的部門と民間部門、あるいは公的部門内に競争環境を創出することで、より費用対効果が大きい政策成果を生み出そうとするものである。その手法としては、公的企業体や政府現業の「民営化」、民間部門による財・サービス供給を公的部門が購入する「民間委託」[16] または「バウチャー制度」[17]、公共サービスを民間企業の資金によって提供する「PFI」、公的部門を民間企業との潜在的な競争状態に置く「強制競争入札（市場化テスト）」などがある。

　こういった市場メカニズムの活用方法は国により違いがある。主として、英国、ニュージーランドのようなアングロサクソン系諸国では、公的企業の民営化などの「狭義の民営化」はもちろん、民間委託・バウチャー制度をは

---

16) 競争入札等によって直接政府が購入する制度のことを指す。
17) 特定用途の補助金を消費者に賦与し、購入元は消費者に選択させる制度。

じめとした「広義の民営化」手法を積極的に活用する。すなわち、民営化を中心に考え、民営化になじまないもののみをエージェンシーや内部市場メカニズムとして公的部門内部に残すのである。そして、たとえ内部に残したものであっても、可能な限り競争入札等により潜在的な競争状態に置くことを試みる。それに対して、スウェーデン、フィンランド、ノルウェーなどの北欧諸国では、広範な民営化手法の活用には慎重で、エージェンシーの自己改善や内部組織間でのコミュニケーションの活発化などを通じて可能な限り効率化や生産性の向上を実現しようとしている（大住、1999）。

顧客起点による価値基準の明確化

こうした組織構造の改定や、権限委譲と業績契約の導入、市場メカニズムの活用以外にも、改革イニシアティブを引き出しやすくするために、英国の市民憲章やSFNCなどのように、（行政では漠然となりがちな）顧客にとっての価値の分析・検討を行い、それを起点に活動基準を再定義することも行われた。

各国の改革では、高い成果の効率的な提供の実現をめざしていた。しかし、極論すれば何でも「成果」になりうる。真に求めるべき成果は何なのかを考えるには、財やサービス提供の対象者である「顧客」にとっての価値を起点に考える必要がある。すなわち、NPMのパラダイムでは、顧客起点によって価値基準を明らかにすることが不可欠となる。そしてその効率的な実現に向けて、活動内容の定義とシステム構築を行うことになるのである[18]。

持続的な改善活動を実現するための評価システムの設計

改革を行うためには現状を分析する必要があり、評価が不可欠である。また、高い成果を実現するには、定期的に評価し、改善を繰り返すことも必要である。英国の自治体における業績マネジメントなどでは、行政の活動の結果として何が実現したのかという観点から、「アウトプット（政策執行による

---

18) これは、行政機関の活動を通じて行う「価値提供の連鎖（バリューチェーン）」を、提供者起点ではなく、顧客起点で組み立てることを意味する。

直接的な結果)」あるいは「アウトカム（社会に発生したインパクト）」を定期的に測定し、効率性や生産性、有効性といった尺度で分析[19]をすることで、業績改善へのヒントを得ている。

　ちなみに、従来型の行政システムでは、政策執行に際してどれだけの資源を投入するのか、という「インプット」に管理対象の力点が置かれており、その評価は、行政の執行手続きの適格性の確認に重点が置かれることになる。

03　パブリックマネジメントの価値基準の転換

システムを成り立たせる3つの観点

　NPMとは、"New"という単語が指し示すように、"新しい"モデルへの移行を意味するものである。それでは、いったい何が"新しい"のか？　従来の行政システムと比べて、何が異なるのであろうか？

　NPMの実相は、国や時期によって異なるものであり、かつ、常に進化しているものでもあるため、単一のモデルとして考えることは難しい。ここではNPMのトレンドを形成してきた英国のモデルを中心に、各国のNPMの共通特徴から何が"New"なのかを分析するとともに、パブリックマネジメントを推進する際の価値基準を「ロール（果たす役割）」「ルール（運営基準）」「ツール（道具・手法）」という3つのキーワードで考えてみる。組織、活動、産業などのシステムは、この3つの要素が相互補完的に絡まり合って構築され、機能していると考えることができるのである（図表6-1）。

　このことを、プロ野球という産業システムを例に説明してみよう。

---

[19]「効率性（Efficiency）」と「生産性（Productivity）」はともに、ある活動や施策に関する「インプットの合計」と「アウトプット（またはアウトカム）の合計」との関連性を見るものである。違いは、効率性とは「アウトプット（アウトカム）に対するインプットの割合（単位原価比）」、すなわち「アウトプット（アウトカム）を実現するのにどれだけインプットが必要であったか」を見るものであるのに対して、生産性とは「インプットに対するアウトプット（アウトカム）の割合」、すなわち「一定のインプットによってどれだけのアウトプット（アウトカム）が実現できたか」を見るものである。「有効性（Effectiveness）」とは、インプットによって実際に達成したアウトプットやアウトカムの水準が、設定した目標水準へ向けてどれだけ前進しているのかを見るものである。行っている施策が、アウトプットやアウトカムを改善させるのに役立っているかを分析するのに役立つ。

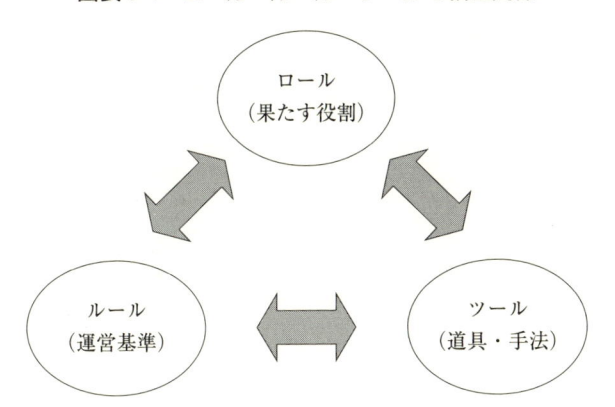

図表6-1 ロール・ルール・ツールの相互関係

```
       ロール
     (果たす役割)
      ↗   ↖
     ↙     ↘
  ルール  ←→  ツール
(運営基準)    (道具・手法)
```

　システムには必ず、そのシステムが「果たす役割（ロール）」がある。プロ野球であれば、「見ている人を楽しませる」「ひとつのレジャー産業として経済活動を担う」など、システム全体が果たしている役割が存在する。

　そして、こういったロールを成り立たせるには、何らかの「ルール（運営基準）」が必要になる。明文化したルール、暗黙のルール、文化として定着しているルールなど、さまざまな形態でルールを設定することにより、システムの基盤を整え、ロールを達成するのである。プロ野球の場合、球団フランチャイズ制、1チームが契約できる選手数、選手との契約方法、1ゲームの攻撃回数などさまざまなルールがあり、その活動を支えている。

　同様に、ロールを達成するためには、何らかの「ツール（道具・手法）」も必要である。また、ルールを機能させるためにも、何らかの「ツール」が必要だ。プロ野球では、打率や防御率といった成績測定ツール、テレビ中継、数万人を収容できる球場、ファンクラブなど多種多様なツールが存在することで、ロールやルールを機能させている。逆に、あるツールの存在がルールやロールのあり方を定義することや、あるルールがツールやロールのあり方を定義すること、ときには、あるルールやツールの登場がそもそものロールを変えることもある。このように、ロール・ルール・ツールが、相互にそれぞれのあり方を定義し合い、相互に影響を与え合いながら、システム全体を成り立たせているのである。

図表 6-2　従来型の行政システムと NPM の違い

	従来型の行政システム	NPM（New Public Management）
ロール（果たす役割）	公共的な「コンテンツ（活動）」の提供	成果の効果的な実現へ向けた「コンテクスト（文脈、状況）」の提供
ルール（運営基準）	事前規定による統制 ・手続き・プロセスの重視 ・事前に規定された活動内容と手続きによる運営 ・手続きの適格性に関する監査 ・請求ベースの情報公開による説明責任の留保	成果・結果による統制 ・顧客への提供価値の重視 ・権限委譲と業績契約による自由度の高い運営 ・効率性・生産性・有効性に関する評価 ・業績契約による結果責任の追求
ツール（道具・手法）	管理・統制方法の改善 ・役割分担の改善（中央－地方、官民、官官） ・事前規定の詳細化・内部規制の強化 ・定数削減、組織の統廃合 ・議会による直接統制の強化 ・削減／是正のための評価活動の実施	改革イニシアティブを引き出すための環境整備 ・成果の達成に責任を持つ自律的な活動単位の設定 ・資源利用に関する権限委譲と業績契約の実施 ・市場メカニズムの活用（強制競争入札、民営化） ・顧客起点による価値基準の設定 ・持続的な改善活動を実現するための評価システムの設計

　行政システムの実態がどのように"New"になっているのかを考える際にも、(1) 運営基準（ルール）、(2) 果たす役割（ロール）、(3) 道具・手法（ツール）の 3 つの観点から分析してみる（図表 6-2）。

運営基準（ルール）の転換──「事前規定による統制」から「成果・結果による統制」へ

　従来型の行政システムと NPM との最大の違い、つまり NPM が「New」たるゆえんは、運営基準（ルール）の違いである。この違いが、ロールやツールにも変化を引き起こし、新しい行政の姿を生み出している。

　従来型の行政システムでは、行政プロセスを民主的に管理するという前提から、政策の企画・立案は政治・立法府でなされ、政策の執行を行政が担うという役割分担がなされてきた。そこでは行政は、事前に定められた活動内容や手続きに従って業務執行を担う存在として想定されていた。すなわち、その「事前に定められた活動内容や手続き」の執行が行政運営の基準（ルー

ル）であったのである[20]。

　一方、1970年代後半以降の各国の改革実践から生まれてきたNPMでは、手続きや規則を通じた管理（administration）ではなく、民間企業と同じように人、資源、プログラムの経営（management）を通して、成果、業績、目標といった価値観を実現することが重視される[21]。すなわち、活動内容や手続きの自由度を高める代わりに、活動の結果として何が実現できたのかという「成果（performance、業績）」を重視し、より高い成果をより効率的に実現することをめざすという「成果・結果による統制」を進めるのである。

果たす役割（ロール）の転換──「コンテンツの提供」から「コンテクストの提供」へ

　運営基準（ルール）が変化すると、政府に期待する役割（ロール）も異なるものとなる。

　従来型の行政システムでは、政府には、公共的な価値を実現するための「コンテンツ（活動）」を提供する役割が期待されてきた。

　一方、NPMでは、公共的な価値の実現をめざすことは変わらないが、その実現方法は異なる。「成果の効率的な実現」を第1の目標に据えるため、効率的に成果を実現できるのであれば、必ずしも政府が直接的な活動の提供者である必要はない。政府が提供する理由が明確であるものや、政府が直接提供する方が効率的である場合は政府が提供者になればよいが、そうでない場合、民営化、民間委託といった方法をとることになるのである。また、めざすべき成果やアウトカムが効率的に実現できればよく、コンテンツの提供に関する資源利用の権限は、実際に成果の追求をめざして効率的に行動する主体に委ねることにもなる。

---

20) こうした基準を生み出した背景は、19世紀後半から20世紀初頭に遡ることができる。この時期の課題は、政治家と官僚とが密接につながることによって発生したさまざまな弊害である。この状況を改善するために、公平性・安定性・継続性を重視した、階層性と普遍的規則によって統制される官僚制を設計し、政治からは中立的な立場を確保する行政が確立した。
21) こういった基準が生み出されたのは、公的部門の効率性・生産性の悪さ、果てしない肥大化の傾向などの「政府の失敗」と呼ばれるような現象に先進諸国が共通で直面し、効率性・生産性の改善を意識して改革に取り組んだためである。

このように、NPM において政府に期待される役割は、直接的なコンテンツの提供者ではなく、めざすべき業績目標や、住民に必要とされるアウトカムは何であるのかといった「コンテクスト（文脈・状況）」を提供し、その実現に際して必要とされる支援や環境を整備することである。

道具・手法（ツール）の転換――「管理・監督」から「改革イニシアティブの重視」へ

ルールやロールの変化は、利用するツール（道具・手法）にも変化を引き起こす。

従来型の行政システムは、前提として、行政には競争がなく、改革意欲の減衰も引き起こしやすいという特質を想定している。しかし、高い成果を効率的に生み出すには、さまざまな試行錯誤や持続的な改革イニシアティブが不可欠である。そこで、成果志向の行動をとりやすいように行政システムを改定し、改革イニシアティブを引き出す環境整備に取り組む必要がある。その具体的な改革アプローチとしては、先に挙げた、以下の5つのものが採用されていた（詳細は第2節を参照）。

① 成果の達成に責任を持つ自律的な活動単位の設定
② 資源利用に関する権限委譲と業績契約の実施
③ 市場メカニズムの活用
④ 顧客起点による価値基準の明確化
⑤ 持続的な改善活動を実現するための評価システムの設計

04 パブリックマネジメントの課題
――持続的な改革イニシアティブを引き出す仕組みづくり

行政経営の構造的な難しさ

行政の経営は構造的な難しさを持ち合わせているものである。

民間企業の場合、持続的な経営を実現するために「利益の最大化」を重視することになるが、行政の場合は「公共福祉（社会の豊かさや幸福）の極大

化」をめざしており、必ずしも収益性にはなじまない活動も多い。そのため、その財源は、住民から事前徴収した税金を活用することが多くなる。また税金で活動する際には、組織活動への規制はこと細かいものとなりがちで、活動は柔軟性に欠けることとなりやすい。さらに、民間企業は利潤をめぐる競争環境に置かれるが、行政の場合、競争環境にはなじみにくいことを行う前提にある。従来型の行政システムでは、前提として、競争者が存在しないし、基本的に倒産もなく、価格の変動や販売状況でのサービス変更なども想定されていない。これらの点は、安定的に活動できるというメリットがあるが、構造的に高コストとなりがちで、競争環境が迫るような、自ら改革を行うインセンティブ（＝改革イニシアティブ）も持ちにくい。

　その一方で、社会経済の豊かさを考えるうえで軽視できないのが行政経営の質である。日本でも、役場（行政）は地域で最大のビジネス（雇用と消費の提供者）であることが多い。また、「ゆりかごから墓場まで」という表現があるが、日常生活は多かれ少なかれ行政の活動の網の中にある。すなわち、行政経営の質によって、暮らしやすさや豊かさに差が出るのであり、構造的な難しさがありながらも、その経営品質を高める変革をし続けられるよう、制度設計の工夫が重要となる。いわば、持続的な試行錯誤や改革イニシアティブを引き出す仕組みを人為的に構築することが求められるのである。また、こうした構造的な難しさがある以上、行政以外の主体との効果的な役割分担や協働・共創も大切であり、それを実現するための仕組みづくりも重要である。

　そこで、持続的な試行錯誤や改革イニシアティブ、効果的な役割分担や協働・共創を引き出す具体的な方策を、「戦略マネジメント」「組織マネジメント」「マーケティングマネジメント」の3つの経営アプローチで整理をしておく。

戦略マネジメント──試行錯誤と改革イニシアティブを促すための「選択と集中」

　「戦略（strategy）」とは、もともとは軍事的な場面で使われる言葉であるが、経営の分野でも一般的に利用されている。経営の世界で使われるようになったのは、ケネディ、ジョンソン大統領政権時に国防総省でロバート・マ

クナマラ氏のもとで働いていた専門家たちが、ビジネス界や学界に転身した際に「戦略」という言葉を持ち込み、広がったとされている。

そもそも組織が持ち合わせている資源、利用できる資源といった内部環境は制約を受けている。たとえば、軍事的な戦局であれば、どれだけの人員がいてどのような訓練がされているか、食糧や資金はどうか……などの限界がある。さらに、組織外部の環境も常に変化をし続けるものである。戦局では、天候などの自然環境はもちろんのこと、相手の行動や協力部隊（パートナー）の行動など、さまざまな要因から不確実な状況に置かれることになる。経営の世界でも同様に、利用できる経営資源も限られており、また、顧客の好みやパートナーの動向など、その外部環境は常に変化している。

さらに、組織が永続的に活動できるためには、活動の結果として、持続的に成果を上げること、価値を提供し続けることが求められ、臨機応変な「選択と集中」を行う必要がある。

絶えず変化しており、不確実性が高い環境において、限られた資源を効果的に利用し、かつ、臨機応変に「選択と集中」を実現しながら目標を達成していくときに求められるのが、「戦略」である。

そして、こういった「戦略」の立案を促しながら、その実現へと前進する活動を生み出し（Plan）、実施し（Do）、評価・改善（Check・Action）をし、さらに持続的に活動を繰り返していき、価値を提供していくのが「戦略マネジメント」である。

その「戦略マネジメント」の実現を支える計画が「戦略計画」である。それは、絶えず変化している環境に対応しながら、何に重点を置いて経営資源を配分するのか、また、価値を持続的に実現するモデルをどのように構築するのか、についての柔軟な判断を可能にし、行政活動の舵取りを行っていくためのものである。

外部環境が変化すると、「機会（＝ニーズや役割の増大による事業機会）」と「リスク（＝ニーズや役割が縮小しているのに資源を投入し続けることによる機会損失）」の両面が発生する。企業・組織が、不確実性が高い環境において成果を上げるには、環境変化から生じるリスクを回避しながら、機会を見出し、臨機応変に創造的適応行動をとるための戦略変革能力を備える必要がある。

こういった、常に変化している「機会」や「リスク」に臨機応変に適応しながら、組織や事業がめざす目標やアウトカムを実現していくプロセスを実現するためのものが、「戦略計画」である。

　だが、環境の変化に伴う臨機応変な行動について、想定されることをすべて事前に予測しておくことはほぼ不可能に近い。そこで、戦略を支える計画として用意する「戦略計画」では、「そもそも何をめざしているのか（＝ミッション・使命）」「そのミッションはどういう状態になれば実現するのか（＝ゴール・到達目標）」といった求める価値基準を共有し、その実現をチェック（評価）できるシステムを準備するだけにとどめて、現場レベルで俊敏に判断し、必要な行動をとれるよう、権限付与（エンパワメント）をあわせて行うことになる。

組織マネジメント──試行錯誤を実践する内発型の「学習する組織」づくり
　こうした「戦略計画」は、実現をめざす、一種の"たどり着きたい姿"を描き、その実現を評価するための価値基準を提示しているにすぎない。その実現へ向けて前進するには、こういった戦略的な方向性を設定すると同時に、組織内部で共有し、実現するための仕組みとしての「組織マネジメント」が必要となる。たとえば、経営資源利用の自由度を高めるといった、実行を担う部門への権限付与（エンパワメント）が想定される。

　ただし、単に権限を付与したり、資源利用の自由度を高めるだけでは、必ずしも高い成果を生産性高く実現できるとは限らない。先に解説したとおり、不確実性の高い状況に対して臨機応変に対応しながら困難な状況に取り組む、多様な試行錯誤が求められるのである。

　環境変化に適応できる柔軟で活力ある組織づくりとして、内発的に個人・チーム・組織での到達目標や達成目標の共有化を図り、それぞれの階層での「学習と成長」がたえまなく継続し、結果的に高い成果を生産性高く実現することが求められることとなる。

マーケティングマネジメント──価値共創の関係づくり
　このような「戦略マネジメント」や「組織マネジメント」を、さらに有効

に機能させるには、「マーケティングマネジメント」の観点も重要である。

　マーケティングとは、その定義や解釈には多様なものがあるが、本質的には、「Market + ing（＝市場づくり）」という原語のとおり、「市場（いちば）」（さまざまな当事者が相互に関わり合う場）を創り出し、持続的に機能させることであり、当事者同士のやりとり（対話）を通じ、新しい価値を創り出して、ともに目的を達成し、かつお互いに満足を増進させていく、持続的なプロセスを機能させることである。

　高い成果を生産性高く実現することをめざした場合、結果としてめざす成果が効率的に実現できるのであれば、必ずしも行政（政府）が直接的な供給者である必要はないという観点も生まれる。すなわち、NPMを追求すると、行政のみを公共サービス供給の起点とする「一元的な公共サービス供給」のみを前提とはしないことになる。民間委託、市民やNPOとのパートナーシップ、地域社会への権限委譲などの方策を適用し、多様な担い手による効果的な役割分担や協働を前提とした、自律・分散的な公共サービス供給を効果的に促す仕組みづくりを行っていき、総体として、高い成果を生産性高く実現するという「多元的な公共サービス供給」を実現していくことになる。すなわち、多様な担い手同士の関係づくりと価値共創を実現する「マーケティングマネジメント」を行うことが求められることになる。

　こういった観点を考えると、「戦略計画」で掲げるミッションやゴールを、行政のみの目標ではなく、市民社会を挙げて取り組むものとして機能させるためには、マーケティングマネジメント（共創プロセス）の工夫が求められる。また、行政による公共サービスの設計では、市民やステークホルダーなどとのコンセンサスを得ながらサービスの内容や供給方法を決定することとなるが、その実践には、CRM（Customer Relationship Marketing）によるサービス設計や政策形成へのマーケティング手法が求められる。同様に、「組織マネジメント」においても、多様な主体との関係づくりのプロセスから、組織の学習と成長を実現することもポイントとなり、この観点からもマーケティングマネジメントの工夫が求められる。

　　　　　　　　　　　　　　　　　　　　　　　　　　　［玉村雅敏］

【キーワード】

NPM、改革イニシアティブ、市場メカニズム、権限委譲と業績契約、成果志向、顧客起点、戦略マネジメント、学習する組織、価値共創

【参考文献】

新たな行政マネージメント研究会（2002）『新たな行政マネージメントの実現に向けて』総務省行政管理局。
上山信一（2002）『行政の経営改革――管理から経営へ』第一法規出版。
上山信一（2008）『行政の解体と再生』東洋経済新報社。
上山信一（2009）『自治体改革の突破口――生き残るための処方箋』日経BP社。
大住莊四郎（1999）『ニュー・パブリックマネジメント――理念・ビジョン・戦略』日本評論社。
────（2005）『実践：自治体戦略マネジメント』第一法規。
────（2006）「自治体への戦略マネジメントモデルの適用」内閣府経済社会総合研究所。
オズボーン、D.／T. ゲーブラー（1994）『行政革命（Reinventing Government）』日本能率協会マネジメントセンター。
オズボーン、D.／P. プラストリック（2001）「脱・官僚主義」PHP研究所。
国土交通政策研究所（2001）『NPMの展開及びアングロサクソン諸国における政策評価制度の最新状況に関する研究』国土交通省国土交通政策研究所。
財務総合政策研究所（2001）「民間の経営理念や手法を導入した予算・財政のマネジメントの改革」財務省財務総合政策研究所。
玉村雅敏（2003a）「NPM改革の実践――成果志向の改革イニシアティブを引き出す方法」『日本型NPM――行政の経営改革への挑戦』ぎょうせい。
────（2003b）「NPMにおける多元的な公共サービス供給システムの構築」『公共選択の研究』第41号。
────（2005）『行政マーケティングの時代――生活者起点の公共経営デザイン』第一法規出版。
────（2009）「NPMにおける3つのマネジメントアプローチ――戦略・組織・マーケティング」『自治体の経営革新――新たな公共経営へ向けた挑戦』内閣府経済社会総合研究所NPM研究ユニット。
ドラッカー、P.（1991）『非営利組織の経営――原理と実践』ダイヤモンド社。
藤森克彦（2002）『構造改革ブレア流』TBSブリタニカ。
米国行政学会・行政経営センター著、谷口敏彦訳、村岡政明編、上山信一監訳・監修（2001）『行政評価の世界標準モデル――戦略計画と業績評価』東京法令出版。

第7章
行政評価とガバナンス

Summary

　政策や政府の仕事ぶりを評価するのは難しい。企業なら"収益"という「実力」を評価する指標がある。収益は商品や事業の価値が顧客に認められ、かつ効率的な経営をしていなければ得られない。

　ところが政府の場合、そもそも政策の善し悪しの評価が評価者の立場や政治信条によって変わる。また政治の本質は利害調整であり、実在する政策はすべて妥協の産物といってよい。こうした事情に対する国民（住民）や専門家のフラストレーションも強い。たとえば、理想主義者や改革派は、政府の姿勢や調整を経てできあがった政策を捉えて「現状肯定的だ」と批判する。一方で受益者は「まだまだ不十分。もっと充実せよ」と逆の意味で批判することが多い。かくして政策に対する評価自体も客観性を欠いた政治的なものになりやすい。

　こうした政府の仕事の特性は従前から広く知られており、その仕事ぶりと政策を評価する最も普遍的かつ絶対の手段として選挙制度が用意されている。しかし選挙で評価されるのはあくまで候補者や政党であり、政策や政府が選挙の審判を受けるわけではない。また政府は企業のような市場競争にさらされず倒産もしない。自ら政策の是非をチェックし、常にその内容をアップデートするインセンティブに乏しい。かくして間接民主主義と官僚制のもとでは、政府も政策も国民からきびしい評価を受けることがなく、ややもすれば政府は前例踏襲と既得権益の維持に傾く。

　民主制のもとで政府が陥るこのような問題はかねてから指摘され、それを補正する仕組みが用意されてきた。たとえば会計検査、予算査定、行政監察（国は近年では「行政評価」と呼称。自治体の監査制度に相当）、行政訴訟、行政審判などである。だが政府の政策は近年、ますます複雑化、高度化してきた。民主主義の枠組みの中で政府と政策を時代の流れに即してシステマティックに更新していく仕組みが必要とされた。そこで行政評価が注目を浴び、この20～30年に先進諸国で急速に発達してきた。

　行政評価は政策と執行の成果を体系的、定期的に測定し、その結果を政策の更新に反映させる制度である。本章では主に初学者を対象に行政評価の原理とその仕組みを解説するとともに、行政現場における運用の実態と今後の課題を解説する。

01　行政評価とそのメカニズム

　わが国では1990年代半ばから自治体が率先して「行政評価」あるいは「政策評価」（以下、両者をまとめて「行政評価」という）を制度化した。背景には財政赤字、そしてそれを反映して政府の仕事の重点が計画から評価へ変わったことが挙げられる。

　わが国の行政評価は三重県庁が95年度に「事務事業評価」を研修の一環として試行し、翌年度から制度化したことに始まる。行政評価は、その後、各地の自治体がとり入れ、中央省庁でも2002年から導入された。国では従来から主に公共事業やODA（政府開発援助）について費用対効果の評価をしていたが、評価対象は限られていた。それが2002年度の「行政機関が行う政策の評価に関する法律」（以下、「行政評価法」という）の施行を機に政府全体に普及した。

　こうしてわが国の行政現場には行政評価、つまり政策や事業のあり方を評価し、改善につなげていく考え方がしだいに定着していった。しかしまだまだ課題は多い。うまく導入できていない事例や早くも形骸化しつつある事例も多い。行政評価はまだまだ発展途上の制度であり、この点に注意しつつ分析・理解をする必要がある。

行政評価とは何か

　行政評価は3つの要素で構成される。第1は「インプット」情報である。これはどれだけの予算や人員をその事業に使ったかを示す。第2は「アウトプット」情報だ。これはインプットされた予算と人材を使って、実際にどれだけの事業がなされたかを示す。ここでいうアウトプット、つまり事業とは、たとえば「道路を20km舗装する」といったことである。第3は「アウトカム」情報だ。「アウトカム」とは「成果」のことで、その事業が世の中と人々の生活に具体的に何をもたらしたかを示す。たとえば5億円の予算のインプットがあり、そのアウトプットとして県道が10kmにわたって2車線から4車線に拡張された。その結果、朝夕ラッシュ時の車の通行時間が平均で

30分間短縮されたとする。この時間短縮効果がアウトカムである。アウトカムは受益者の視点に立った成果指標で測定する。

　行政評価はこのように情報、データを使って行うのだが、数値による測定にどのような意味があるのか。第1に行政の仕事を「見える化」する。行政は企業と異なり、最終的な成果が利益のような数値で明確に表せない。ところが政府は多額の予算と多くの人員を使っている。そのため国民・住民側には政府は何を行っているのか、税金の無駄遣いではないかという疑念が絶えない。したがって政府の仕事と政策、予算の使われ方の実態を数字で具体的に広く国民・住民に示すことはたいへん大きな意義がある。

　2つ目の意義は「効率と効果の追求」である。インプット、アウトプット、アウトカムが数値で表されると、効率性や政策・事業の効果が測定できる。たとえばアウトプットをインプットで割ると事業効率が算出される。先ほどの道路の例でいうと、予算1億円当たりで何kmの車線拡張ができたかといった数値である。この数値を他地域や他事業者と比べると効率性が評価できる。また、アウトカムをインプットで割ると他の政策との効果が比較できる。先ほどの例では30分の時間短縮に5億円を使った。これが妥当だったか否かは同程度の効果をもたらす他の手段、たとえば交通規制やバイパスを建設した場合と比べることで判断できる。

　行政評価の3つ目の意義は、組織マネジメント、特に目標管理への活用である。行政評価のデータは第5章で説明した現場改善運動（TQM）や戦略計画、そして業績評価で活用できる。多くの場合、行政評価はまず行政機関の担当部門が自己点検として行う。それを第三者評価委員会などがチェック（2次評価）したうえで、結果が担当部門にフィードバックされる。そして次の活動や予算要求に反映される。つまり、行政評価はPDCAのサイクルを動かす中核的なツールなのである。

行政評価にまつわる誤解

　行政評価は導入されて間もない新しい制度である。そのため、さまざまな誤解がある。

　よくある誤解の第1は「行政評価を導入しても正しい政策判断はできな

い」という指摘である。これは行政評価に対する過剰な期待に基づくものである。行政評価の結果はあくまで測定データのひとつにすぎない。政策判断は他の要素、たとえば政治の意思や財政事情、組織の実施能力や慣習などを反映して総合的に行われる。行政評価はあくまでよりよい判断を行う道具のひとつでしかない。たとえてみると、行政評価の導入はいわば今までの有視界飛行を計器飛行へとやり方を変えるようなものである。

誤解の第2は「行政の仕事は数字で測れない」というものだ。これは半分正しく、半分間違っている。まずインプットについては明確に測定可能だ。事業にかかった予算や人員（マンパワー）は測定できる。アウトプットも多くの場合、明確だ。たとえば建設関連の事業やイベントなどはわかりやすい。だが、確かに測定しにくいものもある。たとえば、ある町で3日間にわたってCO_2排出防止のキャンペーンを行った（アウトプット）とする。アウトプットはポスターの数、ラジオCMを流した本数などで測ることができる。問題はアウトカムである。個々のアウトプットに照らして実際にどれだけCO_2が減ったか（アウトカム）は明確には測れない。だが、キャンペーンの認知度や理解度はアンケートで測定できる。その結果、たとえば「10億円の予算をかけてテレビでキャンペーンを行い、300万人にCO_2削減の重要性を訴えかけた。そのうち50万人がCO_2問題の存在を認知し、3万人が日常生活の中でできる範囲のCO_2削減策に協力しようと思った」といった事実を調査することは可能である。

ともあれ、行政評価はわかりにくい政府の仕事や政策を「見える化」する。そして職員、政治家、国民に行政の仕事の効率や効果をチェックし、改善していくことを促す。行政評価を行うことで予算の再配分や制度の見直しを行い、行政の質を上げていく。行政評価はあくまで気づきと改善のための道具なのである。

行政評価の4類型

行政評価にはさまざまな手法があるが、個々の手法は事業の性格や評価の目的によっては使い分け、あるいは併用する。

筆者は、さまざまな評価手法を経営管理という視点から大きく4つの類型

図表7-1　行政評価の4類型

組織階層	評価の対象	①執行管理型	②社会指標型	③戦略計画型	④専門家評価
国民（住民）／議会／総理（首長）	政策（ポリシー）		・地域と住民のあるべき姿を指標化 ・政府の業務外のことも列記 ・他地域や過去とのベンチマーキング		・外交・軍事・金融・財務・環境などの政策レベル ・第三者の視点 ・白書や提案で公表
大臣（局長）	施策（プログラム）			・1～数年の戦略に着目 ・予算とリンク	
課長／係長	事務・事業	・すでにある業務が対象 ・執行効率を測る			

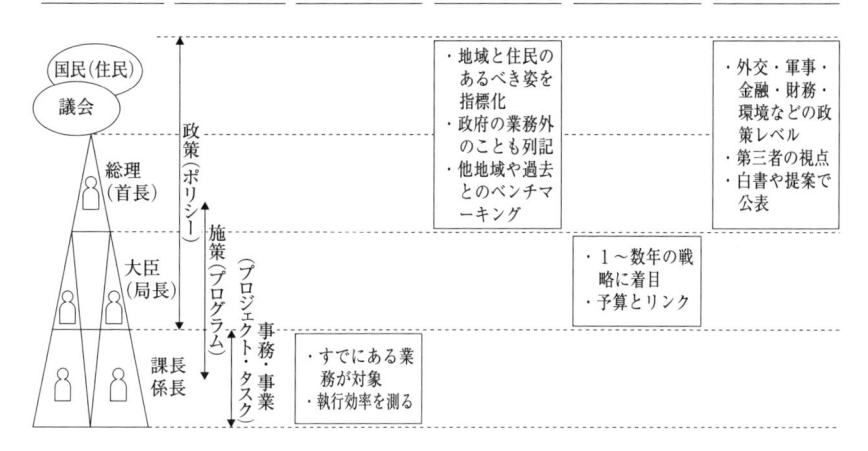

に分類している（図表7-1）。

　1番目は「執行管理型」である。これは個々の事務や事業の執行状況を点検するときに使う。2番目は「社会指標型」である。これは行政機関がやった仕事よりもむしろ地域・社会の実態をデータで測定し、その実態を官民の努力で改善することを目標とする。

　3番目は「戦略計画型」である。これは企業の戦略計画に相当するもので、部門ごとに作る。4番目の「専門家評価」は、専門家以外には判断しにくいテーマについて行う。たとえば「わが国の対アフリカ外交の是非」といったテーマについてはそもそも目標値を定めにくい。成果の出方も相手国の意向に左右されやすく数字だけでは測れない。このようなものは専門家評価に適している。

　これら4つのうち前者3つは一般に行政評価として手法が制度化されフォーマットを定め、定期的に評価作業が行われている。ここではこれら3つについてさらにくわしく中味を見てみる。

① **執行管理型**

　この典型は事務事業評価である。**図表7-2**はある県庁が遠方にある県立大

図表 7-2　執行管理型の評価（県立大学寮の事務事業評価シートの例）

1　事務事業の概要

事務事業名	学校付属合宿寮の運営				
所管局部課	学生課				
実施根拠	○○寮運営利用規程				
事務事業開始時期	昭和61年7月19日				
実施目的	教育、研究等の諸活動に資するとともに、団体活動を通して、相互信頼と豊かな人間形成を図る。				
事務事業の種類	4　　義務（1機関委任事務　2団体委任事務　3その他）　4任意				
実績推移	区　分	平成6年度	平成7年度	平成8年度	平成9年度	平成10年度
	延利用室数（室）	1,134	1,148	1,076	1,010	885
	延利用可能室数（室）	1,896	1,902	1,884	1,878	1,848
予算・決算・人員等推移	区　分	平成6年度	平成7年度	平成8年度	平成9年度	平成10年度
	予　算（千円）	38,035	38,640	40,640	39,659	35,064
	決　算（千円）	35,485	35,788	37,818	37,271	33,255
	歳　入（千円）	－	－	－	－	－
	差　引（千円）	－	－	－	－	－
	従事職員（人）	0.6	0.6	0.6	0.6	0.6
	平均給与費（千円）	8,064	8,299	8,471	8,572	8,720
参　考	ア　場所：○○県△△郡 　　宿泊定員（1日当たり）：30人（1室定員5人×6室） イ　延利用可能室数算出式＝室数（6室）×年間利用可能日数 ウ　交通（電車利用、片道） 　　所要時間　約5時間30分　距離　約230km　交通費　3,550円 エ　利用者負担額 	区　分	朝食代	昼食代	夕食代	シーツ代	合　計 | 　|---|---|---|---|---|---| 　| 昭和61年度開所時（円） | 500 | 400 | 1,000 | 300 | 2,200 | 　| 平成6年度改定（円） | 600 | 500 | 1,200 | 300 | 2,600 | 　注1：食事代は、食材費である。 　　2：シーツ代は、3泊までのシーツ洗濯代 　　3：A私立大学　2,200円（朝夕食代）、B私立大学　3,800円（1泊3食付き）、 　　　C私立大学　3,400（1泊2日） オ　利用者1人当たりの経費 	区　分	平成6年度	平成7年度	平成8年度	平成9年度	平成10年度 | 　|---|---|---|---|---|---| 　| 1人当たりの経費（円） | 9,179 | 9,320 | 10,435 | 10,930 | 10,198 | 　| 延利用者数（人） | 3,866 | 3,840 | 3,624 | 3,410 | 3,261 | 　| 経　費（千円） | 35,485 | 35,788 | 37,818 | 37,271 | 33,255 | 　注：利用者負担額を除く。					

　学寮（保養所）の存続の是非を事務事業評価の手法で点検したときのシートである。左側には寮の稼働率や費用などの実績データを記載している。

　一番わかりやすいのは、左側の参考欄の一番下の「オ」のところである。宿泊者1人当たり約1万円の経費がかかっている。ところが利用料金は食事代を除くとシーツ代のみで非常に安い。つまり、1人当たり約1万円の税金を使って事実上、ただで学生を泊まらせていることになる。ところが1万円

2 評価

(1) 評価指標

ア【利用室率（部屋稼働率）】

区　分	平成6年度	平成7年度	平成8年度	平成9年度	平成10年度
目標指標値	100.0	100.0	100.0	100.0	100.0
目標達成率（％）	59.8	60.4	57.1	53.6	47.9
延利用室数（室）	1,134	1,148	1,076	1,010	885
延利用可能室数（室）	1,896	1,902	1,884	1,878	1,848

目標達成率算出式：目標達成率＝延利用室数÷延利用可能室数×100
延利用可能室数＝室数（6）×年間利用可能日数

注：類似施設の利用室率（平成10年度）
　　国公立大学例：A大学 16.9％

イ【利用者率】

区　分	平成6年度	平成7年度	平成8年度	平成9年度	平成10年度
目標指標値	100.0	100.0	100.0	100.0	100.0
目標達成率（％）	40.8	40.4	38.5	36.3	35.3
延利用者数（人）	3,866	3,840	3,624	3,410	3,261
延利用可能者数（人）	9,480	9,510	9,420	9,390	9,240

目標達成率算出式：目標達成率＝延利用者数÷延利用可能者数×100
延利用可能者数＝室数（30）×年間利用可能日数

注：類似施設の利用者率（平成10年度）
　　国公立大学例：A大学 34.2％　B大学 13.3％　C大学 11.7％　D大学 13.0％

(2) 視点別評価

視　点	第1次評価	第2次評価
達成度	2	2
経済性・効率性	2	1
必要性	3	1
代替性	3	1
妥当性	3	1

【視点別評価チャート】　●第1次評価　●第2次評価

(3) 総合評価

【第1次評価】
・教育、研究等の諸活動に役立てるとともに、団体活動の実践的な体験を通じて、学生の人間形成に役立てるものとして利用されている。
・利用者の減少により、施設の有効利用を十分に果たしていないが、概ね良好な成果をあげている。

【第2次評価】
・平成10年度の利用者数は実人員1,704で、学生・教職員数7,236人の4分の1弱と、利用は低い水準であり、また季節的な偏りがある。
・利用者負担の食事代、シーツ代2,600円に対して、都は、利用者1人当たり1泊約1万円の管理経費をかけており、適正な負担とはいえない。
・通年施設として維持していく必要のないこと、都が高額な負担をしていること、民間の多様な宿泊施設の活用により、経済的かつ多様な教育、研究活動が行えることから、都の事業としては廃止すべきである。

今後の方向	第1次評価	第2次評価	説　明
	B	D	A：維持又は拡大して実施が適当 B：規模等内容を見直して継続が適当 C：再構築又は他事業との統合等が適当 D：廃止又は休止が適当

も出せば民間のホテルや旅館に泊まれる。「そもそも保養所を県立大学が自前で持つ必要があるのか？」という疑問がわく。この図表の右側には評価結果が記してあり、中央にレーダーチャートがある。達成度、経済性・効率性、必要性、代替性、妥当性の5つの角度から評価している。この図表の第1次評価は大学の事務局が行ったもので、良好な評価結果だ。ところが、行政改革担当部門が第2次評価を行ったところ「1」が並び、この施設は「廃止又

図表 7-3　社会指標型（オレゴン・ベンチマークスの例）

		1980	90	91	92	93	94	95	96	2000	2010
健康	43. 10〜17歳女子の妊娠率(人)	2.47	1.97	1.93	1.79	1.82	1.89	1.92		1.5	1.0
	44. 母親が初期妊娠ケアを受けた嬰児の割合(%)	77	76	77	79	79	79	79		90	95
	45. 1,000人中の幼児死亡人数（人）	12.1	8.3	7.2	7.1	7.1	7.1	6.2		6.0	5.6
	46. 免疫を受けた2歳児の割合(%)			47	50	53	67			90	90
	47. 発症前に初期治療を受ける新HIV患者の割合(%)		72		78	80	73	78		85	98
	48. 現在タバコを吸わない成人の割合(%)		78	77	79	78	79	78		81	90
	49. 早期死亡、人口1,000人中70歳未満で死亡する人の数	76.4	64.3	60.0	59.2	61.7	61.9	61.4		57.4	49.3
	50. 健康の自己評価が「良い」か「とても良い」である成人の割合(%)					63	63	62		65	72
	51. 子供の世話ができる家族の割合(%)				69		67			70	75
	52. 13歳以下児童100人当たりの育児休暇		14		15	15	16	16	20	21	25
保護	53. 8年生の中の割合(%)										
	・前月にアルコールを飲んだもの		23		26		30		30	26	21
	・前月に違法薬物を摂取したもの		14		11		19		22	15	12
	・前月にタバコを摂取したもの		12		15		19		22	15	12
	54. 18歳以下児童1,000人中、虐待・放置されているものの割合(人)		11.2	10.5	11.3	10.8	10.0	9.9		8.8	6.5
	55. 1,000人中の老人虐待報告件数(件)							5		5	5
	56. 幼児の母親に占める割合(%)										
	・妊娠中にアルコールを摂取		5	5	4	3	3	3		2	2
	・妊娠中にタバコを摂取		22	21	20	19	18	18		15	12
貧困	57. 連邦が定める貧困水準以下の収入のオレゴン人(%)	11	11		13		15		12	11	9
	58. 健康保険に未加入のオレゴン人の割合(%)		15		15		14		11	9	4
	59. オレゴンのホームレス数（人）				7,607	5,196	7,262	6,141		5,196	5,196
	60. 法廷命令の児童補助が実際に支払われた割合(%)	44	50	47	50	54	60	68		72	80
障害者対策	61. 独立生活を営む老人の割合(%)			96.9	97.1	97.2	97.4	97.4		97.6	97.9
	62. 永続的な発育・精神的・肉体的障害を持つオレゴン人のうち、働いている人の割合(%)						21		22	32	70
	63. 永続的な発育・精神的・肉体的障害を持つオレゴン人のうち、貧困水準以下の世帯に居住する人の割合(%)						20		20		

は休止が適当」とされた。

　民間企業の場合、このようなチェックは日常業務の中で行っている。だが、多くの行政機関では最近までこうしたチェックはあまりなされなかった。もちろん毎年の予算査定はあるが、それとて施設の廃止や存続の意義にまで踏みこむことは少ない。また当事者が改善策を決め、目標値を立てて達成度を

測る仕組みもあまり存在しなかった。もっと言えば、そもそも行政機関には「評価をする」という考え方がなかった。なぜならば、行政は法令に従って仕事をしており、間違いは存在しないことになっていたからである。

各地の自治体が事務事業評価を導入し、評価シートを公表するといろいろな反応が起きた。行政の内部では、たとえば「目標未達なのに来年度予算を要求するわけにはいかない」「今のままではまずいので改善しよう」といった議論が起こった。また、議員に対して事後に評価シートが公表されることを伝えて利益誘導を抑止する例も出てきた。このように事務事業評価はその結果を公表されることを通じて行政機関の意思決定に大きな影響を与えた。

② 社会指標型

一方、図表7-3は「社会指標型」といわれるものだ。このタイプで最も有名なものが1989年に策定され、最近まで隔年ごとに改定されてきた米国オレゴン州の「オレゴン・ベンチマークス」である。ここでは地域を人間の体に見立て、あたかも人間ドックのチェックリストのような評価表を作っている。われわれの健康状態は毎年、ガンマGTPや血圧を測定することでチェックできる。同じ発想で自治体が地域の健康状態をチェックするのである。この表には、貧困や健康だけを紹介したが、ほかにも経済再生や文化などいろいろなテーマについて定点観測が行われていた。ただし、目標値を掲げてもそもそも行政機関がコントロールできない事項が多い。たとえば一番上の「10〜17歳女子の妊娠率」はその典型だ。これらの社会指標は、直接的に行政機関が管理の目標にするというよりも、行政機関が実態を数字で捉えて広く社会に公開するという意味がある。それをもとに住民や企業に改善を訴えかける。同時に行政機関で政策と予算配分の優先順位を決める参考とするのである。

③ 戦略計画型

図表7-4は「戦略計画型」の行政評価の本質をわかりやすく示すために筆者が作成したモデル事例だ。

たとえば、教育委員会の小学校担当部門の行政評価の場合、教育長がこのようなシートをもとに目標管理していく。作り方はまず「小学校が抱えている問題は何か」を市長と教育長が議論する。そのうえで大きな施策目標を左

図表 7-4 戦略計画型（モデル事例）

施策目標	現状	効果		改善に要する期間	費用
		アウトカム（成果）	アウトプット（仕事量）		インプット（予算）
・学級崩壊防止のためのチームティーチング作り	全クラスの5％が崩壊	・学級崩壊を全体の1％以下にする	・チームティーチングのためのボランティア（教員OB）300人募集	1年	2億円
・学区の自由選択制導入	全体の4割が希望	・希望者の半分の要求を実現	・過疎地のスクールバスカバー率100％ ・選択アンケート実施	2年	3億円
・4年～6年生の英語に外国人教師の授業を提供	皆無	・都市部では週2回 ・郡部では週1回	・外国人教師400人採用 ・ボランティア200人募集	3年	5億円
・卒業時のパソコンリテラシー強化	3％	・インターネットを使える6年生が80％	・各クラス4人に1台配備	3年	5億円

注：あくまでサンプルであり、現状を分析したものではない。

側に立てる。目標はせいぜい5～10個どまりとする。次に個々の目標に関する現状データを測定する。そして改善のための政策を考え、同時に目標と期限を設定する。この例の場合は、「学級崩壊を現在の5％から1年後には1％以下にする」といった目標があって、そのために必要な仕事量（アウトプット）を「300人のボランティアを入れて、チームティーチングをする」こととした。このために必要な「インプット（予算）」は2億円である。

思考パターンの転換

戦略計画の考え方は、企業経営では当然のものとなっている。民間企業は必ず事業部ごとに翌年の計画を立てる。まずは現状をデータで把握する。そのうえで関係者がブレインストーミングをして課題を出す。改善策を考えたうえで期限と目標を設定する。その際にどれだけの投資が必要で、資金と人材を投じてどのような作業をするのかを明らかにする。企業経営ではアウトカムは利益、アウトプットは売り上げ、インプットは投資である。アウトカムが先にあって次にアウトプット、最後にインプットを考える。

ところが、役所の場合、図表7-4の左から右ではなく、右から左にものを考えがちだ。行政の場合は自部門の前年度の予算額の踏襲が大事とされる。

それがたとえば8億円だったとすると、どうやって今年も同額を確保するかというインプットのところから検討が始まる。それからアウトプットの検討となり、8億円にあわせた事業メニューをいろいろ考える。その際には前例を重視する。ところが、アウトカムについては議論されないことがままある。もちろん何も考えないわけではないが、あくまで「初めに事業ありき」「予算は昨年実績を死守」が大前提である。問題を新たに掘り起こしたり、現状分析をするということが習慣化していない。また不確実要因を含むことは目標としない。多くの場合、目標には抽象的な経文のようなものを掲げておき、数値目標は掲げない。そもそも現状分析が不十分なので、定性的なことしか書けない。これを毎年繰り返すのが従来の行政機関の普通のパターンだった。

行政評価はこの思考パターン自体の変革を迫る。つまりこの図表に沿って、左から右にアウトカム、アウトプット、インプットの順にものを考えることを促す。

戦略計画型の行政評価は米国の連邦や州の政府が広く採用している。わが国でも独立行政法人がこの類型の行政評価を行っている（独立行政法人通則法　第29条〜35条）。また最近では中央省庁の事業企画書や予算要求の書類にも「アウトカム」「成果」や「数値目標」という言葉が使われ、こうした考え方が浸透してきた。

しかし、戦略計画型の評価は組織の長が経営者の視点に立って左側の課題の設定を行わない限り、うまくいかない。たとえば公立美術館の施策目標には「美術品を適切に管理する」「お客様にはきちんと対応する」といったことがしばしば掲げられるが、これらは経営や戦略上の課題ではない。それどころかもしできていなかったら許されない事柄だ。目標に掲げた達成度が100%となるのは当然だろう。つまり戦略計画型には"戦略性"がなければならない。それがなければ単なる前例踏襲の目標設定となって用をなさない。

以上、行政評価の4つの類型のうち代表的な3類型について解説した。すでに述べたとおり各々の評価手法はいずれも道具にすぎない。実際の行政評価が成果を上げるかどうかは、道具の良し悪しよりも、使い手とその場の状況に合わせてそれをどう使うかにかかっている。

02 「行政評価」制度のわが国への普及と浸透

自治体から始まり国に拡大

　先述のとおり、わが国の行政評価は1990年代後半に全国の自治体に広く普及した。その際に大きな役割を果たした首長が3人いる。当選順に挙げると、94年11月にニセコ町長となった逢坂誠二氏（現衆議院議員）、そして翌年4月の統一地方選挙で当選した北川正恭氏（当時、三重県知事）と増田寛也氏（当時、岩手県知事）である。3人はいずれも与野党相乗り型の候補者に挑戦して当選した。また情報はできるだけ住民に公開すべきと考え、行政改革にあたっては、企業の経営手法を行政に取り入れようとした。

　北川正恭氏は三重県知事に就任した当初、県庁の各部門が何を目的に仕事をしていてどういう成果を出しているのか、外から見るとわかりにくいと感じた。また各部門がいつまでに何を達成すべきかが明確でないと気づく。そこで96年に日本能率協会の協力を得て行政評価（事務事業評価）を導入した。目的は職員の意識改革だった。職員に自分たちの仕事の意義を考えさせ、目的と成果を数値で表現することを求めたのである。

　事務事業評価では各部門が現在、行っている業務を紙に書いて棚卸する。そして「当課の目的は何か」「いつまでに何を達成するのか」「誰が顧客なのか」を問い直し、評価結果を公表する。

　この手法は当時の行政機関では革命的だった。それまでの役所は「法律で決められたとおりに各部署がきちんとやっているはず」という仮定のもとに、運営されてきた。ところが事務事業評価では、ひょっとするとそうではないかもしれないと考える。しかもそのチェックを行政パーソン自身に求める。そして「いつまでに何をやるべきか」目標を決めて、明示させる。その過程では役所の前例踏襲や事なかれ主義の文化の否定を迫る。「評価する」ということは「今までのやり方は間違いかもしれない」と認めることである。これは行政の無謬性を旨とする役所の文化にはまったくなかった考え方だった。

　三重県の事務事業評価は『朝日新聞』が全国版で報道したのをきっかけに、全国の自治体にあっという間に広まった。

一方、ニセコ町では役場の係長だった逢坂氏がいきなり町長になった。行政改革の手始めとして、予算が具体的にどこで使われているかを住民にくわしく開示しようと考えた。そして予算の使い方を解説したパンフレット『もっと知りたいことしの仕事』を作った。この冊子には「今年度の道路改良舗装工事事業は、真狩川橋手前の石井さん宅前から中塚さん宅地先までの330mの区間」といったきわめてわかりやすい記述があった。住民に対し税金が具体的にどこでどう使われているかをまず知らせ、行政の実態を情報公開するところから行政評価を始めたのである。
　岩手県では、増田氏が知事に当選後、「行政経営」というキーワードとともに行政評価を導入した。また3期目の2003年の選挙に出馬するにあたり、首長マニフェストを作成して「公共事業費を15％削減する」と具体的に明記した。マニフェストとは政権公約のことである。当選したら具体的にやる事項を、数値目標と期限を明記して約束する。そして当選後は実際にマニフェストに沿った予算案を組んだ。これは増田氏がそれまで地道に行政評価を実施してきたがゆえにできたことと思われる。
　行政評価は90年代後半に以上の3人に代表される改革派首長の活躍と相まって、しだいに全国の自治体に波及した。

国での動き
　自治体の行政評価ブームをきっかけに国も動き始めた。1つは旧建設省の「時のアセスメント」である。これは1998年度から導入されたが、公共事業のうち予算化されたにもかかわらず長期間着工されない事業について、中止することも含めて再評価をする。具体的には、事業採択後に時間が過ぎても工事継続中の事業等について、必要性、進み具合、社会情勢の変化、費用対効果などの観点から再評価した。
　また、1997年の国の「行政改革会議」の最終報告では「政策の効果について、事前、事後に、厳正かつ客観的な評価を行い、それを政策立案部門の企画立案作業に反映させる仕組みを充実する」として政府の評価機能の充実強化が提言された。これを受けて2001年1月に国家行政組織法が改正され、第2条第2項で「国の行政機関は、内閣の統轄の下に、その政策について、

自ら評価し、企画及び立案を行い、並びに国の行政機関相互の連絡を図り、すべて一体として、行政機能を発揮するようにしなければならない」と規定された。そのうえで、「行政機関が行う政策の評価に関する法律」（行政評価法）が同年6月に成立し、翌年4月から施行された。

議員と行政パーソンも積極的に受容

このようにわが国の行政評価は当初、自治体から始まり、やがて国も制度化していくという発展プロセスをたどった。わが国の行政はこの30年、「官から民へ」、「国から地方へ」という掛け声のもとに少しずつ変わってきた。行政評価はその内容と導入プロセスの両面において、そうしたトレンドを象徴する制度だった。

90年代後半の日本では、目の前の財政危機、そして各省と自治体の不祥事が噴出していた。また、深層にある官僚主義と議会制民主主義の限界が透けて見え始めていた。もともと議会は目先の利害や情緒に影響されやすい。一方、官僚制は組織を硬直化させ、ややもすればかたくなな官僚主義に転化しかねない。どちらもきちんと制御しないと行政を国民（住民）の真のニーズから遠ざけるリスクがある。

行政評価は行政の営みを直接的かつ具体的に淡々とデータで示す。そのうえで改善の目標を示し、その進捗状況をチェックしていく。またそれを公開プロセスで行うことによって透明性と公開性を確保していく。企業経営では高度化、システム化した組織運営を制御する手法として、目標管理とガバナンスが編み出されてきた。行政評価はそのノウハウを可能な限り政府にも取り入れ、行政を「見える化」し、行政を国民（住民）にとって、制御しやすいものにする工夫なのである。

行政評価はもともと欧米で始まった。だが、1990年代後半に日本に紹介されたとたん、行政パーソンも議員も前向きに対応した。行政パーソンは行政評価を理由に懸案だった予算の削減を進めた。また、多くの議員も「行政を評価する」というアイディアに理解を示した。自分たちがやりあぐねていることをこの仕組みが後押ししてくれるという期待を抱いたのである。こうした事情のうえに、行政評価は90年代後半以降にブームといわれるまでに

なった。

企業統治（コーポレート・ガバナンス）の影響

なお90年代後半の"行政評価ブーム"の時代には、産業界でも企業統治（コーポレート・ガバナンス）の仕組みづくりへの関心が高まっていた。背景には、企業の所有者（オーナーシップ）がかつての金融機関や機関投資家から一般個人投資家へと広がったこと、つまり間接金融から直接金融へのシフトがある。かつては主に金融機関から資金を借りていた企業が、社債や株式で一般投資家から資金を集めるようになった。年金基金や確定拠出型年金などで個人の年金マネーも企業に入るようになった。

やがて企業は個人の投資家に向けて業績や戦略をわかりやすく説明する必要に迫られた。また、経営を社外取締役など第三者がチェックする仕組みも導入された。加えて格付け機関や証券アナリストも業績と戦略を評価する。投資家の幅が広がるにつれて、企業の経営を外から二重三重にチェックする仕組みが充実し、また不正や無駄の抑止・監視体制も強化された。こうして企業統治（コーポレート・ガバナンス）と情報公開（ディスクロージャー）の手法が発達した。

こうした傾向は、数年の時差で政府にも押し寄せた。そしてそれは単に企業統治の手法を模倣するという域を超え、19世紀以来の政府と議会、選挙と課税の仕組みを見直すという動きをももたらした。

政府は人々から税金を強制的に徴収することで成り立っている。そのため税の使途は議会の議決を経て決められる。「代表なくして課税なし」「財政民主主義」という原則である。それを実現する具体的な手段として議会と選挙がある。国民（住民）が議員や首長を選挙で選ぶ。候補者は政策やビジョンを示す。そして議員たちは選挙で国民（住民）の信任を得たことを根拠に、議会で政府の権力の行使と税金の使い方を決めてきた。さらにそれを監視する仕組みとしてフリープレスの原則（報道の自由）や情報公開のルールも構築されてきた。

ところが近年、政府の仕事はますます巨大化し、わかりにくくなってきた。そして19世紀以来の選挙や報道の自由といった仕組みだけでは十分に政府

の動きをチェックできないという問題意識が出てきた。

　第1に、政府の仕事はあまりにも広範囲かつ複雑多岐に広がりすぎた。企業の場合、いくら多角化した巨大企業でも、もとは何か特定の強味のある分野から始めて中核分野から周辺分野へ、あるいは国内から海外へと事業をしだいに広げている。ビジネスは経済原則と市場改革原理に従って広がる。

　だが行政は本質的に何でも屋、総花的展開となる。なぜなら政府は民間企業や市場経済がカバーしないもの、やりたがらないものを集めて成り立っているからだ。行政は民間企業はやりたがらないが社会全体のために必要なことを手がける。その結果、行政の分野はどうしても広くなり、全体として何をやっているのか理解されにくい。

　第2に、政府の仕事は、"よい仕事"を評価するものさしが明らかでない。選挙は評価のひとつの手段だが争点となった事項（イシュー）ばかりが注目されやすい。資金や人材が効率的に使われているかといった本質的な事項は一般の人々の関心を集めにくい。またそれらを調査して、紹介するプレスも限られる。

　政府は徴税権や規制の権力を持つ。特に弱者にとっては生活を支えるきわめて大事な存在である。ところが皮肉なことに政府はますますわかりにくい存在になりつつある。政府自身も議会対応に追われ、国民（住民）に対して業務や財政の実態を伝える努力を十分に行ってこなかった。かくして行政の情報公開は後手にまわり、住民側のフラストレーションが高まってきた。

　行政評価はこうした状況に対して、民間企業のディスクロージャーと統治の仕組みを政府にも応用する形で始まった。この意味において行政評価は行政は無関係と見られていた企業統治の手法を政府にも応用しようという動きと捉えることができる。

組織の運営改革と行政評価

　第5章では公共経営の考え方を述べた。行政評価はそれを実践する手段、すなわち「良い経営」を支えるツールのひとつである。**図表7-5**は行政組織の運営における評価制度の役割を示したものだ。左側のピラミッドは行政組織を示す。そこには経営レベルと執行レベルがあり、その上に議会がある。

図表7-5 政府における評価制度の役割

全体像			経営手法	米国連邦政府での適用	英国政府での適用	日本の状況
外からの評価	一般	市場・国際機関(外国政府)・社会(プレス)	①情報公開	・CS(顧客満足度)調査と結果の開示	・行政評価結果はすべて公開	やっと法制化。適用ルールは今後の課題
	専門家	議会・監査機関	②専門家による評価	・行政監視院(GAO)・監察官制度(Inspector General)	・効率室(Efficiency Unit)	抜き打ちチェック中心(会計検査、行政監察)
内部評価	経営	首相・首長／財務当局／企画部門…	③戦略計画	・GPRA*(1993年)	・市民憲章・予算戦略計画書(Public Service Agreements)(1999〜2002)	行政評価法
	執行	執行部門…	④TQM	・NPR**(93年〜)	・チャーターマーク制度(表彰)	あまり見られない

注：* Government Performance and Results Act（政府業績評価法）
　　** National Performance Review（政府業績改善活動）

ほかに監視役としてのプレス、証券格付け市場、そしてILOのような国際機関がある。企業の場合も同様で、現場・執行部門があって経営者がいる。さらに証券アナリストなどが専門家としてチェックする。その外側に株式市場やプレスがいて、多面的に企業の評価を行っている。昨今の組織は、官民を問わずこのような重層構造で、不正を防ぎ、効率の良い経営をめざす仕組みになっている。

具体的にこの重層構造はどう機能するのか。「経営手法」の欄の４つの項目、すなわち、①情報公開、②専門家による評価、③戦略計画、④ TQM (Total Quality Management) などの手法が企業経営の現場で過去数十年の間に進化してきた。それを今や行政機関も順次取り入れているのである。

企業が取り入れてきた過程をまず説明する。最初にできたのは一番下のTQMである。これは戦後、米国のウィリアム・エドワーズ・デミング博士らの提唱で始まった。この頃は日本企業は"その日暮らし"でよかった。高度成長期で需要はいくらでもあった。目標を立てる必要もなく、ニーズにあ

わせてひたすら働き、現場改善をやるだけでよかった。やがて 1970 ～ 80 年代になると多角化や国際化の必要が出てきて、戦略計画、中長期計画を作るようになる。さらに 90 年代に入ると右肩上がりの成長が終わり、金融のグローバル化も相まっていっそうの効率化が求められる。同時に、間接金融から直接金融への流れが強まり、証券アナリストや格付け機関による評価が意識され始める。

以上の流れを振り返ってみると、図表 7-5 の最下層の「④ TQM」と「③戦略計画」が最初にでき、そこにあとから「②専門家による評価」が加わった。

さらにその先の進化型が「①情報公開（ディスクロージャー）」である。

④があって③があれば基本的に企業は経営できる。しかし、さらに厳しくチェックするために、②の専門家が出てきて格付けをする。さらに「専門家といえども完全には信用できない」というところから、①のディスクロージャーによって可能な限り公開していくという流れになった。

先述のとおり最近の投資家はプロだけでない。一般株主からさまざまな疑問が出され、ほかにも企業は社会的責任が問われる。しだいに企業は一般市民にも情報公開する姿勢に変わり、ディスクロージャーへの流れができていった。なおディスクロージャーが広まるにつれ、専門家もその中立性を外から監視される。プロにとってたいへん厳しい時代になった。

行政の経営もこうした影響を受けつつある。米国連邦政府の場合は 90 年代のクリントン政権になってこのプロセスが進んだ。米国では①の情報公開は昔からあった。②は行政監視院（GAO）や各省庁の監察官（Inspector General）の制度がもともとあってチェックをしていた。しかし、GAO などは個別事業の分析レポートを出していたものの、各省庁を外部からチェックすることには限界があった。

そこでクリントン政権では、ゴア副大統領を中心に新しい仕組みを導入した。まず現場が National Performance Review 運動と銘打って④の TQM を始めた。③については GPRA（Government Performance and Results Act）という法律によって、各省庁に戦略計画による目標管理を義務づけた。そこからデータが出てくると、それをもとに GAO がよりきめ細かいチェックをす

る。同時にディスクロージャーも一段ときめ細かいものになっていく。このような進化が1990年代の米国で起こった。

　日本の場合、①に関しては、市民運動を経て90年代に自治体レベルで各地で情報公開条例ができた。やがて国でも2001年から法制化、施行された。④は90年代半ばに三重県がTQMを始める。それが各地に広がり、進化を遂げ、数年後には一部の自治体で③の戦略計画に近いものが作られるようになった。ところが日本の行政の世界には②が存在しない。せいぜい第三者委員会で役所の作った書類をチェックするくらいである。そうしたところに2000年頃からマニフェスト運動が出てきた。これは、行政機関に政治が外から大きな目標を与えて進捗状況をチェックする意味があり、行政評価を外から加速させた。

　日本では、①の情報公開はもともとできていた。④から①への流れもできていた。行政評価はこのような④から①の構造の中核に位置していて改善と管理のもととなるデータを提供し、かつ結果を公開する役割を担う。そのことで行政の各部門に自律的な改善を促すのである。この意味において、行政評価は公共経営の近代化におけるエンジンのような存在といえよう。

03　評価制度の現状と課題

　本節では中央省庁と自治体における行政評価の実態を把握したうえでそれを評価する。

中央省庁の評価制度
　先述のとおり、2002年の行政評価法の施行によって中央省庁に行政評価が導入された。その後、同法附則第2条の規定によって施行後3年を経過した2005年に、法の施行状況を踏まえた制度の見直しが行われた。また同年12月には、重要政策に関する評価の徹底、評価の質の向上、国民への説明責任の徹底を目的として「基本方針」が改定され、新しい「政策評価の実施に関するガイドライン」（政策評価各府省連絡会議で了承）が制定された。こうした経緯も踏まえつつ、法の制定当初から数えて10年が経った現時点

おける行政評価法の現状を整理したい。

なお、事柄の性格上、公式の文書等だけでは十分に実態を把握することはできない。以下は筆者が行った聞き取り調査の結果もあわせてまとめたものである。

(1) 行政評価の浸透度

行政評価法施行当時、「行政の仕事は数字で測れない」という考え方が一般的だった。ところが近年では予算要求にしろ、新規の政策立案にしろ、実現をめざす目標と期限とを数字で具体的に示すのは当然となった。背景には財政危機、不祥事への国民の批判、政治主導の流れで行政機関が頻繁に説明責任を求められるという事情があった。さらに行政評価法の施行がこれを決定的にした。

また、行政機関では書類に書かれたこと、特に数値が政策決定や予算編成の決め手となる。各省庁は2003年以来、毎年きちんと行政評価の報告書を出してきた。表現は地味な内容のものだがデータは既成事実として積み上がり、しだいに政策形成の前提とされるようになった。「行政評価」の基本思想が中央省庁に行き渡ったといってよい。

(2) 意思決定プロセスの改革や意識改革

国土交通省など一部の省庁では、行政評価法の施行を機にマネジメントサイクルの見直しを始めた。つまり行政評価を経営改革の手段と位置づけている。だが、現行の行政評価法が求める実施単位はあくまで「省庁」でしかない。しかも「大臣－局長－課長－課員」の軸であらかじめ達成目標を協議し、その達成状況をもとに業績評価をする仕組みになっていない。そのため行政評価は必ずしも目標管理の道具として機能していない。また、行政評価だけで各省庁の組織の意思決定のやり方や行動変革を期待するのは難しい。本来、局単位で人事評価制度や業績評価制度の整備とセットで運用すべきだ。

(3) 予算の効率運用

行政評価はもともと政策の質と効果を測定し、今後の政策変更を促す存在

にすぎない。予算の査定や財政再建を直接の目的としていない。

しかし行政評価を予算編成に直結させるべきという意見は強く、この10年の間に行政評価のデータを予算に反映する工夫が進んだ。また財務省も独自に主要な予算について予算執行調査を行っている。これは主計局や財務局の担当者が事業の現場に赴き、実際に予算が効率的かつ効果的に執行されているかを調査するものである。2002年から始まり、その調査結果や翌年度の予算への反映状況が公表されている。しかし予算の編成は政治そのものである。つまり予算はさまざまな利害調整を経て決まる。行政評価による予算のコントロールには、もともと限界がある。制度の充実に関して過剰な期待を抱くべきではないだろう。

(4) 行政評価の成果

中央省庁において行政評価はどれだけの成果を上げてきたのだろう。これについては、何を導入目的と捉えるかで見方が分かれる。行政評価の導入自体を目的と考える人は、「行政評価法」の定めに沿って各省庁が「評価報告書」を出している現状をもって成果が出ていると主張する。彼らの多くは、行政評価の目的は、政府がどういう目的で施策を実施しているかを説明することと考える。確かに行政評価法の施行当時は政府の説明責任、いわゆる「アカウンタビリティ」が話題になった。そして行政評価法は各省庁に定期的かつ体系的な情報公開を義務づけ、実際にそうなってきている。したがって成果が出ていることになる。

しかし行政評価の目的を無駄な支出の抑制や、行政機関に目標管理の手法を埋め込むこと、さらに職員の士気を高めること等と考えた場合は、まだまだ道半ばである。背景にはわが国の行政評価法が、もともと評価結果に基づいて改善活動を行うことまでを求めていないことがある。当初の法律の設計思想に問題がある。現行法の改正を含む仕組みの抜本的な見直しが必要だろう。

(5) 行政評価による中央省庁のマネジメント改革

(4)で述べたとおり現行の行政評価法は、各省庁の評価制度を使って組織の業績を評価し、改善に向けた努力をすることを明示的に求めていない。

第1に行政評価の担い手が、「各府省」とされている。これだけでは各省庁内で誰が誰を評価するのか、また、どこに評価結果を改善させる責任があるのかが曖昧だ。行政評価は本来、約束と責任の体系のはずだ。ところが現行法はあくまで各省庁が組織として広く国民に対し活動結果を説明し、理解してもらうことしか求めていない。

　第2に第三者によるチェックがあまりなされていない。現行制度では行政評価は各省庁が自ら行うことになっている（中央省庁等改革基本法）。そのうえで総務省（行政評価局）が各省庁を監督する。さらに民間人の第三者評価委員会（行政評価・独立行政法人評価委員会）が2次的なチェックを行う。だが、民間人が日常的に接触していない各省庁の個々の政策の評価を片手間で行うというのは、もともと限界がある。結果的に、各省庁によるお手盛り評価を追認しているといわれても否定しきれない。第三者評価委員会はむしろ各省庁に置き、委員は省議にも出席するルールを導入するなど、日常からの経営参画の仕組みを構築すべきだろう。

　また、何を評価対象とするかの選択も事実上、各府省に委ねられている。企業の場合なら社外役員が常日頃から役員会に出席して課題を把握しておき、いざというときに問題提起をする。あるいは重要課題の看過を指摘する。中央官庁も同様の仕組みをとるべきだ。たとえば官邸に第三者からなる行政評価委員会を置く。各委員はふだんから担当する省庁の省議に出席する。そのうえで、評価報告書だけでなくヒアリングを通じて、行政評価が改善活動や政策の見直しに反映されているかどうかを監視するとよい。

　第3に現在の行政評価制度は、予算編成（主計局）や会計検査（検査院）との間に明確な制度的連携がない。また、現在、行政評価の制度は各省庁が運用しつつ、制度の改定は総務省が担当するという歪な構造にある。

　行政評価制度は、総務省ではなく官邸が主導して制度運用と改良を行うべきだ。そのために現在の総務省の行政評価局のスタッフを官邸に移し、行政評価法の業務を同局のその他の仕事、つまり従来の監察業務から完全に分離すべきだろう。

(6) 現行法の構造の問題

　さらにもう少し現行法の構造に近接すると、次のような課題がある。

　第1に評価対象の問題がある。現行法では「政策」を評価する。だが海外では政策よりも組織の"業績評価（Performance Measurement）"を行う。つまり評価対象は"政策"ではなく行政機関の組織としての"業績"である。すなわち、行政機関が予算や組織を効率的に使って仕事をしているかどうかをチェックする。行政機関の本務は政策の執行だからだ。これに照らすと、元来は執行機関にすぎない各省庁に政策の評価を任せる現行法の規定は、それ自体に欠陥があるということになる。

　第2に現行法は、各省庁が行う自己評価に「客観的かつ厳正な実施」を求める。しかし、この考え方については根本的な疑問がある。

　行政評価には、自己評価（内部評価）と外部評価の2つがある。前者は自分自身で行う反省（目標管理）である。そのうえで2次評価として外部評価を実施する。2次評価では組織の上位者や上位部門が自己評価（内部評価）の不足の点や甘さを指摘する。

　現行法は自己評価方式のみを採用している。そのこと自体はよしとしよう。まずは自らのあり方を点検し、そこで是正すべき点があれば修正すればよい。しかし、自己評価に「客観的かつ厳正」な実施を求めるのはあまり現実的ではない。努力を求める程度ならよいが、そもそも自己評価は客観的になりえないものだからだ。

　現行法はおそらく「行政機関は絶対に誤りを犯さない」という従来型の"行政の無謬性信仰"に基づいているのではないか。だから自己評価にも完全を求める。ところが行政評価はそもそも無謬性信仰を否定するところから生まれた制度である。すなわち「行政機関も企業や個人と同様に判断を誤ることがある。第三者がチェックする目標管理がなければ生産性も上がらない」という考え方に基づく。要するに、わが国の行政評価法は各省庁に対して「これからは自らを厳正に客観視し、日々よく反省するように」と申し渡しているにすぎない。

　現行法をどう変えるべきか。第1に組織運営の権限と責任は各省庁の役職者たちにあることを明確化すべきだ。つまり、行政評価の担い手は省庁では

なく大臣、副大臣、政務官、局長などの個人（役職）であると規定し直す。そして、評価を通じて彼ら役職者が国民との契約を果たしたかどうかを問う。現行法のように"各府省"を責任主体とする限り、責任の所在は曖昧なままだろう。

　具体的には、局長（もしくは大臣）にあらかじめ達成目標を設定させたうえで、大臣（もしくは首相）と契約を結ぶ。事後にその達成度を評価し結果を公表する。この際に、自己点検では客観性や厳正さを要求しない。むしろ、大臣との間で事前に目標を合意するプロセスに労力を割くべきだ。

自治体の行政評価制度

　次に、わが国の自治体における行政評価の実態を評価してみよう。

　戦後長らくの間、自治体の行政改革は経費節減と採用抑制が中心だった。公共インフラも福祉も供給量が足りなかった。行革といっても不景気による一時的な税収減への対応策の域を超えなかった。しかしバブル崩壊後は財政危機に陥る自治体が増え、予算を抜本的に見直す必要性が生じた。そこに「行政評価」が出てきた。とりわけ「事務事業評価」は注目を集め、あっという間に普及した。

　先述のとおり、事務事業評価ではデータに基づいて評価結果を情報公開するが、数字で示すので説得力があった。また行政評価の導入によって「目標」「成果」「効率」「期限」、そして「PDCA（Plan, Do, Check, Action）サイクル」といった民間経営の概念が持ち込まれた。それまでの自治体ではともすれば「PDPD」になりがちだった。行政評価はそこに「C」と「A」の概念を入れ込んだのである。

　振り返ってみれば過去15年、右肩上がりの経済成長の終焉とともに、これまでの計画行政の限界が次々と露呈した。食糧費問題、カラ出張、官製談合など組織的不祥事が発覚する一方で財源が不足し、予算の優先順位が問い直された。そんな中にあって行政評価は「役所は何にどれだけお金を使っているのか」「本当に成果を出しているのか」といった国民（住民）の疑問に答える役割を果たした。さらに行政評価は無駄遣いや不正を抑止する力も発揮した。たとえば政治家の利益誘導に対し、「国民（住民）に対する説明の

つかない事業は提案できない」と事前に抗弁する拠り所となった。総じて行政評価は自治体の自浄機能を覚醒させる役割を果たしたといえる。

そこにおいて特に強調されたのが「説明責任（アカウンタビリティ）」の概念である。その背景については若干の説明を要する。今までの役所は、公務員が住民のためによかれと思うことをやってきた。住民側もそれで不満はなかった。背景には公務員への高い信頼感があった。ところが、それがバブル経済の崩壊とともに崩れ始めた。そんな中にあって行政評価は情報公開とも相まって役所側が自らの正当性と成果を説明する道具として使われた。そしてその文脈でしきりに使われたのが「説明責任」という言葉だった。

(1)　見直しの必要性

だが、いかなる制度も10年も経てば綻びが出る。特に自治体の事務事業評価は漫然と続けると逆効果だろう。たとえば「もともと設定した目標が低いためチェックの用を果たさない」「毎年"適正"と報告書に記載され続け、結局は現状の肯定に使われる」といった弊害が報告されている。

筆者は「事務事業評価」の手法自体は依然として有効だと考える。職員が手分けしてすべての事務・事業を点検するだけでも意識改革のきっかけになる。だが同じ方式で毎年やり続けるとマンネリ化する。道具が悪いのではなく、使う側の努力と知恵が足りないのである。どんな手法にも限界があり、寿命がある。事務事業評価にも刷新が必要だろう。1つの方向は部局の事業計画への進化であり、もう1つは首長マニフェストとの連動だろう。これについて次の(2)(3)でさらに述べる。

(2)　部局の事業計画への進化

事務事業評価はあくまで「事務」や「事業」のレベルでの点検である。それより上位の政策や施策の見直しを行う手法としては限界がある。また、行政評価は「経営単位」の責任を問う体制の方が管理しやすい。そこで部局の事業計画との連動が求められる。大阪市役所の例を見てみよう。

大阪市役所は2005年の職員厚遇問題をきっかけに、主要69事業の「経営分析」を行った。対象は「水道」「港湾埋め立て」「バス」「ごみ収集」「学校

給食」といった各部の主要事業である。民間企業や他都市との比較を手がかりに適正な資源配分や受益と負担の関係を見直した。民間企業のビジネスユニット分析と同じ手法でコンサルタントも交え、数カ月かけて分析した（詳細は上山・大阪市役所（2008）および http://www.pm-forum.org/ueyama/osaka/osaka_j/osakaana_1.pdf を参照）。

大阪市役所はそれまでにも「事務事業評価」を行っていた。しかしあらかじめ設定した目標が曖昧、もしくは低すぎるためにお手盛り評価の域を超えていなかった。そこで市政改革本部では約2年をかけて全69事業の存在意義と目的を洗い直し、「経営分析」を行った。それをもとに各部局が「局経営方針」を策定し、それに沿って目標管理を行う制度に進化させた。

(3) 首長マニフェストとの連動

首長マニフェストでは、候補者が自らの理念と個々の政策の具体的な達成目標を期限とともに提示する。当選後はマニフェストが政策運営の基軸となる。同時にマニフェストは行政評価の目標設定を高めに誘導する効果をもたらす。従来の行政評価は行政内部の自己点検であり、どうしても目標設定が甘くなった。また既存の制度や予算の枠組みを踏襲しがちだった。そのようなマンネリ化した目標に対してマニフェストはトップダウンによる補正を迫る。またマニフェストは咀嚼されたうえで行政評価にも反映され、官僚組織の達成目標を導く。すなわち行政評価とマニフェストは連動させることによって双方をパワフルにする（マニフェストについては、のちにさらにくわしく解説する）。

さて、まだ「事務事業評価」すら行っていない自治体はどうすべきか。まずは主要事業だけでよいので事務事業評価をやってみるべきだ。その際には必ず評価結果を公表する。そして第三者委員会による2次評価を受ける。一方、「事務事業評価」を3年以上行ってきた自治体はいったんそれを凍結したうえで、上記の大阪市役所の「経営分析」などの手法に切り替えてみるとよい。そして第三者も入れて「事務」「事業」の位置づけ自体を見直す。そのうえで、必要があれば再び事務事業評価も続ければよい。要は各自治体の実情に合わせ、行政評価のバージョンアップを図っていくべきである。

04　政治主導による政策の評価と刷新

　本章でここまでに紹介してきた行政評価の制度は、いずれも行政機関が制度に沿って行うものだ。これらに加え、近年は政治主導で政策と行政機関の仕事のあり方を見直す動きが盛んである。たとえば民主党政権が2009年に行った国の「事業仕分け」がそうである。あるいは各地の自治体では首長が任命する外部の第三者委員を集めて「○○のあり方を考える懇談会」といったアドホックな政策評価が見られる。さらに首長マニフェストも政治主導による政策の評価の一種といえるだろう。以下では、これら政治主導による政策の評価の手法とその成果について考えたい。

事業仕分けの功罪

　2009年秋、「事業仕分け」が国民の大きな関心を集めた。政府の事業の実態や査定の様子が公開されたことは画期的である。だが、仕分けによる見直しは全体のごく一部にとどまり、結構手間がかかることもわかった。

　事業仕分けは、50年にわたった自民党政治を粛清する「儀式（パフォーマンス）」あるいは麻生太郎元総理の表現をそのまま借りれば「公開処刑」の要素が否めない。だが政治の本質は権力闘争である。新政権は事業仕分けを通じて国民に自民党政治との決別をアピールした。

　ただ、いくら国民の支持を集めても、現在のままの方法では行政改革の切り札にはならないだろう。

　第1に事業仕分けは本来は制度の意義を見直すための手段である。事業仕分けでは最初に事業の必要性をチェックしたうえで、担い手が「官か民か」「国か地方か」を仕分けする。ところが、今回は当初から予算を削減する道具とされたうえに、目標額として3兆円超が掲げられた。このことが作業の公平さや妥当性を減じた。

　第2に仕分けでは必ずしも政策の妥当性は判断できない。その典型が「地方交付税」で事業仕分けでは結論が出なかった。このような複雑かつ巨大な政策（予算）は、仕分けが想定する廃止、削減、地方移管、民間移管といっ

図表 7-6　事業仕分けのバージョンアップ

	今　回	今　後
対象と目標	・事業の概算要求	・政策の見直し
基準	・仕分け人任せ	・ベンチマーキング ・「歳出＜税収の範囲内」の原則
民間仕分け人の選定基準	・明らかにされず	・政治任用または公募 ・専門ボランティア
担当官庁	・内閣府、実質的には財務省主計局	・会計検査院、総務省行政評価局なども参画

たシンプルな答えではとうてい割り切れない。

　第3に科学技術開発や兵器購入など、国家戦略レベルの投資の評価のあり方に問題がある。仕分けは住民サービスなど等身大サイズの「経費」の見直しには有効でも、将来に向けて巨額の予算を投じる戦略的な「投資」の評価には適さない。こうした分野では第1節の第4類型で紹介した専門家評価を併用すべきだ。

　第4に全国各地の事業を中央で束ねたような事業予算も仕分けには適さない。たとえば港湾整備事業などは、まず個々の港の実態評価をもとに各港の整備の優先順位づけをしたうえで、総額の妥当性を調査すべきだろう。

　このように、事業仕分けは手法として見ると欠陥が少なくない。だが、それでも公開で討議したことの効用は大きい。方法を改良したうえで継続していけば、政府の仕事と予算の「虫干し」ができるだろう。

　事業仕分けはもともと自治体の、それも小さな事業の見直しに使われてきた手法である。したがって、中央省庁の政策に応用するには相当の工夫が必要である（図表7-6）。改良すべき点は仕分けの対象と目標、仕分けの基準の明確化、民間仕分け人の選定基準、担当官庁の5分野にわたる。

　第1には仕分けの対象と目標を「事業」の概算要求から「政策」の見直しに広げるべきだ。たとえば今回凍結とされた関西国際空港会社への160億円の補給金事業である。結果的には、凍結が伊丹空港の民営化と関西国際空港会社との経営統合につながった。しかし、当初から「大阪の2つの空港のあり方」という上位レベルでの政策の見直しが必要だったのではないか。

第2は仕分け基準の明確化だ。「官か民か」「国か地方か」の判断には、なるべくベンチマーキング（類似機関との指標比較）の手法を使うべきだ。仕分け人の主観のみに任せてはならない。

　第3に民間仕分け人の選定基準の明確化が必要だ。有識者から政治任用するのか、一般国民からも選ぶのか、また専門家を中心とすべきかなどだ。

　第4に仕分けの担当官庁の範囲を拡大する必要がある。今回の仕分けは年内予算編成の流れに沿った作業となったため、財務省主計局が主導した。だが組織全体の非効率のチェックは、まずは各省庁が大臣の監督のもとで自ら行うべきである。各省庁には2002年以来、行政評価のデータと経験が蓄積されている。これらを総動員して自ら仕分けを行ってみるべきだろう。そのうえで会計検査院や総務省行政評価局が外からチェックする。また、現行制度では定員や組織は総務省行政管理局が査定し、給与水準や身分保障は人事院や内閣人事局も監視する仕組みだ。これらの機関も仕分けに参画するべきだろう。

第三者評価委員会

　特定課題に関し、公的、あるいは私的な諮問機関を作って大臣や首長に答申や提言を行う方法は従来からあった。いわゆる審議会、委員会、研究会、懇談会など名称はさまざまだが「審議会行政」と呼ばれてきた。そして審議会行政はしばしば官僚組織が自分たちの案を権威づけする儀式にすぎない、あるいは議会軽視だとの批判を浴びてきた。

　しかし近年の「有識者会議」はかつての「審議会行政」と異なり、設置のイニシアティブを官僚ではなく閣僚や首長がとる場合が多い。委員も政治主導で選ばれることが多い。背景には行政の内容が専門化、高度化し、庁内の知識だけでは対応困難になってきたこと、官僚組織が立案する政策だけでは内容が前例踏襲に傾きがちであることなどが挙げられる。また政治主導による改革においては議会の反対勢力やマスコミ、各種団体から出る批判に備えて、専門家やさまざまな利害関係者の意見を事前に聴いておく場が必要とされる。

　最近の第三者評価委員会として有名な例は「淀川水系流域委員会」である。

この会議は近畿地方整備局長が2001年から2009年にかけて淀川水系の河川整備計画を検討するために、河川法第16条の規定に沿って設置した。委員は延べ177人、委員長は宮本博司氏ら歴代5人が務めた。会議はこれまでに85回開催され、最終的には大戸川ダムをはじめ5事業の建設は不要という結論を答申した。

また2012年に福島原発事故の原因調査のために、国会に「東京電力福島原子力発電所事故調査委員会」が設置された。この委員会は東京電力福島原子力発電所事故調査委員会法に基づいて設置され、原発事故の原因究明と行政の問題点を探り、調査結果をまとめた。

以上2つの委員会は、いずれも個別具体的なテーマに関するものである。すでに起きた事故やダムの建設計画を俎上に載せ、それがもたらす意味や原因等を掘り下げて検討する。これらは事務方が準備した資料をもとにその是非を審議するいわゆる伝統的な審議会ではない。あらかじめ結論が見えているわけではなく、自ら調査を行い、結論を自分たちでまとめる委員会である。

第三者評価委員会の例は国でも地方でも枚挙にいとまがないが、類型化してみると、①個別具体案件に関して評価し、改善策を検討するもの、②政治主導による改革を進めるために一定期間設置され、さまざまな課題を評価・審議するもの、③行政評価を補強するために設置されるもの、④行政組織の経営全般について意見を求めるため定期的、定常的に設置・開催されるものなどに分かれる。以下順次見ていこう。

① 個別具体案件に関して評価し、改善策を検討するもの

このタイプの典型は上述の淀川水系流域委員会と東京電力福島原子力発電所事故調査委員会である。また嘉田由紀子滋賀県知事が設置した「新幹線新駅問題対策専門委員会議」(2006～2008年)がある。ここでは知事選挙の争点のひとつともなった新幹線新駅建設計画の見直しについて、専門委員の各人が知事に対して意見を述べた。

あるいは新潟市役所が2010年に設置した「新潟市美術館の評価及び改革に関する委員会」である。ここではカビ、クモが発生したため展覧会の中止に至った市立美術館の今後の改革のあり方について、委員が実地調査やヒ

アリングを行い、原因究明と改善提言を行った。

あるいは包括外部監査の指摘を受けて今後の方針を考えるために設置される委員会もある。たとえば横浜市役所の「横浜市立動物園のあり方懇談会」（2004～2005年）は、包括外部監査で示唆された市立の3つの動物園の統廃合の是非を検討した。結果的に施設としては3つとも残すが、経営形態は一元化すべきと提言した。また川崎市役所も包括外部監査の指摘を受けて「川崎市民ミュージアム改善委員会」（2004年）を設置し、実態の評価と改善方策の提案を求めた。

② **政治主導による改革を進めるために一定期間設置され、さまざまな課題を評価・審議するもの**

これは政治主導で多数の政策を評価し、見直すために一定期間、断続的に設置され、審議する委員会である。国レベルでの有名なものに「臨時行政調査会」や「行政改革推進協議会」がある。民主党政権の「行政刷新会議」もこれに相当する。自治体の例では奈良県庁の「今後の行政経営に関する有識者会議」（2010年）、岩手県庁の「行政経営推進会議」（2001～2003年）、大阪市役所の「市政改革推進会議」（2006～2007年）、福岡市役所の「経営管理委員会」（1999～2000年）、新潟市役所の「行政改革・点検評価委員会」（2009～2010年）などがある。これらはいずれも数カ月にわたってほぼ毎月、もしくはそれ以上の頻度で開催された。

これらの会議はいずれも首長が設置し、自らほとんどの会議に出席した。議題には自治体のさまざまな事業や政策が選ばれた。なお会議のテーマ設定については、会議の目的をあらかじめ行政改革担当部局による行政改革案の策定に置く場合（福岡市、新潟市、岩手県）と、まず首長がそのつど必要と考えるテーマをアドホックに議題として審議する場合（大阪市、奈良県）の2種類がある。

③ **行政評価を補強するために設置されるもの**

典型は中央省庁に設置される「評価会」だろう。これは「行政評価法」に従って各省庁が行う行政評価に関し、第三者が意見を述べる機関である。省庁によって名称は異なるが（たとえば国土交通省や総務省では「評価会」、財務省では「政策評価の在り方に関する懇談会」等）、趣旨は同じである。評価会は

主体的に評価を行う機関ではなく、あくまで意見を述べる存在だが、実質的には各省庁による自己点検の結果を2次的に評価している。第三者が2次評価することで庁内では気がつかない事項の指摘を行い、またいわゆるお手盛り評価を抑止する役割を担う。この種の第三者評価委員会は、自治体でもよく設置される。たとえば札幌市役所の行政評価委員会、中野区（東京都）の外部評価委員会などである。

④ 行政組織の経営全般について意見を求めるため定期的、定常的に設置・開催されるもの

たとえば財団法人や独立行政法人の評議会や経営審議会である。日本放送協会の「経営委員会」では、経営に関する基本方針、内部統制に関する体制の整備をはじめ、毎年度の予算・事業計画、番組編集の基本計画などを決定し、役員の職務の執行を監督する。

また公立大学法人では、地方独立行政法人法で「経営審議会」の設置が求められており、理事と外部委員が一緒に主要な経営課題について審議する。審議会は常設され、課題となる案件だけでなく経営状況の全般がチェック対象とされる。委員には民間企業の社外役員のような役割が期待されている。

以上、4つの類型分けに沿って第三者評価委員会について説明してきたが、これら委員会の機能は「誰が委員を選ぶか」でかなり決まってしまう。官僚組織だけに人選を任せると現状肯定に傾きがちな委員が多くなり、場合によっては骨抜きの提言となる。しかし政治主導で委員全員を選ぶとミスキャストが生じることがある。リーダー格の委員は政治主導で選ぶもののその他のメンバーは政官両方の意向を踏まえつつ人選すると、この2つのリスクが避けられるだろう。

委員会は各委員にとっても、自分の考え方や能力を行政機関やマスコミ、世間一般にさらけ出す場となる。自分の思想や意に沿わない意見を表明するわけにはいかないし、専門家としての信用にも関わる。誰に委員を頼むか、そして当人にどういう役割を期待するかは十分に設計する必要がある。

マニフェスト

　マニフェストは、選挙の際に政党（自治体の場合は首長）が政権を取った暁に実行する事項を具体的に掲げる政権公約であり、理念と具体的な達成目標を、数値と期限とともに提示する。当選後はマニフェストが政策運営の基軸となる。マニフェストは行政評価を凌駕する存在である。すなわち、より上位の立場から目標設定を誘導する。この意味でマニフェストと行動評価は、いわば憲法と法律の関係になぞらえることができる。

　従来の行政評価は、所詮は行政内部の自己点検だった。体系的かつ精緻だが、目標設定はどうしても甘くなった。また既存の制度や予算の枠組みを踏襲しがちになる。マニフェストはそれをトップダウンで補正する。また、マニフェストも行政評価という具体的な手法を手足として得ることで威力が発揮しやすくなる。またマニフェストは選挙を意識するため、有権者にとってもわかりやすい。だがマニフェストは、そのままでは官僚組織の部門が責任を持つのかどうか、よくわからない。マニフェストは行政評価に翻訳することで、官僚組織に対する具体的な目標設定となる。

　マニフェストはもちろん選挙ツールであり、当選後の政権運営に大きな影響を与える。首長マニフェストを例に具体的に見てみよう。

①　有能な候補者を発掘し、当選させる

　首長選挙はしばしば政策以外の要素で結果が決まる。本人の経歴や組織票による支援、スローガンや人柄などの要素である。ところがマニフェスト選挙では当選後に何をするか、つまり政策を語らなければならない。マニフェストの出来具合から能力も類推することができる。マニフェストは選挙を実質本位にする。また、マニフェストは政治に興味を持たない人々の投票を誘発する。たとえば「保育園の入園待機を１年以内にゼロにする」といったきわめて具体的な政策メッセージが、サイレント・マジョリティを刺激して、投票率を上げたり、あるいは新たな候補者の発掘につながることがある。

②　当選後の改革のブースターとなる

　マニフェストを掲げた候補者が当選すると、あらかじめマニフェストに挙げていた政策の変更や数値目標の修正が起こりやすい。たとえば先述の岩手

県の増田寛也知事の3選目の際の公共事業200億円の削減はその一例である。

③ **行政評価の機能強化を促す**

先述のとおり、マニフェストと行政評価は補完関係にあり、たとえていうとマニフェストはピッチャー、行政評価はキャッチャーである。マニフェストでは組織のトップが自治体経営の全般について住民に約束し、行政評価ではマニフェストを掲げた首長の指揮のもとで、行政組織が業務課題の目標管理をめざす。また、行政評価は現行業務の不足や不作為を細かく洗い出すが、マニフェストは地域の将来像から逆算した戦略課題を重視する。両者は相まって重要な課題を炙り出せる。

また行政評価では結果に対する責任の所在が必ずしも明確ではない。なぜなら官僚組織全体として目標を立てて実施した結果であり、特定個人の責任は問われない。ところがマニフェストは違う。首長個人の責任が問われるので迫力がある。このように両者は連動して改革を促す。

05　今後の評価制度の進化

本章のまとめにあたり、行政評価の今後について考えたい。特に強調したいのは、行政機関の情報公開体制の充実である。

ここまで述べてきたとおり、行政評価は評価結果の公開をテコに威力を発揮する。今後の行政評価のパワーアップを考えるうえでは評価手法のバージョンアップもさることながら、情報公開の体制整備が重要だ。

行政は市場競争原理にさらされていない、そのため非効率となりやすい。しかし情報が公開されると、政治と選挙を通じた是正への力が働く。また、行政には企業経営とは違って、企業秘密がない。税金の使途は常に公開するよう圧力がかかっているからだ。そのため、いったん積極公開のルールが確立されると逆戻りは難しい。かくして、コンスタントな情報公開は改革を持続させるエンジンとして機能する。また、積極的な情報公開によって、行政組織の外の専門家の知見が改革案に反映されやすくなる。情報公開が不十分だと、外部の専門家は行政の仕事の是非が判断できない。

なお、情報公開はふだんから積極的に行うべきで、情報公開請求があって

初めて情報提供するのでは不十分だ。日頃から各部局が何をめざし、どのような仕事をしているのかを積極的に情報公開すれば、外部の人間や民間企業から指摘や助言を得やすくなる。

　また、行政情報を外から評価するための"行政情報市場"の整備も必要である。上場企業ではP/L（損益計算書）、B/S（貸借対照表）など財務情報の公開は必須とされており、IR（インベスター・リレーションズ）を通じて積極的に公表される。上場企業の場合は株価が日々企業の業績を評価し、格付け機関による格付けを受ける。証券アナリストもさまざまなリポートを発表する。こうした複数の"情報市場"のもとで、企業はさまざまな評価者から多角的な評価を受ける。

　ところが行政の場合はこうした"情報市場"の整備が不十分である。法制度による体系的な整備の仕組みやルールづけもされていない。また財務情報を公開しても、その信憑性をチェックして他機関と比較分析する専門家が限られている。行政が公開した情報を定期的に比較分析する専門誌なども必要だろう。現在でもビジネス誌や新聞が時折、「暮らしやすい町ランキング」や「行政改革の先進自治体トップ100」といった調査を行っている。しかしデータを行政機関に依存していたり、記者の主観に頼っている場合が多く、あまり質が高くない。今後は政府が制度を整備することによって、行政の"情報市場"を充実させる必要がある。

　民間企業は1990年代にガバナンスとディスクロージャーの仕組みを作った。当初は財務会計や株式上場基準などを整備し、さらに管理会計と財務会計を連携させ、近年はディスクロージャーとコーポレート・ガバナンス、そしてコンプライアンスを充実させてきた。それと同じことがこれからの自治体経営、そして公会計の分野にも必要となる。今後は行政評価だけでなく、その周辺でもこのように広く情報公開の拡大につながる制度の充実を期待したい。

　こうして行政が外部に対して開かれ、行政評価のみならず日常から公開される情報が増えると政治判断に必要な材料もそろってくる。マスコミ報道の質も上がるだろう。この意味において、行政評価の充実は政治の質、そして民主政治の質の向上にもつながるのである。

［上山信一］

【キーワード】

成果、数値目標、インプット、アウトプット、アウトカム、自己点検、執行管理、社会指標、オレゴン・ベンチマークス、戦略計画、目標管理、専門家評価、事業評価、時のアセスメント、マニフェスト、行政評価法（行政機関が行う政策の評価に関する法律）、コーポレート・ガバナンス、GPRA、GAO、説明責任（アカウンタビリティ）、事業仕分け、第三者評価（委員会）、情報公開

【参考文献】

稲沢克祐（2008）『行政評価の導入と活用――予算・決算、総合計画』イマジン出版。
上山信一（1998）『「行政評価」の時代――経営と顧客の視点から』NTT出版。
―――（1999）『「行政経営」の時代――評価から実践へ』NTT出版。
上山信一・玉村雅敏・伊関友伸編著（2000）『実践・行政評価――事例、解説、そしてQ&A』東京法令出版。
上山信一・石井幸孝（2001）『自治体DNA革命――日本型組織を超えて』東洋経済新報社。
上山信一（2002a）『日本の行政評価――総括と展望』第一法規出版。
―――（2002b）『行政の経営改革――管理から経営へ』第一法規出版。
―――（2002c）『「政策連携」の時代――地域・自治体・NPOのパートナーシップ』日本評論社。
上山信一・伊関友伸（2003）『自治体再生戦略――行政評価と経営改革』日本評論社。
上山信一・樫谷隆夫・若松謙維監修、行財政構造改革フォーラム著（2005）『新・行財政構造改革工程表――「霞が関」の三位一体改革』ぎょうせい。
上山信一・大阪市役所（2008）『行政の経営分析――大阪市の挑戦』時事通信出版局。
上山信一・桧森隆一（2008）『行政の解体と再生――ニッポンの"公共"を再構築する』東洋経済新報社。
上山信一（2009）『自治体改革の突破口――生き残るための処方箋』日経BP社。
上山信一監修、千田俊樹編著（2012）『住民幸福度に基づく都市の実力評価――GDP志向型モデルから市民の等身大ハッピネス（NPH）へ』時事通信出版局。
宇賀克也（2002）『政策評価の法制度――政策評価法・条例の解説』有斐閣。
行政管理研究センター編（2008）『詳解　政策評価ガイドブック』ぎょうせい。
小島卓弥（2010）『自治体の外部評価――事業を見直すための行政評価の活用策』学陽書房。
米国行政学会・行政経営センター著、谷口敏彦訳、林岡政明編、上山信一監訳・監修（2001）『行政評価の世界標準モデル――戦略計画と業績測定』東京法令出版。
ポートランド・ムルトマ改革委員会・ムルトマ郡理事会著、上山信一・玉村雅敏・吉川富夫監訳・共著（1999）『行政評価による地域経営戦略――ムルトマ郡におけるコミュニティ・ベンチマーキング』東京法令出版。
山谷清志（2012）『政策評価』ミネルヴァ書房。

第8章
地域主権時代の自治体財務のあり方
── 公的部門の資金生産性の向上

Summary

わが国の公的債務は1,000兆円を超えた。さらに高齢化に伴う社会保障費の増大が見込まれる。そうした中で、公共事業の削減などによる歳出抑制、公務員の定員削減、情報公開制度・政策評価・PFI（Private Finance Initiative）・市場化テストの導入など、公的部門の諸改革が実施されたものの、いまだに非効率が多く残されている。

また、自治体財政の逼迫、地域間格差の拡大などにより、全国一律の地方債制度や国主導の交付金制度による資金調達方法は破綻しつつある。

こうした現状を踏まえ、本章では公的部門の資金調達のあり方に焦点を当て、そこから個人資産の有効活用策、地域主権の実現に必要な地方債制度や自治体財務マネジメントのあり方、および自治体のための新しいファイナンス戦略について考える。

本章では、地域主権の流れの中で役割が拡大していく中核市（人口30万人以上）以上の大都市を対象に、主に財務を中心とした経営効率化策を考える。

自治体の財政は、規模を問わず全国一律、つまり、地方債による資金調達と交付金によって事実上、国の管理下に置かれてきた。この仕組みは特に社会インフラ整備を急速に進めることが必要だった1980年代までは有効に機能していた。しかし、社会インフラ整備が一巡し、大都市と地方都市における自治体サービスの範囲や規模、財政力に差が生まれてくると、逆に非効率になり始めている。

加えて、資金の生産性向上の必要性が高まった。

一方で、個人資産は1,400兆円に膨れ上がり、その過半がいまだに預金として運用されている。そのために地域内での有効な資金循環が構築できていない。

本章の主張は、次の4つである。

①上下水道や交通などの都市事業サービスの改革を急ぐべきである、②特に中核市以上の自治体における改革が重要である、③各自治体が独自の資金調達を柔軟に行うため国の制度改革（地方債制度改革、地方財政法の改正、個人金融資産を取り込む優遇措置、税制改革）が必要である、④自治体にCFO、財務マネジメント部門を設置する。

このように本章では、財政改革、経営改革を皮切りに、金融市場改革にも視野を広げ、地域主権を実現するための新たな制度、市場、組織づくりを考える。

01　大規模自治体の財政と都市事業サービスの実態

自治体のサービスと財政

　自治体サービスは、図表8-1に示すように3つに大別できる。

　第1は一般行政サービスで、ここには住民行政（戸籍など）、一般道、治水・治山、あるいは治安（警察）などが含まれる。一般行政サービスのために必要な資金が税収と交付金で足りなければ、主に一般会計債といわれる地方債で不足分を起債限度額の範囲で調達し、税収と交付金で返済していくという形をとる。

　第2は社会福祉サービスである。公営住宅、福祉、教育などが該当する。これは、経済合理性だけでは語れない分野である。これについても、資金が不足すれば一般会計債によって調達がなされる。

　本章で特に着目するのは、事業として経済的に成り立つ可能性がある都市事業サービスの分野が中心になる。たとえば上下水道であり、公営交通、有料道路、さらには都市開発などが対象である。資金調達は公営企業債による。

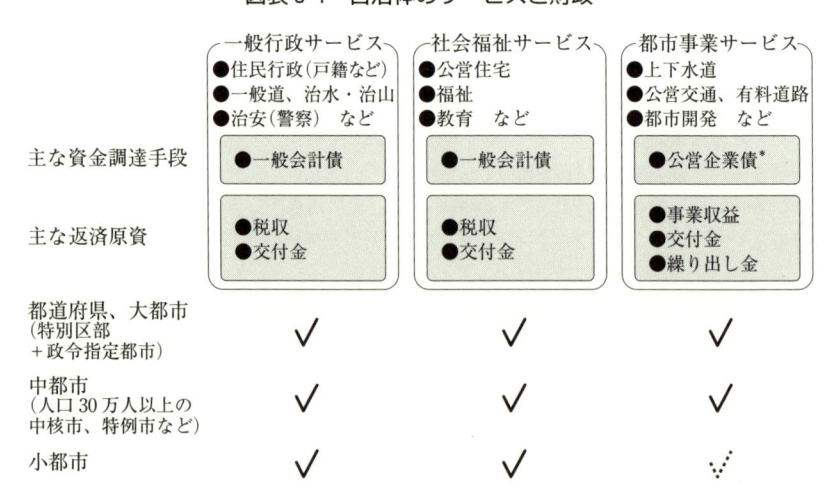

図表8-1　自治体のサービスと財政

	一般行政サービス	社会福祉サービス	都市事業サービス
	●住民行政（戸籍など） ●一般道、治水・治山 ●治安（警察）など	●公営住宅 ●福祉 ●教育　など	●上下水道 ●公営交通、有料道路 ●都市開発　など
主な資金調達手段	●一般会計債	●一般会計債	●公営企業債*
主な返済原資	●税収 ●交付金	●税収 ●交付金	●事業収益 ●交付金 ●繰り出し金
都道府県、大都市 （特別区部 ＋政令指定都市）	✓	✓	✓
中都市 （人口30万人以上の 中核市、特例市など）	✓	✓	✓
小都市	✓	✓	✓

注：*地方債の一種であり、都市事業サービスを提供する公営企業の資金調達にあてられる債券。

返済は事業から上がる収益や交付金、もしくは他会計からの補助（繰り出し金など）である。この都市事業サービスは、特に大都市、中都市で大きなウエイトを占めている。

都市事業サービスの事業規模

都市事業サービスの多くは公営企業とも呼ばれる。全国の公営企業の料金収入は2010年度で9兆円に達する。内訳は下水道事業が約1.5兆円、水道事業が約2.8兆円、地下鉄やバスなどの交通事業が約0.6兆円などである。

また、主要都市では個々の事業規模（年間収入）も大きく、たとえば大阪市の水道事業は600億円を超え、大企業に相当する。

地方公営企業債残高

都市事業サービスは、同時に多額の負債を抱えている。社会福祉サービスの側面を持つ病院事業を除いても、公営企業債の残高は2010年度で50兆円を超える。

主要都市の都市事業を個別に見ても、その巨大さは変わらない。大阪市の場合、その地方債残高は水道事業で約2,400億円、交通事業で約6,000億円にのぼる。

大規模自治体に着目

図表8-2は、全国の都市事業サービスの中に、大規模および中規模の自治体分が占める割合を調査した結果である（2008年度）。

中核市以上の規模の都市は、全国でどのくらいのウエイトを占めているのだろうか。収入規模で見ると、都道府県および人口30万人以上の都市の公営企業は、全国の50％強を占め、また資金調達規模（公営企業債の残高ベース）で見ると、約60％に達している。また市町村の人口30万人以上の都市に住む人口を積み上げていくと全人口の44％になる。大きな都市の都市事業サービスの効率化を図ることで、全人口のほぼ半分にメリットがもたらされるはずである。

図表 8-2 全国の都市事業サービスの内訳（％；2008 年度）

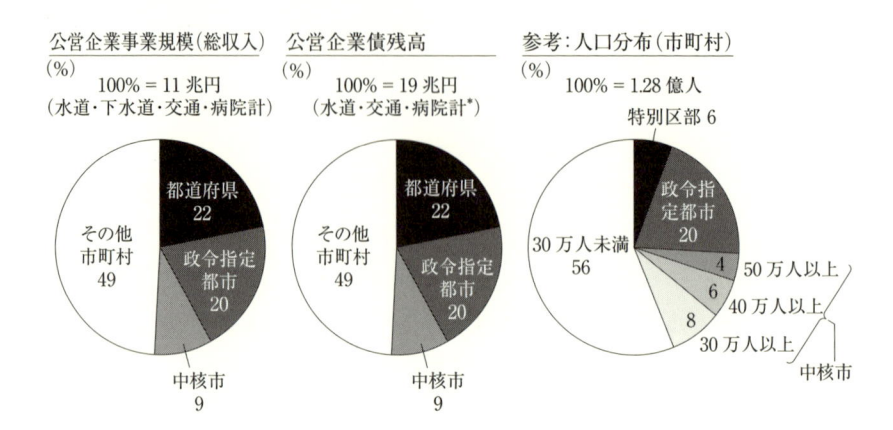

公営企業事業規模（総収入）
（％）
100％ ＝ 11 兆円
（水道・下水道・交通・病院計）

- 都道府県 22
- 政令指定都市 20
- 中核市 9
- その他市町村 49

公営企業債残高
（％）
100％ ＝ 19 兆円
（水道・交通・病院計*）

- 都道府県 22
- 政令指定都市 20
- 中核市 9
- その他市町村 49

参考：人口分布（市町村）
（％）
100％ ＝ 1.28 億人

- 特別区部 6
- 政令指定都市 20
- 50 万人以上 4
- 40 万人以上 6
- 30 万人以上 8 中核市
- 30 万人未満 56

注：＊下水道事業は地方公営企業法非適用の自治体が多く、各自治体の公債残高の把握が困難であるため、3事業のみで算出。
出所：総務省統計局『平成 19 年度地方公営企業年鑑』。

02　国による地方財政の管理

地方債残高／地方税収の推移

　地方債の残高は現在およそ 200 兆円で、かなり高い水準にとどまっている。これは 1990 年頃と比べて 2 倍以上の水準となっている（図表 8-3）。

　また、地方債残高を地方税収で割った数字は約 5 倍である。これは 2004 年頃の 6 倍という水準からは低下してきているものの、1989 年当時は 3 倍程度だったので依然大きい。地方債に依存する自治体経営が定着してしまっている実態がうかがえる。

歳入と調達を国に依存

　図表 8-4 は、地方公共団体の歳入の内訳と、国に依存している割合を示したものである。まず、地方交付税・交付金が 15.5 兆円ある。また、国庫から使途を限定されたうえでで支出される国庫支出金が 10.3 兆円ある。2 つを合わせると、国から支出されている資金が 25.8 兆円である。

図表 8-3　地方債残高／地方税収の推移

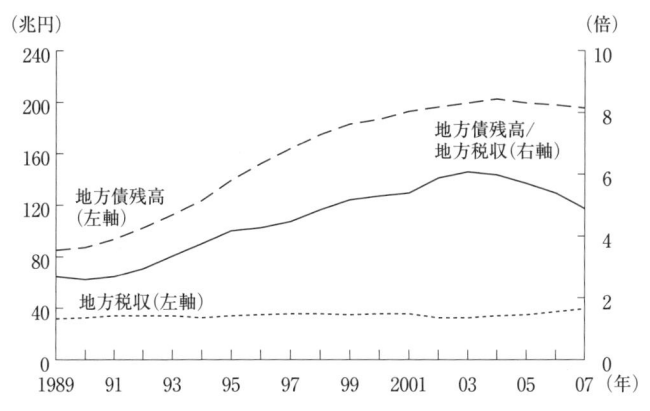

出所：総務省、財団法人地方債協会『平成 20 年度版地方債統計年報』。

図表 8-4　地方公共団体の歳入内訳（2007 年度）

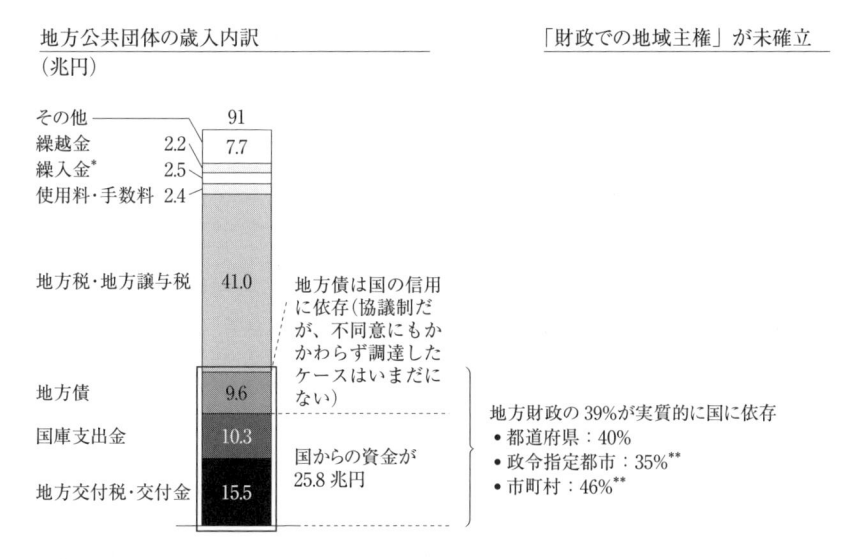

地方公共団体の歳入内訳　　　　　　　　　「財政での地域主権」が未確立
（兆円）

- その他　2.2　7.7
- 繰越金　2.5
- 繰入金*　2.4
- 使用料・手数料
- 地方税・地方譲与税　41.0
- 地方債　9.6
- 国庫支出金　10.3
- 地方交付税・交付金　15.5

91

地方債は国の信用に依存（協議制だが、不同意にもかかわらず調達したケースはいまだにない）

国からの資金が 25.8 兆円

地方財政の 39%が実質的に国に依存
- 都道府県：40%
- 政令指定都市：35%**
- 市町村：46%**

注：*繰入金：繰入金総額の 93.4%が積立金の取崩し等による基金からの繰入金。
　　**都道府県支出金を含む。
出所：総務省『地方財政白書』（2009 年版）。

これに加えて、地方債での調達が約10兆円ある。しかし、これも実質的に国に依存する。いわゆる「暗黙の保証」や、発行に際して行われる協議制の実態がある。協議制のもとでは、自治体は国と協議して地方債を発行することになっている。仕組み上は、たとえ国の同意がなくても発行できるが、これまで国の同意なしに地方債を発行したケースは皆無である。国の意向が強く反映しているといわざるを得ない。

先ほどの25.8兆円にこれを加えると、自治体の歳入の約4割が国の影響下にあることがわかる（ただし、都道府県では40％、政令指定都市では35％、市町村では46％と、自治体の階層ごとに多少のばらつきはある）。

公営企業の大きさ

図表8-5に、個別の自治体における都市事業サービスの借入残高を示した。グラフ中、公営企業債は都市事業サービスに、普通会計債は一般行政や社会福祉サービスに投入されている借入金に相当する。

見てのとおり、政令指定都市では半分近くを公営企業債が占めている。したがって、政令指定都市にとっては、この都市事業サービスの資金調達は重大な経営問題なのである。

03　自治体の財務マネジメントの強化

公営企業と民間企業との資金調達コスト格差

図表8-6は太い実線が公営企業の資金調達コストを経年でとったものであり、それ以外の線は民間企業である。左側のグラフには、民間インフラ企業として上場している電力会社、ガス会社、通信会社を、右側のグラフには都市開発を行っている民間不動産会社と鉄道会社を取り上げて、公営企業と民間企業との資金調達コストを比較している。

1980年代までは、公営企業の方がおおむね安いコストで資金を調達していたといえる。しかし、バブルが崩壊して以降、90年代に民間企業が積極的な財務のリストラに取り組んだ結果、90年代後半には両者の調達コストは逆転し、民間企業は公営企業より低コストで調達するようになった。

図表 8-5　地方債の自治体別内訳（2006 年度末）

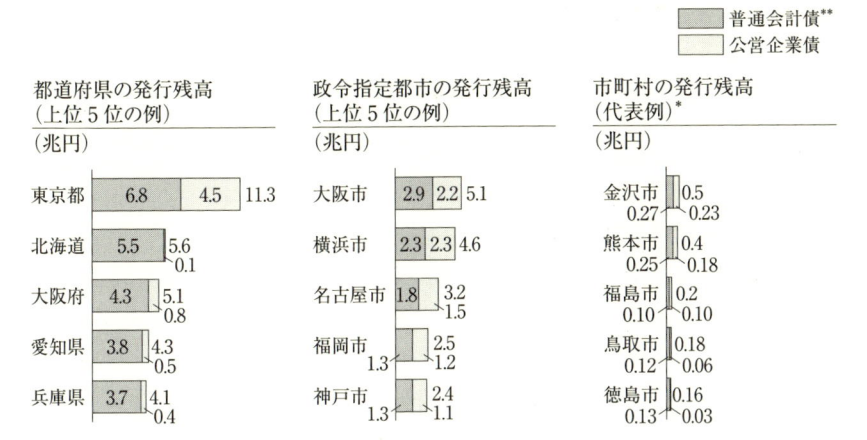

■ 普通会計債**
□ 公営企業債

都道府県の発行残高
（上位 5 位の例）
（兆円）

	普通会計債	公営企業債	合計
東京都	6.8	4.5	11.3
北海道	5.5	5.6	0.1
大阪府	4.3	5.1	0.8
愛知県	3.8	4.3	0.5
兵庫県	3.7	4.1	0.4

政令指定都市の発行残高
（上位 5 位の例）
（兆円）

	普通会計債	公営企業債	合計
大阪市	2.9	2.2	5.1
横浜市	2.3	2.3	4.6
名古屋市	1.8	3.2	1.5
福岡市	1.3	2.5	1.2
神戸市	1.3	2.4	1.1

市町村の発行残高
（代表例）*
（兆円）

	普通会計債	公営企業債
金沢市	0.27	0.5 / 0.23
熊本市	0.25	0.4 / 0.18
福島市	0.10	0.2 / 0.10
鳥取市	0.12	0.18 / 0.06
徳島市	0.13	0.16 / 0.03

注：*ランダムに抽出。
　　**一般会計債に臨時財政対策債・退職手当債等を合計したもの。
出所：財団法人地方債協会『平成 20 年度版地方債統計年報』、各市ホームページ。

図表 8-6　公営企業と民間企業との資金調達コスト格差

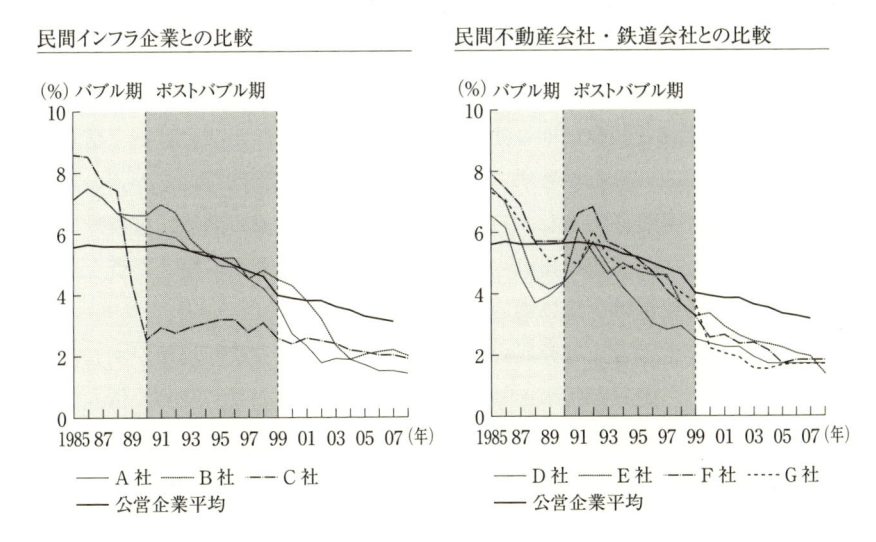

民間インフラ企業との比較

（%）バブル期　ポストバブル期

―― A 社　―― B 社　－－ C 社
―― 公営企業平均

民間不動産会社・鉄道会社との比較

（%）バブル期　ポストバブル期

―― D 社　―― E 社　－－ F 社　…… G 社
―― 公営企業平均

注 1：資金調達コストは支払利息／年度末有利子負債残高により算出。
　 2：公営企業については「企業債」「一時借入金」を有利子負債に包含。全公営事業の法適用企業を対象。
出所：各社公表資料、『公営企業年鑑』（総務省）。

2000年代に入ると、公営企業の資金調達コスト低減の遅れがすっかり定着した。公営企業と民間企業との間には1％以上の差がついている。

公営企業の資金調達はいろいろな制約条件のもとで行われており、やむを得ない事情もあるが、民間企業との明らかな格差については真摯に議論すべきである。

長期調達は金融費用増を招く

一般論として、新発の公募債として捉えた場合、地方債は国債に次いでリスクの低い金融商品と見られている。したがって安いコストで資金調達できるはずである。それにもかかわらず、実態的にコスト増になってしまうことの背景には、10年以上の長期債券が地方債の大半を占めているという事情がある。図表8-7に示すように、市場公募の調達期間は10年以上が約8割を占めており、銀行引受も大部分が5年以上である。

調達金利は基本的に期間が短いほど低くなる傾向にある。2009年12月の時点で、10年国債の金利は1.3％である。一方、5年国債の金利は0.36％で、10年債と比べると約4分の1の水準まで落ちる。さらに2年債は0.15％で8分の1程度である。地方債は国債金利に連動しているので、国債金利における長短金利の差が基本的に地方債金利の長短金利の差になる。

期間を短くすれば頻繁に借り換えることになり、そのたびに発行手数料がかかったり、あるいは必要とするボリュームを本当に借りられるかというリスクが生じたりする。しかし、自治体の信用力は一般的に高く、借換リスクをそれほど心配する必要はない。短期での資金調達をより活用した資金調達計画を検討する価値は十分にある。

ただし、留意すべき点は長期金利を短期金利が上回る逆転現象が生じることである。また、金利が将来上昇してしまうと、現在の長期金利で借りておいたほうが短期の借入を繰り返すよりも得になることがありうる。これらのリスクの存在を理解したうえで、短期調達の割合の拡大を検討すべきである。

ある大手公益企業の財務戦略

実際、どのような経緯で低コストでの資金調達を実現してきたのか、民間

図表8-7 地方債の新発市場公募・銀行等引受*の内訳（2007年度）

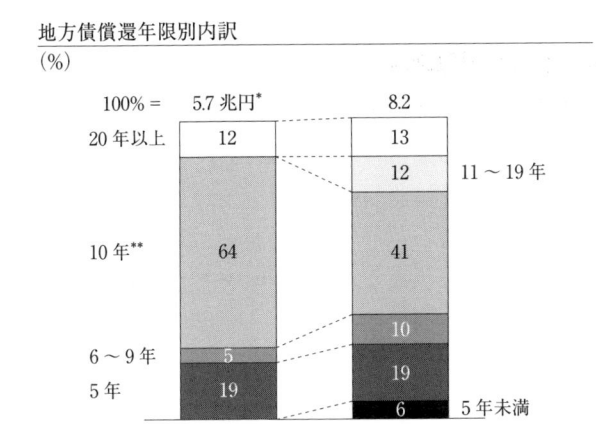

地方債償還年限別内訳
(%)

	市場公募	銀行引受
100% =	5.7兆円*	8.2
20年以上	12	13
11〜19年		12
10年**	64	41
6〜9年	5	10
5年	19	19
5年未満		6

注：＊借換発行債を含む。
　　＊＊個別発行債・共同発行債を含む。
資料：財団法人地方債協会『平成20年度版地方債統計年報』。

の企業のケースを紹介してみたい。

この企業は、バブル真っ盛りの1980年代には、設備の償却期間に合わせて借入を行い、設備更新時に必要な額だけ借り入れる、という保守的な考え方で資金調達を行っていた。ところが90年代に入ると、調達の考え方を一新させた。都市事業サービスを行っているという企業の性格からして、自分たちが資金の借換に困るようになることはまずありえない。だとすると、金利は長期であるほど高くなる傾向があるので、それが逆転するリスクは許容して、比較的短い期間の社債で調達した方が得策、という判断をした。そして、設備の償却期よりも5年という短期の社債で調達するようになり、金融費用を抑えることに成功した。

さらに現在にあっては、手元にどれだけの現金を置いておくのかという面でも、積極的な対策をとっている。以前は、現金あるいはすぐに現金化できる流動性預金を持っていたが、現在は必要なときにCP（コマーシャル・ペーパー）を発行してすぐに資金調達できるようになったので、手元にはなるべく現金を持たないようにしている。これによって、より有利な資金運用が可

能になっている。

ある民間不動産会社の財務戦略

次は、ある民間不動産会社のケースである。

この企業の金利に対する基本スタンスは、次のようなものである。金利の上下変動はコントロール不可能なので、固定金利あるいは変動金利のどちらか一方に傾倒すべきではない。ただし、収益管理上の要請があるので、どちらかといえば固定金利を優先する。こうした考え方に立って、金利変動リスクに備えて常に固定・変動の最良なバランスを模索している。

期間に対するスタンスは、不動産開発の会社だけに資産の償却期間は非常に長いが、それと負債の期間がマッチする必要はない。そもそもマッチさせるには、20年以上の社債が必要となる。現実の金融市場で20年の資金を調達できる機会は決して多くない。あったとしても、金利にかなりプレミアが乗る。そのため、調達期間別の需給バランスと金利動向とをにらみながら、長期より金融費用が安い短期（2～5年）の銀行借入も行っている。短期調達の場合は、どうしても借換のリスクがつきまとうので、そのリスクを担保する意味で常に多面的な貸し手を確保する努力を払っており、40行の銀行との関係を維持している。

民間企業における財務マネジメント

こうした民間企業において財務経営戦略がどのように行われているかを、簡単に見ておこう（図表8-8）。

事業計画あるいは投資計画の中で必要となる資金の「ボリューム」をはじき出すのが、その第一歩となる。

必要な資金量が決まると、次に、その資金がどんな「リスク」にさらされる可能性があるかを分析する。金利が変動することによってコストが増大したり、固定金利で借りて契約期間中に金利が低下して損失が生じる、といった金利リスク、あるいは、金融市場の逼迫期に必要な量の資金が調達できなくなったり、借換ができなくなったりするといった流動性リスクをきちんと峻別しながら、ボリュームを確保していく。

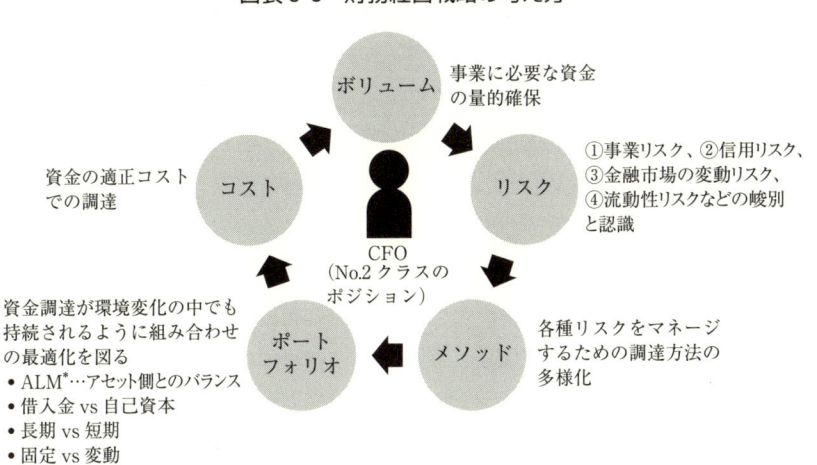

図表 8-8　財務経営戦略の考え方

- ボリューム：事業に必要な資金の量的確保
- リスク：①事業リスク、②信用リスク、③金融市場の変動リスク、④流動性リスクなどの峻別と認識
- メソッド：各種リスクをマネージするための調達方法の多様化
- ポートフォリオ：資金調達が環境変化の中でも持続されるように組み合わせの最適化を図る
  - ALM*…アセット側とのバランス
  - 借入金 vs 自己資本
  - 長期 vs 短期
  - 固定 vs 変動
- コスト：資金の適正コストでの調達
- CFO（No.2 クラスのポジション）

注：*Asset Liability Management

　さまざまなリスクに対応するためには、ひとつの調達手段ですべての資金をまかなうのではなく、いろいろな資金調達方法を持ち、それらを適切にあてはめていく必要がある。それが「メソッド」である。

　その結果として、資金調達の「ポートフォリオ」ができあがる。これは組み合わせ構造と理解すればよいのだが、多様な要素の組み合わせでできあがっている。たとえば、ALM（アセット・ライアビリティ・マネジメント）の視点から、会社の資産の償却期間（あるいは実際の耐用年数）と資金調達期間が一致するような形で借換リスクをなくす。あるいは、期間が一致しなくても借換リスクがないと見れば、資金調達期間を短くしてコストの低い組み合わせを選択していく。また、借入金と自己資本の割合についても、定常的な事態から大きく外れて損失を被るような事業リスクがどの程度あるかによって、その割合は変わってくる。長期と短期の割合、固定と変動の割合も、前述したように金融市場のリスクをとるかとらないかで変わってくる。実務ではシミュレーションモデルを作りながらポートフォリオを定めていくということがなされる。

　このようなプロセスをへて、最終的に「コスト」が出てくるのだが、その

事業に見合った適正コストになっているかどうかが検討され、その事業のリスクの中でできるかぎり金融費用を下げる努力が払われる。

　以上の5つのポイントについて、多くの企業では、CFO（チーフ・フィナンシャル・オフィサー（最高財務責任者））もしくは財務部門によって、定常的に何度も試行錯誤が繰り返されている。都市事業サービスを展開する自治体が新たな財務戦略を構築していくうえで参考となる民間企業も、一朝一夕に今日のような姿を築き上げたわけではない。

自治体の財務経営評価

　企業のような財務経営評価は、残念ながら自治体においては行われていない。

　ボリュームの確保については、歳入と歳出のバランスが必要になるから、一応行われている。しかし、リスクを区別しながら、どんなリスクをとり、どんなリスクは避けていくのか、という議論がなされていない。資金調達の方法（メソッド）についても、地方債に偏重している。ポートフォリオも、たいていは10年固定債が大半を占める。コストについては、必ずしも金融費用の水準が自治体経営の中で大きな目標になっているわけではない。そのため民間企業と比べて高い金利水準に甘んじている。

　自治体の財務経営に関していうと、ボリュームの確保ということこそあれ、それ以外の観点での財務経営はまだまだ不十分である。それを改善することによって、大きな改革の余地がある。

公営企業の金利差額シミュレーション

　図表8-9は、財務経営戦略の導入によって、公営企業の資金調達コストがどのくらい改善される余地があるか示したものである。

　自治体ならではのさまざまな制約条件を排して、公営企業債の平均金利をもしも民間のインフラ会社の社債の平均金利のレベルまで落とせるという前提で計算する。すると、合計で年間支払い利息が7,500億円程度減らせる。常に短期で資金調達をすれば低コストになるとはいえないものの、金利動向を見ながら、常にシミュレーションを行い、適切なポートフォリオを模索す

図表 8-9　地方公営企業の主要 4 事業の金利差額試算（2007 年度）

	下水道	水道	交通	病院	合計
公営企業債残高（兆円）	32.3	11.1	4.3	4.0	52兆円
平均金利*	3.2%	3.6%	3.1%	2.8%	3.2%
民間企業平均金利	1.76%**	1.76%**	1.83%***	1.76%**	1.80%
年間支払利息差額	4,500億円	2,050億円	530億円	410億円	約 7,500億円

注：＊法適用企業の支払利息／有利子負債を採用
　＊＊A 社、B 社、C 社の単純平均
　＊＊＊D 社、E 社の単純平均
出所：総務省統計局『平成 19 年度地方公営企業年鑑』。

るべきである。

自治体への財務マネジメント戦略導入

　自治体も公益事業を営む民間企業にならい、積極的な財務マネジメントを推進するべきである。現在の自治体の財政機能は、出納業務の域を超えていない。都市事業サービスを提供する民間企業が、バブル崩壊後、戦略的に財務改革に取り組んだように、自治体の都市事業サービス向けの財政機能は大きく見直すべき時期にきている。

　自治体の財政機能は、金融市場の構造が変化を前提としていない。そのため、結果としてコスト高を招き、高いリスクをとることになりかねない。

　自治体が民間企業の推進してきた財務経営の手法を取り込んで財務機能の強化を図っていくとすれば、次のようになる。

　①リスク……自治体は公益性が高いので借換リスクが低いと判断し、あえて設備投資期間に比較して短い期間の資金調達を繰り返すということも資金調達手法のひとつと位置づけて検討する。金融市場の状況によっては借り換

えを何度も頻繁に行うべきである。

②メソッド……10年固定債に大きく依存することなく、より短期の賃金も併せて調達できるようにしていく。また、固定債ばかりでなく、金融市場の環境に応じて変動債を検討する。

③ポートフォリオ……このような、多様な調達手段を組み合わせることで金融市場の変化に柔軟に対処する努力をする。もちろん、多様な組み合わせの中には短期の資金も組み込まれている。

④コスト……10年固定債にとらわれず多様な期間での調達を行うと、大幅な資金調達コストの削減につながる。また、ポートフォリオによって長い期間で低めの調達コストを実現できることもある。

⑤組織……リスク許容を判断するために、民間企業は経営階層にCFOもしくはそれに匹敵する財務部門を置いている。結果として、財務戦略は企業経営に直結して生かされることになる。

04　事業サービスのための地方債改革

肥大化する地方債

　ここで、現実に自治体がどのように資金調達を行っているか、確認しておきたい。自治体における資金調達手段の中で、地方債は大きなウエートを占めている。そのうえで、地方債は暗黙の政府保証を背景にして、基本的に全国一律の枠組みのもとで拡大が続いてきた。表面的には最も有利な調達手段と思われたこともあって、日本は単一国家の中では世界に類を見ない地方債大国になった。

　地方債の残高は1987年の76兆円から増加し、現在では約200兆円に達している。（図表8-10）。この20年間、年率4.9％で増え続けている計算になる。地方債のうち、公営企業債は若干伸びが低いが、それでも全体のおよそ3分の1に相当する60兆円弱の残高になっている。

　対GDP比で見ても、日本は他国に例がないほど国債および地方債の残高が高い。日本の地方債残高はGDP比で39％、英国はわずか4％にすぎず、フランスも11％である。連邦国家で州の力が比較的強い米国、ドイツでも、

図表 8-10　地方債発行残高*

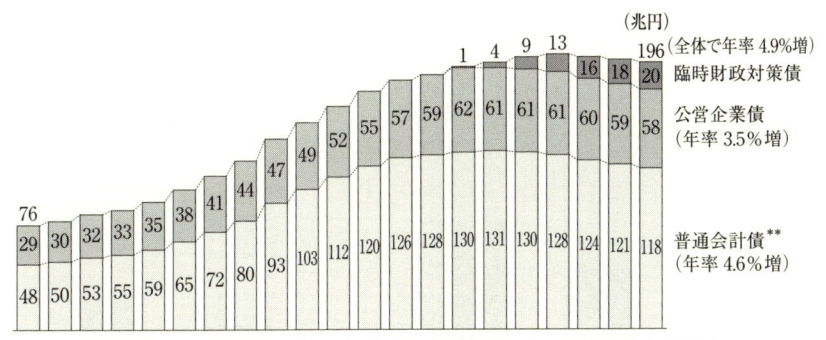

(兆円)

グラフデータ（年度：普通会計債／公営企業債／臨時財政対策債）:
- 1987: 48 / 29 (計76)
- 88: 50 / 30
- 89: 53 / 32
- 90: 55 / 33
- 91: 59 / 35
- 92: 65 / 38
- 93: 72 / 41
- 94: 80 / 44
- 95: 93 / 47
- 96: 103 / 49
- 97: 112 / 52
- 98: 120 / 55
- 99: 126 / 57
- 2000: 128 / 59
- 01: 130 / 62 / 1
- 02: 131 / 61 / 4
- 03: 130 / 61 / 9
- 04: 128 / 61 / 13
- 05: 124 / 60 / 16
- 06: 121 / 59 / 18
- 07: 118 / 58 / 20　計196（全体で年率4.9%増）

臨時財政対策債
公営企業債（年率3.5%増）
普通会計債**（年率4.6%増）

注：*交付税特別会計借入金残高（平成20年度当初残高33.6兆円）を含まない。
　　**臨時財政対策債は含まず分けて表示。
出所：財団法人地方債協会『平成20年度版地方債統計年報』。

それぞれ19%、23%である。もちろん、日本は自治体の都市事業サービスが諸外国に比べて多いという事情もあるが、ずば抜けて高い水準にある。

地方債の引き受け手比較

　図表8-11は、普通会計債と公営企業債をそれぞれ誰が購入しているかを、残高ベース、発行額ベースで整理したものである。

　ちなみに、グラフ中にある「政府資金」というのは基本的に財政融資資金になるが、これは証券に投資をする形ではなく、直接借入金という形で各自治体に投入されている。「公営公庫」というのは、近年、「地方公共団体金融機構」に改組され、市場ベースで資金を調達しているが、公営企業から各自治体に対しては借入金として資金を貸し付ける形になっている。「銀行等引受」は、銀行がそれぞれの事業体と相対で個別に金利を決めて融資しているものが大部分である。「市場公募」というところが、いわゆる証券という形で証券市場で流通している部分に相当する。

　このグラフを見ると、普通会計債の場合は、市場公募や銀行等引受という形で民間から調達している部分が、残高ベースでは53%、発行額ベースでは78%となり、非常に大きな部分を占めている。ところが、公営企業債は

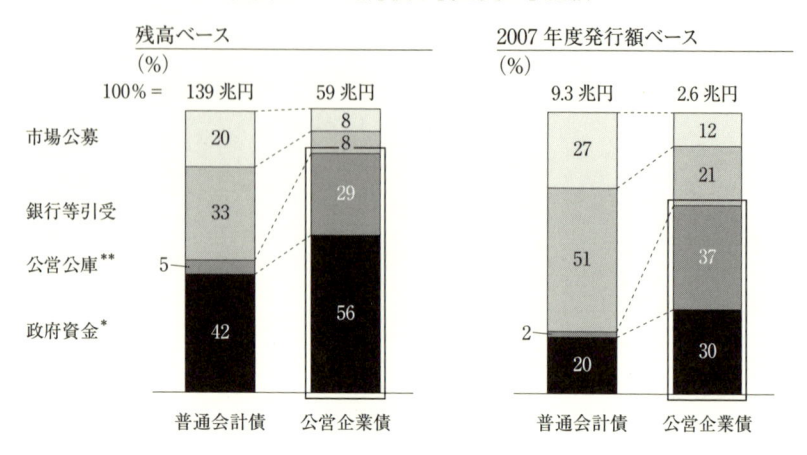

図表 8-11　地方債の引き受け手比較

残高ベース
100% = 139兆円　59兆円

項目	普通会計債	公営企業債
市場公募	20	8
銀行等引受	33	8
公営公庫**	5	29
政府資金*	42	56

2007年度発行額ベース
9.3兆円　2.6兆円

項目	普通会計債	公営企業債
市場公募	27	12
銀行等引受	51	21
公営公庫**	2	37
政府資金*	20	30

注：＊政府資金とは財政融資資金。2007年度より郵貯・簡保資金による地方債新規引受は停止。
　　＊＊公営企業金融公庫。現在は地方公共団体金融機構に改組。
出所：財団法人地方債協会『平成20年度版地方債統計年報』。

逆に、残高ベースで85％、発行ベースで67％と、3分の2が公営公庫と政府資金であり、民間の資金割合が非常に低い。都市事業サービスということで、いかにも民間企業に類似した事業を行っているのだが、資金調達の面では非常に国の影響度が強い。

自治体の利率別地方債残高

図表8-12は、地方債残高を借入利率別に見たグラフである。

普通会計債の場合、利率が4.0％を超えるものはわずかに5％ぐらいしかない。ところが公営企業債では、4.0％を超えるものが26％と、4分の1以上存在する。都市事業サービスを展開している公営企業は、普通会計よりも高いコストで資金を調達しているのである。

繰り上げ償還制限の問題

高い利率の債務は繰り上げ償還してしまえばよいだろう、と考えるのが普通の感覚である。しかし、財政融資資金・公庫資金を使った地方債引受には制限があり、地方自治体の自由度を奪う結果になっている。たとえば、繰り

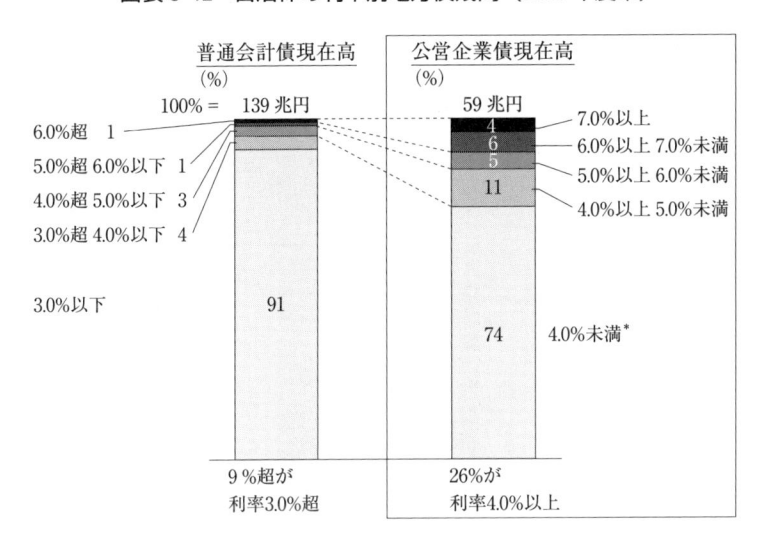

図表 8-12　自治体の利率別地方債残高（2006 年度末）

```
                   普通会計債現在高        公営企業債現在高
                      (%)                  (%)
              100% = 139 兆円              59 兆円
  6.0%超    1                              4         7.0%以上
  5.0%超6.0%以下 1                          4         6.0%以上 7.0%未満
                                           6
  4.0%超5.0%以下 3                          5         5.0%以上 6.0%未満
  3.0%超4.0%以下 4                         11         4.0%以上 5.0%未満

  3.0%以下
                       91                 74         4.0%未満*

                     9%超が               26%が
                   利率3.0%超            利率4.0%以上
```

注：*公営企業債は 4％未満における内訳統計をとっていない。
出所：財団法人地方債協会『平成 20 年度版地方債統計年報』。

上げ償還については、どちらの資金でも残存の利息に相当する額の補償金（いわゆるペナルティ）の支払いが条件となるし、借換については財政融資資金では認められず、公庫資金では高料金対策借換債などの条件付きである。

　財務省と総務省は、2007 〜 2009 年度に臨時特例措置を講じてこうした原則を緩和した。最大で 5 兆円の資金を用意し、財政状況が厳しい自治体を対象に、金利 5％以上の債券の繰り上げ償還を認め、補償金を免除した。

　しかし、この臨時特例措置は対象となる団体も債務も非常に限られており、2006 年度末に 23.6 兆円あった金利 4％以上の債務残高はとてもカバーできていない。地方自治体の資金調達コスト低減のためには、残存する債務についても早急な繰り上げ償還・借換の促進が望まれる。

公営企業債の自治体規模別借入先

　自治体の階層別に資金調達元を比較すると、図表 8-13 のようになる。
　都道府県については、民間の資金が全体の 56％を占め、政令指定都市で

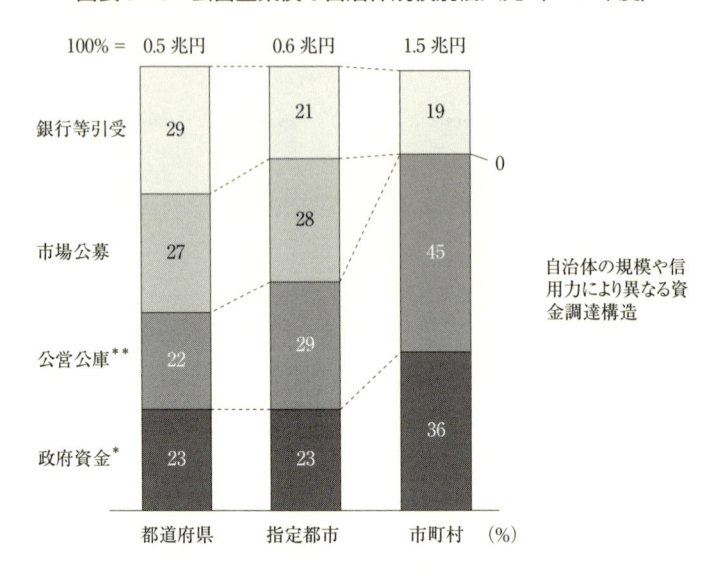

図表 8-13 公営企業債の自治体規模別借入先（2007 年度）

	都道府県 (0.5 兆円)	指定都市 (0.6 兆円)	市町村 (1.5 兆円)
銀行等引受	29	21	19
市場公募	27	28	45
公営公庫**	22	29	0
政府資金*	23	23	36

自治体の規模や信用力により異なる資金調達構造

注：＊政府資金とは財政融資資金。2007 年度より郵貯・簡保資金による地方債新規引受は停止。
　　＊＊公営企業金融公庫。現在は地方公共団体金融機構に改組。
出所：財団法人地方債協会『平成 20 年度版地方債統計年報』

は 49％だが、残念ながら市町村になると 19％と、自治体の規模によって大きな隔たりがある。今回の地方債改革の提案では、比較的信用力が厚い都道府県や政令指定都市の公営企業債として民間資金をさらに多く呼び込まなくてはならない。

地方税収と市場金利の関係

　次に図表 8-14 を見ていただきたい。図中の上の折れ線グラフは全国規模での地方税収の総額の変化を、また、下の折れ線グラフは長期プライムレートの変化を示している。この 2 つの折れ線グラフを見ると、両者の下降局面がほぼ連動していることがわかる。
　考えてみれば、これはある意味で当然のことである。景気が悪くなってくると、地方税収は法人関係の税収を中心に減少する。一方、市場金利も金利を引き下げて経済を活性化しようという動きが出てくるので下がる。したが

図表 8-14　地方税収と市場金利の関係

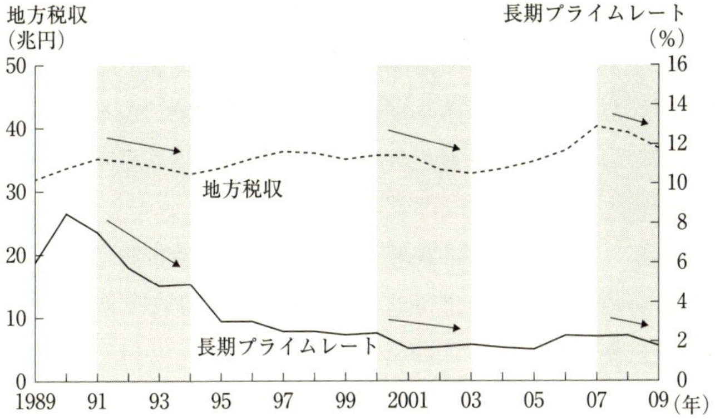

出所：総務省『地方財政統計年報』、日本銀行データベース。

って、変動金利で借りても、そのことで必ずしも難しい局面を招くことにはならない。税収がたくさんあるときには支払いが増えてもよいだろうし、税収が減ったときには支払い金利も下がるので負担は減少する。固定金利のものばかりでなく、変動金利の地方債を発行すれば、このようなヘッジ機能が働く傾向が強いので、自治体にとってメリットは大きいはずである。

　変動債については、インフレ期待が高まると投資家からの支持が得やすい。現在の日本の環境ではなかなか広がりにくいが、強化すべき調達手段になる可能性もある。

公営企業債改革のポイント

　過去の地方債の制度改革によって、普通会計債引受については大部分が民間資金となった。これに対し、公営企業債の多くは、いまだに政府・公庫資金によってまかなわれており、しかも20年債、30年債などの高金利債券も多い。その一方で、公益企業は利用者から事業収入を得られるため、一定の返済能力が期待できる。それゆえに、都市事業サービス向けの資金調達の効率化を推し進める必要がある。

　改革のポイントを整理すると、次のようなことがいえる。

① 2007年度の時点で、公営企業債はいまだに約7割を政府・公庫資金に依存している。現状では市場ベースの効率化が起きそうにない状況にある。

② 公営企業債の残高に占める高金利債券の率はいまだに多い。これは、超長期で発行したものが償還されずに残っている結果でもある。

③ 高金利の公営企業債を適正金利に借り換えていくだけでも、都市事業サービスの効率化を進めるインパクトがある。

④ 残念ながら公営企業債は制度上、原則として繰り上げ償還はできないことになっている。特例でペナルティなしの早期償還など部分的には行われてはいるが、全体を解決するには至っていない。

⑤ 公営企業債は多くの財政融資資金で購入されており、かつて郵貯、簡保の資金が地方債の新規引受に回されていたことと実質的に何ら変わらない側面もある。

⑥ 個々の自治体、個々の都市事業サービスでの信用力は異なるので、全国同一の枠組みに収めることは不合理である。

05　事業リスクに合わせた地方債制度の再構築

以上を踏まえて、地方債改革に向けていくつかの提案を行いたい。

① 都道府県や中都市以上の自治体が、都市事業サービスごとに主体的に債券を発行できるように制度を改正すべきである。中都市以上の自治体には、大規模な都市事業サービスがあるが、個々の事業ごとに別個に資金調達することで、事業特性に合った金利設定、期間設定が可能になる。このことは、投資家にとっても、リスクがより明示される点でメリットが大きい。同時に、事業を運営する側にとっても、投資家からの評価を通じて（それが金融コストに反映される）、客観的に見るとその事業にはどれだけのリスクがあると考えられるのかを知ることができ、何でもかんでもやろうという無謀な姿勢の歯止めになるという利点がある。

② 一般行政・社会福祉サービスと、都市事業サービスのための資金調達の仕組みを明確に峻別するべきである。そのためには、都市事業サービス部門

を個別に会社化することも考えなければならない。そして、独占型の都市事業サービスは収入動向を予測しやすく、その意味で不測の収支に陥る事態はあまりない。そこで債券による資金調達を強化していくためにも、多様な新型債券を用意できるように制度改定を図ってはどうだろうか。競争相手のいる都市事業サービスには、宅地造成など変動要素の多い事業が含まれる。会社化を通じて債券ばかりではなく、自己資本充実のための株式発行なども検討すべきである。

③個別事業ごとに債券を発行することで、事業特性に合わせた条件設定を多様化していく。具体的には、10年ものばかりではなく、短期も超長期も、また変動金利型も導入すべきだ。短期証券には現在は許されていないCPの発行も加えて、民間企業なみの資金繰りができるようにすることも含めて考えるべきである。金利は個々の都市事業サービスのリスクを反映する形で、利回りは市場で決まる仕組みにする。中には、高い利回りで資金量を確保するという選択もあってよいはずである。

米国で発行されているレベニュー債の金利は、事業の安定性によって違うが、普通の地方債（一般財源保証債といわれる）に比べて少なくとも0.2〜0.25％高めとなっている。

④それと同時に、多様化された資金調達手法を組み合わせて、金融市場の変化に耐えられる構造にすることが重要である。

06　経営形態の変更による都市事業サービスの財務力強化

ここまで地方債をめぐる改革案を述べてきたが、本節では視点を広げて、それ以外の自治体の財務改革案を提案してみたい。

都市事業サービスの効率的運営のためには、地方債にとらわれない財務経営のあり方を模索することも重要である。たとえば、個々の都市事業サービスを法人化する（場合によっては株式会社化）、持株会社とCFOによる統合的な財務活動を行う、地方債を超えた資金調達手法を許容する、個人金融資産取り込みのための優遇措置を講じるなどの制度改革が可能なら、都市事業サービスの経営効率をより高めることも可能になる。

①同一自治体の都市事業であっても、経営状況や事業の本質的リスクはまちまちであるから、個々に分社化して資金調達手法を変える方が合理的である。収益性が安定している事業は借入金重視の調達を考えるべきであるし、収益性のブレが大きい事業は自己資本の充実を図るべきである。

②地方債以外に株式など資金調達手段を多様化し、個別事業の資金調達ニーズに合った選択肢を確保することが重要となる。債券においては、公営企業債を個別事業ごとに発行することとし、さらに異なる期間、固定・変動金利の違いを組み合わせて、多様化を進める必要がある。また、株式会社化した事業については、株式による調達なども進める。

③自治体の都市事業サービスにあっても持株会社を設立してそこで統合的な財務経営を担い、個別事業を統括していくことも選択肢としてありうる。財務スキルが高度化する中で、個社レベルでは金融に精通した人材を確保することも困難なことが多い。また、持株会社統括によって、場合によっては信用補完をするということもありうるのではないだろうか。

④持株会社を設立するということは、CFOのもとで金融市場の動向を予測しながら、意識して戦略的な財務政策をとるということにもつながる。CFOを中心とした仕組みづくりをする、経営トップが財務の問題に主体的に関わっていく、ということが大切な課題となる。

07　まとめ

こうした改革の成果は、単に自治体の資金調達の合理化、あるいは金利の圧縮という話にとどまらない。全体を振り返ってみると、5つの期待成果が考えられる。

第1は、もちろん地方債残高を圧縮していく、つまり、財政再建に向けての具体的な提言であるということ。

第2には、これから必要になってくる都市部の公共インフラの更新のための有効な財源調達の手段になるということ。

第3は、まだまだ生産性が低い上下水道や病院など公共サービスの投資、

あるいは事業運営の合理化を促進するということ。

　第4は、地域主権の流れの中で、財政面での地域主権化を促進するという効果が考えられる。都市事業サービスの資金調達の自由化の提案は、地域主権を前に進めるうえでのひとつの具体的な突破口になる。

　第5に、さらに視点を広げてみれば、わが国には個人の金融資産が1,400兆円あって、それの安定的な投資先を必要としている。その投資先として都市事業サービスは有望なはずだ。同時に低い預貸率に悩む地域金融機関にとっても、新しい事業のチャンスを提供する可能性がある。個別事業に対して独自の地方債、すなわちレベニュー債を発行していくことになれば、個人のお金がより直接的に自治体の中に注入されるようになる。地域で資金が回るようになれば、地域の発展にとって大きなステップになる。

　このように、一見地味な改革に見える自治体の都市事業サービスの資金調達の改革は、じつは地域再生のひとつの大きなエンジンになるという可能性も見えてくる。

［大庫直樹］

【キーワード】
地域主権、自治体財務マネジメント、都市事業サービス、資金調達コスト、公営企業債、地方債改革、金融市場、金融リスク、ポートフォリオ、CFO

【参考文献】
稲沢克祐（2006）『英国地方政府会計改革論――NPMによる政府間関係変容の写像』（関西学院大学研究叢書）ぎょうせい。
―――（2010）『自治体歳入確保の実践方法』学陽書房。
経団連21世紀政策研究所編（2008）第58回シンポジウム「公的部門の『生産性』向上策――行政を『見える化』する」記録。
―――（2010）「地域主権時代の自治体財務のあり方――公的セクターの資金生産性の向上」報告書。
小林昭（2004）『現代イギリスの地方財政改革と地方自治』日本経済評論社。
小林麻理（2009）『MFR行政経営改革マニュアル――米国マリコバ・カウンティの実践』三和書籍。
佐藤主光（2009）『地方財政論入門』新世社。
―――（2011）『地方税改革の経済学』日本経済新聞出版社。
渋谷博史・前田高志編（2006）『アメリカの財政と福祉国家2　アメリカの州・地方財政』日本経済評論社。

第Ⅲ部
事例分析

第9章
医療・公衆衛生における公的役割・介入のあり方
――予防接種政策を事例として

Summary
　医療における公の役割はしばしば社会保障制度という枠組みで説明される。社会保障制度は、公的扶助、社会保険、社会福祉、公衆衛生という4つの柱からなる。本章では、このうち特に公衆衛生における公的な関わりについて予防接種政策に注目して、公的介入の経済学的検討と介入のあり方について、日本の現行制度との関連において、先行研究のサーベイをもとに概観する。
　予防接種は、1人の個人が受けた接種により、他の非接種者も感染から保護される効果を持つため、市場の失敗のひとつである「外部性」を生む財である。予防接種において、外部性が市場で取引されない場合には、私的限界便益と社会的限界便益との間に乖離が生まれ、自発的な取引により社会にとって最適な予防接種水準を達成することはできず、経済学的な効率性という観点から、介入の余地が検討される。予防接種の場合には、特に外部性の大きさは「ワクチンが非接種者に与える保護効果の大きさ」を表すため、疾病の感染力や予防接種の効果に依存する。この点を踏まえて、日本の予防接種制度における介入のあり方を、外部性との関係という観点から捉える。
　現行制度のもとでは政府の介入の方法は、強力な介入（接種の努力義務）、より緩やかな介入（接種は任意であるが、接種費用は公費により負担）、介入なし、という3つに分類されている。このうち、接種努力の義務化以外の政府の介入が接種率に与える影響は、個人のワクチン接種の意思決定要因に依存する。先行研究によりワクチン需要に関しては、金銭的費用以外の要因、たとえば機会費用や主観的感染リスクに大きく影響されることが知られている。また、インフルエンザの予防接種においては、最適なワクチンの分配についても検討すべき課題となっており、任意である接種において社会的に望ましい年齢群間でのワクチン分配を達成するために、どのような誘因を作るかということも近年の研究課題となっている。

01 社会保障制度の役割

社会保障制度の役割

　医療における公の役割はしばしば、社会保障制度の枠組みで説明される。社会保障制度とは、公的扶助、社会保険、社会福祉、公衆衛生という4つの柱からなる（小塩、2005）[1]。公的扶助とは、生活保護のように、生活困窮者に対しての最低限度の生活を保障する制度であり、生活保護の給付には、生活扶助、教育扶助、住宅扶助、出産扶助等の金銭給付および医療扶助と介護扶助の現物給付からなる。社会保険制度は、原則として加入者の負担によって給付がまかなわれる制度のことであり、年金保険、医療保険、雇用保険等を含む。社会保険の運営主体は国であるが、健康保険の場合は、国のほかに市町村（国民健康保険）や健康保険組合などの組合が運営を行うこともある。社会福祉とは、身体障害者、知的障害者、高齢者、児童、母子世帯等、福祉課題を抱え社会的な援護を受けている者に対して、生活上の問題や課題を緩和もしくは解決することを目的とした、公的サービスの供給を指す。最後に、公衆衛生とは、国民の健康の維持または向上を目的とする公的なサービスのことである。

　これら4つの柱からなる社会保障制度の役割として、大きく2つの目的が挙げられる[2]。第1にリスクの分散という役目である。リスクの分散とは「自分の責任に帰することのできない理由によって発生する、様々な経済的

---

1) 社会保障制度の中での公衆衛生の位置づけに関しては異論もある。たとえば、椋野・田中(2011)では、社会保障は公衆衛生を含まない生活保護、社会保険、社会福祉制度としている。
2) このリスク分散とリスク軽減という役割に加えて、所得再分配機能がしばしば議論される。平成22(2010)年度の『厚生白書』では、社会保障の機能として①生活安定・向上機能、②所得再分配機能、③経済安定機能、の3つを指摘しており、所得再分配機能の例として生活保護制度（「所得のより多い人」から「所得の少ない人」への再分配）、公的年金制度（「現役世代」から「高齢世代」への再分配）が挙げられている。また、実際に医療保険制度においては、大企業へ勤務するものが加入する組合健保の場合、本来の保険にあるように保険料が疾病に対するリスクに依存するように決定されているわけではなく、個人の賃金に依存する形で設定されている。このため、実質的には高所得層から疾病リスクの高い層へと所得再分配が起こっている。しかし、この所得再分配機能を社会保障制度の「目的」とするか、制度が生み出す「結果」とするかについては議論の分かれるところである。

リスクに対して、社会全体で備えること」（小塩、2005：4）を意味する。つまり、自動車保険や火災保険を保険会社が提供するように、社会保障制度では起こりうるリスクに対して公的制度により準備するのである。第2の社会保障制度の役割は、リスクの軽減である。リスクの軽減とは、自分の責任に帰することのできない理由によって発生するさまざまな経済的リスクが、「実際に発生する可能性そのものを社会全体で引き下げること」（小塩、2005：4）である。この役割別に4つの社会保障の柱となる制度を分類すると、公的扶助と社会保険はリスク分散の機能、公衆衛生はリスク軽減の機能、社会福祉はリスク分散とリスク軽減の機能の両方を果たしていると考えられる。

社会保険と情報の非対称性

　それでは社会保障制度が果たしている役割は、なぜ公的機関によって担われる必要があるのだろうか。ここでは社会保険の例をとって考えてみよう。社会保険とは、病気のリスクに備える医療保険、失業によるリスクに備えるための雇用保険、また高齢になって所得が減少するリスクに備えるための年金などを含む。保険自体は、民間の保険会社によって提供されることも可能だが、これらの保険を公的部門が扱うことの経済学的な根拠に逆選択と呼ばれる問題がある。

　逆選択とは、情報を持つ量が取引の主体により異なること、すなわち「情報の非対称性」が生み出す問題である。たとえば医療保険の市場について考えてみよう。この場合、情報の非対称性は、保険に加入する個人と保険会社の間で持つ情報量が一致しないことを指す。個人は、自分の健康状態についてよく把握しているが、保険会社は個別の健康状態については個人と同等には把握できない。保険会社は、病気になる可能性の低い健康に自信のある人と病気になる可能性の高い病気がちな人の違いを十分に区別することができないため、両方のタイプを含んだ全体から平均的な有病者の割合を算出し、保険料率を設定する。この結果、この保険料率は、健康に自信がある人にとっては割高で、病気がちの人にとっては割安なものとなる。結果として、病気になる確率が高い人ほどこの保険に加入する事態が発生し、保険会社は収益の維持のため、さらなる保険料率の引き上げを行わざるを得なくなる。引

き上げの結果、健康な人はさらに加入を見合わせる、という循環が起き、この保険は疾病にかかる確率の高い人が加入する傾向が強まると、保険そのものが成立しなくなるという危険性が生まれる。このような逆選択の問題がある場合には、ある程度の強制力をもって人を保険に加入させることが必要となる。このような理由により、保険への強制的な加入が正当化され、逆選択は「国民皆保険」の理論的根拠ともなる[3]。情報の非対称性は、経済学の「市場の失敗」の原因のひとつとして挙げられる。市場の失敗とは、経済学における完全市場の前提条件が満たされない場合に起こる問題であり、市場の失敗が存在する場合には政府が何らかの方法で介入し、これを是正することが効率性の面から望ましい。

情報の非対称性の例としてもうひとつ代表的な例が、患者と医師の間の情報の非対称性である。この場合、患者と医師の間の関係は、依頼人（プリンシパル）と代理人（エージェント）という関係となる。患者は商品（治療の選択）の品質に関する情報を完全には持っておらず、代理人である医師に治療の選択を依頼する。代理人である医師は依頼人である患者の利益を追求するのではなく、医師自身の利益を追求するために行動する可能性がある。このように、情報が著しく非対称であるために医師が自分の利益を追って行動した結果、医療サービスの供給側が需要をコントロールすることを「医師誘発需要」と呼ぶ。医師誘発需要は、Feldstein により人口当たりの医師数と医師報酬の間に、競争市場理論から導かれる結論とは矛盾する正の相関が発見されたことによりその仮説が生まれた（Feldstein, 1970）。日本では、西村（1987）、泉田他（1998）による実証分析が行われており、湯田（2011）によるサーベイにくわしくまとめられている。

このように、社会保険制度のひとつの柱となる医療保険市場、また医療保険制度とも深く関わりを持つ医療サービス市場では完全市場の原理が必ずしも成り立つとはいえ、医療における公的役割を経済学の立場から考えるうえで重要なポイントとなる。

3）しかし、保険への強制加入を行うことが正当化されたとしても、それが必ずしも保険制度を政府が運営する必要があるということを意味するわけではない。

02 公衆衛生と政府の役割

公衆衛生と外部性

　前節では社会保険制度における公的介入の必要性を、社会保険と「市場の失敗」のひとつである情報の非対称性との関わりを一例として説明した。4つの社会保険制度の柱のうち、公的扶助、社会保険、社会福祉に関する詳細な経済学的な分析は、数多くの良書に委ねるとして[4]、本節以降では、特に公衆衛生における政策について考える。公衆衛生に関する政策は、集団において幅広く疾病を予防し、健康的な生活を促進することに関わる多くの分野を含む。このため、広くは生活環境を整える上下水道に関わる整備など、また医療サービスとの直接の関わりに特定した場合でも慢性疾患への罹患に対する予防に関する政策などの領域を含み、それぞれ介入の根拠とそのあり方は異なる。本章では、外部性を持つ感染症対策、中でも予防接種政策について、その公的役割を考える。

　外部性の存在は、前節で言及した「情報の非対称性」と並び、市場の失敗のひとつの例であり、経済学的な観点からの介入の必要性を正当化する。標準的なミクロ経済学のテキストで示されるように、外部性が存在するとは、ある人の経済行為が他の人が対価を支払うことなしに利用できる状態のことをいう。パンという財の例を挙げれば、ある人が100円支払ってパンを購入して消費した場合には、その行為から得られる効用はパンを購入し、消費した本人にとどまる。しかしながら、外部性が存在する場合には、個人の経済行動の影響はその行動をとった（財を消費した）個人以外の人にも及ぶ。外部性には「正」の効果を生み出すものと、「負」の効果を生み出すものがあり、負の外部性を生み出す例として、喫煙、公害などが挙げられる。予防接種から得られる効果は、接種者本人以外をも感染から保護するため、予防接種には正の外部性がある。外部性が存在する場合の経済学的な問題点は、外

---

[4] 公衆衛生以外の社会保障制度や医療制度の経済学的分析は、西村（1987）、下野他（2003）、清水谷・野口（2004）、阿部他（2008）、小塩（2005）、橋本・泉田（2011）で深く扱っている。

部性が市場で取引されないため、個人の意思決定と市場での自由な取引の結果として社会全体での効率的な資源配分を達成することができないということである。

予防接種の外部性

予防接種の外部性について、さらに具体的な例とともに考えてみよう。外部性のある財では、社会的な限界費用が社会的な限界便益を下回る限り、財の生産量は増加し続けることが効率性の観点から望ましいため、社会的限界費用と社会的限界便益が一致する点が社会における最適な生産量、つまり予防接種率となる。問題は、外部性の存在により社会的な限界便益と私的な限界便益の間に乖離が生まれ、その結果、予防接種の需要量は社会的な限界便益と限界費用が一致する点よりも過小になる可能性があることである。この関係を分析するにあたり、感染症特有の現象として考慮する必要があるのが、予防接種から発生する社会的な限界便益と接種率との関係である（Boulier et al., 2007）。

実際に予防接種の社会における需要量（接種率）とともに、社会的便益がどのように変化するかについて考えてみよう。図表9-1は予防接種率とそれから得られる社会的便益（感染者数の減少）の関係を表した図である[5]。ここで、予防接種は感染を防ぐ効果を有するものとし、感染を防ぐ確率を7割と想定した。人口10万人当たりの予防接種率と感染者の減少数と各接種率における限界的な便益を、インフルエンザを想定した疾病で数理疫学モデルを用いたシミュレーションにより求めた。

仮に予防接種に感染防止効果がない場合には、外部性が発生せず、ある個人が受けた予防接種の効果はその個人のみにとどまるため、罹患を回避できる個人は接種者本人にとどまり、感染者数は接種率とともに一定の割合で減少することになる。しかし、予防接種の感染防止効果を仮定した場合には、予防接種の持つ正の外部効果が発生し、その外部効果により接種率と感染

---

5) 経済学の便益は金銭的指標を用いて分析するが、ここでは医療経済学の慣習に則り金銭的指標を用いず、健康変数の感染者数で表す。

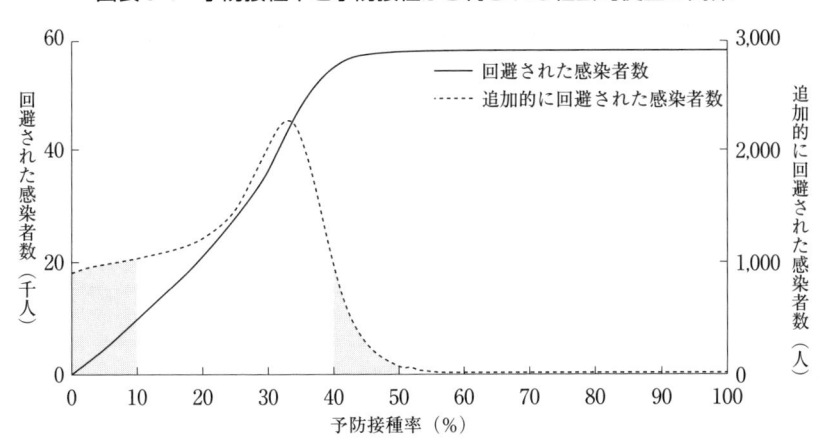

図表 9-1　予防接種率と予防接種から得られる社会的便益の関係

注：実線は、各予防接種率での社会的便益「回避された感染者数」（左軸）を表し、点線は社会的限界便益「追加的に回避された感染者数」（右軸）を表す。「回避された感染者数」とは、予防接種率が 0％であった場合に比べて各接種率で合計何人がインフルエンザの感染を免れたかを表し、接種者のうち接種により感染を免れた 70％と非接種者のうち外部効果により感染を免れた人数の合計を表す。このシミュレーションでは季節性インフルエンザの実際の感染力を想定し、接種率が 0％の場合においてもすべての個人が感染するわけではなく人口の 6 割程度が感染する設定となっている。また、限界便益を表す点線は各接種率における実線の傾きを 1％刻みで表したものである。
出所：Ibuka et al. (2012).

回避した者の数の間の関係は、図表 9-1 の実線で示されたような非線形のものとなる。つまり、図表 9-1 の点線で示されるように社会的な限界便益は接種率に依存し、接種率の増加とともに当初は限界便益は上昇するが、ある接種率を過ぎると減少に転じ、0 となる。具体的には、接種率が 0％から 10％に増加するときには、追加的に予防された感染者の数は約 1 万人であるが、接種率が 40％から 50％に増加した場合には約 2,800 人、さらに接種率が 50％から 60％に増加した場合には 180 人となる。このように、予防接種の外部性は、その感染症の疫学的な性質から複雑な限界便益の形状を生み出す。またこの関係は、疾病の感染力の強さにも依存することが前述の Boulier et al. によって示されている [6]。

03　公衆衛生における政府の介入──予防接種政策

予防接種法

　外部性という介入の理論的根拠を学んだうえで、ここでいったん制度的な面に目を向け、日本の予防接種政策について、現行の制度のもとで公がどのような役割を果たしているのかについて整理しておこう。日本における予防接種政策は「予防接種法」という法律に基づき、「伝染のおそれがある疾病の発生及びまん延を予防するために、予防接種を行い、公衆衛生の向上及び増進に寄与するとともに、予防接種による健康被害の迅速な救済を図ることを目的」（第1条）として行われている[7]。予防接種法により、一類疾病と二類疾病として規定された疾病は、市町村が主体となって定期の予防接種を行うことが定められている（図表9-2）。

　感染性の疾病は、一類疾病、二類疾病、そのいずれにも該当しないもの（任意接種）、の3つに分類され、一類疾病にも二類疾病にも分類されない感染性の疾病については、国レベルの公的関与は原則としてないと考えてよい。このような分類が、医学的に見て現状を考えたうえで最適なものであるかどうかについては議論があるが[8]、個別の疾病に関しての予防接種政策の是非に言及することが本章の趣旨ではないことから、この分類に沿って概念上の整理を進めていくこととする。

　一類疾病と二類疾病を分けているものは、ワクチン接種の目的の違いであ

---

[6]　少し専門的な話になるが、ある疾病の感染の強さは再生産数（Reproduction number）という概念を用いて表される。この再生産数は、まったく免疫を持たない集団の中で感染者が1人いた場合に、その人から何人に感染するかを表す数であり、たとえば再生産数が2であるとすると、1人の感染者から2人の感染者が発生し、またその2人から次は4人へ感染する、というように考える。再生産数が1未満のときは、1人の感染者から生み出される感染者は1人未満であるので、集団において感染は自然に収束する。逆に、この値が1以上のとき感染は拡大し、これ以上新たな感染者が生み出されることがなくなるまで拡大は続く。たとえば、インフルエンザではこの再生産数が1.3から1.7程度であるが、麻疹の場合ははるかに高く、12から18であることが知られている。この感染力の強さは、その疾病特有の感染力そのもののほかに、病気に感染した人から感染が続く期間の長さ（たとえば、インフルエンザの場合は4.1日が中央値）にも依存する。

[7]　予防接種法　昭和23年6月30日法律第68号「総務省法令データ提供システム」を参照した。

[8]　たとえば、神谷・岡部（2011）。

図表 9-2　公的関与の種別・有無と予防接種の比較表

法的位置づけ	目的	実施主体	対象疾病	対象年齢	予防接種の対象者の責務	費用負担	補償
予防接種法による接種（定期接種）	全ての感染症の発生及び蔓延を社会全体における防止 一類疾病	市町村	ジフテリア	1. 生後3か月から90か月、2. 11歳以上13歳未満	接種を受けるよう努めなければならない	市町村はワクチンの接種を受けた者またはその保護者から実費を徴収すること可能（経済的困窮者を除く）。	予防接種法による補償（国1/2、都道府県1/4、市町村1/4）
			百日せき	生後3か月から90か月			
			急性灰白髄炎	生後3か月から90か月			
			麻しん	1. 生後12か月から24か月、2. 5歳以上7歳未満であり小学校就学の始期に達する日の一年前の日から当該始期に達する日の前日までの間にあるもの			
			風しん	1. 生後12か月から24か月、2. 5歳以上7歳未満であり小学校就学の始期に達する日の一年前の日から当該始期に達する日の前日までの間にあるもの			
			日本脳炎	1. 生後6か月から90か月、2. 9歳以上13歳未満			
			破傷風	1. 生後3か月から90か月、2. 11歳以上13歳未満			
			結核	生後6か月まで			
	個人の発病又はその重症化を防止し、この積み重ねにより、社会上のまん延を予防 二類疾病		インフルエンザ	1. 65歳以上 2. 60歳以上65歳未満のものであって、心臓、じん臓もしくは呼吸器の機能又はヒト免疫不全ウィルスによる免疫の機能に障害を有する者として厚生労働省令で定めるもの	努力義務なし		
予防接種法によらない接種（任意接種）	法的な位置づけなし				努力義務なし	医療機関と個人の契約による場合、接種を受けた者が負担。公的主体による事業の場合、公的主体が負担または接種者から実費徴収。	医薬品副作用被害救済制度に基づく補償

出所：厚生労働省予防接種法施行条例　http://law.e-gov.go.jp/htmldata/S23/S23SE197.html
厚生労働省資料「公的関与の種別・有無の背景における予防接種の比較表」
http://www.mhlw.go.jp/kinkyu/kenkou/influenza/dl/infu090828-03.pdf

る。大雑把にまとめると一類疾病については感染力が強いため、その接種の目的を社会全体における感染症発生および蔓延の防止に置き、予防接種対象者には接種の努力を義務として定めている[9]。一類疾病として予防接種の努力義務を課している疾病は、ジフテリア、百日せき、急性灰白髄炎、麻しん、風しん、日本脳炎、破傷風、結核であり、感染力が比較的強い疾病、または

感染すると重大な健康上の問題をひきおこす疾病である。二類疾病は1つしかなく、65歳以上と60歳から64歳までの定められた疾病を有する者に対するインフルエンザである。二類疾病の場合、予防接種の目的は個人の発病またはその重症化を防止することにあり、結果として社会上の蔓延を予防することとなっている。この目的と整合的に、対象となる年齢は、インフルエンザに感染した場合に重症化のリスクの高い層を表している。二類疾病は個人にとっての発病と感染後の症状の重症化を防ぐことに目的が置かれているため、接種の努力義務は課されていない。

このように、現行制度では接種の目的において、一類疾病の多くの疾病に関しては感染という負の外部性が存在するために行われる介入、二類疾病に関しては必ずしも外部性により生じる問題を是正するということを直接的な目的としては置いていない介入という分類になっている。しかしながら、この目的の分類が、必ずしも結果として予防接種が外部性をもたらすことを否定しているわけではない。二類疾病に関しても、疾病に感染性が存在し予防接種により個人が感染から防御される以上、結果として、予防接種が正の外部性を生んでおり、政府の介入が市場の歪みを是正する役割を果たしている可能性がある。

定期接種

一類疾病と二類疾病に関して、公の関わりはどのような形をとるのかについて具体的に見ていこう。予防接種の外部性が感染の強さに依存するため、疾病の感染力の強さによって、政府の介入の度合いとその方法に差が生まれる可能性も考えられる。つまり、感染力が比較的強い疾病においては、直接的かつ積極的な介入を行い、感染性がそれほど強くはない疾病に関しては、より緩やかな介入、たとえば価格を通じた介入を行う、という考え方である。現行制度との対応で考えると、第1の最も直接的な介入方法は、接種の努力義務化である。一類疾病は接種の努力義務が課されている一方で、二類疾病

---

9) 接種するように努力することを義務とするもので、努力した結果接種をしないという判断をした場合は違法ではないことに注意が必要である。あくまでも、接種を行うかどうかの判断は被接種者（またはその保護者）に委ねられている。

についてはその義務はない。第2に、接種費用に対する補助金給付など価格を通じた介入である。この点は、一類疾病、二類疾病ともに、その予防接種は定期接種として定められており、接種費用の全額もしくは一部が公費により負担されることとなっている（図表9-2)[10]。

　このように、現行の制度のもとでは感染性が強く、したがって予防接種の外部性の大きな一類疾病は、一定の接種率を達成することで社会全体を保護することを目的とし、接種の努力を直接的に義務化し、接種費用の公的負担を行うという、2本立ての介入を行っている。一方、二類疾病では、感染性が一類疾病ほど強くないインフルエンザについて、個人の重症化防止に焦点を当て、高齢者という重症化の危険の高い層に絞って費用の公費負担を行うという比較的緩やかな介入を行っている。

定期接種以外の予防接種（任意の予防接種）

　予防接種法で定期接種と定められていない疾病は任意接種と呼ばれ、費用は自己負担かつ接種の努力義務もない。例として、インフルエンザに関して、60歳未満のすべての個人と、60歳から64歳の定められた疾病を有さない健康上のリスクの少ない個人、おたふくかぜ（ムンプス）、A型・B型肝炎、水痘、ロタウィルス、肺炎球菌、HPV（ヒトパピローマ・ウィルス：子宮頸がんの原因とされる）などが挙げられる。これらの予防接種は、治療行為ではないので健康保険も基本的には適用されず、また公費の負担も原則としてない[11]。

---

10) これらの疾病については、予防接種の実施主体は市町村であり、費用も市町村が支弁する。経済的困窮者を除いて実費徴収は可能であるが、一類定期接種に関しては実費徴収をしていない市町村も多い。予防接種法はさらに、政令の定めるところにより、この接種費用の3分の1を都道府県が、さらに3分の1を国庫が負担することとしている。また、接種の費用だけでなく、予防接種による健康被害が起きた場合の保障にかかる費用負担に関しても公が責任を持っており、国が2分の1、都道府県と市町村が4分の1の負担となっている。

11) 例外として、「子宮頸がん等ワクチンの接種緊急促進事業の対象」として認められたHib（インフルエンザ菌b型）、肺炎球菌、HPVにおいては、公費による接種が2010年11月より行われている（2012年2月一部改正）。また、国レベルでの統一した介入ではないがインフルエンザの場合、公費による予防接種費用の助成が約1割の自治体で行われている（予防接種リサーチセンター調べ）。

04　予防接種に対する需要——個人の意思決定

自由に選択される接種における接種率の向上

　仮に外部性の存在により予防接種率が望ましい水準よりも過小である場合、どのようにして接種率を適正な水準まで上昇させることが可能であろうか[12]。

　接種の努力義務が定められた疾病については、接種を選択する自由が限られており、他の介入の効果そのものがある程度限定されたものとなる。一方で、二類疾病や任意の予防接種に関しては、接種に関する意思決定はあくまでも自由に行われるため、介入の効果は、他の経済的な介入、たとえば課税の効果などを考える場合と同様に、個人の介入に対する反応に依存する。したがって、仮に社会において望ましい接種の水準が明らかとなった場合においても、その接種率を達成できるかどうかということは個人の接種の決定要因に強く依存する。とりわけ、多くの予防接種は前年の実績などから割り出されたワクチン需要量の予測に応じて製造量が調整されるため、ワクチンの消費量は需要側の意思決定に強く依存する。このため、望ましいワクチン需要量の達成を考えるにあたって、ワクチン接種への需要を何が規定しているのかを問うことが重要である。

　一般的な財の需要関数は、財の需要量を価格の関数として表したものであり、財の需要量は価格が低下するにつれ上昇する。同様に予防接種の需要に関しても個人が支払う価格が低下することで、需要量は増加する可能性があるだろう。この場合、問題となるのは、実際の価格変化に対してどの程度増加するのか、つまり価格の変化に対する需要の反応である。この反応を「需要の価格弾力性」と呼ぶ。需要の価格弾力性が高いときには反応が大きく、つまり少しの価格変化で需要は大きく変化し、また低い場合には、需要の変化の程度は小さい。この値をデータをもとに推定することによって、実際に価格が低下したときにどの程度需要量が増えるかを推定できる。

---

12) 理論的に望ましい接種率を達成するために必要な補助金や課税に関する議論とその導出は、Brito et al.（1991）、Geoffard and Philipson（1997）、Francis（2004）を参照のこと。

図表 9-3 インフルエンザの予防接種率の国際比較、65 歳以上の個人（1999 年、2004 年、2009 年）

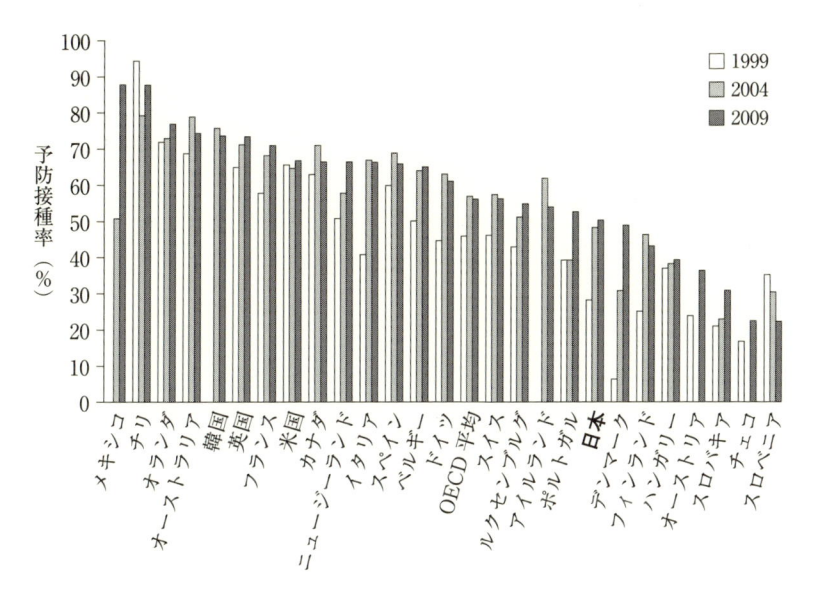

出所：OECD, Health at a Glance 2011.

　ここで、予防接種の個人の意思決定を考える前に、日本でのインフルエンザの予防接種を例に、需要量とその主な決定要因のひとつである価格について現状の整理を行ってみよう。現状での日本におけるインフルエンザの予防接種率は、諸外国に比べて高い水準とはいえない。データのある 65 歳以上高齢者の接種率の国際比較を見ると、2009 年における日本の接種率は約 50% であり、OECD 加盟 27 カ国中 19 番目となっている（図表 9-3）。

　図表 9-4 は、日本でのインフルエンザ予防接種の自己負担額の分布を表している（大日、2010）。この分布は、実際にワクチン接種を受けた人を調査対象として得られていることから、接種費用が高いという理由で接種を受けなかった個人に関しては除外されている。

　幼児・児童、青年・成人（14 歳以上の個人）、高齢者の年齢群によって自己負担額が大きく異なる。平均的な負担額は高齢者では最も小さく、高齢者の半数近くが自己負担額 1,000 円以下で接種を受けている。これは、高齢者

図表 9-4　インフルエンザ予防接種自己負担額の分布（3 年齢群）

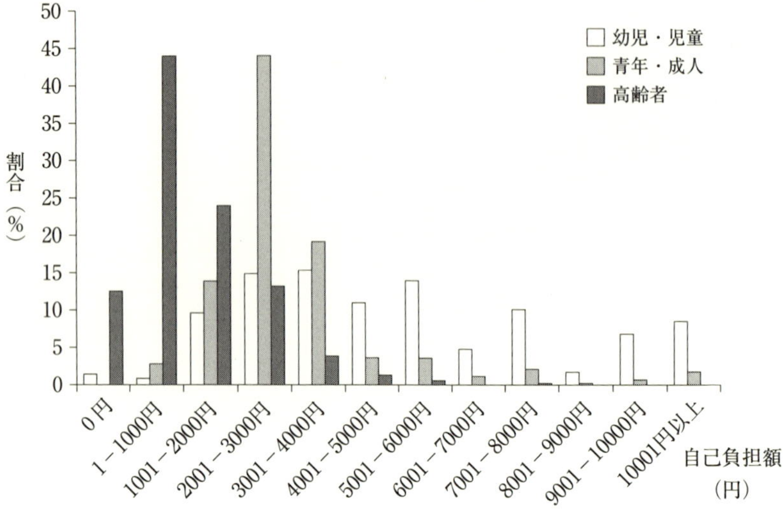

注：調査は接種者のみを対象としており、自己申告による回答。
出所：大日 (2010)。

への接種が二類疾病として定期接種化されていることから、公費の負担が大きく本人負担額が少なくなっていることが理由である。一方で、幼児・児童では高額の負担額である人の割合が高い5,000円以上と答えているものが3分の1以上を占める。14歳以上の個人に関しては、平均値が約3,200円と、幼児・児童よりも2,000円近く小さい値を示している。幼児・児童と14歳以上の個人との費用負担構造に制度的に大きな違いがないにもかかわらず、自己負担額の分布が異なるのは、成人は幼児・児童に比べて需要の価格弾力性が高く、高額の予防接種を回避する傾向があることが理由として考えられる。

　これらの現状を踏まえたうえで、いよいよインフルエンザの予防接種に特に注目して、個人の予防接種の意思決定要因について見ていこう。前述のように、インフルエンザに関しては現行制度のもとでは高齢者等ハイリスク者に対しては公費による費用負担が行われているが、それ以外の個人については任意接種と定められている。ここまでの説明では、価格に特に注目をして

きたが、予防接種の場合には価格以外の要因が果たす役割も大きい。以下、①価格（予防接種費用）に関しての需要の反応（予防接種需要の価格弾力性）、②価格以外の予防接種の意思決定要因、③接種率向上へのさらなる介入の方法、についてそれぞれ概観する。

予防接種需要の価格弾力性

　多くの医療サービス需要は、病気になった場合に適切な治療を医師によって選択されるという状況下にあるため、一般の財のように患者自らが欲するものに対して自ら意思決定を行うという、通常の理論が必ずしもあてはまらない。このため一般に医療サービス需要を、通常の財の需要と同じように考えることは難しい。しかしながら、予防接種などの予防行動の場合では自ら需要を決定することから、通常の消費者理論に基づいた需要の議論と類似した枠組みで消費者の需要について考えることが可能である。日本の予防接種需要の実証分析としては、次の研究が挙げられる。

　Kondo et al. (2009) は 65 歳以上の高齢者に対するインフルエンザの予防接種に対する需要の価格弾力性の推定を行い、需要の価格弾力性が国全体ではほぼ 0 であることを示した。また、需要の価格弾力性には地域差があることが確認されており、都市部においてはほぼ 0、非都市部では有意に負の値となっている[13]。この分析結果により、需要の価格弾力性が低い地域では、接種率を向上させるという目的のための手段として、助成などの価格の役割が限定的である可能性が示唆される。このほかにも、日本の場合では井伊・大日（2002）、Ohkusa（2005）はそれぞれ、コン＝ジョイント分析、回帰分析を用いたワクチンの需要分析を行っており、この場合の推定結果はそれとは対照的に予防接種の価格弾力性が有意に負であることを示している。

機会費用と予防接種

　経済学では、金銭的な費用に加え時間的な費用、すなわち「機会費用」に

---

[13] この弾力性の地域差の一部は、都市部と非都市部の個人の間の所得格差を反映している可能性があるとの説明が本文ではされている。

ついても選択の際に発生する費用として考慮する。機会費用とは、ある行動を選択した場合に、あきらめた選択肢のうちの最善の選択肢のことをいう。たとえば大学に進学することの機会費用は、「もし大学に進学していなければ、仕事を得て働き対価として賃金を得ること」ということになる。予防接種の選択に関しても、金銭的費用と並んで機会費用は重要な意思決定の要因となりうる。仮に予防接種の金銭的な費用が自分にとってあまり問題にならなくても、仕事を休んでまで予防接種に行く時間がないという人もいるだろう。

ここで、機会費用と予防接種の選択の関係について興味深いのは、理論的には、①機会費用の高い人の方ほど予防接種を受けない、②機会費用の高い人ほど予防接種を受ける、というまったく異なる2つの方向性が、仮説として考えられることである。①が前述の「忙しい人は予防接種に行く時間がない」という状態を表しており、予防接種を受けに行くことの機会費用が高いということである。一方で②は、「忙しい人ほどインフルエンザに罹患して欠勤した場合の機会的損失が大きいので予防接種を受ける」ということを表しており、インフルエンザに罹患した場合の機会費用が高い場合である。Mullahy (1999) は、米国の National Health Interview Survey という大規模調査のデータを用いて、機会費用と予防接種需要の関係を分析した。この分析では、機会費用を予防接種やインフルエンザ罹患に伴う欠勤の代替的な行動である「労働」と捉え、機会費用の大きさを就業状況、労働時間、賃金、という就業状態に関係する3つの指標で表し、機会費用の大きさが予防接種の選択に与える影響の分析を行った。

この結果、予防接種確率に対して、個人の健康状態や健康保険の加入状況、インフルエンザの蔓延状況、教育水準や家族の構成など、影響を与えると考えられる他の変数をコントロールしたうえで得られる、就業時間と予防接種確率の関係は負を示すことがわかった。つまり、忙しい人ほど接種を受ける確率が低下するという仮説が支持されたことになる。しかし、就業時間数と接種確率の間に、「両方に関係しておりかつモデルでは考慮されていない他の変数」が存在した場合、その変数を通して就業時間数と接種確率が一見関係しているように見えるという「見せかけの相関」を作り出している可能性

は否定できない。実際に、Mullahy の論文では、計量経済学的な手法を用いてこの問題を解決したうえでの推定結果は、就業時間数は逆に接種確率と正の関係があり、欠勤することの機会費用が高い、つまり就業時間が長い人ほど、予防接種を受ける確率が高いという結果を示していた。

予防接種の意思決定に関わるその他の要因

　助成を与えるなどで個人の支払額の変化を通じた介入の効果を知るためには、需要の価格弾力性が重要になる。前述の Kondo et al.（2009）が示すように需要の価格弾力性が小さい場合、価格以外に予防接種の意思決定に関わる要因として Philipson（1996）は、予防接種の場合、需要は価格に対して弾力的であるのではなくその疾病の周囲の罹患率に対して弾力的であることを示した。また、医療サービスの需要については、個人の健康状態が行動を規定する要因のひとつとして考えられるが、Wu（2003）は医療サービスのうち特に予防行動について、個人の健康状態が需要にどのような影響を与えるかを分析し、その中で個人の健康状態が悪いほどインフルエンザワクチン接種確率が上がることを示した[14]。

　さらに、個人の「限定合理性（bounded rationality）」を仮定した行動経済学的要因についても、予防接種行動との関連で分析が行われている。とりわけ、status-quo bias と呼ばれる「確固たる理由がない限りは人々は行動を変更しないというバイアス」や客観的なリスクを過小に評価する over-confident effect について予防接種行動への影響が発見されている。Tsutsui et al.（2010）においては、「客観的なリスクを過小に評価する」という主観によるバイアスのために予防接種を受ける確率が低下するという結果が得られている。一方で、客観的な罹患リスクと予防接種行動の間に正の相関も報

14）この健康状態と行動確率との正の関係は、分析されたすべての予防行動について成り立つものではなく、たとえば、一部のがん検診は主観的健康観の悪い人は受ける確率が下がるが、一方でインフルエンザの予防接種については健康状態と逆の関係にあるということが示されている。予防行動には一次予防行動と二次予防行動と呼ばれるものがあり、前者は病気にかかること自体を防ぐための行動であり、後者は病気を早期に診断して治療をいち早く開始することを目的とする。この分類に従えば、ワクチン接種は一次予防行動、がん検診は二次予防行動であり、それぞれの予防行動の持つ性質の違いが健康状態と行動との関係の相違を生んだ可能性が考えられる。

告されており、この場合は、客観的リスクについて個人が正しく認識したうえで、主観的リスクを形成している可能性を示唆している（Philipson, 1996）。

最適な接種率の達成

仮に、インフルエンザのワクチン接種が公費や保険などで償還されるため無料で受けることができ、さらに職場などで提供されることで移動に伴う時間的・金銭的費用が少なくてすむ場合、それでもなお多くの個人がワクチン接種を受けないという現状があるとする。この場合は、金銭的また機会費用の減少を通した介入方法以外に、どのような介入が考えられるだろうか。

ひとつの例として、「デフォルト・バイアス」を利用した方法が挙げられる。デフォルト・バイアスとは、人々に選択を与える場合の「デフォルト（初期設定）」をどこに置くかということで、人々の行動が変わるというバイアスである。人が実際に選ぶことのできる選択肢のひとつひとつを同等のものとして考えていないという認知の歪みから起こるものであるが、有名な例として、臓器移植への同意が挙げられる。海外では、万が一の事故にあった場合に臓器移植へ同意するかどうかを運転免許証に記す欄があり、その欄にチェックをすることで移植への同意の有無を表明する。「移植に同意する」をデフォルトとし、同意しない人のみがボックスにチェックをするという方式の方が、「移植に同意しない」をデフォルトとして同意する人のみがチェックをする場合に比べて、同意率が高くなることが知られている。

同様のことが予防接種でも成り立つことを検証したのが、Chapman et al.（2010）である。「予防接種を受ける」と「予防接種を受けない」という２つのデフォルトを設定し、接種率に差があるかどうかを調べた[15]。接種率を比べた結果、「受ける」がデフォルトのグループでは、被験者は239人中

---

[15] より具体的には、「受ける」がデフォルトのグループでは、被験者個々に特定の時間帯と場所でのワクチン接種のスケジュールを設定しその予約時間をeメールで知らせ、仮にそのスケジュールが被験者にとって都合が悪ければ予定を変更もしくはキャンセルすることができるという条件を与えた。もうひとつの条件、「受けない」がデフォルトのグループでは、被験者にeメールでワクチン接種が無料で受けることができるという案内と、ウェブ上でワクチン接種に対して予約ができるウェブサイトへのリンクをメール内に添付するというものである。この場合は自分が接種を受けたい場合は自分で予約をとる必要がある。

108人が接種を受け、接種率は45％であった。一方、「受けない」のグループでは、被験者は239人中80人で接種率は33％となった[16]。このように、個人が自由に接種に関する選択を行うことができるにもかかわらず、接種率に統計的に有意な変化が現れたことは、「デフォルト」で予約を設定すること自体が、人々の意思決定に影響を与えることを示唆する。これらは、強制力を持たずあくまでも個人の自由な選択に対して行動を促す、"nudge（そっと押す）"という考え方の応用である（Thaler and Sunstein, 2009）。

　日本以外でも、接種率向上に向けての取り組みは特に地理的にアクセス面で障害が大きく、また公衆衛生上の理由で感染症の問題が深刻である途上国では急務である。とりわけ、接種率向上の困難さは、高い接種率が医学的に要求される感染症において深刻である。接種率が高くなるほど未接種者を特定し、かつ接種を受けさせることは困難になる。さらに、予防接種の場合には、接種率が上がるにつれて他の人の接種から社会が守られる効果が高くなり（図表9-1を参照）、個人の感染確率が減少するため個人の接種から得られる便益は減少し、結果として接種に対する動機は低下する可能性がある。

　疫学的な理由から、90％以上の接種率が社会全体を護るために必要となる感染力の強い疾病へのワクチン接種に対して、動機づけのためにCCT（Conditional Cash Transfer）という手法が用いられた事例が報告されている（Barham and Maluccio, 2009）。CCTとは、ある行動をとった場合にその報酬として現金の支給が行われる政策であり、途上国における教育や健康の行動の動機づけに利用されている。この政策は、接種率の向上という公衆衛生政策的な側面と同時に、現金の支給による直接的な所得上昇という公共政策的側面の両方を兼ね備えたものであるが、予防接種の自己負担の低下による需要の喚起よりも遥かに強い金銭的動機を導入した政策である。現金ではなく、現物（品物）の支給というインセンティブ（誘因）の付与に関しても、同様の結果がBanerjee et al.（2010）で報告されている。

16）このグループ間での結果の差異は、実際にデフォルトから変更した人数によって説明される。「受けない」がデフォルトのグループでは50人が新しく予約を行い、一方で、「受ける」がデフォルトのグループでは、18人の被験者が予約をキャンセルするという行動をとった。

05 ワクチンの最適分配について

年齢群ごとのワクチン分配──予防接種政策の変遷

　個人がワクチン接種を受けるかどうかを決定する際には、他の医療行為と同様に、医学的な検討が欠かせない。ワクチンの有効性や副反応のリスクは個人の特性により異なる場合があり、予防接種の選択にあたって、個々に医学的な判断が必要となる。同時に、政策を考える場合には、個人に対する効果に加えて、社会全体にとってどのような政策が望ましいかということについて考える必要がある。前述の社会にとって最適な予防接種率の特定とその達成のための介入に加えて、もうひとつインフルエンザの予防接種における政策の面での重要な課題が、ワクチン分配の問題である。たとえば、インフルエンザ・パンデミック（大流行）が起こった際にワクチン生産量が限定されている場合、限られたワクチン供給量をどのように分配することが望ましいかという問いは、政策を決めるうえで最も重要な課題のひとつとなる。季節性インフルエンザの場合はパンデミックのときほどワクチン供給量の厳しい制約を受けるわけではないが、より効率的な分配を考えることは重要である。また、インフルエンザワクチンの分配を考える際に、健康状態とともに重要な要因となるのが、年齢である。

　季節性インフルエンザの予防接種は年齢群を参照して行われることが多いが、日本と米国は歴史的に対照的な政策をとってきた。日本における予防接種政策は、小児の集団接種に端を発する（Hirota and Kaji, 2008)[17]。1957年のアジア風邪の大流行後、1962年からインフルエンザのワクチンは学齢期の児童を対象に勧奨接種として組み入れられ、学校での集団接種が開始された。1976年の予防接種法改正に伴い、インフルエンザワクチンは予防接種法の定める疾病となったが、1994年にはこの予防接種制度自体の見直しの中で、予防接種制度の対象から外され、この結果ワクチン使用量は大幅に低下した[18]。その後、高齢者施設でのインフルエンザの流行などの問題が発

17）日本の予防接種政策の変遷については Hirota and Kaji（2008）を参照している。

生し、厚生労働省は2001年の予防接種法改正に際して、ハイリスク者（現行制度の二種定期として定められるもの）に対して再び法に基づいた接種が開始された。このように過去50年の間に小児を中心とした接種から、高齢者を中心としたハイリスク者に対する接種へと政策は大きく転換された。

　米国では、ACIP（Advisory Committee on Immunization Practices）と呼ばれる諮問機関を中心に予防接種政策が実質的に決定される。季節性インフルエンザに関しては年に1度、その年のワクチンの使用法やタイミング、副反応に対する説明とともに、勧奨事項がMMWRという米国疾病管理センターの機関報上で発表される[19]。またMMWRのウェブサイトでは、その年に追加的にもたらされた新しい情報が一覧となって紹介されるほか、インフルエンザ予防接種を勧奨される対象者についての一覧表が記される。2011年シーズンでは、生後6カ月以上のすべての個人が季節性インフルエンザ予防接種の勧奨グループとなっている。

　ACIPでのインフルエンザワクチン勧奨は、1963年に高齢者が含まれて以来、高齢者をはじめとする重症化のリスクの高い個人が対象となっていた。また1993年には高齢者の健康保険であるMedicareがワクチン接種費用の償還を始めたことで、さらに高齢者の接種率は上昇した。このハイリスクの個人を対象とした政策は、2005年には小児を含む方向へと拡大される。2004年に、インフルエンザの重篤化の危険のある乳児（6カ月から23カ月まで）に加え、2005年に、さらに2歳以上6歳未満の小児とその看護・介護者が、そして、2008年にはさらに18歳以下のすべての者が対象者として含まれるようになる。その後2010年には、ついにワクチン勧奨の対象として生後6カ月以上のすべての個人が含まれるようになった。このように、米国の政策は1960年代には重症化のリスクの高い高齢者を勧奨の対象とすることから始まったが、その後小児、その看護・介護者へと拡大し、現在では広く生後6カ月以上のすべての個人へとワクチンを勧奨している[20]。

---

18) 1987年からは有効性に対する疑問と副反応の議論などの結果として、保護者の意向により集団接種は実質的には廃止されていたとの資料もある。
19) たとえば、2011年シーズンについては、http://www.cdc.gov/mmwr/preview/mmwrhtml/mm6033a3.htm を参照。

最適なワクチン分配とは

このように、日米の間でどの年齢群を対象に接種を勧奨するかは異なり、米国での対象年齢群の方が広い。どの年齢にどれだけのワクチンを分配するか、という問題を考える際には、①なぜ年齢群間での分配がそもそも問題となるのか、②年齢群間の最適なワクチン分配はどのように考えることができるのか、という2つのことを考える必要がある。

第1の点について、年齢群間でのワクチン分配が問題となるのは、感染確率と重症化のリスクが年齢によって異なることがインフルエンザ疫学で明らかとなっているためである。インフルエンザに罹患した場合の重症化のリスクは、高齢者・乳児で高く、小児・青年・成人では低い。高齢者に接種を勧奨する理由はこのためである。一方で、インフルエンザに感染する確率は小児・青年において高く高齢者で低い。感染を担う主体は小児・青年であるため小児を予防接種により広く保護すると、このことがインフルエンザの蔓延それ自身を防ぎ、結果として高齢者の重症化や死亡率を下げる可能性がある[21]。このことが事実であるとするならば、より少ない量のワクチンでより多くの高齢者を護ることができるかもしれない。つまり高齢者の重症化防止という目的のためでさえ高齢者に集中的な接種を行うことが、必ずしも最も効率的な方法ではない可能性もある。

第2の点、最適なワクチン分配の問題を考えるにあたって、あるひとつのアプローチを採用してみよう。ある望ましさの基準を考え、その基準をもとに目的を手段の関数として設定し、どのような手段が目的関数を最大にするかを求める。この場合「手段」とは、それぞれの年齢群へのワクチン分配量となる。このような分析手法を用いて、Medlock and Galvani（2009）では、

---

20) このACIPによるワクチン勧奨の対象となる個人は、ワクチンの供給が限られている場合のターゲットについても別途指定されており、50歳以上の個人や健康上の理由で重症化の恐れの高い個人とともに、6カ月から5歳未満の個人が勧奨の対象となっており、小児接種への重点化が現れている。

21) Loeb et al.（2010）では小児への接種が地域におけるインフルエンザへの感染率を低下させることを示している。同様の結果は、Reichert et al.（2001）でも示されている。Jordan et al.（2006）では小児への接種が地域への間接的な効果を持つかどうかについて11研究のレビューを行い、研究の設定に対して疑問点が残る研究があるものの、総合的な結果としては間接的な効果を支持するものであるとまとめている。

数理疫学モデルを用いた分析により、インフルエンザ感染者数、インフルエンザによる死亡者数、失われた生存年数の最小化、など5つの指標を目的に置いた場合の異なった年齢群間での最適なワクチンの分配を、米国の事例に関して考察した。

　分析の結果、重点的にワクチンが分配されるべき年齢群は、乳幼児・小児、19歳未満の青年、小児の保護者世代である30～34歳であることが示された。この結果は5つの異なるどの指標を目的としても、ある一定のワクチン供給量が保証されている場合には変わらない。つまり、これらの年齢群の個人に集中的に接種を行うことにより、感染者数だけではなく高齢者を中心としたハイリスク者に多い死亡者数に関しても、最小化できることが示されたのである。これは、小児や青年は人との接触数が他の年齢群に比べて多いということ[22]と、30～34歳という小児の親の年代については小児から家庭内での接触による感染が多い[23]という、2つの疫学的な事実が反映された結果である。これは、感染を担う主体に集中的に接種を行うことにより、社会全体への蔓延を防ぐことで、結果的に高齢者への感染と死亡を防ぐという戦略が有効であることを示唆している。

最適な分配は達成できるのか

　小児・青年はインフルエンザに感染した場合の重症化のリスクが高齢者に比べると少ないことから、自身が接種を受ける動機が低い。一方で、高齢者は感染した場合に重症化するリスクが高いために接種への需要が多い。そのため、個人に接種の選択を任せておいては望ましいワクチン分配は実現できない可能性がある。現に、Galvani et al.（2007）では、個人の予防接種を受

---

[22] インフルエンザの蔓延はヒトとヒトとの接触により起こるため、ワクチン分配を考えるときには、人と人とがどのように接触するかという接触のパターンに依存する。小児・青年を中心に感染が広まるのは、小児・青年の間での接触が多いためであることが、Wallinga et al. の研究によって知られている（Wallinga et al., 2006）。また、ヨーロッパの8カ国では大規模な接触者調査が行われており、小児・青年間での接触が多いことが示されている。この年齢群間での人と人との接触パターンはその文化、社会制度、人口構造における違いにもかかわらず、日本でも同様の傾向が見られることがわかっている（井深他、2012）。

[23] Monto et al.（1970）がよく知られている。

ける動機の違いによりそれぞれが利己的に行動した場合のワクチン分配は、社会全体での最適な分配と乖離し、小児・青年では社会的に望ましい水準に比べて過小に、また高齢者は過大な接種率が実現されるということが示されている[24]。

　このような場合、社会的に望ましいワクチンの分配を強制力のない任意の接種でどのように達成できるのだろうか。こうした乖離が、個人へのしかるべき誘因を設定することにより縮小させることが可能となることも、個人の意思決定を分析するコンピュータを用いた実験により明らかになっている (Chapman et al., 2012)。この研究では、インフルエンザの感染メカニズムと疫学的性質を模倣したコンピュータ実験において、個人の利得に基づく報酬体系とグループ全体の利得に基づく報酬体系の2つの異なる誘因を与え、若齢者と老齢者の2つの役割を与えられた被験者接種の選択に報酬体系間での違いがあるかどうかを分析した。その結果、個人の利得に基づく報酬を与えられたグループでは、感染による損失の小さい若齢者での接種率が低く、損失の大きい老齢者での接種率が高いという結果が示された。一方で、グループの利得に基づく報酬を与えられたグループでは、若齢者の接種がグループ全体の損失を減少させるという疫学的な事実に基づいた実験における条件設定の構造を反映して、若齢者での接種が大幅に上昇する傾向が見られた。つまり適切な誘因を与えることにより、分配を社会的に望ましい方向へと誘導することが可能となることを、この研究結果は示唆している。現実への応用を考えるうえではさらに、動機づけをどのような形で行うかを含めた議論が必要となるであろう。

---

[24] つまり、Galvani et al. (2007) は個人の接種の意思決定と社会での感染による帰結の関係を、ゲーム理論の枠組みを用いて分析している。単純化のために若齢者と高齢者という2つの年齢群を考えた場合、キーとなるのは、予防接種の選択に関する自己の期待利得は他者の接種の選択に依存しているという構造である。すべての個人が相手の選択に対する最適反応をとるように行動した場合の均衡は、ナッシュ均衡と呼ばれるものである。

06　おわりに

　社会保障制度と医療においては、多様な形での政府の介入が必要である。本章では、社会保障制度の4つの柱のうちの1つである公衆衛生、中でも外部性が発生するために公的な介入を必要とする感染症の予防接種政策について、①予防接種と外部性、②予防接種需要への個人の意思決定、③社会での望ましい政策と個人の意思決定との乖離、④その乖離を正すための介入、について経済学の外部性の議論を中心として、日本の制度的な側面との関わりのうえで概観した。

　あくまでも外部性と公衆衛生の制度的関わりに注目することを目的としたため、実際の制度のあり方を考えるうえで捨象された議論は多い。実際の予防接種制度の望ましいあり方について考える際には、異なる角度からの検討も必要となる。最適な制度のあり方に関しても、経済学で扱う効率性を軸にした議論と、公衆衛生または医学的な根拠をもとにした他の基準を用いる議論とでは、判断の根拠が異なる場合もある。この点については最後に注意を促したい。

［井深陽子］

　　［付記］本章の執筆にあたり、国立感染症研究所の大日康史氏、慶應義塾大学経済学部の別所俊一郎氏、一橋大学大学院経済学研究科および国際・公共政策大学院の濱秋純哉氏から貴重かつ有益なご意見を頂いた。記して深く感謝の意を申し上げる。

【キーワード】
公衆衛生、逆選択、情報の非対称性、医師誘発需要、予防接種、資源配分、外部性、市場の失敗、機会費用、インフルエンザ、価格弾力性

【参考文献】
阿部彩・國枝繁樹・鈴木亘・林正義（2008）『生活保護の経済分析』東京大学出版会。
井伊雅子・大日康史（2002）『医療サービス需要の経済分析』日本経済新聞社。
泉田信行・中西悟志・漆博雄（1998）「意思誘発需要仮説の実証分析――支出関数アプローチによる老人医療費の分析」『季刊社会保障研究』33（4）、pp.374-381。
井深陽子・大日康史・菅原民枝・谷口清州・岡部信彦（2012）「年齢群別接触者のパターンに関する分析」『感染症学雑誌』86（3）臨時増刊号、p.256。

大日康史（2010）「2010年度インフルエンザワクチン需要予測」科学研究費報告書。
小塩隆士（2005）『社会保障の経済学 第3版』日本評論社。
神谷元・岡部信彦（2011）「ワクチンギャップの解消と中・長期的な感染症対策」『薬局』62 (8)、pp. 153-159。
厚生労働省（2009）厚生労働省資料「公的関与の種別・有無の背景における予防接種の比較表」http://www.mhlw.go.jp/kinkyu/kenkou/influenza/dl/infu090828-03.pdf
厚生労働省 厚生労働省予防接種法施行条例 http://law.e-gov.go.jp/htmldata/S23/S23SE197.html
厚生労働省（2011）厚生白書 http://www.mhlw.go.jp/wp/hakusyo/kousei/10/
清水谷諭・野口晴子（2004）『介護・保育サービス市場の経済分析——ミクロデータによる実態解明と政策提言』東洋経済新報社。
下野恵子・大日康史・大津広子（2003）『介護サービスの経済分析』東洋経済新報社。
西村周三（1987）『医療の経済分析』東洋経済新報社。
橋本英樹・泉田信行編（2011）『医療経済学講義』東京大学出版会。
椋野美智子・田中耕太郎（2011）『はじめての社会保障 第8版』有斐閣。
湯田道生（2011）「誘発需要と情報の非対称性」橋本英樹・泉田信行編『医療経済学講義』第8章、pp. 147-162。
Banerjee, A. V., E. Duflo, R. Glennerster and D. Kothari (2010) "Improving Immunisation Coverage in Rural India: Clustered Randomised Controlled Evaluation of Immunisation Campaigns with and without Incentives," *BMJ*, 340, c2220.
Barham, T. and J. A. Maluccio (2009) "Eradicating Diseases: The Effect of Conditional Cash Transfers on Vaccination Coverage in Rural Nicaragua," *Journal of Health Economics*, 28, pp. 611-621.
Boulier, B. L., T. S. Datta and R. S. Goldfarb (2007) "Vaccination Externalities," *The. B. E. Journal of Economic Analysis & Policy*, 7 (1)．
Brito, D. L., E. Sheshinski and M. D. Intriligator (1991) "Externalities and Compulsary Vaccinations," *Journal of Public Economics*, 45, pp. 69-90.
Chapman, G. B., M. Li, H. Colby and H. Yoon (2010) "Opting In vs Opting Out of Influenza Vaccination," *JAMA: The Journal of the American Medical Association*, 304, pp. 43-44.
Chapman, G. B., M. Li, J. T. Vietri, Y. Ibuka, D. Thomas, H. Yoon and A. P. Galvani (2012) "Using Game Theory to Examine Incentives in Influenza Vaccination Behavior," *Psychological Science*, forthcoming.
Feldstein, M. S. (1970) "Rising Price of Physicians Services," *Review of Economics and Statistics*, 52, pp. 121-133.
Francis, P. J. (2004) "Optimal Tax/Subsidy Combinations for The Flu Season," *Journal of Economic Dynamics and Contorol*, 28, pp. 2037-2054.
Galvani, A. P., T. C. Reluga and G. B. Chapman (2007) "Long-standing Influenza Vaccination Policy is in Accord with Individual Self-interest but not with the Utilitarian Optimum," *Proceedings of the National Academy of Sciences of the United States of America*, 104, pp. 5692-5697.
Geoffard, P. Y. and T. Philipson (1997) "Disease Eradication: Private versus Public Vaccination," *American Economic Review*, 87, pp. 222-230.

Hirota, Y. and M. Kaji (2008) "History of Influenza Vaccination Programs in Japan," *Vaccine*, 26, pp. 6451-6454.
Ibuka, Y. and S. Bessho (2012) "Healthcare Subsidies and Community-wide Health Outcomes : An Examination of Influenza Vaccination Subsidies in Japan," 未定稿.
Ibuka, Y., A. D. Paltiel and A. P. Galvani (2012) "Impact of Program Scale and Indirect Effects on the Cost-effectiveness of Vaccination Programs," *Medical Decision Making*, forthcoming.
Jordan, R., M. Connock, E. Albon, A. Fry-Smith, B. Olowokure, J. Hawker and A. Burls (2006) "Universal Vaccination of Children against Influenza: Are There Indirect Benefits to the Community? A Systematic Review of the Evidence," *Vaccine*, 24, pp. 1047-1062.
Kondo, M., S. L. Hoshi and I. Okubo (2009) "Does Subsidy Work? Price Elasticity of Demand for Influenza Vaccination Among the Elderly in Japan," *Health Policy*, 91, pp. 269-276.
Loeb, M., M. L. Russell, L. Moss, K. Fonseca, J. Fox, D. J. Earn, F. Aoki, G. Horsman, P. Van Caeseele, K. Chokani, M. Vooght, L. Babiuk, R. Webby and S. D. Walter (2010) "Effect of Influenza Vaccination of Children on Infection Rates in Hutterite Communities: A Randomized Trial," *JAMA: The Journal of the American Medical Association*, 303, pp. 943-950.
Medlock, J. and A. P. Galvani (2009) "Optimizing Influenza Vaccine Distribution," *Science*, 325, pp. 1705-1708.
Monto, A. S., F. M. Davenport, J. A. Napier and T. Jr. Francis (1970) "Modification of an Outbreak of Influenza in Tecumseh, Michigan by Vaccination of Schoolchildren," *The Journal of Infectious Diseases*, 122, pp. 16-25.
Mullahy, J. (1999) "It'll Only Hurt a Second? Microeconomic Determinants of Who Gets Flu Shots," *Health Economics*, 8, pp. 9-24.
OECD (2011) Health at a Glance 2011. http://www.oecd.org/health/healthataglance
Ohkusa, Y. (2005) "Policy Evaluation for the Subsidy for Influenza Vaccination in Elderly," *Vaccine*, 23, pp. 2256-2260.
Philipson, T. (1996) "Private Vaccination and Public Health: An Empirical Examination for US Measles," *Journal of Human Resources*, 31, pp. 611-630.
Reichert, T. A., N. Sugaya, D. S. Fedson, W. P. Glezen, L. Simonsen and M. Tashiro (2001) "The Japanese Experience with Vaccinating Schoolchildren against Influenza," *The New England Journal of Medicine*, 344, pp. 889-896.
Thaler, R. H. and C. R. Sunstein (2009) *Nudge: Improving Decisions about Health, Wealth, and Happiness*, New York: Penguin Books.
Tsutsui, Y., U. Benzion, S. Shahrabani and G. Y. Din (2010) "A Policy to Promote Influenza Vaccination: A Behavioral Economic Approach," *Health Policy*, 97, pp. 238-249.
Wallinga, J., P. Teunis and M. Kretzschmar (2006) "Using Data on Social Contacts to Estimate Age-specific Transmission Parameters for Respiratory-spread Infectious Agents," *American Journal of Epidemiology*, 164, pp. 936-944.
Wu, S. (2003) "Sickness and Preventive Medical Behavior," *Journal of Health Economics*, 22, pp. 675-689.

◇ **本章の検討課題** ◇

1. 社会保障制度の柱とその目的を整理しなさい。
2. 社会保険はなぜ公的な介入が必要とされているのでしょうか。経済学的な観点から論じなさい。
3. 感染症に関する政策と関係する市場の失敗とは何でしょうか。またその市場の失敗によりどのような問題が生じると考えられますか。
4. 日本での予防接種制度において、政府の介入のあり方について、疾病の特質を目的との関わりにおいて整理しなさい。
5. 日本での予防接種制度において、政府の介入のあり方について、外部性の大きさとの関係から論じなさい。
6. インフルエンザの予防接種に対する需要の要因となるもので、通常の財と特に異なると考えられるものを挙げなさい。
7. インフルエンザの場合は、なぜ年齢という要因が予防接種政策を考えるうえで重要なのでしょうか。
8. 経済学的な検討以外に、たとえばどのような視点が、実際の公衆衛生政策を考えるうえで重要になるでしょうか。

第10章
公教育政策の経済学的評価

Summary

　世界中のあらゆる国で、政府は教育に関与している。しかし、国によって政府の関わり方とその程度は異なり、また時代を追って変化もしている。なぜ教育に政府が関わる必要があるのだろうか？　そして、その関わり方や公費の配分の程度は適切といえるのか？

　本章では、経済学的視点による考察と経済学的分析手法の解説や評価研究の紹介をとおして、以上の問いに対してひとつのガイドラインを提示する。

　教育に対する最も基本的な経済学的概念は「人的資本理論」であり、これに従えば、合理的な個人が完全市場において自由に選択する教育投資水準はパレート最適性を満たす。しかしながら、現実世界では、借入制約の存在などの市場の不完全性や教育の持つ外部経済効果の存在により、個人の選択による教育投資水準はパレート最適な水準と必ずしも一致しない。そして、これこそが政府が教育へ介入する経済学的な根拠である。

　また一方で、これらの根拠をもって教育への政府の介入を是認する場合においても、個別の教育政策が、その政策目標に照らして有効かつ効率的であるかは、費用効果分析などの経済学的手法により実証的に検証する必要がある。これら検証の蓄積には、政策効果の推計に用いる「教育生産関数」の理解、さらに推計に際して生じる計量経済学的な諸問題と、それらを回避するための分析手法についての理解が重要である。

　米国では費用効果分析による政策効果の推計が、代替的な教育政策の優先順位の議論に重要な役割を果たしてきた。その論争を経た現在では、連邦政府の補助する教育政策の導入に際して「科学的に厳密な」実証評価の実施が要請される。これに対し、わが国における教育政策評価への理解と普及は遅れており、現状では政策主体から評価研究に有用なデータが提供されることは少ないが、そのような状況下でも、研究者が独自に収集・整備したデータを用いた政策評価研究の蓄積が進みつつある。今後は、行政主体による政策評価研究の意義や手法への積極的な理解と、それに基づくデータの蓄積・提供の進展が求められる。また、研究者は他国での政策評価研究の結果を鵜呑みにすることなく、わが国の状況に適した教育政策の選択に寄与すべく研究を進める必要があるといえよう。

01 はじめに

急激な高齢化と人口減少に直面するわが国にとって、教育政策は、将来世代の労働力の質的向上を担う最重要課題のひとつといえる。学力低下、いじめ、不登校、中退、就職難など教育現場の諸問題が文字どおり社会問題化する中で、教育の充実に対する社会的な期待はかつてないほどに高まっている。実際、近年の動向を見ると、公立高等学校の実質無償化をはじめ、小学校1年生の35人学級化、全国学力テストの抽出調査化、小学校での英語教育の義務化、学習指導要領（ゆとり教育）の改訂など、新たな教育政策の実現、既存の教育政策の改革に向けた動きはピークに達しているかのように見える。

図表10-1①、②は、それぞれ小中学校、高等学校政策における過去十数

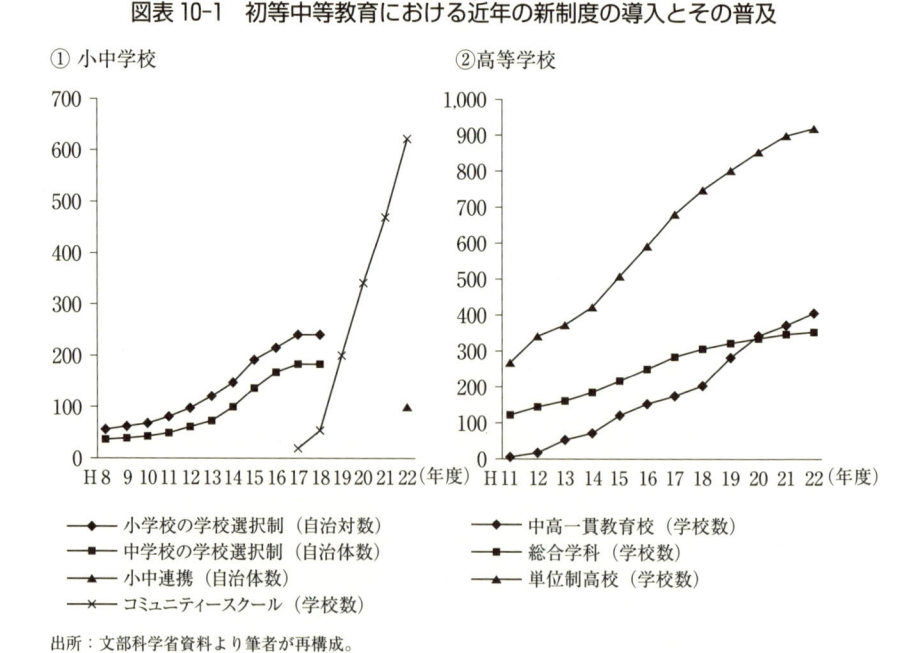

図表10-1　初等中等教育における近年の新制度の導入とその普及

① 小中学校
- ◆ 小学校の学校選択制（自治対数）
- ■ 中学校の学校選択制（自治体数）
- ▲ 小中連携（自治体数）
- × コミュニティースクール（学校数）

② 高等学校
- ◆ 中高一貫教育校（学校数）
- ■ 総合学科（学校数）
- ▲ 単位制高校（学校数）

出所：文部科学省資料より筆者が再構成。

年の主要な新制度について、その制度を取り入れた学校数や自治体数を時系列で示したものである。近年、初等中等教育において、さまざまな新制度が矢継ぎ早に導入され、それを実施に移す自治体や学校が急増していることがわかる。

その一方で、わが国における教育費の政府支出（公教育費負担）の貧弱さを指摘する議論は枚挙に暇がない（田中、2005）。その主たる論拠は、OECD調査の示す公教育費（教育に対する財政支出）の対 GDP 比率であり、最新の調査によれば、わが国における 2008 年度公教育費の対 GDP 比率はデータの存在する OECD 加盟国 39 カ国中最下位の 3.3％であり、OECD 加盟国平均 5.0％を大きく下回っている。(OECD, 2011)。

しかし、この数値の解釈には一定の留意を要する。まず、諸外国に比しても少子化の著しいわが国は、その GDP や一般財政規模に対する生徒数が少ない。末冨（2010）も指摘するように、在学者 1 人当たりの教育支出は 9,673 米ドルで OECD 平均の 8,831 米ドル[1]を上回っており、データのある 40 カ国中 15 位と量的な支出規模は一概に低位とはいえない（OECD, 2011）。また、とりわけ初等中等教育における公教育費は量的には拡大傾向が続いている[2]。

このような状況を踏まえれば、図表 10-1 に示した昨今の活発な新政策導入の動きは、わが国の教育政策の課題が、支出総額ではなく支出の配分方法にあることを暗示している。すなわち、国や自治体といった教育現場の関係者が、戦後の公教育政策の枠組みにとらわれることなく、真に効果的な教育政策を模索しはじめていることを示しているともいえよう。

世界中のあらゆる国で、政府は教育に関与している。しかし、国によって政府の関わり方とその程度は異なり、また時代を追って変化もしている。なぜ教育に政府が関わる必要があるのだろうか？　そして、その関わり方や公費の配分の程度は適切といえるのか？　われわれは、どのような基準をもっ

---

[1] いずれも購買力平価ベース。
[2] しかし、教育政策に手厚い欧米諸国に比して、わが国の公教育費が量的にも低水準であること、とりわけ、幼児教育と高等教育における私的負担の高さ、公費負担の貧弱さが異論のない事実であることも明記したい。

てこれらの問いに答え、教育政策の是非を判断すればよいのであろうか。経済学的視点と手法は、これに対してひとつの明確なガイドラインを提供する。本章では、経済学的視点に基づいた教育における政府の関与のあり方を考察し、そのうえで、わが国や外国における具体的な評価事例について紹介する。他の分野と同様に、新しい公教育政策は、個別の評価の積み上げによって定着していくことが望ましい。それによって、全国学力・学習状況調査や国際学力テスト（PISAなど）の一時点の結果に一喜一憂し、場当たり的な政策変更を行うことはなくなるであろう。

第2節では、経済学における教育に対する標準的・基本的な概念として、人的資本理論を紹介し、個人レベルでの合理的な教育投資水準を決定する基準を示す。第3節では、ミクロ経済理論に基づき、政府が教育に関与する根拠を議論する。特に、市場の不完全性と教育における外部効果の存在が議論の重要な焦点となる。しかしながら、政府が教育に関与することが正当化されても、個別の教育政策の有効性の是非は実証的に検証すべき問題である。そこで、第4節では教育政策の費用効果分析を行う際の基本的なツールである「教育生産関数」を紹介する。そのうえで、教育生産関数の推計を行う際の計量経済学上の問題点と、それを回避するための実験的評価方法について議論する。続いて第5節においては、米国における教育政策評価の経緯と現状を紹介する。その中では、教育政策のプライオリティに関する論争において、教育の費用効果分析が重要な役割を果たしてきたこと、その結果現在では、連邦政府が補助を行う教育プログラムの導入に際して、可能な限り科学的な方法による評価分析が義務づけられていることなどを事例を用いて紹介する。これに対し、第6節では、米国に比べ大きく遅れているわが国の教育政策評価の現状について、その普及を妨げる主たる要因を大きく3つの問題点に整理して議論し、さらに、そのような状況下で筆者らが行ってきた研究の一端を紹介する。最後に、第7節では、まとめと今後のよりよい政策評価のあり方について展望を述べる。

02　人的資本理論

　人的資本理論は、教育の経済的価値を議論するために、最も基本的かつ広く使われている考え方で[3]、Schultz、Becker らのいわゆる「シカゴ学派」を中心に発展し、今ではすべての経済学分野に関わる基礎概念となっている。人的資本理論によれば、個人は、学校教育への投資によって（将来にわたって）もたらされる追加的な便益の価値が、その投資に必要な費用の価値を上回る限り、学校教育を需要する。そこで、教育の便益とは何か、費用とは何か、価値の比較はどのように行うのか、その意味するところは何か、順に議論してみよう。

教育の便益と費用

　図表 10-2 は、教育の主要な便益と費用を、私的な（教育を受ける本人に帰属する）ものと社会的な（本人以外に帰属する）ものに分けてまとめたものである。私的便益としては、まず、追加的に教育を受けることでその人が生涯に得られる所得の上昇分が挙げられる。すなわち、学歴別の私的便益は、学歴別―年齢別に集計された平均所得のデータと適当な割引率を用いて、学歴別の生涯所得の現在価値を計算し、その差をとるのが標準的である。一方、社会的便益としては、識字率や意思疎通の向上に伴う生産力増加や、道徳心の向上による犯罪率低下、社会的安定などが挙げられる。教育と研究が一体となっている大学では、研究成果の普及も社会的便益のひとつである。

　費用については、私的費用においては、まず直接費用として、授業料や入学金などの学費に加え、学校生活の維持のために要する諸費用（書籍代、通学費用、制服代、住居費など）が挙げられる[4]。次に、間接費用としては、子どもが学校に行かずに働いていれば得られたであろう所得である「機会費用」が計上される。発展途上国では、このような子どもの逸失所得による機

3）教育は家庭や職場でも行われるが、本章では学校で行われる教育について議論する。
4）厳密にいえば、寮費・下宿代などは、進学することによって追加的に必要になった部分のみ繰り込むべきである。実家の空き部屋は他の用途（間貸し）に利用できるからだ。

図表10-2　教育の私的および社会的な費用と便益

	私的	社会的
費用	直接費用（学費、書籍代、通学費、寮費・下宿代、制服代） 間接費用（教育時間に対する機会費用）	学校への公的支出（公立学校運営費、学校への公的補助金、寄付金）
便益	生涯賃金上昇、市場外での生産性向上	外部効果（言語教育による意思疎通上昇、道徳向上による犯罪減少）、研究成果の蓄積・普及

会費用が、先進国に比べ相対的に大きいことを認識する必要がある。社会的費用の大部分を占めるのは、税金による公財政支出負担である。わが国をはじめ、世界的に義務教育段階の公立学校学費は無料であるが、つまりこれは、私的費用による負担が少ない代わりに、公的費用による負担が大きいことを意味する。

教育投資の決定基準

家計が合理的に教育投資水準を決定するならば、追加的な教育に伴う私的費用と便益を比較して、便益が費用を上回る限り教育を需要（投資）すると考えられる。同じことを、内部収益率（＝割引純現在価値がゼロになるような割引率の逆数）が市場の資本収益率を上回る限り投資をする、と言い換えることもできる。もし教育レベルが上がるほど教育投資の限界収益率が下がるのであれば（収穫逓減）、追加的な投入をやめるべき最適な教育水準がどこかに存在する。すべての費用が完全資本市場で調達できるのであれば、教育需要の決定は親の所得の影響を受けないはずだが、現実世界には借り入れに限界が存在し（流動性制約）、需要決定は所得水準の影響を受けることになる。教育費用を調達するための担保は人的資本（＝将来の所得上昇）だけであるので、その人が借金のために奴隷となって働くことが契約書に書けない限り、貸し倒れの危険がある。これが物的資本との最大の違いのひとつであり、実物担保の取れる住宅に比べ教育のローンが普及していない理由といえる。

03　政府が教育に関わる根拠

　ミクロ経済理論（厚生経済学の第一定理）においては、生産技術や個人の選好に関する一定の制約が満たされれば、外部性のない完全市場における市場参加者の自由な選択による競争均衡は、パレートな最適性[5]（パレート効率）を達成する。教育においても、人的資本理論が示すとおり、もし教育投資の市場が完全であれば、市場を通じて自由に投資される教育水準はパレート効率になっていなければならない。その場合には、効率性の観点からは政府が教育に介入する必要はない。しかしながら、もし市場に不完全性があるのであれば、自由に選択される教育水準がパレート効率を達成するとは限らない。さらに、自由に選択される教育水準が社会的公平性（ただし公平性の基準は複数存在する）を達成する保証はない。したがって、他の分野と同様に、政府が教育に関わる根拠を経済学的に議論するためには、効率性と公平性の両面から議論を行う必要がある。

　はじめに、効率性の観点から政府が教育に関与する根拠、すなわち、市場の不完全性について議論する。ここでは、市場の失敗が起こる要因について、教育の（便宜的な[6]）需要側・供給側に分けて考える[7]。

　まず、需要側の要因は、以下の2つの問題を出発点とする。

　1つ目は、教育需要（投資）の意思決定とその費用負担は、とりわけ投資の初期段階においては、教育の便益を受ける子どもではなく、事実上、親（家計）によって行われるということ。そして、2つ目は、人的資本の担保としての価値がきわめて低いことである。

　仮に、優秀な子どもがいて、親が費用を借り入れて教育投資を行っても十分な収益性が期待されるとしよう。しかし、未成年の子どもが借入契約の主体になることは法的にも現実にも難しい。子ども自身が契約の当事者となる

---

[5]　パレート最適性については、本書第1章を参照のこと。
[6]　家庭は、学校・学校外教育の需要主体であると同時に、家庭内教育の生産・供給主体でもある。したがって、教育における需要・供給サイドの区分は便宜的とならざるを得ない。
[7]　以下の議論はBelfield（2000）による。

ことができなければ、子どもは親の純債務の相続を放棄することが可能であり、市場から費用を調達できるとは限らない。このような借入制約の存在によって、収益性の高い子どもが必ずしも効率のよい教育投資量を選択できない可能性がある。また、親が決定する教育の投資量が、子どもにとって最適である保証はない。教育による将来の成果をどのように評価するかは、親と子双方の効用関数（特に時間割引率）に依存するからである。一生が有限である親よりも、政府の方が、より長期的な観点で子どもにとって収益性の高い意思決定を行うことができる場合も多い。その場合には、世代を超えた長期的な効率性を維持するために、政府が一定の教育投資を強制する意義もある。

また、子ども自身が借入契約の主体になる場合でも、物的資本と異なり、返済が滞ったからといって、人的資本によって債務弁済することは不可能である。そのため、人的資本の担保価値は小さく、誰に対しても積極的に人的資本投資のための貸し出しを行う金融機関は現れない。このような借入制約が存在する以上、市場における自由な選択によりパレート効率的な水準の教育が需要されるとは限らない。したがって、政府が間に立って教育投資の費用を肩代わりし（教育の無償化・義務化）、投資のための融資を保証したりする代わりに、教育投資の成果を税金徴収などの社会的な方法で回収することが必要になってくる。

さらに、教育の効果は個人に帰属するだけでなく、社会全体で享受する社会的効果（正の外部性）も存在する。しばしば挙げられる教育の外部効果として、先にも述べたように、意思疎通の効率化や社会の安定などがある。正の外部効果の存在により、市場における個人の自由な選択による教育需要量は、社会的にパレート最適な水準よりも過小になる。これを避けるためには、やはり政府が教育投資の費用の一部を負担する必要がある。

供給側からの市場の不完全性の発生は、教育の生産関数の特性が通常の生産関数とは異なることに深く起因する。まず、教育生産には、規模の効率性が想定できる。たとえば、1人の教員は多くの生徒を同時に教えることができるし、また、カリキュラムを統一することで社会全体がその恩恵を受けることもある[8]。

次に、公平性の面から議論をするならば、公平性の担保のために、政府の積極的な関わりが必要であるのは自明である。さらに、教育投資においては、上に述べた借入制約の存在や親の長期的な視点の欠如などの市場の不完全性による非効率が、特に社会的に不利な立場の子どもにより大きな影響を与える可能性がある。このような場合には、自由な選択による教育投資は不公平を拡大する。よって、政府の積極的な関与による市場の完全化は、効率性だけでなく公平性も向上させる可能性があるため、事後的な再分配の形で不公平を補償するのではなく、教育投資の段階で政府が公平性を担保することに大きな意義があるといえる。

以上の議論は、市場の不完全性の存在が、(それを解消し、効率性と公平性を向上させるために) 政府が教育へ関与することについて一定の根拠を与えることを示している。しかしながら、だからといって、教育がすべて無料であるべきという根拠はなく、同時に、政府自身が教育サービスを提供しなければならないという根拠もない。すなわち、私立学校への政府の補助や規制だけでは不十分であり、公立学校が存在しなければならない根拠については、また別の議論が必要である。

Rosen (1999) によれば、公立学校が存在するひとつの根拠は、私立学校に比べ公立学校の方が、教育課程の中で、現在の社会制度へのコミットメントを織り込ませやすいことにあるという。社会制度へのコミットメントの醸成には私的リターンがほとんどない一方、現在の政府にとっては社会的リターン (外部効果) が大きい。そのため、政府は公立学校を通じて、現在の社会制度を是認するような教育を行うことになるというのである[9]。

一方で、外部効果の存在をもって政府の教育への介入を是とする場合には、その公的支出の適正規模について、社会的便益と社会的費用を比較することで検証をしなければならない。しかし、社会的な費用に比べて社会的便益の計測は非常に難しい。また、たとえ、以上に議論した政府の教育介入に関するすべての根拠が是認される場合にも、政府が策定する個別の教育政策が目

---

8) ただし、そのような規模効果がどの水準まで存在するかは議論の余地があろう。
9) 米国と異なり、日本の私立学校では検定を通過した教科書を利用するため、米国における私立学校よりも、社会に対する統合性が担保されている。

的に照らして有効であるかどうかは別問題である。したがって、いずれにしても、教育政策の意義と有効性を議論する際には、特定の政策が他の代替的な政策と比較してどの程度費用対効果が高いのか、費用効果分析等の手法により実証的に検討すべき論点であるといえる。

04　教育の費用効果分析

教育生産関数

　教育政策の妥当性の議論に費用効果分析を用いるにあたっては、まず、その費用対効果を測定するための「教育生産関数」を定義する必要がある。「教育生産関数」とは、個人の「人的資本」に影響を及ぼすさまざまな教育の「生産（投入）要素」とその「成果」との間に一定の関係を想定し、関数によって表現する概念である。経済学における「教育生産関数」の概念は、賃金決定理論（賃金関数）の拡張として始まり、教育社会学における「学校の社会的意義」の研究と融合して、双方の分野で約 30 年前に確立した。

　教育生産関数は次のような式で表される。

$$Y = f (\text{Family, Characteristic, Dwelling, School})$$

　Y；教育の効果（テストスコア、教育達成度、賃金など）
　Family；家庭での投入物（親の所得、教育、習慣、文化的環境、子どもの数、信念、宗教など）
　Characteristic；子どもの属性（性別、年齢、人種、潜在能力、健康、出生順など）
　Dwelling；住環境（犯罪、他の家庭、文化、人種など）
　School；学校での投入物（教育年数、教育の「質」（クラスサイズ、教員の質、給与、経験、学歴、学校の施設、カリキュラム、生徒 1 人当たりの支出など））

　つまり、教育の成果に相当する変数が、家庭での投入物、子どもの属性、住環境や学校での投入物といった要素によってどのように構成されるのか、

という概念を表した関数である。政策担当者は、この教育生産関数の考え方を利用することで、ある教育要素に予算を配分することや、あるいは、ある政策を実施することが、どのような教育成果をもたらすのか、(その成果が金銭的価値に表現できるかどうかにかかわらず)政策の効果というものを一定の定量的関数の形で認知することができる。すなわち、各教育要素をどのように組み合わせた施策が最も効率的(費用最小化)なのかを識別することができるようになる。これが、教育政策の意思決定において「教育生産関数」を用いる最大のメリットといえよう。

ただし教育生産関数も万能ではない。工業生産品とは異なり、人的資本生産のプロセスは個人差が大きく、一般的に認知されている人的資本の特質についても未解明の点は多い。その結果、関数関係を仮定するにあたり、その形状が正確にわかることは少ない。また、実際に関数概念を確立できた場合にも、分析の際に、およそ限られた投入物と生産物しか観測できないことも多い。これらの問題点は、計量経済学的には「特定化の誤り」「脱落変数」の問題として理解され、本来われわれが識別したい政策の教育効果の推計にバイアスを与える。

また、教育生産関数は、人と人との関わりを経て成り立つ教育のプロセスの一切を「ブラックボックス」として扱い、あたかも要素を投入すれば自動的に成果が生まれるかのように表現しているという点についても批判を受けうる[10]。そのため、教育現場にとって教育生産関数の推計が現場の指導にどういう意味を持つのか、必ずしも十分に理解されていない。

しかしながら、教育生産関数の過去40年にわたる研究蓄積の結果、これらの課題は、計画的なデータ収集や評価を容易にするような制度設計を行うなど、一定の条件のもとではかなりの程度克服できることがわかってきた。そして、諸外国においては教育政策の評価に際し、教育生産関数の概念と手

---

10) これについては、教育学分野から「教育は工場における生産とは違う」との批判を受ける点でもある。このような批判に対しては、「教育政策評価」と「教育評価」の違いについて説明をする必要があろう。教育生産関数は、「教育政策評価」のためのツールであり、それは、教育が人と人とのやりとりであることを否定しているわけではない。しかし、どのようなやりとりが最も教育的効果が高いかは、「教育評価」が扱うべき課題である。

法を用いることが分野を問わずほぼ常識となっている。しかし、わが国の現状は、このような諸外国の潮流から大きく取り残されている。これについてはのちほどまた改めて議論する。

教育政策評価の計量経済学的手法

本項では、教育政策評価に用いられる計量経済学的手法の中から、近年における標準的な3つの方法について簡単な紹介を行う。近年のミクロ計量経済学的政策評価手法の進歩は、その多くが教育経済学上の問題解決の過程で生まれ、教育政策の評価研究の緻密化に大きく寄与してきた。ここでは、今後のわが国における研究の方向を考えるうえで必要な具体例を挙げながら、それぞれの手法を説明する。

(1) **実験的方法**（実験デザイン：experimental design）

実験的方法とは、政策対象を無作為割り当て（random assignment）により決定し、成果の差異から政策効果を検証する「社会実験」（実験デザイン）に基づく研究であり、教育政策評価の分野においても、近年急速に影響力を高めている。

具体的には、同一の母集団から抽出された実験の被験者（たとえば生徒や学校）を、非処置グループと処置グループにランダムに分けて、処置グループには評価の対象となる政策を実施し、非処置グループには政策を実施しない。2つのグループはランダムに分けられているので、統計的には両グループに属するサンプルの間に同質性が保証されている。万が一、グループ間でその性質に差異がある場合にも、その差異は政策の実施や効果とは相関がない。このような条件下において、政策実施前にはグループ間で差異がなかった教育上の成果（学力テストの結果など）について、政策実施後の調査においてその結果に統計的有意な差異が生じていれば、その政策の実施と結果の差異との間には因果関係がある、と考える手法である。実験的方法の最大の利点は、原理が非常に単純明快であり、誰でも簡単に因果関係の存在を理解できるという点にあり、ゆえに、政策効果を計測するには最適な方法ともいえる。しかし、質的に差異のある教育を人為的な抽出によって生徒に割り当

てるという「実験」は、評価研究の盛んな米国においてさえ、社会的合意を得た実施は非常に困難である。また、実験デザインが範とする医学研究のアナロジーは、現実社会を対象とする社会実験の実施に必ずしも適切であるとは限らず、少数の実験結果に頼りすぎることへの批判も存在する（Heckman, 1992; Heckman and Krueger, 2003）。

実験デザインが実施できない中で政策効果を推計する場合には、投入要素に差異があるグループ間において、上記のようなサンプルの同質性は保証されない。たとえば、教師の配置に際し、現実の学校運営においては、問題のある子どもがいるクラスには経験豊富なベテラン教師を割り当てることも多いであろう。こうした配慮のもとでは、教師という投入要素と、その成果としての子どものパフォーマンスについて、単純な相関関係から因果関係を得ることは非常に難しい。これが「非同質性」もしくは「能力バイアス」と呼ばれる問題である。

(2) 疑似実験（準実験）的方法（疑似実験デザイン：quasi-experimental design）

研究者の多くは、実験デザインが容易に実現できない現状において、政策がランダムに実施されているような状況を想定し、その政策効果を分析せざるを得ない。これが、疑似実験（準実験）的な評価デザインに基づく研究である。疑似実験評価デザインは、処置グループと非処置グループへのサンプルの配置が、社会の中の自然発生的な事由によって割り当てられている状況を利用する。広義の意味では、現在、経済学者が行っているほとんどの教育政策研究はこの範疇に含まれる。

疑似実験的手法の中で最も広く行われているのは、政策差異のある複数のグループ（地域など）を網羅するパネルデータを用いて、DID（Difference-in-difference）法によってその成果の差異を推計し、政策効果の検証を行う手法である。DID法を利用すれば、地域ごとに施策の内容やその実施・変更のタイミングが異なるさまざまな教育政策について、その効果を推計することができる[11]。とりわけこの手法は、米国のように地域（州）によって施策内容や実施程度に大きな差異のある国においてきわめて有用な策であるといえる[12]。

従来わが国においては、教育政策が全国一律に実施・変更されるため、疑似実験的な研究も実施が困難であると考えられてきたが、詳細に検討するとこの言説は誤りといえる。とりわけ分権化が進む今日では、必要なデータさえ整備されれば、多くの政策が疑似実験的な手法により検証可能になりつつある。

次に広く用いられている手法は、RD（Regression Discontinuity）法を利用した分析である。RD法は、特定の政策における適用対象基準の非連続性を利用して、その政策差異のもたらす成果の差異を推計し、政策効果を検証する手法である。代表的な研究として、学級人数の定員制度を用いて、クラスサイズの非連続変化のもたらす教育成果への影響を検証したAngrist and Lavy（1999）がある。具体的には、40人学級制度が適用されるイスラエルにおいて、在籍生徒数が40人から41人に増えただけで、クラスサイズが40人から20.5人に激減するという偶然の政策差異が生まれることを利用し、その差異が教育効果にもたらした影響を検証している。RD法の利点は、クロスセクションデータであっても、政策の制度設計の外生性と制度がもたらす政策適用の偶然性を利用することで、政策がもたらした因果関係を説得的に示すことができることにある。第6節では、上記の手法を用いた実証研究の実例を紹介する。

(3) 相関分析（相関分析デザイン：correlational design）

相関分析は、教育政策変数と学力との関係を単純な回帰分析で評価する方法であり、多くはクロスセクションデータを用いた政策評価において、古くから用いられてきた手法である。教育政策評価における相関分析研究の金字

---

11) 教育分野における、DID法を用いた最も著名な研究のひとつが、Card and Krueger（1992）である。彼らは、実験的な研究デザインに頼らなくても、政策差異の存在する広範な地域や期間を網羅したデータを利用することができれば、数多くの一般的な政策（地域（州）ごとに異なる就学年齢、教員採用基準とその変更など）について、その効果の検証ができることを示した。
12) ただし、一般には、政策導入や変更の決定が、生徒の学力などの成果に対して「外生的」に実施されていると信じるに足る十分な証拠があることはほとんどない。政策決定の外生性をデータの内部や周辺状況から説明することができなければ、操作変数法などを利用して議論を補完する必要がある。より詳細な議論は赤林・荒木（2011；2012）を参照のこと。また、操作変数法などの手法の理論的・技術的解説については、大学院レベルの計量経済学テキストを参考にされたい。

塔は、コールマン報告（"Coleman Report", 1966）である（くわしくは次節参照）。昨今では、相関分析だけでは、政策効果の因果関係をバイアスなく推計することが非常に困難であることが広く認知されており、相関分析をベンチマークに、上記のような精密な手法を用いて政策効果の因果関係の識別を行うことが、あらゆる政策研究において求められつつある[13]。

05　米国での教育政策評価の現状

教育生産関数をめぐる論争

この節では、まず、教育生産関数に基づく政策研究の中で、特に米国において社会的・学術的論争を生んだエポックメイキングな研究を紹介する。これら研究分野がどのような問題意識から出発し、現在までにどのような議論と、それを解決すべき努力と進歩を経たかを理解することは、現在の日本の教育改革をめぐる議論を評価するうえでも不可欠であろう。

近年の教育政策評価の礎は、先にも述べたコールマン報告（Coleman et al., 1966）である。米教育庁の委託により、全米3,100校、60万人超という当時としては前例のない大規模な生徒データを用いて行われた、世界初の教育生産関数の推計結果は、クラスサイズや教員の給与などの学校内資源と生徒の教育達成度との間にはほとんど有意な関係がないことを示すものであった。この衝撃的な結果をめぐり、欧米をはじめとする諸外国では、以後半世紀にわたる社会的議論が巻き起こり、その結果を乗り越えるための学術的努力を生んだ[14]。

Hanushek（1986; 1996; 2006）は、コールマン報告以降に数多く出版された、さまざまな教育効果に関する実証研究をメタ分析し、これら従来の研究における教育生産関数の推計結果は、政策と教育達成度の因果関係の正確な識別

---

[13] しかしながら、利用可能なデータが少ない現状においては、限られたデータの中から、変数間に実在する観察可能な相関関係を数値によって簡便に表すことができる相関分析は、その有効性に特化して利用する限り、あらゆる実証研究において、その出発点としての意義を失っていないことにも言及したい。

[14] 詳細な議論は、Heckman and Neal（1996）を参照のこと。

について、総じて信頼性に欠けるという批判的な総括を示した。その中で、クラスサイズや教師の学歴、教育経験年数、給与、生徒1人当たり予算支出といった、いずれも既存研究の中で教育達成度に何らかの影響を及ぼすとされてきた教育投入要素のうち、明らかに効果があると考えられるものは「教師の経験年数」のみであることが示された。とりわけ、予算削減面でも大きなインパクトを持ち、政策評価研究の対象として長きにわたり関心を集めてきた「学級規模縮小」政策について、統計的にはその効果がほとんど確認されないというHanushekの見解は、学術的にも政策的に大きな論争の火種となった。

この2000年までの「クラスサイズ論争」を総括したのが、Mishel and Rothstein（2002）である。ここでは、クラスサイズの縮小の効果を支持する研究者と、それを支持しない研究者との間での討論が展開されているが、討論を通して、両者の見解が異なる根本的な理由は、研究（者）間で政策評価の際に重視する研究手法とデータが異なることにある、という結論が示された。

またさらに、Heckman and Krueger（2003）では、若年層の職業訓練の効果や幼児期の教育投資の効果に関する研究の現状と、それらの政策的な優先順位に関する議論が行われている。この議論における重要なポイントは、一見比較が不可能に見える幼児教育と職業教育の優先順位を議論していることにある。すでに述べたように、教育の効果を共通の数字や金銭価値に置き換えることでこのような比較は可能になるが、残念ながら、限られた研究結果をどこまで一般化できるのか（実際の政策実現に昇華できるのか）、どのような手法による研究結果が一般化に値するのか、といった点をめぐり、見解の相違は残る。

以上を総括すると、教育の費用効果分析の国際的な発展は、さまざまな手法と立場による研究を比較検討し、代替的な政策手法の優先順位を議論するための共通の基盤を構築してきたといえよう。また、その共通基盤の上で行われる議論においても、教育政策の評価を行うためにはどのような制度設計とデータ収集が必要か、どのような分析手法をとるべきか、といった点について研究者間に見解の相違が存在することも事実である。しかし、それら多

様な見解の存在を認識し、それを踏まえた政策評価を行うために、費用効果分析という共通基盤とその上でのオープンな議論が不可欠であることは、研究者のみならずすべての教育関係者の共有する意識といえよう。

続く2つの項では、評価研究の先進国である米国における、代表的な教育政策評価実験と、政府主導による政策評価プログラムの実例を紹介する。

実験的手法の進展

この項では、実験的手法に基づいて実施された「社会実験」の中で、教育政策分野で最も大きな影響力を持ってきた、米国の STAR 実験（1985～）と Perry Preschool Program（1962～）について紹介する[15]。

STAR 実験は、初等教育におけるクラスサイズの大小と補助教員の有無が、中長期的な教育達成度に与える影響を調べるために実施された。その実験デザインを簡潔に述べると、クラスサイズと補助教員の有無が異なる3つのタイプのクラスを用意し、幼稚園入学時に児童と教師を無作為に割り当て、それぞれのクラスタイプの教育効果（学力テスト）を計測した。実際には、7,000人ほどの児童を対象とし、それぞれ異なるタイプのクラスに割り当てた児童を原則4年間同じクラスに在籍させ、各年度の最後にテストを実施した。分析結果によれば、少人数クラスにおいては高い学力の生徒が多く見出された。米国においても、クラスサイズの効果を精緻に検証した既存研究は少なく、この STAR 実験の結果はクラスサイズ縮小を唱える論者にとって、その主張をあと押しする最も重要な論拠とされている。

一方で批判もある。たとえば、仮に実験開始時に生徒を異なるタイプのクラスに適切に無作為配置したとしても、開始後にその状態が維持される保証はない。実際の実験においても、大きいクラスがいやだという子どもがほかの学校に転校してしまったり、親が先生に直談判をして小さなクラスに移動させてもらったりなど、さまざまな例外が起きている。先述のとおり、実験対象は現実社会の子どもであり、強制的にルールを維持することはできない。

---

15) STAR 実験については Krueger（1999）が、Perry Preschool Program については Barnett（1996）がくわしい。

また、仮に実験デザインが実施中も適切に維持されていたとしても、少人数クラスに配置された教師が以前と同じ働き方をするとも限らない。実験の成功による少人数クラス実現をめざして、以前よりも力を入れて授業を行うかもしれないし（この効果は「Hawthorne Effect」と呼ばれる）、逆に少人数だから手を抜く教師がいるという可能性も指摘されている。このような効果が発現した場合、実験的手法においても、その推計結果にバイアスが生じる。

一方、Perry Preschool Program は、社会経済的に不利な家庭状況にある就学前児童を対象とし、彼らに質の高い幼児教育を施すことがその後の子どもの人生にどのような影響を与えるのか、中長期的に追跡したものである。この実験を通じて、幼児教育の充実にはきわめて長期的なプラスの効果があることが初めて確認され、今日まで幼児教育分野にきわめて大きな影響を与えている。このほかにも、Milwaukee School Voucher 実験（Rouse, 1998）など、私立教育バウチャーに関する実験は数多く行われている。

NCLB 法以後の教育政策評価――IES と NCES の役割[16]

2002 年に成立した NCLB（No Child Left Behind）法は、米国における公教育の標準化とアカウンタビリティの徹底を進めたことでわが国でもよく知られている[17]。しかし、教育研究者にとって NCLB 法以上のインパクトがあったのは、2002 年に成立した教育科学改革法（2002, Education Research Reform Act）であろう。この法律により、連邦教育省の教育研究改善局を改組して教育科学研究所（Institute of Education Sciences: IES）が設立された。さらに、地域独自の実験的教育プログラムが連邦政府からの支援を受けるためには、「科学的に厳密な評価」を実施することが要請されるようになった。その基準は少しずつ厳しくなっており、現在では、厳密な評価の実施を約束しなければ補助を受けられないという状況になりつつある。この「科学的に厳密な評価」とは、事実上、STAR 実験や Perry Preschool Program と同様のランダム化比較実験（Randomized Controlled Trial: RCT）を指しており、

---

16) 本節は、惣脇（2011）、深堀（2011）を参考にしている。
17) NCLB 法については多くの文献がある。たとえば、松尾（2010）などを参照。

補助金を受ける自治体や学校区に対して、実験を行うためのデータ収集や生徒データの研究目的での利用などを求めている。以下では、現在、連邦政府の補助のもとで進行中の 2 つの実験的教育プログラムを紹介する。

(1) 教師へのインセンティブ補助の影響の評価 (2009-2015)

「教師へのインセンティブ補助」プログラムは、教育困難校において、校長を含めた教職員の「能力に基づいた報酬制度」を開発することをめざしている。既存の実証研究を通じて、教育困難校で生徒の学力を高めるためには、優秀な教師の配置が決定的に重要であることが明らかになってきたが、そのような学校では優秀な教師を雇用することが困難な場合が多い。「能力給」の導入は、教師にとって、教育困難校で教える励みになり、その結果、優秀な教師の配置の偏りを是正するためのひとつの戦略として理解することができる。

具体的には、この評価研究では、「生徒の学習成果に基づいたボーナスは、一律ボーナスに比べ、生徒の学力等に影響を与えるか？」「教師・校長へのボーナス支給方法により、教育の効果に違いはあるか？」また、「教師・校長の採用と雇用継続において特別な効果を生むか？」といった問題の検証に取り組んでいる。調査対象となった学校は、「能力給ボーナス」が導入される学校と、一律に 1％のボーナスが支給される学校とに、ランダムに振り分けられる。収集されるデータには、受給者へのアンケート、教師・校長のアンケート、教師・校長の配置・異動の記録、生徒の記録情報（テストの点数など）といった情報が含まれるほか、受給者のインタビューも実施される。

(2) 非正規ルートで免許を得た教員の指導が数学の学力へ与える影響の評価 (2008-2013)

数学教師が日常的に不足している中学校においては、従来の方法にとらわれない教員人材の発掘が重要であるとされてきた。しかし、新しい方法で採用された教師の指導力については、従来ほとんど何も明らかにされていない。

この研究では、Teach for America (TFA) と The New Teacher Project (TNTP) が助成する "Teaching Fellows Programs" による 2 種類の代替免

許を持つ中学校の数学教師に焦点を当てる。具体的には、「TFA や TNTP を通じて免許を獲得した数学教師は、他の教師に比べて生徒の数学の達成度を向上させるか否か」を調査する。生徒（同じ学校内）はランダムに、TFA および TNTP 免許を持つ教師の受け持つ数学クラスか、通常の教師のクラスのどちらかに振り分けられ、学力達成度の差異が評価される。15学区の約90校、300人の中学校の数学教師と約17,000人の生徒が研究に参加し、国や地区の行政が実施する中学校の数学の成績評価と、高校生に対するコンピュータベースの数学の試験結果を用いて判断が行われる。教師に対しては、家庭背景、学歴、教職に就く以前の経験、当該年度中に受けた教育コースなどの調査が行われる。

一方、全米教育統計センター（National Center for Educational Statistics: NCES）は、米国の教育関連データを統括する教育科学研究所の一部局であり、これまでも多くの研究で使われてきた、National Longitudinal Study of H. S. Class of 1972, High School and Beyond, National Assessment of Educational Progress（NAEP）などの調査に加え、多くの長期追跡データ、学校区データ、教員調査データなどを収集し、研究者に提供している。これらのデータセットは、連邦政府の補助対象となっている個別の研究プログラムとは別に、より大きな視野から、州や学校区の政策を比較対照して効果を計測する研究にまで幅広く使われている。

以上のような米国の取り組みに比べ、わが国の教育政策評価研究は大きく立ち遅れている。社会実験・RCT による評価研究の蓄積はほぼ皆無であり、また、教育データに関していえば、政府調査は統計（合計値と平均値）をとること自体が目的となり、研究目的での政府ミクロデータ利用は事実上道が閉ざされた状態が戦後から脈々と続いている。米国の研究者・行政担当者の中には、NCLB 法の内容を批判する者は数多くいる。しかし、小規模の社会実験の実施や政府データの公表を通じて、政策の効果を外部から検証・批判できる状態に維持する仕組みそのものについて、批判の声を耳にすることはほとんど皆無である。科学的な教育政策研究の進歩への米国政府のコミットメントに関しては、わが国ではまだほとんど理解が進んでいないのが現状である。

06 わが国の教育政策評価研究

なぜ教育政策評価は行われないのか？

　ここで改めて、わが国において教育政策評価研究が進展しない理由を、以下の3つの問題点に整理して議論する。

　まず、第1の問題点は、教育・行政関係者の多くが政策評価をしようとしない、したくない、といういわば問題以前の現実である。概してわが国において、教育政策は信念や理想論に始まる。「学費負担を軽減したい」、「少人数クラスで手厚い教育を受けさせたい」、「学校選択の自由化により学校間の競争を促し教育の質を向上させたい」……発想自体は素晴らしいが、やがて、その思い込みや信念の実現そのものが自己目的化し、実現による実際の効果が問題視されなくなる。

　次に、第2の問題点は、関係者の政策評価手法への理解が乏しいことにある。教育・行政関係者の中には、「一時点での相関関係は因果関係ではない」、「学力による評価は一面的」といった批判を用いて教育政策評価全般を一蹴する人々がいるが、このような批判は、いずれも近年の計量経済学的政策評価手法への無理解から生まれている。先に述べたとおり、実証教育経済学は、単純な相関分析では政策効果の因果関係を抽出できないことを熟知しているがゆえに、より精緻な手法を用いてこれに取り組んでいる[18]。また、学力に限らず、何らかの指標をもって教育達成度の高低を測る限り、あらゆる研究は「一面的」であり、その一面的な評価を蓄積することのみが多面的・包括的な政策評価になりうるという立場を貫いている。

　最後に、第3の問題点は、いざ、関係者が政策評価の必要性に目覚め、これに着手しようにも、政策評価に必要となるデータが見つからないという現状である。上記のとおり、わが国の教育政策決定現場においては、政策評価の手法や手順について理解が進んでいないわけであるから、当然そのために必要なデータが計画的に収集・保管されるすべもない。わが国には地域間で

---

18) 近年の教育政策評価の手法の平易な解説として、レヴィン／マキューアン（2009）がある。

さまざまな教育政策の差異が存在し、このような差異を利用することで、政策の及ぼす影響を推計することが可能であり、また、それによって最適な政策の選択ができるようになる。しかしながら、それら教育政策の決定・運営に関する権限が、あらゆる行政レベル（都道府県・市区町村）に複雑に入り組んで分権化されているわが国の教育システムにおいては、その地域ごとに異なる政策状況に関する正確な情報を入手することは難しい。

　また、正確に収集・保管されたデータでも、教員に関する情報や生徒の学力・出欠席状況など、教育資源や教育達成度に関する基本的な情報の多くが、個人情報保護を理由に政策評価研究のために利用されていない。さらに、この個人情報保護法と情報公開法の存在とそれらの一面的な解釈による運用が、貴重なデータの保管状況にも深刻な悪影響を及ぼしている。本来、行政情報の保管期間とは「データを保管することを保証する期間」であり、その後の廃棄を促すものではない。しかし現実には、個人情報流出を防ぐという観点のみから、特段の理由のない限り「期間終了後原則廃棄」という極端な原則にすり替えられている。情報保管期間は行政によって任意に設定されており、多くの教育情報の保管期間は1年から3年ときわめて短く設定されているため、学校データを過去に遡って収集することはほぼ不可能であり、政策の変更が教育達成度に及ぼした影響を分析することはきわめて困難になっている。

わが国における初等中等教育政策の評価研究の現状

　研究者は、評価研究に着手するにあたり、政策効果を推計するためのデータを集めなければならない。新しいデータを一から収集することに比べ、既存データの利用は容易な手法であるかのように想像されるが、前項に述べたように、わが国においては収集済みの貴重なデータが、教育政策評価に利用可能な状態に整備され、研究者などの第三者に提供されるケースはきわめて少ない。政策主体からは教育政策評価研究に有用なデータがほとんど提供されることのない現状において、研究者の多くは苦心を重ねて独自にデータを整備し、政策評価研究を進めている。その例として、以下に筆者らの研究を紹介する。

　Akabayashi and Araki（2011）は、東北・北陸地方8県内のほぼすべての

図表 10-3　私立高校授業料補助金の内部収益率

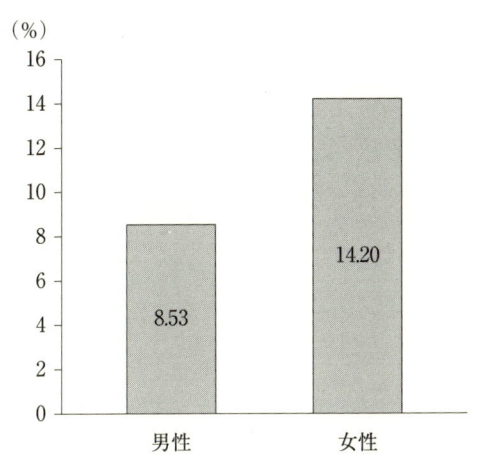

(%)

男性　8.53
女性　14.20

注：筆者作成。この推計値は、研究対象となった東北・北陸地方 8 県の専門学科在籍生徒に対する中退抑止効果の男女平均推計値と、男女別の年齢別標準労働者賃金表（平成 17 年賃金構造基本調査）を利用して計算された概算である。詳細は Akabayashi and Araki（2011）を参照のこと。

全日制高等学校情報を網羅する、十数年度分にわたる民間データをパネル化し、これを用いて、各都道府県が独自に運営する「私立高校生徒に対する授業料等補助事業」が、私立高校在籍生徒の中退抑制に与える影響について費用効果分析を行った。1990 年代半ば以降、経済的理由による高校中退の増加は社会的問題となり、昨今では国政において、公立高校の実質無償化が実施されるなど、高校生徒の学費軽減策はわが国の中等教育政策の重要な争点のひとつであるといえる。しかしながら、その導入に際し、過去数十年の歴史を持つ既存の授業料減免策である「私立高等学校授業料等軽減補助金」の効果について、いかなる検証・議論も行われてこなかった。われわれの検証の結果、東北・北陸地方における私立授業料等補助は私立の専門学科在籍生徒の中退を抑止する効果を持つことが有意に観測された。また、推計された政策効果の（金銭的な）大きさを知るために、公表されている学歴別賃金統計を使って大まかな費用便益分析を試みた結果、私立高校授業料補助政策は、専門学科等において、男性で約 8.53％、女性で約 14.20％という、市場利子率を大きく上回る内部収益率があると試算された（図表 10-3）。私立高等学

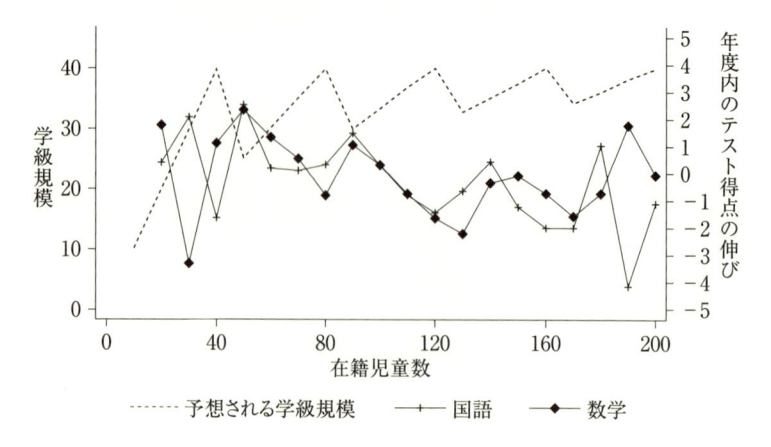

図表 10-4　予想される学級規模とテスト得点の変化の関係(2009 年、横浜市の小学 6 年生)

校への授業料補助は、国際的な基準に照らすならば、教育バウチャーの一種とみなすことができる。ゆえに、この研究はわが国における初めての教育バウチャーの実証研究となった。

　赤林・中村（2011）は、Angrist and Lavy（1999）らの先行研究に基づき、日本の義務教育段階の学級編制制度の非連続性を利用して、学級規模縮小の学力向上効果の識別と推計を行った（図表 10-4）。日本における学級規模は 40 人を標準とし、学級規模は在籍児童生徒数に応じて決まる。このとき、在籍児童生徒数が 40 人から 41 人に変化すれば平均学級規模は 1 学級で 40 人から 20.5 人×2 学級へと変化する。このように学級規模が偶然大きく変化するときに、学力はどのような影響を受けるのであろうか。本研究では、情報公開請求を通じて入手した学校別テストデータを利用して推計を行った。特に、同一年度内の最初と最後に実施された 2 つのテストが利用できることで、偶然の学級編制が学力の「伸び」に与える影響を推計できる。分析の結果、小学校 6 年生において、学級規模 1 人分の縮小が国語のテスト得点を 0.1118 ポイント有意に上昇させることが明らかになった。この結果は、小学校 6 年生においては学級規模の縮小が学力向上につながる可能性を示唆している。ただし、追加的な分析によると、このような学級規模縮小の効果は経済的にも学力的にも優位にある学校に強く表れることが多く、学校間の学力

格差を縮める効果があるとはいえないこともわかった（Akabayashi and Nakamura, 2012）。

07　よりよい教育政策の選択に向けて

　最後に、本章での議論を踏まえ、今後のわが国において教育政策の適切な選択を進めるために、行政および研究者は何をなすべきかを考えたい。

　まず、行政主体である文部科学省と自治体は、① 「政策評価」の意義を正しく理解し、個々の政策評価研究の一面的な結果をいたずらに恐れることなく、その蓄積こそが最適な政策決定に向けての論拠を提供しうることを認識すべきである。そして、そのために、② 近年の政策評価手法への理解を深め、その利用に足る基本的なデータを計画的に収集できるよう、調査研究の設計に配慮する必要がある。さらに、③ 収集されたデータは、国もしくは非営利団体がこれを統合的に把握し、各自治体のもとなどで適切な形で永久保管するシステムを構築すべきである。

　研究者は、教育政策の評価研究の有用性を社会に広く発信するためにも、少しでも数多くの研究を蓄積すべく努力を重ねる必要があろう。国や自治体の実施する教育政策の是非は、支出総額の比較だけで議論されるべきではなく、個別の政策がどのような成果をもたらしているかをもって評価されなければならない。教育の外部効果や市場の不完全性を前提として正当化される政策であっても、政府の関与の最適水準は、国や地域の置かれた状況により異なって当然である。他国での政策研究の結果を鵜呑みにするのではなく、独自のデータと研究蓄積により、わが国にとって最適な教育政策の組み合わせを選び出していく必要がある。

［赤林英夫・荒木宏子］

【キーワード】
教育政策、人的資本、教育生産関数、実験的評価、社会実験、疑似実験、RCT、教育バウチャー、学級規模

【参考文献】

赤林英夫・荒木宏子（2011）「『検証なき教育改革』を繰り返さないために――教育政策評価の普及を目指して」『季刊政策分析』第 6 巻 1・2 号、pp.47-54。

赤林英夫・荒木宏子（2012）「初等中等教育における政策評価の手法と現状――責任ある人材育成に向けて」樋口美雄・財務省財務総合政策研究所編『グローバル社会の人材育成・活用』第 1 章、勁草書房。

赤林英夫・中村亮介（2011）「学級規模縮小が学力に与えた効果の分析――横浜市公開データにもとづく実証分析」Keio/Kyoto Global COE Discussion Paper Series, DP2011-005。

小中一貫教育全国連絡協議会「平成 22 年度　小中一貫教育全国実施状況調査　集計結果（単純集計）」http://www.city.shinagawa.tokyo.jp/hp/menu000006300/hpg000006232.htm（2012/3/28 閲覧）。

末富芳（2010）『教育費の政治経済学』勁草書房。

惣脇宏（2011）「教育研究と政策――RCT とメタアナリシスの発展」『国立教育政策研究所紀要』第 140 集（2011 年 3 月）。

田中昌人（2005）『日本の高学費をどうするか』新日本出版社。

深堀聰子（2011）「米国における政策科学としての教育者開学を支える制度的基盤」日本教育社会学会報告。

松尾知明（2010）『アメリカの現代教育改革――スタンダードとアカウンタビリティの光と影』東信堂。

文部科学省（2010）「高等学校教育の改革に関する推進状況について」http://www.mext.go.jp/b_menu/houdou/22/11/__icsFiles/afieldfile/2010/11/05/1298797_01.pdf（2012/3/28 閲覧）。

―――「学校選択制の導入時期」http://www.mext.go.jp/a_menu/shotou/gakko-sentaku/08062504/001/004.pdf（2012/3/28 閲覧）。

―――「学校選択制について（入学時）」http://www.mext.go.jp/a_menu/shotou/gakko-sentaku/08062504/001.htm（2012/3/28 閲覧）。

―――「学校運営協議会制度（コミュニティ・スクール）について」http://www.mext.go.jp/b_menu/shingi/chukyo/chukyo3/045/siryo/__icsFiles/afieldfile/2011/11/17/1313137_2.pdf（2012/3/28 閲覧）。

レヴィン、ヘンリー／パトリック・マキューアン（赤林英夫訳）（2009）『教育の費用効果分析――学校・生徒の教育データを使った政策の評価と立案』日本評論社。

Akabayashi, Hideo and Hiroko Araki (2011) "Do Education Vouchers Prevent Dropout at Private High Schools? Evidence from Japanese Policy Changes," *Journal of the Japanese and International Economies*, Vol.25, No.3, pp.183-198.

Akabayashi, Hideo and Ryosuke Nakamura (2012) "Can Small Class Policy Close the Gap ? An Empirical Analysis of Class Size Effects in Japan," Manuscript.

Angrist, Joshua and Victor Lavy (1999) "Using Maimonides' Rule to Estimate the Effect of Class Size on Scholastic Achievement," *Quarterly Journal of Economics*, Vol.114, No.2, pp.533-576.

Barnett, W. Steven (1996) *Lives in the Balance. Age-27 Benefit-Cost Analysis of the High/Scope Perry Preschool Program*, Ypsilanti: High/Scope Press.

Belfield, Clive (2000) *Economic Principle for Education,* Edward Elgar.
Card, David and Alan Krueger (1992) "Does School Quality Matter? Returns to Education and the Characteristics of Public Schools in the United States," *Journal of Political Economy,* Vol.100, No.1, pp.1-40.
Coleman, James, et al. (1966) *Equality of Educational Opportunity,* Washington, DC: Office of Education.
Hanushek, Eric (1986) "The Economics of Schooling: Production and Efficiency in Public Schools," *Journal of Economic Literature,* Vol.24, pp.1141-1177.
―――― (1996) "School Resources and Student Performance," in Burtless, Gary T. (eds.), *Does Money Matter?,* Brookings Institution Press.
―――― (2006) "School Resources," in Hanushek, Eric, and Finis Welch (eds.), *Handbook of Economics of Education Vol.II,* Elsevier, pp.865-908.
Heckman, James J. (1992) "Randomization and Social Policy Evaluation," in Manski, C. F. and I. Garfinkel (eds.), *Evaluating Welfare and Training Programs,* Cambridge: Harvard University Press.
Heckman, James and Derek Neal (1996) "Coleman's Contributions to Education," in Clark, J. (eds.), *James S. Coleman,* London: Falmer Press.
Heckman, James J. and Alan B. Krueger (2003) *Inequality in America: What Role for Human Capital Policies?,* MIT Press.
Krueger, Alan (1999) "Experimental Estimates of Education Production Function," *Quarterly Journal of Economics,* Vol.114, No.2, pp.497-532.
Mishel, Lawrence and Richard Rothstein (eds.) (2002) *The Class Size Debate,* Brookings Institution Press.
OECD (2011) *Education at a Glance: OECD Indicators,* OECD Publishing.
Orr, Larry (1999) *Social Experiments,* Sage Publication.
Rosen, Harvey (1999) *Public Economics,* Irwin/McGraw-Hill.
Rouse, Cecilia Elena (1998) "Private School Vouchers and Student Achievement: An Evaluation of the Milwaukee Parental Choice Program," *Quarterly Journal of Economics,* Vol.113, No.2, pp.553-602.

◇ 本章の検討課題 ◇

1. 教育セクターにおいて、政府の介入が必要な理由を整理しなさい。
2. 教育セクターにおいて、政府が教育サービスの提供主体となる根拠について考えなさい。
3. 本章で用いられている理論的枠組みを整理しなさい。
4. 本章で用いられている政策評価手法を整理しなさい。
5. 米国における教育政策評価の現状を整理しなさい。
6. 近年、わが国の自治体独自で実施されている教育政策の例を挙げ、どこでどのような評価がなされているかを調べなさい。
7. 近年、国で実施されている教育政策の例を挙げ、どこでどのような評価がなされているかを調べなさい。
8. 新しい教育政策を実施する際の、事後評価分析の役割を整理しなさい。
9. わが国の教育政策において、事後評価分析が不足している理由を、組織・人材・データ等の観点から整理しなさい。
10. わが国の政府教育データ、民間教育データ、学術的教育データにはどのようなものがあるかを調べなさい。
11. 米国とわが国での教育データの収集方法、利用方法の違いを整理しなさい。
12. 関心のある教育政策を1つ選び、関連する教育データがあるかどうかを調べなさい。
13. 本章で展開された経済学的手法に不足している点があるとすれば、それは何ですか。それはどのようなアプローチにより補完されるでしょうか。

第11章
都市高速道路の料金体系の変更
──首都高速道路における対距離料金制への移行

Summary

　財・サービスをより多く買えば、支払額がより増えるのは自然なことである。公共料金においても、総収入（売り上げ総額）が総費用に一致するように制限されていれば、購入量に応じた負担は公平性に適うと容易に合意されるであろう。したがって、都市高速道路における均一料金から対距離料金への移行はより公平性に適うものであり、社会的受容性は高いとみなされる。

　本章では、首都高速道路の料金体系を均一料金制から対距離料金制へと移行する際の議論とその経緯を材料として、公共政策における効率性および公平性の相互関係を考察するとともに、既得権が存在する場合の政策実現の課題を明らかにする。

　第1節では、都市高速道路の料金決定について、法律上の規定（利用者負担原則と公正妥当主義）、経済効率性による解釈および対距離料金制への移行の根拠から、考察のための原理・原則を明確にする。

　第2節では、4つの料金体系案（均一料金制と単純対距離料金制、およびその中間の2案）を分析し、対距離料金制への移行の含意を、料金水準（平均料金）、総通行量および社会厚生（消費者余剰）の観点から明らかにする。

　第3節では、首都高が民営化された2005年10月前後から検討が開始され、2012年1月に導入されるまでの対距離料金制をめぐる経緯を概観することによって、第2章において提示した政策判断の原則（補償原理による効率性と公平性の分離）が政治プロセスにおいて貫徹できないことを明らかにする。

　第4節では、以上の考察を受け、効率性を増進し、公平性にも適う公共政策であっても、既得権者の利益を大きく阻害する場合には、修正が迫られることを明らかにする。これらを通じて、公共政策の立案および実行には、原理・原則の堅持（公平性の遵守）のために政策実行を断念するか、多少の不公平性を許容しても効率性を増進するために政策を実行するか、の選択がありうることを提示する。

01　都市高速道路の料金決定原則と料金問題

　第2章では、ミクロ経済政策（一国全体の経済成長や安定性の維持を目的とするマクロ経済政策ではなく、個別の産業や特定の課題を扱う政策）を分析する基本的な考え方を扱った。それは、公平性の問題と効率性の問題を峻別し、効率性の基準に基づいて政策を評価するものである。具体的には、総余剰分析によって政策の効率性改善を確認すれば、その政策は仮説的補償原理に基づいて公平性の問題を克服するという枠組みである。この考え方に従えば、効率性を改善し、つまり総余剰を増大せしめ、かつ公平性を増進するような政策は社会に受け入れられ、実現されるはずである。しかしながら、第3章に示されたように、既得権者の政治プロセスに対する関与の力が強いケースでは、公平性に資するものであっても既得権者の利益を損なう政策は実現されない可能性がある。このような場合においては何らかの工夫がなされないと政策は実現されない。本章では、都市高速道路の料金を事例として、効率性と公平性を改善しつつ既得権者の利益を侵す政策を実現する一方策を提示する。

通行料金の決定原則

　首都高速道路（以下では、首都高と略記）や阪神高速道路などの都市高速道路は、有料道路であり、均一料金制度を採用する傾向にある。有料道路の通行料金は、有料道路サービスを消費するための対価であるから「価格」とみなされる。つまり、都市高速道路サービス市場があり、通行料金という価格が設定されていると考えられる。通行料金が上がれば通行量は減少するであろうし、通行料金が引き下げられれば通行量は増加するはずである。したがって、消費者（利用者）から見れば、通行料金は価格として機能している。

　通行料金が価格機能を有するとしても、都市高速道路サービスの市場は完全競争市場となりえない。なぜなら、都市高速道路サービスを提供する事業者は限られており、無数の生産者が存在し互いに競争するという状況にないためである。つまり、通行料金は市場において決定するべきものではない。

こうして、通行料金は公共料金として扱われることになる。

ここでは、都市高速道路の通行料金が公共料金として満たさなければならない原則を整理する。都市高速道路の料金は道路整備特別措置法の第23条の規定によって、その設定原則が提示されている。同法では、償還主義と公正妥当主義という2つの料金決定原則が規定されている。

まず、償還主義は、都市高速道路に関連するすべての費用をその都市高速道路利用者が料金として支払うべきであるという考え方である。利用者負担と表現できるが、なぜ償還と呼ぶかといえば、有料道路は建設費などの費用を借入金によって調達しており、借入金の返済、つまり借入金償還を行うために通行料金を徴収しているからである。なお、償還主義に従えば、すべての借入金を返済したのちには、当該有料道路は無料開放されることになっている。したがって、償還主義は当該都市高速道路利用者の負担の上限と下限を設定していることになる。平たくいえば、都市高速を含む有料道路事業においては収支が均衡（総料金収入＝総費用）するように通行料金が設定されているのである。民間企業と比較すると、民間企業は利潤獲得をめざして事業を営むが、高速道路会社は道路事業から利潤を得てはならないことになる。

なお、料金水準は償還期間の長さに依存する。道路関係四公団民営化時に、首都高の償還期間は、2005年10月から2050年9月までの45年間に設定されている。

もうひとつの料金決定原則は公正妥当主義である。道路整備特別措置法には「料金の額は公正妥当なものであること」が定められている。しかしながら、同法では「公正妥当」の内容を明示していない。運用としては、首都高の料金は「他の交通機関の運賃、近隣の有料道路料金、物価水準などと比較して、社会的、経済的に認められるもの」でなければならないとされている。加えて、大型車と普通車の料金比率、より根本的には車種区分と各車種の料金の水準も「公正妥当」でなければならない。公正妥当主義は公平性に関わる基準であり、立場や考え方によりそのあるべき内容は異なることになる。

均一料金制から対距離料金制への移行に際して、走行距離に関係なく一律である均一料金では走行距離が短い利用者は長距離利用者よりも不利に扱われているため、対距離料金制への移行は公平性に適うものであると説明され

ている。公正妥当主義に基づいて設定されている現行の均一料金制であるとしても、より公正妥当にする可能性が常に存在するのである。このため、公正妥当主義に基づく料金に関する議論は常に提起される可能性がある。

効率的な料金体系──ラムゼイ料金体系

　前項では、法律に定められている都市高速道路の料金決定原則が償還主義と公正妥当主義からなることを説明した。償還主義は利用者が支払わなければならない総額を規定するという意味において厳密な原則である。一方、公正妥当主義は公平性に関わるものであり、多様な解釈が可能である。本項では、償還主義が厳守される条件のもと、利用者の総余剰が最も大きくなる料金体系を考察する。この料金体系は、経済学ではラムゼイ料金体系（価格体系）と呼ばれ、利用者の総余剰（つまり、消費者余剰）を最大化しているという意味において、最も効率的な料金体系となる。

　ラムゼイ料金の説明の前に、被規制企業の独占力と公共料金規制の関係を整理しておこう。第2章で説明したように、市場競争が均衡価格を導出し、それが総余剰を最大化するのであれば、その財・サービスの供給を市場に委ねればよい。公共料金は、公共が決定したり認可したりする価格のことを指すため、国民の生活に不可欠な財・サービスが対象となるというイメージがある。しかしながら、衣食住という国民の生活の基礎となる財・サービスは主に民間によって提供されている。つまり、衣食住に関わる主な財・サービスの供給には市場がよく機能し、自由競争に委ねても問題がないのである。こうして、公共料金として政府等によってその価格がコントロールされる財・サービスは、国民生活に不可欠であることが必要条件であるが、十分条件ではない。ある財・サービスが公共料金として規制されるための十分条件は、国民生活に不可欠であるとともに、市場に委ねると適切な供給がなされない、換言すると最適な価格が設定されないことである。

　次に、なぜ最適な価格が設定されないかを考えてみよう。最適価格が達成される完全競争市場では、無数の売り手（生産者）と無数の買い手（消費者）が存在し、何人（なんびと）も価格をコントロールできない。換言すると、すべての経済主体（生産者と消費者）は市場で決まった均衡価格を所与として受け入れる

(これを価格受容者：price taker と呼ぶ）。もし価格をコントロールできるのであれば、たとえば生産者は価格を引き上げて利潤を増やそうとし、交渉力のある消費者は値引き交渉をすることによって己の利益を増進しようとするであろう。本書ではくわしく説明しないが、価格をコントロールできる者が存在すれば、市場はうまく機能しない。

　価格をコントロールできないということは、生産者を例にとると、生産者が直面する需要曲線が横軸に平行である、つまり需要曲線の傾きがゼロであることを意味する。このことは、例として清涼飲料水の市場価格が 100 円であるとすると、完全競争市場では、101 円では 1 個も売れず、99 円では無限に売れることを示す。これと逆になるが、価格をコントロールできるということは、生産者であれば、直面する需要曲線が右下がりである（需要曲線は負の傾きを持つ）ことを意味する。生産者は、自らが直面する需要曲線が右下がりであれば、生産量（販売量）を減らすことによって価格を引き上げることができる。この場合、生産者は独占力を持つという。

　独占（monopoly）は市場においてその財あるいはサービスを供給する生産者が 1 社しかないことをその定義とする。表現は似ているが、独占力を持つことの定義は、自らが直面する需要曲線が右下がりであることだけであるから、市場において多数の生産者（ライバル）がいてもよい。一般の財・サービスにおいては、たとえば清涼飲料水のように、ブランドを確立し差別化することによって独占力を獲得することが可能であるが、その独占力を発揮しても社会全体には大きな影響を与えない。たとえば、ある清涼飲料水が特定保健用食品の許可を受けることによって、より高い価格を設定できるとしても、清涼飲料水の価格を公共料金として規制する必要はない。

　都市高速道路を例にすると、たしかに首都圏では首都高のみが都市高速道路サービスを提供しているが、一般道路や他の交通機関と競合しており、首都高が唯一の交通サービス提供者とはいえない。とはいえ、清涼飲料水のような一般の財・サービスとは異なり、首都高は高い独占力を持つといえる。高い独占力を持つとは、需要の価格弾力性が 1 よりも小さいことを意味する。この場合には、価格を引き上げても、それほど需要量が減らないため、売上額（総収入）が増加する。つまり、値上げをすればするほど、儲かるのであ

る。こうして、経済学の表現を借りれば、公共料金規制は、国民の生活に不可欠であって、かつ需要の価格弾力性が1よりも小さい財・サービスに対する価格規制と定義される。

ラムゼイ料金（より一般的には「ラムゼイ価格」であるが、首都高の通行料金を中心に論じるため、このように表記する）は、一定の総収入額（公共料金の場合、総費用と等しく設定するのが一般的である）を制約として課した条件のもとで総余剰を最大化する料金である。つまり、ラムゼイ料金とは、その財・サービスの供給にかかった費用をすべて利用者が負担するという前提で、消費者の利益を最大化（消費者余剰最大化）する料金である。

もし被規制生産者が1財しか供給していない場合には、ラムゼイ料金は平均費用価格形成（料金＝平均費用）となる。一般には、被規制生産者は複数の財・サービスを提供している。首都高では、大型車と普通車で料金が異なるが、これは2つの高速道路サービスを提供していることになる。また、距離に応じて異なる通行料金を課すのであれば、それは異なる市場（たとえば、5 km の通行サービス市場と 20 km の通行サービス市場）とみなすことができる。同一の財・サービスであっても市場を分割して、異なる価格をつけることができる場合、生産者は市場差別を行っていることになる。市場差別は、ピグウが分類した価格差別の類型では、第三級価格差別と呼ばれる。

市場が分割可能であるとき、つまり市場ごとに異なる料金を設定することが可能であるとき、ある一定の総料金収入を確保する条件のもとで、消費者余剰を最大にするにはどのような料金体系を採用するべきか、という問いへの回答がラムゼイ料金体系なのである[1]。ラムゼイ料金体系では、各市場の料金はその需要の料金弾力性に反比例したものとなり、独占的生産者が利潤を最大化する独占料金（独占価格）に類似しているが、独占料金よりは安くなる[2]。

首都高の料金体系を検討する場合、ラムゼイ料金体系を導出する際の総収

---

1) 都市高速道路の通行サービスという同一のサービスに対して複数の異なる料金を設定するため、単に「料金」ではなく、「料金体系」と表現する。
2) ラムゼイ料金体系についてのよりくわしい説明および運賃理論における位置づけなどは、山内・竹内（2002）第5章2節および竹内（2008）第5章を参考にされたい。

入制約は、償還主義によって借入金返済総額（償還総額）が決定されていることに通じる。首都高にラムゼイ料金体系を適用することは、償還主義に従いながら、総余剰を最大にすることを意味し、第2章で示した総余剰分析を応用する限り、最適な料金体系を導入することになる。

本項におけるラムゼイ料金体系と、前項での償還主義と公正妥当主義という法律による規定を併せて考察すると、償還主義と総料金収入制約は等価であるため、ラムゼイ料金体系は、それが公正妥当であるならば、最適な都市高速道路料金の体系であることになる。

均一料金から対距離料金への移行

首都高の通行料金は2012年1月1日から、それまでの均一料金制から対距離料金制へと移行した。移行前後において、首都高の通行料金に関する道路整備特別措置法の規定は変更されていないから、均一料金制も対距離料金制も、償還主義のもとで、公正妥当であったとみなされる。ここでは、均一料金制から対距離料金制への移行の根拠を整理しておく。

料金制度を変更することは、利用者の負担額の変更に直結するため、交通政策および道路政策の理念上正しいとしても、社会的受容性が低ければ、変更を実施することは不可能である。実際、1994年の料金改定では、東京線において600円の均一料金から800円のそれへの改定を試みたが、利用者の強い反発を受け、引き上げ額が700円に圧縮された。また、2002年には東京線の料金を700円から800円に引き上げることをめざしたが、社会的合意が得られず頓挫している。これら2回の料金引き上げの理論的根拠は償還主義である。つまり、首都高のネットワーク拡大のための整備費用を借入金で調達したことによる返済金額の増加が、必然的に料金引き上げの必要性を生起したのである。

料金引き上げの必要性はあったが、それは実現できなかった。それでは、償還主義は放棄されたのであろうか。国および首都高は、法律に記載された原則を放棄することはできないため、償還のために支払いを行う利用者の範囲を拡大することによってこの事態に対応した。具体的には、償還期間を延長したのである。1994年以前の償還期間は30年であったが、1994年の改定

によってそれは40年へと延長された。つまり、この差の10年間の利用者は、従来は無料開放された首都高を利用できるはずであったが、料金支払い義務を課されたのである。2002年の改定では、神奈川線は100円の料金引き上げが実施されたが、東京線では上述のように料金引き上げが見送られたため、償還期間は45年へとさらに延長された[3]。なお、償還完了年月、つまり無料開放される日は、償還期間とともに償還が開始される日に依存する。償還が開始される日のことを換算起算日と呼ぶが、その設定等については杉山（2010）第3章第4節を参照されたい。

曲がりなりにも償還主義が堅持されていること、および従来から公正妥当であると判定されていた均一料金制であることという前提のもとで、対距離料金制へと変更する理論的根拠、換言すれば社会的妥当性はどのようなものであろうか。この問題に関する議論の経緯は別稿に譲るとして[4]、結論としては以下が掲げられている。

2005年5月に開催された第4回国土交通省有料道路のあり方研究会は、対距離料金制への移行に関する「基本的考え方」を提示した。そこでは、対距離料金制への移行の背景として、①走行距離のばらつきによる不公平感の拡大、②慢性的な渋滞発生や利用頻度の低い区間の存在、③確実な債務償還と利用促進に資する料金体系導入の要請、および④ETCの普及、を挙げ、具体的な料金設定の考え方を整理している。

①の不公平感は、短距離利用でも長距離利用でも均一料金が適用されている場合、長距離利用には割安感が、短距離利用には割高感が出るというものである。鉄道やバスなどの他の陸上交通機関の運賃が一般には対距離運賃制であることからすると、この不公平感はもっともらしいといえる。

経済学的にやや厳密に考えると、対距離料金制の妥当性は価格の2つの決定原理に基づくことになる。財やサービスの価格は資産価値および使用価値

3）2004年の埼玉戸田線の開通による料金改定では、3料金圏（東京・神奈川・埼玉）ともに料金の引き上げはなされず、償還期間のみが48年へと延長された。なお、償還計画には47年8カ月と記載されているが、これは設定料金のもとでの予測交通量に基づいて計算され、設定された値である。同様の計算では、1994年の改定では厳密には、償還期間は40年ではなく39年11カ月、2006年のそれでは45年ではなく、44年0カ月と設定されている。

4）たとえば、太田（2011）を見よ。

に応じて決定されるべきである。資産価値とは、その財・サービスを生産するために投入された資産の機会費用を表す。つまり、財・サービスの価格は原価に基づいて決定されるべきであるという考え方である。

　より長い距離の都市高速道路サービスを受けるためには、より長い距離の高速道路が整備されなければならない。長距離利用が路線の延伸の決定要因となっている以上、長距離利用は短距離利用よりもより高い整備費用を生み出しているといえる。それゆえ、資産価値（機会費用）の観点から長距離利用はより高い料金負担を行うべきであると考えられる。

　次に、使用価値とはその財・サービスを購入した利用者がそれらから受ける利益のことをいう。一般道路よりも都市高速道路ではより早く目的地に到達できるため、利用者は料金を支払ってでも都市高速道路を利用している。より高速に移動できるということは移動時間あるいは輸送時間を短縮できることを意味し、高速道路利用者にとって時間短縮は費用削減となる。この時間費用の削減が都市高速道路利用の便益である。このように考えると、長距離利用者は短距離利用者よりもより多くの時間短縮便益を受けている。したがって、使用価値の観点から、長距離利用者はより高い料金負担をするべきである。この考え方は一般には受益者負担の原則と呼ばれている。

　価格決定理論に基づく考察からも、均一料金制よりも対距離料金制の方が、より公正妥当なものである、つまりより不公平感が小さいと結論される。

　②は、道路を有効に利用するべきであるという考え方を意味する。均一料金のために、ネットワークの先（端点）の部分では、短距離利用の割高感が強く、需要が抑制される。その結果、整備した高速道路が十分に利用されていないという現象が生じている。対距離料金制に移行し、端点部分の料金が引き下げられれば、高速道路の利用率は上がり、その結果、一般道路の混雑も緩和され、全体として道路の有効利用が進むという観点である。一方、都市高速道路上の混雑が緩和されるかどうかは必ずしも明らかではない。ただし、受益と負担をより一致させるような料金制度変更は、一般道と都市高速道路を併せて道路混雑を解消する方向へ向かわせる。

　③は、確実な債務償還（償還主義の堅持）と都市高速道路の利用促進（有効活用）の2つのことを記述しているように思えるが、相互に関連している。

対距離料金制に移行することによって、これまで一般道路を利用していた短距離利用者が都市高速道路に転換すれば、料金収入は増加する。また、長距離利用者は、割安感は薄れるものの、受益が対距離料金を上回っていることが多いため、それほど一般道路へと転換しないと考えられる。このようにして、均一料金制から対距離料金制への移行は増収になる可能性が高い。そもそも、償還主義に依拠した必要な料金改定が政治プロセスによって1994年および2002年の2度にわたって実現できなかったことへの対応もあり、対距離料金制の導入はひとつの増収策（償還資金確保策）としての機能が期待された。

④は、均一料金制度を採用せざるを得なかった要因が解消されたことを意味する。つまり、都市高速道路の特徴として、用地等の制約があり、出口に収受員を配置した料金所を設けることがコスト上合理的ではなかった。ETCが普及すれば、通行車両がどの出口で出たかを無人で把握でき、入口と出口の捕捉から対距離料金制の導入が技術的に可能となる。2005年6月における首都高のETC利用率は50％であったが、その後は急速な普及が予測されていた[5]。

以上をまとめると、対距離料金制への移行の理論的根拠は、1）償還主義を堅持するという前提のもとで、2）通行距離にかかわらず均一料金という不公平感を解消し、3）首都高の道路ネットワークを有効活用する、ことにある[6]。

第4回有料道路のあり方研究会は、以上の背景説明ののち、具体的な料金設定の考え方として、以下の3点を提起している。第1に、料金の構成は「通行距離に対して課する可変部分と利用1回に対して課す固定部分からな

---

[5] 2005年から2006年はETCが本格普及期に入った時期であった。首都高のETC利用率は、2005年1月に30％、4月に40％、6月に50％、10月に60％を達成し、翌2006年8月に70％に達している。なお、80％に達したのは2008年3月であり、90％を定常的に超えるようになったのは対距離料金制に移行した2012年1月以降である。

[6] 首都高速会社が設置した「首都高の料金に関する懇談会」が2007年9月に公表した「首都高速道路の新しい料金体系への提言」では、対距離料金制の利点をより細かく以下のように整理している。①合理的で公平である、②利用者が首都高か一般道路かをより柔軟に選択できる、③柔軟な選択の結果、渋滞が緩和されうる、④距離別料金制を採用しているNEXCOとの将来的な料金統合の可能性が生まれる、⑤環境改善効果が期待できる。

る料金」を基本とするべきとした。つまり、「初乗り＋距離に応じた料金」という交通運賃・通行料金として一般的な料金体系を推奨した。第2に、対距離料金制への移行によって不利益を蒙る長距離利用者に対して、激変緩和措置を採ることを推奨した。具体的には、「暫定的な」措置として上限料金を設定するというものである。加えて、料金の上限のみを設定すると、償還に必要な収入総額が確保されないため、短距離利用料金の下限の設定を許容した。第3に、首都高のネットワーク全体を有効に活用するような弾力的な料金設定が望ましいとした。

　対距離料金制度のあり方が議論されていた最中の2005年10月に、首都高を含む道路関係四公団は民営化された。民営化後の通行料金は、民営化会社と高速道路機構（独立行政法人日本高速道路保有・債務返済機構）との協定によって設定されることとなった。対距離料金制に関しては、2006年3月末に締結された協定によって、2008年の会社が定める日（のちに10月を想定）に均一料金制から対距離料金制へと移行することとし、その料金体系は、

$$210 円 + 31 円 \times 通行距離$$

とした。

　その後の経緯として、この協定はそのまま実施されることはなかった。最終的には、2012年1月に異なる料金体系の対距離料金制へと移行した。

02　料金体系変更の社会厚生上の含意

　前節では、均一料金制から対距離料金制への移行の背景や社会的妥当性を整理した。ここでは、料金体系の変更が社会厚生（第2章で説明した総余剰で測定される）に与える影響を概念的に分析する。以下では、より理解を深めるために、前節で想定した均一料金と対距離料金に加えて、2つの料金体系を考察の対象とする[7]。

　図表11-1は4つの料金体系案を示している。すべての図において、横軸

---

[7] 本節は、太田（2011）のV節「対距離料金の料金理論上の含意」を簡略化し、要点をまとめたものである。

図表 11-1　4つの料金体系のモデル

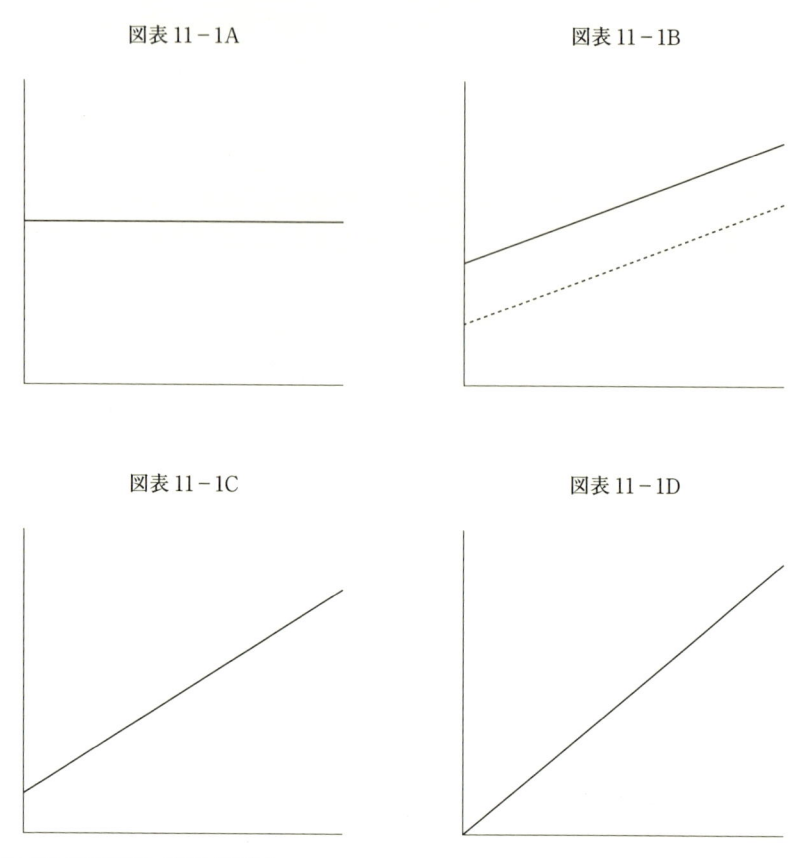

図表 11-1A

図表 11-1B

図表 11-1C

図表 11-1D

注：横軸は通行距離、縦軸は通行料金。

は通行距離を、縦軸は通行料金を表している。単純化のために、料金体系は直線で示してあるが、現実には階段状になる。このうち、図表 11-1A は、通行距離に関係なく料金が一定であるので、均一料金制を表している。図表 11-1D は、原点から料金が走行距離に応じて比例的に増加する料金体系であり、単純対距離料金制である。

　これら図表 11-1A と図表 11-1D を両極とし、その中間に図表 11-1B と図表 11-1C が位置する。図表 11-1C は協定に記載されている料金体系（210 円＋ 31 円×通行距離）としよう。図表 11-1B は、図表 11-1C の協定料金より

も初乗り料金が高く（つまり、短距離利用が高く）、通行距離に応じた料金の上がり方が小さいため、協定料金よりも長距離料金が安くなる。協定に従えば、図表 11-1A から図表 11-1C への移行を意図したのであるが、実際には、長距離利用者等の反発があり、首都高は図表 11-1B を提案した。これを首都高案と呼ぼう。

図表 11-1 のすべての図において、実線は償還主義を堅持する仮定のもとで描かれたものである。つまり、図表 11-1 では、どの料金体系であっても総料金収入額は同一である。このように想定すると、生産者余剰はどの料金体系であっても同一である（より特定的には総料金収入額制約は収支均衡制約であるため生産者余剰はゼロである）ため、消費者余剰は総余剰と一致するので社会厚生の指標となる。

前節において示したように、総料金収入額制約がある場合の最適料金体系、つまり消費者余剰を最大にする料金体系はラムゼイ料金である。図表 11-1 の 4 つの料金体系のうち、どれがラムゼイ料金になるであろうか、あるいはどれが最もラムゼイ料金に近いであろうか。詳細な説明は太田（2011）を参照されたいが、都市高速道路の利用者の受益の程度がその通行距離に比例するのであれば、通行距離に比例する料金額を課す料金体系が最も消費者余剰を大きくする。つまり、図表 11-1D に示された単純対距離料金制がラムゼイ料金体系であり、社会厚生を最大化するのである[8]。

次に、台キロ[9]で測った通行量（需要量）を確認してみよう。均一料金制から単純対距離料金制へと移行すると、短距離利用では料金が引き下げられるため通行量は増加し、長距離利用では料金の上昇によって通行量が減少する。台数で見ると、前者の増加台数が後者の減少台数を上回る。なぜなら、

---

8) 限界費用がゼロであるとする（通行車両が 1 台増加した場合の高速道路会社にかかる費用は限りなくゼロであると考えられるので、もっともらしい想定であろう）と、ラムゼイ料金体系では、すべての距離帯において需要の料金（価格）弾力性は等しくなる。通行距離が n 倍になると、受益も n 倍になる（横軸に通行台数をとった需要曲線の高さが n 倍になる、つまり需要曲線の傾きの絶対値が n 倍になる）と想定すると、需要の料金弾力性がすべての距離帯において等しい料金体系は単純対距離料金制となる。
9) 台キロは自動車交通量を測定する尺度のひとつであり、1 台の車両が 1 km 移動すると 1 台キロとなる尺度である。つまり、10 台がすべて 1 km 移動しても、1 台が 10 km 移動しても、10 台キロとなる。

前者の需要の料金弾力性は後者のそれよりも大きいからである。一方、台キロで測定した交通量はどうであろうか。受益額が通行距離に単純に比例しているという仮定のもとでは、均一料金制からラムゼイ料金制への移行は、台キロで数量を測定しているとしても、需要の料金弾力性が多様であったものを単一にするようになる。総料金収入額一定の制約のもとで需要の料金弾力性が単一の値に収束したときに需要量は最大となる。つまり、均一料金制から単純対距離料金制へと移行することによって、総通行台キロは増加することになる。

最後に、料金水準を考えてみよう。料金水準は、運賃水準も同様であるが、交通分野においては、1台キロ当たり、もしくは1人キロ当たりの平均収入額によって測定される。償還主義によって総料金収入額は料金制度にかかわらず一定に保たれているから、需要量（通行量）の多寡によって料金水準が左右される。通行台キロは均一料金制から単純対距離料金制へと移行することによって増加しているから、1台キロ当たりで測定される料金水準もこの移行によって低下することになる。

以上のメカニズムは、図表11-1の、図表Aから図表Dへの移行においてもあてはまる。この移行につれて、需要の料金弾力性の分散の幅は縮小し、図表Dで単一の値に収斂する。したがって、台キロで測定された需要量も図表Aから図表Dへと増加していく。その結果として、料金水準は低下していく。**図表11-2**は以上の考察をまとめたものである。

第2章での説明に従い、政策の意思決定に補償原理が適用されるとすると、図表11-2は以下のように解釈される。図表Aから図表B、図表Bから図表C、そして図表Cから図表Dへの料金体系の変更はすべてが総余剰を増大せしめるので、改善とみなせる。また、首都高が説明するように、均一料金制が内包する短距離利用者の不公平感を解消することが是であるとすると、同様にこれらの料金体系の変更は社会的公正の観点からしても是認される。そして、図表Dで表現されている単純対距離制は最適な状態であり、補償原理および不公平感解消の観点から最善であると結論される。

ところが、実際には、次節で見るように、協定案は図表Cであり、首都高は図表Bの実線を提案し、最終的な実現案は図表Bの点線となった。そ

図表11-2　4つの料金体系の社会厚生上の含意

図表	料金制度	交通量 (台キロ)	料金水準 (台キロ当たり)	社会厚生 (消費者余剰)
A	均一料金制	○	××××	◎
B	首都高案	○○	×××	◎◎
C	協定案	○○○	××	◎◎◎
D	単純対距離制	○○○○	×	◎◎◎◎

注：記号（○×◎）は数が大きいほど相対的に数値が大きいことを示している。

の要因と含意を実際に出された提案を具体的に検討しながら、次節以降で検証する。

03　3つの対距離料金体系案

本節では、対距離料金制の3つの具体案について、その概要と提案の背景を論じる。3つの具体案は、2006年協定案、2008年首都高案および2012年導入案である[10]。概念的には、2006年協定案は図表11-1Cで、2008年首都高案は図表11-1Bの実線で、2012年導入案は図表11-1Bの点線で表現されている。

2006年協定案

2005年10月の民営化後は、通行料金は首都高会社と高速道路機構が協定を締結し、その協定を国土交通省が認可するという手順で設定されている。民営化時に首都高の償還期間は民営化から45年間とされ、具体的には2050年9月までに固定化された。従来の償還期限が2040年11月であったから、10年間延長されたことになるが、民営化以降の整備費用の償還を含めたものであるため、この延長は合理的なものである。具体的な料金体系は、消費

---

[10] 太田（2011）では、2008年首都高案を2007年提示案、2012年導入案を2011年提示案と表記している。この差異はここでは導入（予定）年次で表記し、太田（2011）では提案年次で表記していることに起因する。また、実際には、2009年にもうひとつの提案がなされているが、説明の簡素化のために省略している。4つの代替案の詳細については太田（2011）を参照されたい。

税込みで、

$$\text{支払料金} = 210\,\text{円} + 31\,\text{円} \times \text{通行距離 (km)}$$

である（後出の図表11-3および図表11-4において点線で示されている）。可変料金部分の通行1km当たり31円は高速自動車国道の大都市近郊区間の料率と同水準として設定された。次に、首都高の1利用当たりの平均支払額は770円であり、利用者の半数が770円超に残りの半数が770円以下になる通行距離（平均通行距離ではなく通行距離の中央値）である18kmを通行した際の料金が770円になるように切片を設定すると、210円（固定料金部分であり、鉄道運賃でいえば「初乗り」部分となる）となる。このことは必ずしも平均料金水準（1台キロ当たりの料金収入額）を不変に保つことを意味しないが、ほぼ不変の状態を維持するものと考えられる。しかも、対距離料金制に移行することによって総通行台キロが増加すると考えられるため、増収となる。この増収を含めた総料金収入によって、2050年までに償還を完了することを意図したのである。

この料金案は、首都高が行った意見募集を経て、2006年3月31日に高速道路機構との間に締結された協定（「都道首都高速1号線等に関する協定」）の第12条（料金の額及びその徴収期間）に基づく別紙において、「平成20年度における、会社が別に定める日以降は対距離料金」へと移行することが明記されるとともに、「210円+31円×通行距離」が提示されることによって、導入の具体化が図られた。なお、この協定は同日付（3月31日付）で国土交通省からの事業認可を受けている。

「210円+31円×通行距離」が厳密であるとするとETCを前提にすれば1円単位の料金徴収が可能であるが、わかりやすさを考えると50円単位もしくは100円単位となろう。たとえば、3kmまでは300円（これが最低料金と想定される）、それ以降は1.5km当たり50円もしくは3km当たり100円の加算である。最高料金は、40km（東京料金圏のほぼ最長距離）であれば1,450円となり、均一料金700円の2倍を超えることになる。

2006年協定案は、第三者から見れば、よく設計されているといえよう。この協定案では、1）通行距離に関わりない均一料金のために短距離利用者が募らせていた不公平感を解消すること、2）均一料金と比較して、値上が

りが半数（これまで不公平に安価であった利用者が半数）、値下がりが半数（これまで不公平に高価であった利用者が半数）であり、バランスがとれていること、および3）210円の初乗り料金に距離加算料金を加えており、他の交通機関とのバランスに配慮したものであることが挙げられる。

2008年首都高案

　首都高は、2006年協定案を民営化直後の2005年11月に公表し、意見募集を行った。応募された意見募集において、長距離利用者の負担軽減を求める多くの声が寄せられた。これらの意見等を受け、首都高は、社内に対距離料金制移行チームを設けるとともに、「首都高の料金に関する懇談会」を設置し、2008年10月に導入する具体的な対距離料金制の案を検討した。これらの検討を経て、2007年9月に公表した具体案をここでは2008年首都高案と呼ぶ。

　2008年首都高案の設計に際しては、長距離利用の負担軽減のために、①現行の3料金圏を存続する、②料金圏ごとに料金の上限・下限を設ける、ことにした。具体的には、たとえば東京線では料金上限が1,200円に設定された。この長距離利用の負担軽減措置は、当初は暫定措置として位置づけられていたが、代替的な一般道路への影響（高額な首都高料金のために一般道路を利用すれば、一般道路の混雑が悪化する恐れがある）を理由にし、恒久措置として位置づけられた。

　図表11-3は、東京線を例とした2008年首都高案である。値上げと値下げを半数ずつにするという「210円＋31円×通行距離」を出発点としているが、上限を1,200円とした結果、償還主義を堅持するために、①下限料金を設定する、②現行料金（700円）に据え置く通行距離帯を拡大する、必要が生じた。通行距離が3.0 kmから9.9 kmおよび19.0 kmから32.4 kmでは、追加的に1.5 km（3.0～3.9 kmについては例外的に1.0 km）走行すると料金が50円上がる一方で、10.0 kmから18.9 kmまでは700円で不変であるというかなり歪な料金体系となっている。

　このようにして、図表11-3において水平部分が3カ所現れ、単純な対距離料金（たとえば、限界走行距離1 km当たり31円）とはいえなくなった。こ

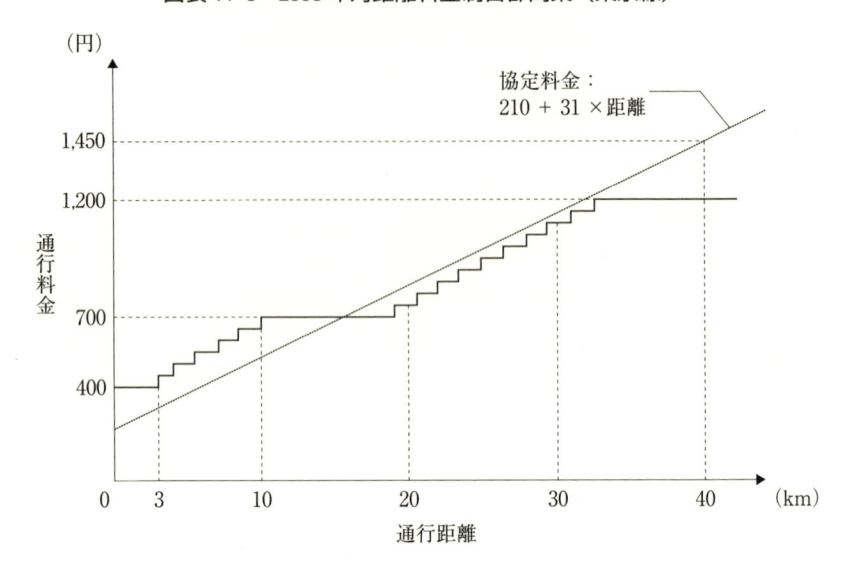

図表 11-3　2008年対距離料金制首都高案（東京線）

(円)　協定料金：
210 ＋ 31 ×距離

通行料金
1,450
1,200
700
400

0　3　10　　20　　30　　40　(km)
通行距離

のような恐れがあったためか、首都高ではこの頃より、「対距離料金」という用語の使用をやめ、「距離別料金」へと呼称を変更していた。

　図表11-3では、協定料金（2006年協定案）を点線で示している。2008年首都高案では、2006年協定案と比べて、長距離利用者の負担を圧縮していることがわかるが、一方で短距離利用者の負担を、現行均一料金以下ではあるが、協定案よりも重くしている。

　このような配慮がなされたが、東京線を例にとると、通行距離が10 km以上の利用者にとっては、値上げか据置きであるため、「距離別料金制」（対距離料金制）への移行から利益を受けない。利益を受けるのは、通行距離が10 km以下の利用者のみであり、少数者である。値上げとなるのは、19 km以上の長距離利用者であるが、物流事業者を中心に業務交通利用者が多く、これらの利用者は政治的発言力が強いこともあり、反対意見が多数を形成しているような状況となった。

　10月に対距離料金制への移行を目途としていた2008年には、道路政策を取り巻くいくつかの事象が生じた。まず、4月には、暫定税率を維持するための租税特別措置法が前月末までに成立しなかったために、揮発油税（ガソ

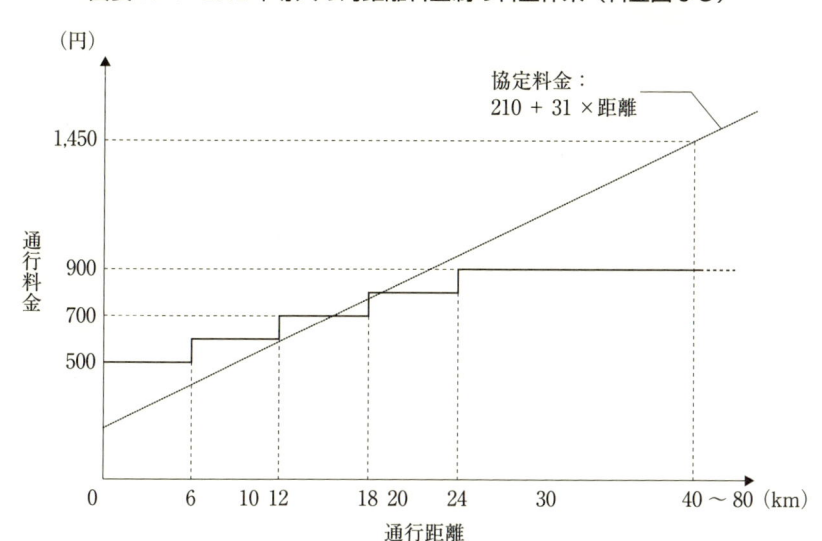

図表 11-4　2012 年導入の対距離料金制の料金体系（料金圏なし）

リン税）等の暫定税率が失効し、ガソリン価格が 20 円強、低下した。しかし、5 月にはもとの水準に戻った。その後、原油価格の高騰により、ガソリン価格が上昇するとともに、経済状態が停滞した。この停滞を打破することを目的に、当時の麻生政権は同年 8 月 29 日に「安心実現のための緊急総合対策」を打ち出した[11]。この緊急総合対策によって、10 月に予定されていた対距離料金制への移行は延期されることになった。

2012 年導入案

　図表 11-4 は、2012 年 1 月に導入された対距離料金制を表している。この導入料金体系では、500 円を最低料金とし、6 km ごとに 100 円ずつ加算され、900 円を上限としている。2008 年首都高案と比較するとわかりやすい料金体系となっている。

　均一料金および協定料金と比較すると、以下のことがいえる。12 km 未満

---

11)「安心実現のための緊急総合対策」策定時にすでにサブプライムローン問題は顕在化していたが、リーマンショックが発生したのは「緊急総合対策」後の 9 月 15 日である。

では現行の均一料金よりも安くなるが、協定料金よりは高くなる。18 km 以上では、均一料金よりも値上げとなるが協定料金よりも低い。これは図表11-1の図表 A、図表 B および図表 C との比較に類似している。

2012年導入案における従来の提案との大きな違いは、料金圏が撤廃されたことである。均一料金制下では、東京線700円、神奈川線600円、埼玉線400円となっていた。また、2008年首都高案においても、料金圏ごとの対距離料金制となっていた。旧来の埼玉料金圏から、東京料金圏を通過し、神奈川料金圏へと走行した場合、均一料金制のもとでは支払い料金は1,700円であったが、料金圏の廃止により2012年導入案では料金は上限の900円となった。つまり、首都高の料金は、ネットワーク全体で、初乗り500円、6 km ごとの加算が100円で、かつ上限900円のかなり単純で割安な料金となったのである。2012年導入案を図表11-1で示すと、図表 B の点線で表される。

加えて、期限が限定されているが、各種の割引が導入された。たとえば、NEXCO との乗継割引、埼玉線内々割引、放射路線の端末区間割引、物流事業者向けの割引の拡充などがなされた。

図表11-1B では、実線が償還主義を満足する料金体系であるから、同図の点線で示される導入料金体系は収支を償うものではない。したがって、2012年導入案が持続可能であるためには、何らかの外部資金の投入が必要である。

投入された外部資金は、道路特定財源の一般財源化に際し2008年12年8日になされた政府与党合意「道路特定財源の一般財源化等について」に基づいている。一般財源化に対する自動車利用者の反発を弱めるために、高速道路料金を割り引くこととし、道路利用関係諸税収入からその資金を拠出することが決められた。具体的には、高速道路機構が返済の義務を負う債務を3兆円削減（一般会計による高速道路機構債務の承継。その後、10年間に道路利用関係諸税収入によってそれを埋め合わせる計算になっている）し、それを原資として高速道路会社へのリース料を下げることを通じて料金を引き下げることとなった[12]。3兆円はすべての民営化会社の合計額であり、首都高には約5,000億円が割り当てられた[13]。

2008年10月における対距離料金制導入に対しては、利用者の反発およびマスコミの反対キャンペーンも強く、また上述の状況変化もあり、頓挫した。しかし、2012年1月には、さしたる反対もなく、スムーズに導入された。社会的受容性が高まったといえるが、その要因は偏に外部資金投入による料金抑制であったと判断される。

04　料金体系決定の政治経済学

以上では、首都高における均一料金制から対距離料金制への移行の背景と経緯を概観した。本節では、一連の経緯を事例として、公共政策の意思決定における原理・原則と政治プロセスの関係を考察する。

総余剰分析からの解釈——仮説的補償原理の適用

第2章において、公共政策の判断基準として総余剰分析を行うことを推奨した。総余剰が最大化されればそれ以上の改善を行うことは不可能であり、効率性の観点からめざすべきものは総余剰の最大化である。そして、総余剰分析が効率性の判断基準であるとしても、仮説的補償原理によって公平性の問題を分離できることを第2章では示した。

以上の考え方に従えば、均一料金制から対距離料金制への移行は、第2節で述べたように効率性を改善し、かつ第1節の移行の目的で示したように不公平感を解消する（つまり、公平性に適う）ものであるから、仮説的補償原理の適用を待つまでもなく、社会的に受容されるべきものである。さらには、第2節での考察により平均料金水準を下げるような料金体系の変更提案であることが明らかである。

第2節で示したように、単純対距離料金制（図表11-1D）への移行が最も

---

12) 2007年12月7日の政府与党合意「道路特定財源の見直しについて」では、債務減免額は2.5兆円以内であったが、利子等を勘案し、2009年3月末に約3兆円が減免された。
13) 高速道路機構の債務の一般会計への承継による事業は「高速道路利便増進事業」と名づけられた。つまり、料金割引だけではなく、スマートインターチェンジ（ETC専用の簡易インターチェンジ）の設置などの事業も含まれており、割引に充当する予算額は公表されていない。

社会厚生を改善する。しかしながら、提案された料金制は協定案（図表11-1C）であった。これには2つの理由がある。ひとつは、他の交通機関の運賃およびNEXCOの高速道路料金が「初乗り＋対距離加算」であり、それとのバランスをとったこと（道路整備特別措置法の公正妥当主義に合致）と、それゆえ利用者に馴染みがあり受容されやすいと考えられたことである。もうひとつは、本章では言及しなかったが、首都高では頻繁に渋滞が発生しており、単純対距離料金にすると短距離料金が劇的に下がって近距離利用が激増し、渋滞が悪化すると考えられたためである[14]。

以上の考察からは、現行の均一料金制から協定案の対距離料金制への移行は合理的であり、妥当な公共政策であると判断される。しかしながら、それは実現されなかった。

既得権・損失者による反対──パレート改善の必要性

2006年協定案は、図表11-1では図表Cにあたるが、単純であり、かつ原理・原則に合致するものであった。しかしながら、通行距離が40 kmを越える長距離利用者は均一料金の2倍を支払う必要があり、「これまで不当に安い料金で都市高速道路サービスを享受していた」としても、受け入れがたい料金引き上げと反発するであろう。このような反発に対する懸念があり、社会的受容性が低いとして、1,200円を上限とする2008年首都高案が提案された。

2008年首都高案は、最高料金を抑制し、かつ償還主義を堅持するぎりぎりのものであった。それゆえ、図表11-3からもわかるように、異様に幅広い料金700円の通行距離（10.0 kmから18.9 km）や十分に下げ切れなかった短距離通行料金（下限400円）が設定された。国土交通省道路局や首都高はこの料金制度の導入を真剣に検討したが、実現されなかった。

上述したように、2008年首都高案では、値下げになる通行距離が10 km未満であり、この料金案の導入による受益者はかなり少数であった。逆に、

---

[14] 本章では、議論を単純化するために、首都高における混雑問題、および首都高と一般道路の代替関係が首都圏全体の道路混雑に及ぼす影響を考慮に入れていない。現実の料金政策においては本章に記述されていない他の要因がその決定に影響を及ぼすことに留意されたい。

この料金案導入による損失者は長距離利用者であるが、大半は業務交通であり、その主力は政治力のあるトラック事業者であった。2008年首都高案に対してはマスコミも強い論調で反対キャンペーンを行ったが、トラック業界の意向を代弁した側面もあったと筆者は考えている[15]。

図表11-1での分析では、図表Aが均一料金制で、図表B実線が首都高案を表すとして考察しているが、正確には図表Aの均一料金は700円を示しているわけではない。じつは、均一料金制のままで償還主義を貫徹しよう（借入金返済のための総料金収入を確保しよう）とするならば、均一料金は2割以上引き上げる必要があった。つまり、2050年9月までに償還を完了するためには、850円から900円程度の均一料金に変更する必要があったのである。

政策論としては、900円の均一料金と2008年首都高案との比較であったのである。しかしながら、利用者から見れば、700円の均一料金と2008年首都高案との比較となる。900円の均一料金を前提とした首都高案の利得者であっても、700円から見ると損失者になる者の数が、損失者を多数派にしてしまったのである。

公共政策の立案は総余剰分析や仮説的補償原理に基づいて実施するとしても、当該公共政策の導入には利得者が多数派になるような工夫が必要なのである[16]。つまり、パレート改善となるように公共政策を設計する必要がある。

外部資金投入の是非

2008年首都高案と2012年導入案との差異のひとつは、5,000億円弱の外部資金の投入である[17]。この差異は、図表11-1Bにおいて実線と点線で表されている。外部資金の投入によって、通行距離24 kmを越える料金は900

---

[15] 2012年導入案が提示されたときには、マスコミによる反対キャンペーンは行われなかった。それどころか、客観的な報道すらほとんどなされなかった。2008年首都高案と2012年導入案に対するマスコミの報道の差異は政策研究のひとつの対象となりうるであろう。

[16] 高速道路の全国ネットワーク整備水準の決定に関する多数派形成問題については、たとえば太田（2004）を参照されたい。

[17] 外部資金は、高速道路利便増進事業としての支出であるから税金ともいえる。あるいは、その税源は旧道路特定財源であるため、自動車利用者の負担であるので、納税者への還元ともいえる。このため、ここでは税金投入とは表現せずに、外部資金投入と記載する。

円に抑えられるとともに、料金圏を撤廃したため、トラック事業者を中心とする長距離利用者は、利得を得ることとなった、あるいは少なくとも対距離料金制導入の損失を緩和させることに成功した。つまり、図表11-1において、図表Aから図表B実線への移行を、図表Aから図表B点線への移行へと変換し、支持者を多数派にしたのである。

対距離料金制の導入をめざす主体にとっては、長距離利用者からの支持を受けることが導入の可否を左右すると判断すれば、外部資金投入は不可欠であったことになる。外部資金導入が公平性の観点から多少の疑義があるとしても、それによって導入された対距離料金制が効率性を改善しているならば、仮説的補償原理を満たしていることになる。

民主主義国家において、政治プロセスおよびマスコミを通じた世論形成から導出された結果は公平性に適うと判断するべきであるかもしれない。一方で、第1節で述べたように、対距離料金制への移行は公平性に適う（不公平感を解消する）ものであり、それによると長距離利用者の損失を補償する必要はないと主張し続けるべきかもしれないが、それでは政策変更を実現できない。公平性の追求が政策の実現を阻む場合、公平性を犠牲にして政策の実現を図るかどうかは高度な意思決定の範疇に入るのである。

［太田和博］

【キーワード】
都市高速道路、首都高速道路、償還主義、公正妥当主義、ラムゼイ料金体系、均一料金制、対距離料金制、補償原理、効率性、公平性

【参考文献】
太田和博（2004）「交通社会資本整備における効率性と公平性――道路公団民営化が問いかけたもの」『高速道路と自動車』第47巻第12号、pp.7-10。
―――――（2011）「都市高速道路の対距離料金制への移行の理論的基礎と政策的含意」『公益事業研究』第63巻第2号、pp.19-30。
杉山武彦監修、竹内健蔵・根本敏則・山内弘隆（2010）『交通市場と社会資本の経済学』有斐閣。
竹内健蔵（2008）『交通経済学入門』有斐閣ブックス。
山内弘隆・竹内健蔵（2002）『交通経済学』有斐閣アルマ。

◇ **本章の検討課題** ◇

1. 都市高速道路において、均一料金制が採用されてきた理由は何でしょうか？
2. 利用者の観点から見て、対距離料金制への移行が求められる理由は何でしょうか？
3. 首都高会社の観点から見て、対距離料金制への移行が必要な理由は何でしょうか？
4. 都市高速道路の通行料金における公正妥当主義の内容を説明しなさい。
5. 2008年首都高案が導入されなかった要因を整理しなさい。
6. 2008年首都高案を導入しようとしたとき、首都高は均一料金の値上げか対距離料金制への移行かという選択肢に直面していたにもかかわらず、利用者にはそのことを積極的に説明しませんでした。それはどのような理由によるものと考えられますか？
7. 2008年首都高案と2012年導入案のどちらが公正妥当でしょうか？ 理由とともに、論じなさい。
8. 2008年首都高案と2012年導入案のどちらが効率的ですか？ 理由とともに、論じなさい。
9. 外部資金を導入せずに均一料金制を存続させるのと、外部資金を導入し対距離料金制を導入するのとどちらが正しいと思いますか？ 理由とともに論じなさい。
10. 一般に、既得権者の利益を守るように措置しない限り社会的に望ましい公共政策が導入できない場合、そのような政策は導入するべきですか？
11. 公平性と効率性がトレードオフ（二律背反）の関係にあるとき、どちらを優先するべきですか？
12. 公平性と効率性がトレードオフの関係にあるとき、公平性を優先するべきケースを考えなさい。
13. 公平性と効率性がトレードオフの関係にあるとき、効率性を優先するべきケースを考えなさい。

第12章
空港経営の仕組みと課題
——関西国際空港の経営再生を考える

Summary

　昨今、東京国際空港（以下、羽田）の国際ハブ化や地方空港の民営化が議論されている。また日本航空（JAL）の経営再建も国家的課題である。そんな中、最も大きな課題を抱えているのが関西国際空港（以下、関空）である。関空は24時間フル稼働の2本の長大滑走路を持つ。後背地の人口やGDPも大きく、他国であれば間違いなく強力な国際ハブ空港になっていたはずだ。ところが、開港後15年経っても安定経営のシナリオが見えてこなかった。それどころか「第2の国鉄問題」あるいは「第2のJAL問題」になるとすら揶揄された。

　本章では、関西3空港の経営評価に基づくそれぞれの空港の課題の整理を行い、さらに大阪国際空港（以下、伊丹）や神戸空港（以下、神戸）との役割分担論も交えつつ、関空の経営再生の可能性を考える。

　まず、第1節では国内空港の全体像を、第2節では3つの空港を経営の視点から比較分析する。具体的には旅客数や収支、負債を中心に3空港の現状と経営課題を抽出する。さらに第3節では、空港外の周辺要素に視野を広げ、利便性、外部経済効果を加味した関西の3空港体制の評価を行う。そして第4節では関空と伊丹の関係を念頭に置きつつ両者の経営課題を考察する。

　第5節ではさらに視野をわが国全体の航空・空港政策に広げる。第6～7節では、前節までの分析をもとに、関空の債務処理と機能縮小後の伊丹のあり方を経営形態と債務処理の観点から考える。

　なお、本稿は2009年10月に執筆した。その後、政権交代を機に、2011年には関空の債務解消に向けた関空と伊丹の経営統合の法案が成立した。そして、2012年度には伊丹が民営化され関空との経営統合が実現した。執筆当時から情勢は大きく変化したが関西3空港が抱える本質的な課題は変わらない。また経営分析と課題解決の道筋を示す意義は現在も変わらない。そこで論旨もデータもなるべく当初のまま掲載することにした。

01　空港の本質と現状

　そもそも空港とは何か。まずその事業特性と公共施設としての本質、そして国内空港の現状を概観する。

空港の現状

　日本には98の空港がある。これらの空港は「第1種」、「第2種A」、「第2種B」、「第3種」、「その他空港」の5つに分類され、それぞれ設置・管理者が異なる。

　第1種のうち羽田と伊丹、そして第2種Aの計21空港は、国土交通省が空港整備特別会計（現在は「社会資本整備事業特別会計」に統合され、正確には同会計の中の「空港整備特別勘定」となっている。本章では便宜上「空整特会」と表記）のもとでまとめて管理している。収入はすべての空港の分をプールする形で管理され、個別空港の単体の赤字は空整特会の内部で補填される。そのため空港別収支が公表されておらず、各空港の経営実態を客観的に捉えることができない。

　一方、地方公共団体が管理する第2種B、第3種の計58空港については個々の収支が明示されている。2007年度実績では全体の約9割の空港が赤字である。これらの赤字は各地方公共団体が一般会計からの補助金で補填している。

　わが国の空港の整備は、主に国が行っているが、空港の種別や設置者によって補助率は異なる。たとえば第1種空港の伊丹は、設置者の国が100％負担して整備を行った。しかし、同じ第1種空港でも株式会社が設置者の関空の場合、国は直接、整備費を出さない。第1期工事費は1.5兆円かかったがこのうち20％（約3,000億円）は、国、自治体、民間企業による出資金である。残りの約80％（約1.2兆円）は、有利子の民間資金の借り入れによる。

　ともあれ、わが国の空港は初期整備がほぼ終わった。今後は維持管理が中心となり大きな国費を投入する必要はなくなってくる。これを受けて、国は空港法を制定し（2008年6月18日）、旧空港整備法の「整備重視」から「運

営重視」へと方針を転換した。

空港の戦略

　いうまでもなく空港は、航空ネットワークの拠点となってはじめて価値を発揮する。したがって空港戦略の基本は魅力的な航空路線の誘致や都心から空港までのアクセスの充実など、主として利便性の向上策となる。

　空港の主な収入は、航空系収入（着陸料や空港施設使用料等）だが、近年は非航空系収入（テナント等の施設使用料、免税店等の直営事業収入等）が比重を増している。主な支出は、空港施設の運営経費や空港整備時の負債の償還金等である。近年は航空系収入だけでは必要なコストがまかなえず、非航空系収入も加えて帳尻を合わせる傾向にある。

　公共性についてはどうか。空港は道路や鉄道と同じく誰もが利用できる公共の開かれた施設である。また地域に雇用を創り出す。さらに航空便がくることで周辺地域に外部経済効果をもたらす。半面、騒音や公害のマイナス面、道路の渋滞などマイナス効果をもたらすこともある。しかし、機材が改良され、現在では環境面（騒音）のマイナス面よりも経済面（地域経済効果）のプラス面が期待される傾向にある。

02　関西3空港の現状と経営課題

　次に、関西の3空港の実態を分析する。まずそれぞれの特徴や現状を整理・分析したうえで、各空港の経営課題を抽出する。

3空港の現状
（1）　3空港体制に至る歴史

　伊丹は1939年に「大阪第二飛行場（伊丹飛行場）」として開港し、1959年に「大阪国際空港」と改称した。そして関空開港まではずっと国際空港として機能した。やがて伊丹では1964年のジェット機就航とともに騒音問題が深刻化する。空港廃止などを求めた公害訴訟を経て、1981年に最高裁は伊丹を欠陥空港と認定し、過去の損害賠償を認める判決を下した。

伊丹は騒音問題を抱えるうえに需要に見合った拡張の余地がなかった。そこで代替の新空港の建設が計画される。そして1974年、航空審議会は「騒音リスクが最も少ない」という理由で、整備地点を大阪南部の泉州沖にすべきと答申した。これを受け、国は1984年に関西国際空港株式会社を設立し、10年後の1994年に関空は開港した。ところが工事中の1990年に国は伊丹の存続を決定した。関空の開港後も同空港だけでは関西の航空需要はまかなえないという理由だった。

神戸はどうか。1972年当時、神戸沖は、関西につくる新空港の有力候補地だった。しかし神戸市が反対を表明し泉州沖に決まった。ところが、1982年になって同市は政策を変更して空港整備の推進を唱え始める。その後、阪神・淡路大震災を経たのちに空港建設が決まり、2006年に神戸が開港した。その結果、関西では半径25キロの圏域に3つの空港ができることになった。

(2) 機能分担の現状

神戸の開港を目前にした2005年、国は関西の3つの空港の機能分担を決定した。すなわち関空を核としつつ3空港をトータルとして最適運用を図ることとされた。そのうえで関空を「西日本を中心とする国際拠点空港および関西圏の国内線の基幹空港」、伊丹を「国内線の基幹空港」、神戸を「神戸150万都市圏の地方空港」とした。すなわち、伊丹も関空もともに「国内線の基幹空港」とされてしまった。このことが国内線の路線配分をめぐる課題をのちのちにまで残す事態を招いた。

経営の現状と課題

(1) 3空港の概要

3空港はそれぞれ経営体制が異なる。伊丹の設置・運営主体は国営（国土交通省）、関空が民営（関西国際空港株式会社）、神戸が市営（神戸市）である。

3空港は内容もかなり異なる。伊丹は兵庫県伊丹市、大阪府豊中市・池田市にまたがる市街地にある。環境（騒音）との調和が課題の都市型空港である。伊丹は大阪、神戸、京都からのアクセスがよく、2009年10月現在で羽田に次ぐ国内29都市（346発着／日）のネットワークを持つ。2007年度の実

績では、国内空港中第6位の1,594万人が利用し、発着回数は関空と同じ12.9万回である。ただし、騒音規制のため、運用時間は1日14時間、370回／日（うちジェット機200回）の発着規制がかかっている。また貨物の取扱量は14万トンと関空の6分の1程度にとどまる。

関空は、海上空港で日本初の民営空港であり、世界で初めて用地造成の段階から民間企業が行った空港である。関空では2007年8月に第2滑走路の供用を開始し、複数滑走路を持つ完全な24時間国際空港になった。関空は大阪を海外54都市（最大191発着／日）、国内10都市（89発着／日）と結ぶ。2007年度は、国内5位の1,649万人の旅客実績を持ち、貨物も成田に次いで国内2位、85万トンの取扱量である。

神戸も海上空港で国内5都市（43発着／日）と結ばれる。2007年度は297万人が利用した。なお空港管制上の都合から、1日15時間、1日60回の発着規制がある。

(2) 3空港の利用状況
① 旅客数の推移

関空の旅客数は、開港から2000年度までは年間2,000万人前後で推移した。だが2001年度から国内線の航空自由化が始まる。それにつれて、国内線の旅客は伊丹にしだいにシフトした。この影響で、関空の旅客数は2000年度から2003年度の4年間で686万人（33.3％）も減少し、経営が悪化した（図表12-1）。

これを受けて、国は関空支援策をとり始める。2005年度から伊丹のジェット機便の回数を250回／日から200回／日に段階的に縮小。また札幌、那覇等の長距離便の一部を関空にシフトした。その結果、関空の旅客数は2004年度から2007年度の間に115万人（7.5％）増加した。そして、ついに2007年度の旅客数は伊丹を上回った。一方、伊丹の旅客数は2004年度から2007年度の間に354万人（18.2％）減少した。

なお1997年度から2007年度について3空港の合計旅客数を見ると、わずか207万人（6.2％）しか増えておらず、実数は毎年3,500万人前後で推移している。その時々において大きな話題となった国内路線のいわゆる「伊丹シ

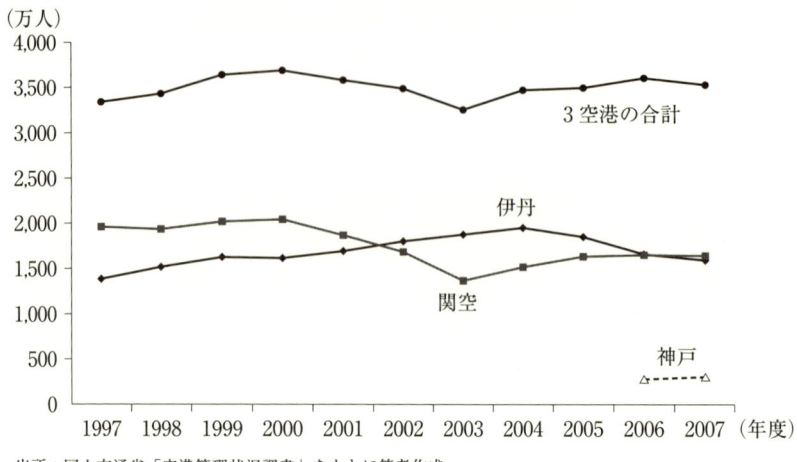

図表 12-1 関西 3 空港の旅客数の推移

出所：国土交通省「空港管理状況調書」をもとに筆者作成。

フト」も「関空シフト」も関西全体の航空需要を押し上げなかった。関西の全体需要が伸びないという現実がおそらく、3 空港それぞれの経営課題の解決がなかなか進まないことの背景にある。

② 空港利用率の推移

空港利用率はどうか。利用率とは発着回数を発着容量で割った数値である。伊丹は 2001 年度以降、国内路線の伊丹シフトで高率を推移している（図表12-2）。しかも、2001 年度の 75.6％から 2004 年度の 96.3％へと 4 年間で 20.7％も上昇した。2005 年度からの関空シフト以降も、96％前後と高止まる。

関空については、2000 年度の 77.5％が最高で 2003 年度には 62.5％まで 15％も減少した。その後は、いわゆる関空シフトで 2006 年度には 73.1％まで回復した。しかし 2007 年度には第 2 滑走路が供用を開始する。そして発着容量が 16 万回／年間から 23 万回／年間に増えたため、利用率は 56.1％に落ちた。需要が増えなければ、関空は 4 割超もの遊休資産を抱えた状態が続くことになる。

なお、神戸は開港時から 90％を超える利用率で推移している。だが収支状況はよくない。コスト構造に根本的な問題を抱えているからである（くわしくは後述）。

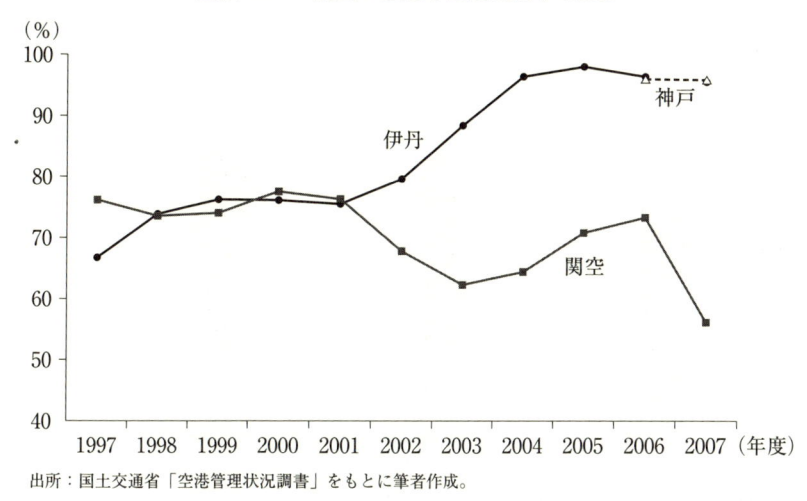

図表 12-2　関西 3 空港の空港利用率の推移

出所：国土交通省「空港管理状況調書」をもとに筆者作成。

③　全国・首都圏空港と 3 空港の旅客数の推移

次に、全国および首都圏の空港（羽田、成田）と関西 3 空港の旅客数を比較する（図表 12-3）。

全国の旅客数は、1997 年度から 10 年後の 2007 年度を見ると 2,209 万人（16.7％）増加した。特に首都圏空港は 2,446 万人（32.8％）も増えた。これに対し、関西圏は 207 万人（6.2％）の増加にとどまる。空港別に見ると、羽田は 35.2％、成田も 27.9％ずつそれぞれ増加した。これに対して、伊丹は 15.3％の増加、関空は 15.5％の減少となり、首都圏と比べるといかにも振るわない。しかし、これは首都圏以外の全国各地に共通する現象である。全国の旅客数の増加も主として首都圏空港の伸張によるものである。

(3)　3 空港の財務状況
①　経営状況
（ⅰ）　伊丹

前述のとおり、伊丹は空整特会の管理下にある国営空港である。そのため、従来、単体での単年度収支が公表されてこなかった。しかし、2009 年 8 月 12 日、国土交通省は国が管理する空港の「平成 18 年度空港別収支試算結

図表 12-3　全国、首都圏、関西圏の旅客数の推移

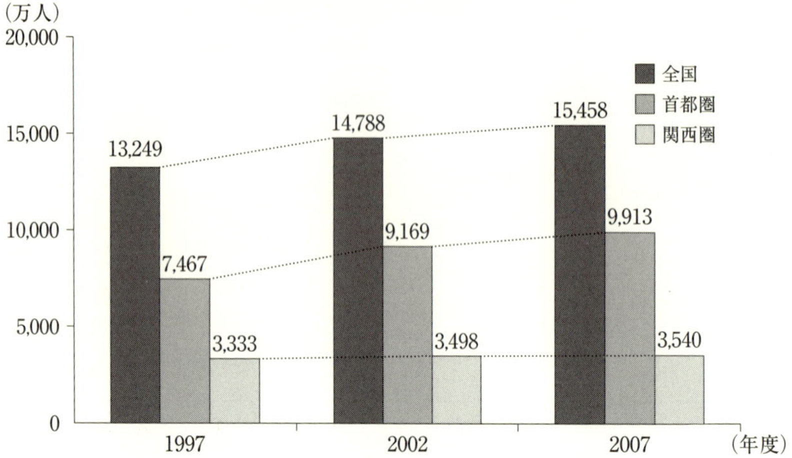

(万人)

年度	全国	首都圏	関西圏
1997	13,249	7,467	3,333
2002	14,788	9,169	3,498
2007	15,458	9,913	3,540

出所：国土交通省「空港管理状況調書」をもとに筆者作成。

果」を初めて公表した。これは、「実態が不透明」という国会での批判をきっかけに空港別収支をつくることを決めた「骨太の方針 2008」に沿ったものである。これによると、伊丹は 2006 年度に 43 億円の黒字だった（図表12-4）。伊丹は、国内 29 都市に就航して収入が安定している。また 1970 年に滑走路を整備して以来、大型投資もなく、空港整備費、減価償却費が少ない。そのため高収益を誇ると思われる。

　しかし、累積収支で見ると、伊丹は大幅な赤字である。1968 年以降、伊丹には全国の騒音対策費のほぼ 2 分の 1 に相当する約 6,600 億円が投じられてきた。一方、同期間の着陸料や空港施設使用料などの収入累計は約 4,000 億円でしかない。またその他にかかる経費もある。キャッシュフローベースで見れば、支出が収入を上回っている。つまり、伊丹は空整特会の枠内で税金と羽田の収益によって赤字を補塡されながら存続してきたことになる。

　（ⅱ）　関空

　関空は 1994 年の開港以来、2003 年度までの 10 年間にわたって経常赤字であった（図表 12-5）。しかし、2004 年度以降は黒字に転じた。主な要因は、支払利息の減少と 2005 年度からの一部国内線の関空回帰による。経常赤字

第12章 空港経営の仕組みと課題 301

図表 12-4 3空港の単年度収支の状況

(単位：億円)

区分		伊丹	関空	神戸
収入		154	1,159	14.8
	航空系収入	138	461	8.5
	非航空系収入	16	698	6.3
	うち補助金	0	90	1.9
費用		111	1,045	13.3
	営業費用	111	811	7.9
	うち騒音対策費	39	0	0
	営業外費用	0	234	5.4
	うち支払利息	0	227	5.3
差引収支		43	114	1.5
差引収支（補助金除き）		43	24	▲0.4

注：伊丹は 2006 年度決算、関空・神戸は 2007 年度決算。
出所：国土交通省、関空、神戸の決算資料をもとに筆者作成。

図表 12-5 関空の旅客数と経常損益の推移

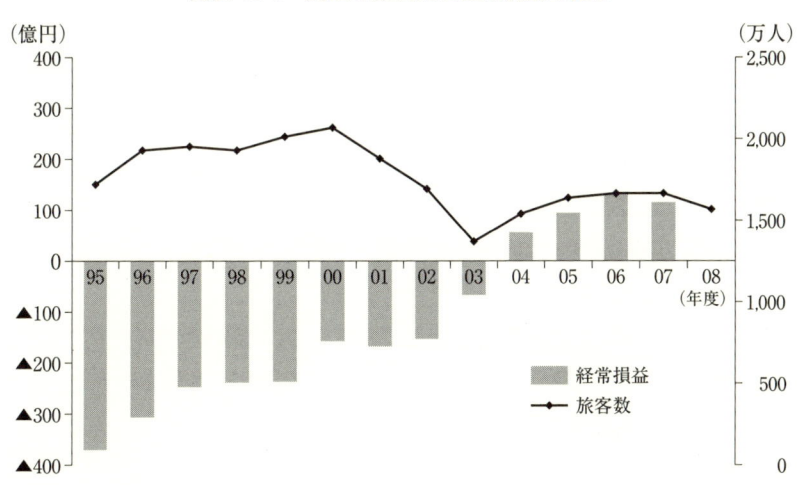

出所：関空の決算資料をもとに筆者作成。

が続いてきた最大の要因は有利子負債の利払いである。支払利息は、1995年の531億円をピークに減少に転じたが、2003年度でも296億円にのぼっている。この間の支払利息の航空系収入に対する比率は73～115％を占め、航空系収入の全額または大部分が利息返済に回っている。

2000年度から2003年度の減収要因としては、伊丹シフトの影響も大きい。旅客数が4年間に686万人（33.3％）も減少し、あわせて航空系収入が157億円も減った。

2007年度の単年度収支は114億円の黒字である。しかし有利子負債の償還支援として国が補給している90億円を除くと、実質の黒字は24億円（収入総額1,159億円に対する比率は2.1％）でほぼ収支均衡にある。しかし、この数字は非航空系収入に依存して出せた黒字である。航空系収入はわずか461億円で、毎年、不可避の出費として発生する固定費の616億円（支払利息＋固定資産税＋減価償却費）すらまかなえない。

(ⅲ) 神戸

神戸の2007年度の単年度収支は1.5億円の黒字だが、兵庫県からの補助金を除くと、実質は0.4億円の赤字である。

神戸市の長期計画「神戸空港の管理収支の見通し」によると、同空港の収支は、2009年度以降は黒字が想定されている。しかしこの前提の着陸料は年間約16～17億円であり、実態と乖離がある。これを現実的な着陸料（2008年度予算額8.35億円）に置き換えて試算すると、一般会計等による補填がない限り、2009年度以降も単年度収支の赤字が続く見込みだ（図表12-6）。そして2011年度以降は累積収支も悪化し、2015年度には約35億円の累積赤字を抱える見込みである。

以上、3空港の収支状況を見てきた。いずれも、それぞれの事情によって実質的に赤字であるうえ、将来はいっそうの収支悪化が予見される。いずれも経営リスクを抱えている。

② 経営課題

こうした収支や負債の状況を念頭に置き、これまでの経営課題と今後追加される経営課題を整理する（図表12-7）。

第12章　空港経営の仕組みと課題　303

図表 12-6　神戸の単年度収支、累積収支の見込

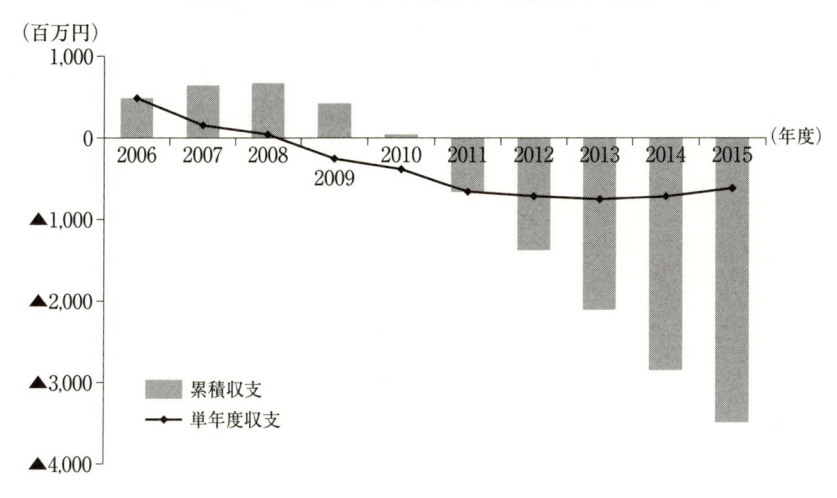

出所：神戸市（2006）「神戸空港の管理収支の見通し」をもとに筆者作成。

図表 12-7　3 空港の個別の経営課題

空港	区分	これまでの課題	今後の課題
伊丹	収支	1. 空港利用率が高く（95.6％）、増便余地が少ない 2. 便数制限（1日370便）、時間制限（1日14時間） 3. 2005年からの関空への国内線シフト 4. 騒音対策費（約40年間に6,600億円）	関空から成田、羽田への国際線シフトが起きると何らかの影響が出る
	負債	不明（非公開）	今後の特別会計の見通しによる影響
関空	収支	1. ネットワーク、路線数の拡大 2. 国内線・国際線乗り継ぎ利便性の向上 3. 空港アクセスが悪い	2010年成田、羽田の拡張後に、首都圏需要を見込んで航空会社が国際線を成田、羽田にシフトするリスクがある
	負債	有利子負債1.1兆円の償還	第2期工事に伴う有利子負債の増加
神戸	収支	1. 空港利用率が高く（95.9％）、増便余地が少ない 2. 便数制限（1日30便）、時間制限（1日15時間）	1. 路線数の維持 2. ロードファクターの向上
	負債	空港特別会計の243億円の償還	左の元利償還金の上昇

（ i ） 伊丹

　着陸料や空港施設使用料等の大幅な増収は期待できない。空港利用率がすでに 95.6％と高く、増便の余地が少ない。夜間使用できないうえに騒音問題もある。一方、国内路線について関空へのシフト、さらに九州新幹線の開業に伴うリスクにさらされている。

（ ii ） 関空

　最大の課題は稼働率の向上、つまりネットワーク、路線数の拡大である。海外については 54 都市と結ばれているが、国内は 10 都市でしかない。国内線と国際線が同一場所で乗り継ぎできる施設の強みが生かされていない。海外の就航先も限られる。また、伊丹と成田の間を連絡便が就航するため、年間 34 万人（2007 年度実績）の旅客が伊丹経由で成田に流出する。この何割かは、伊丹が国内空港として残ったため関空が成田に客をとられた分とみなすこともできる。

　集客については 2010 年の供用をめざして、羽田で第 4 滑走路の整備が、成田では滑走路の延伸工事が進められている。完成すれば、年間で羽田 6 万回、成田 2 万回、合計 8 万回の国際線の増便が可能となる。これによって、もし関空の国際線が成田や羽田にシフトすれば関空の経営に影響を与える。

　また 1.1 兆円の有利子負債の償還も課題である。この 5 年間の有利子負債元金の償還額は年平均 256 億円である。これまでのペースでは、すべての負債の償還に 44 年もかかる。さらに第 2 期工事の残工事に伴う新たな有利子負債 3,100 億円を加味すると、56 年もかかることになる。

（iii） 神戸

　伊丹同様、空港利用率は 95.9％と高く、これ以上の着陸料等の増収は期待できない。便数制限、時間制限があり、発着容量は 2.2 万回／年間と小規模である。今後は、路線数の維持やロードファクター（座席有償利用率）の向上等による経営改善が課題となる。

　また、空港整備時に発行した 2,331 億円の市債のうち、空港特別会計で償還する 243 億円の元利償還金も課題だ。本格的に元金償還が始まると、2007 年度には 5.3 億円にとどまっていた元利償還金が、2014 年度には 20 億円に達する。

以上のように、3空港はいずれも収支の改善余地が乏しいうえ、経営課題が多い。

03　現行の関西3空港体制の評価

　前節では、旅客数や収支、負債を中心に3空港の問題を整理した。だが、空港の価値は周辺にもたらす経済効果なども捉えて広く考える必要がある。そこで本節では、空港の周辺要素にも視野を広げ、現行の関西の3空港体制を評価する。具体的に以下では利便性（空港へのアクセス）、外部経済効果、など広く空港が地域や周辺にもたらす影響を考える。

3空港の現状把握

　まず、旅客の利便性はどうか。大阪の中心拠点の駅はJR大阪駅とそこに近接する阪急梅田駅である。ここから各空港までの鉄道（モノレールを含む）と空港バスの所要時間と費用を比較する（乗り換え、徒歩時間を含んだ最短時間および運賃）。

　鉄道では、平日の場合、伊丹へは34分・420円（阪急宝塚線−大阪モノレール）。関空は同じく63分・1,160円（JR関空快速）、神戸は48分・710円（JR東海道本線−神戸ポートアイランド線）である（図表12-8）。

　空港バスの場合、伊丹は33分で620円、関空は65分で1,500円である（神戸向けの大阪駅発着の空港バスはない）。以上を総合すると少なくとも大阪駅を起点に考える場合、明らかに伊丹が便利である。

　外部経済効果はどうか。空港は地元にさまざまな外部経済効果をもたらす。よそからの旅客は、飲食、買物、宿泊等の需要をもたらす。また空港周辺地域には企業が立地し、それに伴う雇用・消費がもたらされる。しかし、関西の3空港についてこれらの外部経済効果データは公式には測定されていない。そこで今回は粗い試算をしてみた。

　まず、旅客について考える。国際線旅客は通常、一定の比率で宿泊を伴う。国外の乗り継ぎ客や国内の遠方の地を出会地あるいは目的地とする人、そしてクルーが宿泊する。買物や飲食の単価も回数も国内線よりも高い。これを

図表 12-8　3 空港の利便性、外部経済効果の現状

		伊丹	関空	神戸	備考
利便性	鉄道（モノレール）	34 分 420 円	63 分 1,160 円	48 分 710 円	平日（2009 年 10 月 1 日午前 10 時台）に JR 大阪駅または阪急梅田駅から乗車した場合の各空港までの時間と料金を Yahoo！で検索（乗り換え、徒歩時間を含む。最短時間を選択）
利便性	空港バス	33 分 620 円	65 分 1,500 円	-	
外部経済効果	旅客 国際線旅客	-	1,081 万人	-	2007 年度実績 指数欄の下段は旅客数×客単価（国内線 1、国際線 2）で計算したもの
外部経済効果	旅客 国内線旅客	1,594 万人	568 万人	297 万人	
外部経済効果	旅客 合計旅客数	1,594 万人	1,649 万人	297 万人	
外部経済効果	旅客 指数	100 (1,594)	171 (2,730)	19 (297)	
外部経済効果	貨物 国際線取扱量	-	79.1 万トン	-	2007 年度取扱実績
外部経済効果	貨物 国内線取扱量	13.7 万トン	5.6 万トン	1.0 万トン	
外部経済効果	貨物 合計取扱量	13.7 万トン	84.7 万トン	1.0 万トン	
外部経済効果	貨物 指数	100	620	7	
外部経済効果	貨物 国際線取扱額	-	77,600 億円	-	関空国際線は大阪税関 2007 年月別貿易額推移表の取扱金額。3 空港の国内線は、関空国際線のトン当たり金額 981 万円／トンで計算したもの
外部経済効果	貨物 国内線取扱額	13,400 億円	5,500 億円	980 億円	
外部経済効果	貨物 合計取扱額	13,400 億円	83,100 億円	980 億円	
外部経済効果	貨物 指数	100	620	7	

注：指数は、伊丹を 100 として計算したもの。
出所：国土交通省「空港管理状況調査」、大阪税関月別貿易額推移表をもとに筆者作成。

斟酌して相対比較をする。ここでは国内線旅客の 1 万人当たりの経済効果を 1、国際線旅客の経済効果を 2 として計算すると、伊丹 1,594、関空 2,730、神戸 297 となる。関空は伊丹の 1.71 倍、神戸は 0.19 倍となった。

次に、貨物の経済効果である。貨物の取扱量が増えれば、トラック運送等の需要や燃料、高速代、パーキングでの飲食、トラックの買替需要、さらに運転手の雇用等が増加する。2007 年度の貨物取扱量は、伊丹 13.7 万トン、関空 84.7 万トン、神戸 1 万トンである。この比率で推計すると、伊丹に比べて、関空は 6.2 倍、神戸は 0.07 倍の経済効果をもたらしていると見られる。

金額ベースではどうか。大阪税関が公表する関空国際線の 2007 年度の取

図表 12-9　3 空港の評価結果

	伊丹	関空	神戸	備考
利便性	△	×	△	鉄道・空港バスのアクセス ○　30 分以内、500 円未満 △　同　1 時間以内、1,000 円未満 ×　同　1 時間超、1,000 円超
収支状況	△	×	×	単年度収支（実態） ○　黒字 △　どちらともいえない ×　赤字
外部経済効果	△	○	×	旅客と貨物の取扱量、金額による
総合評価	△	○	×	収支状況は 3 空港ともよくない。それを除けば、外部経済効果が高い関空に優位性がある

扱金額は、7 兆 7,600 億円（981 万円／トン）である。これを 3 空港の取扱量にあてはめて試算すると合計の取扱金額は、伊丹が 1 兆 3,400 億円、関空が 8 兆 3,100 億円、神戸が 980 億円となり、関空が圧倒的に大きい。

3 空港の評価結果

　以上の利便性と外部経済効果に関する試算をもとに、3 空港の価値を総合評価してみる。

　利便性は所要時間、料金ともに伊丹が優れている。次が神戸で、関空は最も低い（ただし、これは大阪駅を起点とした場合であり、大阪南部の居住者にとっては必ずしもあてはまらない）。

　外部経済効果は関空が大きく、伊丹はまずまずである。そして神戸はきわめて小さいという結果になった。

　空港別に見ると、伊丹は利便性はよいが、外部経済効果は高くない。関空は利便性は悪いが、外部経済効果は非常に高い。神戸は外部経済効果はきわめて小さく、利便性も神戸市周辺に限られる。

　以上の結果と前述の収支分析を総括すると、収支、利便性、外部経済効果の 3 つのすべてでバランスよく高い評価を得た空港はなかった（図表 12-9）。あえていえば、外部経済効果の大きさに照らして関空にやや優位性があると

わかった。

ちなみに今回の分析では、神戸の外部経済効果はかなり小さいと判明した。そもそも発着容量（2.2万回／年間）が少なく空港利用率（95.9%）も限界に近い。経済効果の増大余地は乏しい。要するに神戸はローカル空港の1つでしかなく、伊丹、関空と同列の存在としては捉えにくい。これまでよく「関西3空港問題」といわれてきたが、実際には伊丹と関空の2空港のあり方が課題の本質ということがわかった。

そこで、以下は伊丹と関空を中心に考察を深めていきたい（ただし、神戸は他の2つの補完空港となりうる設備を有する点について一応言及しておく）。

04　今後の課題

第2節、第3節の分析を通じて、関西3空港のそれぞれが抱えるおおよその経営課題が整理できた。本節では以上を踏まえ、伊丹と関空の今後の課題を整理する。また、それぞれが経営課題を克服するために検討すべき戦略を明らかにする。

収支面の課題整理

空港の経営を安定化させるためには増収策とコスト削減策が有効である。

まず伊丹だが、すでに空港の利用率が高水準にあり、規模拡大の余地は少ない。現在の旅客数を減少させないことが最重要課題である。ライバルはJRの新幹線である。伊丹の旅客の約4割は羽田便であり、今後も新幹線との輸送需要の獲得競争は続く（図表12-10）。第2の課題は非航空系収入の増収である。国営の伊丹の空港ターミナルは民間企業が経営している。これを関空や成田のように空港を民営化したうえで一体経営に変えると増収が見込める。

なお、伊丹にはもうひとつ大きな問題がある。国の直営、つまり空整特会で管理されているため、もともと収支目標が設定されていない。つまりせっかく得た利益が他の地方空港に流れていく構造にある。これでは、経営改善に向けたインセンティブは働きにくいだろう。

図表12-10　3空港体制の課題整理（空港内部）

	伊丹	関空
収支	1. 新幹線との輸送需要の獲得競争 2. 非航空系収入の増収 3. 経営改善のインセンティブは働きにくい	1. 新規国際路線の開拓。さらに成田からの国際路線のシフト 2. ネットワークの充実（乗り継ぎ利便性の向上） 3. 伊丹との国内線の機能分担の整理
負債	不明（非公開）	有利子負債の解消と財務体質の転換

　関空はどうか。最大の課題は、新規海外路線の開拓である。併せて、国内線のネットワークを充実させることである。国際と国内の乗り継ぎの利便性を高め、国内各地の成田、ソウル（仁川）発着の海外旅客を関空発着に換える。さらに、機能分担の見直しが必要だ。2005年に国が決めた機能分担では伊丹、関空をともに「国内線の基幹空港」としているが、戦略性は不明確である。国際線ハブとしての関空の役割の再定義や、それに合わせた国内線の配分が必要だろう。

　その際には、関西全体の経済効果という広域的観点が必要だ。そして、もちろん有利子負債の大幅な解消が急務である。これは国家戦略レベルの課題であり、特別会計からの拠出（国による人口島の買い取りなど）をはじめとする財務上の処理策が必要である。

アクセスと外部経済効果の課題

　空港は、それ自体の収支も大切だが、国家あるいは地域を支える重要な公共インフラでもある。収支の黒字化は主目的ではない。利用客にとっての利便性や、外部経済効果を発揮してこそ経営に成功したといえる。以下、この点から見た課題を考える。

　関空については、最大の問題は旅客の利便性である。特に、鉄道アクセスの向上が急務である。パリやフランクフルトでは、国策で新幹線に相当する高速列車のTGV（フランス国鉄）やICE（ドイツ国鉄）が空港に乗り入れている。これに比べ、関空の現状はまったく貧弱でJRの空港特急「はるか」は新大阪駅には停まるものの、大阪の中心かつ乗り換え拠点駅である大阪駅

図表 12-11　3空港体制の課題整理（空港外部）

	伊丹	関空
利便性	JR大阪駅または阪急梅田駅から直通路線がない	1. 鉄道の新路線整備、時間短縮 2. 空港バスの新路線・便数の充実 3. アクセス料金の値下げ
外部経済効果	経済効果の増加する余地が少ない	ネットワークが少なく、発着能力が生かされていない

には停まらない。南海電車の「ラピート」も難波駅どまりで、新大阪駅や大阪駅に行くには地下鉄に乗り換える必要がある。バスについては関空は合計29もの地域と結ばれている。しかし行き先としては東西軸が弱い。また、増便や料金値下げ等が課題である（図表12-11）。

　外部経済効果については、伊丹は発着容量、空港利用率から見て、増加の余地は少ない。一方、関空は発着容量の5割強しか生かせておらず、成長の可能性が大きい。また、大阪は、大手電機メーカーから中小企業まで製造業が幅広く立地している。関空の24時間の国際貨物機能がさらに大阪、関西全域の経済効果を増加させる可能性がある。

05　抜本的解決策を考える

　第4節までの分析で、いわゆる関西の3空港の実態がおおむね整理できた。まず神戸はあまりにも小規模で、他の2つと同列で議論すべきでないことがわかった。したがって最大の問題は、伊丹と関空が両立できないという点である。そこで本節では視野をわが国全体の航空・空港政策に拡大したうえでこの問題を考えていく。

航空・空港政策から見た伊丹、関空

　海外交易で生きるわが国にとって、国際空港は重要な"戦略施設"である。1980年代までの「モノづくりニッポン」は横浜、神戸などの良港が支えた。今後は、さらに情報とヒトの流動化が進む。国際空港の重要性は増す一方だ。ところがわが国には、国内・国際の乗り継ぎが不自由な"欠陥空港"しか存

在しない。

(1) 「国際空港」の欠陥

わが国には「国際空港」と冠する空港が5港ある（羽田、成田、中部、関空、伊丹）。だが航空はネットワークビジネスである。国際線と国内線の乗り継ぎがなければ国際空港としての機能は発揮できない。ところが現実は、国際線と国内線は東京では成田と羽田の2つに、大阪では関空と伊丹の2つに分断されている。

なぜこうなったのか。成田は開港に至る紛争の経緯から政府が機能を国際線に限定してきた。関空は、もともと国際・国内の乗り継ぎを想定して設計され、上下移動でスムーズに乗り換えができる。ところが大阪市内へのアクセス整備が不十分なままである。前述のとおり、大阪駅と関空を結ぶ直通電車がない。バスでは約1時間もかかるうえ渋滞リスクを考えると、海外に飛び立つ乗客の定時性が確保できない。このリスクを織り込むと、実質の所要時間は約2倍にもなる。さらに伊丹が存続することになり、多くの国内線が伊丹に残った。

これらが関空にもたらした打撃は大きい。なぜなら、国際線の多くは空港が所在する都市の需要に加え、国内線経由の乗り継ぎ客も見込んだうえで採算を見込むからである。国際線の航空機は通常、180席を超える中型もしくは大型の航空機である。行き先によっては関西の地元需要だけでは座席が埋まらない。多くの場合、全国から集客する必要がある。

つまり関空の国内路線は国際線との乗り継ぎ客に加えて、大阪と全国を結ぶ内需向けに毎日定時に数便飛ばしてこそ成り立つ。しかし、国内線の乗客は主に大阪市内に所用があるので都心に近い伊丹に国内線が残ればそちらに流れる。かくして、伊丹に国内線が残ると関空の国際線が成り立ちにくくなる。

要するに、関空は国際線の乗り継ぎ客と国内線の客の両方にとって便利な空港でなければならない。そのためには関空から大阪都心（特に大阪駅）に直結する鉄道が必須だ。開港時にそれを整備し、同時に伊丹を廃止していれば、ことは単純だった。ところが、それができていないのである。

(2) 当初の計画の無理

　実際、国は当初は伊丹を廃止して関空に一本化する計画だった。それが伊丹の存続に変わった背景にはビジネスの都合もあった。大阪と東京、名古屋、福岡の移動は新幹線だけでもよい。だが、その他の都市のビジネス客にとっては伊丹が関空に代わると不便になる。これは古来、全国各地との交易で成り立ってきた大阪のような都市には大きな不利益である。また航空会社も伊丹から関空に拠点を移すと、新幹線との競争に負けることを懸念した（特に東京－大阪、大阪－福岡）。そのうえ、伊丹にはすでに設備投資もしている。機材改良で騒音が小さくなり、騒音問題で反対していた地元も存続支持に転じた。かくして政府も関西の自治体、財界も「伊丹を残したまま関空を育てる」という無理な戦略をとることになった。

　もうひとつの問題は、「中曽根民活」の一環で国ではなく関西国際空港株式会社が人工島の埋め立てコストを負担したことである。これが現在の約1.1兆円の巨額債務、そしてその利払いがもたらす高額の着陸料などの原因となった。

　かくして、関空は大阪市内からのアクセス、巨額の債務、そして高コストという3つの問題を抱えることになった。

問題解決への打開策を考える

(1) 関空と羽田への集中投資

　わが国の地方都市には空港がたくさんある。国内線は羽田と伊丹をハブとし、一部を除いて成田と関空につながっていない。そのため海外に行くときは成田や関空からではなく、ソウル（仁川）経由で出かける人がかなりいる。地方空港からは成田や関空を経由するよりソウル経由の方が安い、あるいはスケジュール上便利だからである。

　これについての対策は明確だろう。羽田と関空を国際と国内の乗り換えが自由にできるハブ空港にするべきだ。そして現在の東京、大阪における「国内空港」、「国際空港」の使い分けをやめる。東京は羽田を、大阪は関空を中枢の国際空港に据え、成田と伊丹はそれぞれの補完空港と位置づける。たとえば、国内・国際ともに重要路線（ニューヨーク、ソウル、上海など）は羽田

に集約させる。成田は内外ともに長距離便と貨物を引き受ける。

大阪では、国内も国際も原則として関空に集約する。また、羽田では時間の制約がある早朝や深夜の国際貨物便を関空が一手に引き受ける。だが、この前提として、関空と大阪都心を10分間隔、運賃1,000円、所要時間30分程度で結ぶ鉄道の高速化（もしくはリニアの建設）が必要だ。

羽田と関空は都心からのアクセスの整備と戦略的な路線配分をすることで、一流の国際ハブ空港になれる。これは国策で推し進める必要がある。ちなみに羽田は24時間運用ができないし、震災リスクも抱える。また羽田の拡張と国際線の供用開始は能力的にも限界が見えている。すなわち羽田と関空はセットでてこ入れすべきである。そして伊丹は関空と大阪市内を結ぶ鉄道ができ次第、廃止すべきだ。

関空は、わが国で24時間稼働できる唯一の大型空港である。海上だから拡張余地もある。空港としての出来（品質）はきわめて高い。関空の再生はわが国全体の空港・航空戦略の再生の突破口になる。また、関空問題という具体的な問題を解くことで、わが国全体の航空戦略や空港戦略の見直しも進むだろう。

(2) 航空戦略の見直しも必須

こうして考えてくると空港の成否は航空戦略とセットで決まることがわかる。これから取り組むべき重要課題は3つあるだろう。

第1は、関空への航空会社のハブの誘致である。ANAかJAL、あるいはシンガポール航空などに極東ハブとして使ってもらう。そのためには、成田や羽田と抱き合わせで関空の枠を売るなどの積極誘導策が必須である。世界の流れは「オープンスカイ」「自由化」だが、国策で航空会社を支援する国は多い。国が航空会社の経営を支援するのならば、空港も経営支援すべきだ。特に発着枠の分配にも関与すべきだ。税金を投じて作った空港は有効活用しなければならない。内外を問わず協力してくれる航空会社を優遇すべきだ。

第2は、外国の航空会社の国内線乗り入れの解禁である。たとえば、オーストラリアの航空機が関空に着いたあとに国内線として福岡まで運行する。運賃は自由とする。そうすれば競争も促進され、需要活性化にもつながる。

第3に関空の債務処理である。債務の大半は人工島の埋め立て費用である。「国家戦略施設」の基盤整備費用は本来、国の責任で負担するものである。それを株式会社に負担させてしまったのは間違いである。今後、国は債務を実質的に肩代わりする方法を提示すべきだ。

06　経営形態の変更

　前節までの分析から、理想は国内線も国際線も関空に集約させること、そのためには大阪都心との鉄道アクセスの改善が必要ということがわかった。しかし、関空の有利子負債の解消という課題が残っている。また、機能を縮小した伊丹をどうするのかという問題もある。この2つの問題を考えるうえでは、経営形態の変更という問題を避けて通れない。

　仮に伊丹を残すとしたら、どういう経営形態がよいのだろうか。ストレートに考えられる案は、関空の国営化と伊丹の民営化である。前者によって関空の債務は処理され、後者によって伊丹の収益は改善する。あるいはこの両者の同時追求、すなわち上下分離による2空港の経営統合が考えられる。つまり、上物の空港運営は伊丹と関空を一体で民間企業が経営する。そして、下物の土地は国が持つという考え方である。

伊丹の民営化

　伊丹は国営である。民間企業が経営する中部空港や関空に比べると、どうしても非効率な経営になる。たとえば伊丹の2006年度の空港収支は黒字だったが、本来、空港経営を支えるうえで重要なはずの空港ターミナルは別会社で経営され、非航空系収入の獲得が十分でない。民営化、さらにターミナルとの一体経営ができれば、非航空系収入の最大化が図れるだろう。

　非航空系収入の獲得は、世界の空港にとって重要な経営戦略のひとつである。たとえばロンドンのヒースロー空港など海外の主要空港の多くは、売り上げの6～7割が非航空系収入である。これらは経営悪化の際の緩衝効果と着陸料の引き下げ効果をもたらす。

　たとえば航空系収入は、戦争やテロのような不測の事態が発生すると急減

する。そのような場合でも、非航空系収入の割合が高ければ、経営の悪化を緩和できる。同様に、非航空系収入の割合が高ければ高いほど、全体収入の着陸料への依存度は下がる。航空会社が支払う着陸料や停留料を引き下げる余力ができるし、これを戦略的に使うとより多くの航空便の誘致ができる。

　ちなみに、2002年11月の扇千景国土交通相（当時）の発言によれば、伊丹の本体施設への投資額は1,100億円程度である。経過年数から見て、民営化で継承する債務残高は少額である。収支面への悪影響はなく債務面も障害はないので、伊丹の民営化は十分に可能である。

関空の国営化

　あるいは関空を伊丹や羽田と同様に国営化（空整特会の管理空港化）する案もありうる。これは、空整特会の収入で関空の有利子、無利子すべての債務返済を行うという案である。関空は騒音を回避するために沖合5キロの海上約1,050haを埋め立ててできた空港だ。いわば「国土創生事業」である。もともと国の役割だったと考えれば、これからでも国営化するという計画もありうる。

07　債務処理の方法

　さて、役割分担や経営形態を見直すとしても、関空の有利子負債はどうやって解消するのか。債務処理の正攻法は利益を上げて借金の償還に回すことだ。だが、金額の大きさから見てあまり現実的ではない。あとは国の補助金を大量に投入するか、破綻処理するか、あるいは国が土地（下物）を買い取るか（いわゆる「上下分離」）である。

債務の現状

　関空の有利子負債残高の1.1兆円は、成田の5,500億円、中部の2,900億円に比べて格段に大きい。第1期工事（510ha）で1.5兆円の工事費を要し、そのうち、国、自治体等の出資金3,000億円を除く1.2兆円の有利子負債が生じた。そして1998年からは第2期工事がスタートした。第1期工事の元

金償還は行っているものの、2007年度末の残高は1.1兆円にのぼり、開港当初とほぼ変わらない。

従来の方法の限界

先に見たように、関空会社は毎年、利益の大半を借金返済に充てている。こういう状況ではなかなか戦略的な企業経営はできない。そこで国は空整特会の補助金で関空の債務処理を始めた。

すなわち、2002年の財務、国土交通両大臣の合意に基づき、関空は2003年度から有利子負債の償還を支援するために国からの補給金90億円を受けてきた。だが、この程度の額では有利子負債そのものは大きく減らない。空整特会の2009年度予算のうち、一般会計繰入金と財政投融資を除く自主財源は3,000億円程度ある。全国の地方空港の整備が一段落ついた現在、これを一気に関空の債務処理に振り向けるべきだ。

上下分離方式による債務処理

国の補助金による債務処理に代わる策としては、上下分離方式が考えられる。一般に上下分離方式とは、下物法人（資産、債務を保有し、上物法人から土地等の賃借料を徴収し経営する）と上物法人（空港運営を行う）を分離して会計を独立させることをいう。この場合、負債は資産見合いで按分して上下の法人がそれぞれ継承する。

下物法人と上物法人を分離すると、上物法人は債務返済から解放されて効率的な空港運営が可能になる。具体的には、上物法人としての関空は年間で約230億円の支払利息、約250億円の元金償還、約70億円の固定資産税という計550億円の毎年の出費から解放される。若干の土地の賃借料が必要となるものの財務体質はかなり改善し、上物法人は、晴れて空港経営に専念できる。

なお、分離の際に伊丹も組み入れる案も考えられる。上物も下物も伊丹と合体させる。これができれば、国内路線の振り分けなどで機動的な経営が可能になる。伊丹の収入を関空の着陸料等の引き下げに充てることも可能となり、理想的である。

伊丹の売却または定期借地の効果

　ちなみに、あくまで関空のアクセス問題が解決したうえでの話だが、当初の計画どおりに路線をすべて関空に移して伊丹を廃止したとする。この場合、財政的にはどうなるか。

　関空にとってのメリットは明らかだ。旅客・貨物が増加し、24時間国際空港としての能力がフルに発揮できる。収益は向上し、着陸料等の減額も可能になる。ひいては物流拠点や製造業等の集積や雇用や消費への効果が見込める。

　伊丹については周辺地区の騒音問題が解消し、資産価値、税額が上昇するだろう。跡地には企業誘致や住宅開発が見込める。一方で空港周辺の産業や雇用は失われる。

(1)　直接効果

　伊丹の跡地は311haある。そこで、以下ではこれを売却、または事業用定期借地として貸し出すケースを検討する。

　土地の売却価格は、仮に近隣の取引事例にあてはめると路線価の1.5～2倍程度となり7,000億～9,000億円となる。これを関空の有利子負債残高1.1兆円に充当すると、残りの負債は2,200億～4,200億円となり、支払利息は45億～85億円に縮小する。

　跡地を売らずに売却価格をもとに年間の借地料率を4％とし定期借地として貸し出すとどうなるか。借地料は年間280億～360億円と想定され、これは利息の支払いに充当できる。収入が支払利息を上回れば元金償還に充当する。

(2)　間接効果

　跡地利用の効果はこれら直接的な収入だけではない。跡地の利用形態によっては経済の活性化や税収増などが見込める。たとえば、大手製造業を誘致したとする。雇用、消費に伴う地域経済効果のほか、固定資産税、法人・個人市民税等で年120億円程度の市税収入が生まれる。

　大規模住宅開発を行うとどうなるか。府内ニュータウンの実例をもとに試算すると、8,300戸、人口28,000人程度の住宅開発ができる。消費増に伴う

図表 12-12　伊丹跡地最適活用の経済効果（試算）

	跡地利用	充当先	効果	備考
関空	売却	売却代金7,000億～9,000億円を有利子負債元金返済に充当	有利子負債2,200億～4,200億円に縮小　支払利息45億～85億円に縮小	売却代金は路線価の1.5～2倍
関空	事業用定期借地	定期借地料280億～360億円を支払利息に充当	元金返済は残るものの支払利息は解消	定期借地料率は売却代金の4％とした　支払利息を超える借地料は元金返済に充当する
伊丹	企業誘致	―	地元雇用の増加、地域経済の活性化　地元自治体に市税120億円+α	府内パネル企業の税収効果をもとに試算*
伊丹	大規模住宅開発	―	8,300戸、28,000人の良好な住宅開発が可能　地元自治体に市税85億円+α	府内ニュータウンの税収効果をもとに試算**

注：*「シャープ株式会社堺浜への立地による経済波及効果について」（2007年8月10日、堺市報道資料）のうち税収効果を参考に試算。新規雇用2万人（うち伊丹、豊中、池田の3市内居住12,000人）。固定資産税・都市計画税74.9億円（土地・家屋・償却）、法人・個人市民税31.8億円、事業所税13.4億円。
　　**独立行政法人都市再生機構西日本支社が行う住宅開発を参考に試算。公共用地60％、住宅用地40％、3.33人/戸とすると8,300戸、28,000人の住宅開発。固定資産税・都市計画税57.1億円（土地・家屋）市民税28.8億円（納税者11,620人（戸数×1.4倍：共稼ぎ勘案）。

地域経済効果のほか、固定資産税、個人市民税等で年85億円程度の市税収入が生まれる（図表12-12）。ただし、以上の効果はいずれも空港がなくなることによる喪失分を差し引いて考える必要がある。

　以上をまとめると、伊丹の跡地を自由に処分できるなら、関空は有利子負債と支払利息を相当に減額できる。一方、企業誘致でも大規模住宅開発でも、一定の経済効果が伊丹周辺の地元に生まれる可能性がある。自治体には固定資産税等が入る。なお国にとってのメリットは大きい。関空への年90億円の国からの補給金が不要になるうえに、伊丹周辺の騒音対策費が不要になる。

08　おわりに

　これまで関西の3空港問題をめぐっては、とかくそれぞれの地元の利害のぶつかりを中心に議論されてきた。しかし、今、必要とされるのは国家レベルの空港・航空政策、そして関西全域の成長にとっての戦略的な意義である。そのうえで関空の位置づけを検討するべきだ。その次に伊丹のあり方を見直し、一番最後に神戸のあり方を議論するべきだろう。

その後の展開
　2009年、政府の行政刷新会議は、国の関空への補給金75億円を「凍結」とした。伊丹とのあり方を抜本的に解決する必要があるという理由からである。2010年度予算は計上されたものの執行留保となり、抜本策の提示が留保の解除条件となった。
　これを受け、国土交通省の成長戦略会議は、伊丹と関空との経営統合、両空港の運営権の売却で関空の1兆円超の有利子負債を圧縮、関空を国際拠点空港として再生、将来的に伊丹廃港も検討、という案をまとめた。
　その後、2011年5月に伊丹と関空の経営統合の法案が可決、成立した。国土交通省は運営権を売却することで関空のバランスシートの改善と競争力・収益力の強化をめざしている。そして、2012年7月には、経営統合が行われた。なお、またこうした動きを先取りして2012年3月には関空を拠点とする日本初のLCC（ローコストキャリア）が就航し始めた。

〔上山信一・山本貢〕

　〔付記〕　本章の見解は筆者個人のものであり、勤務する組織の見解ではない（山本貢）。

【キーワード】

航空政策、ハブ空港、航空ネットワーク、特別会計、民営化、債務処理、上下分離方式、上物法人、下物法人、有利子負債、外部経済効果、経営形態、非航空系収入、ロードファクター、空港アクセス、LCC（ローコストキャリア）、経営統合

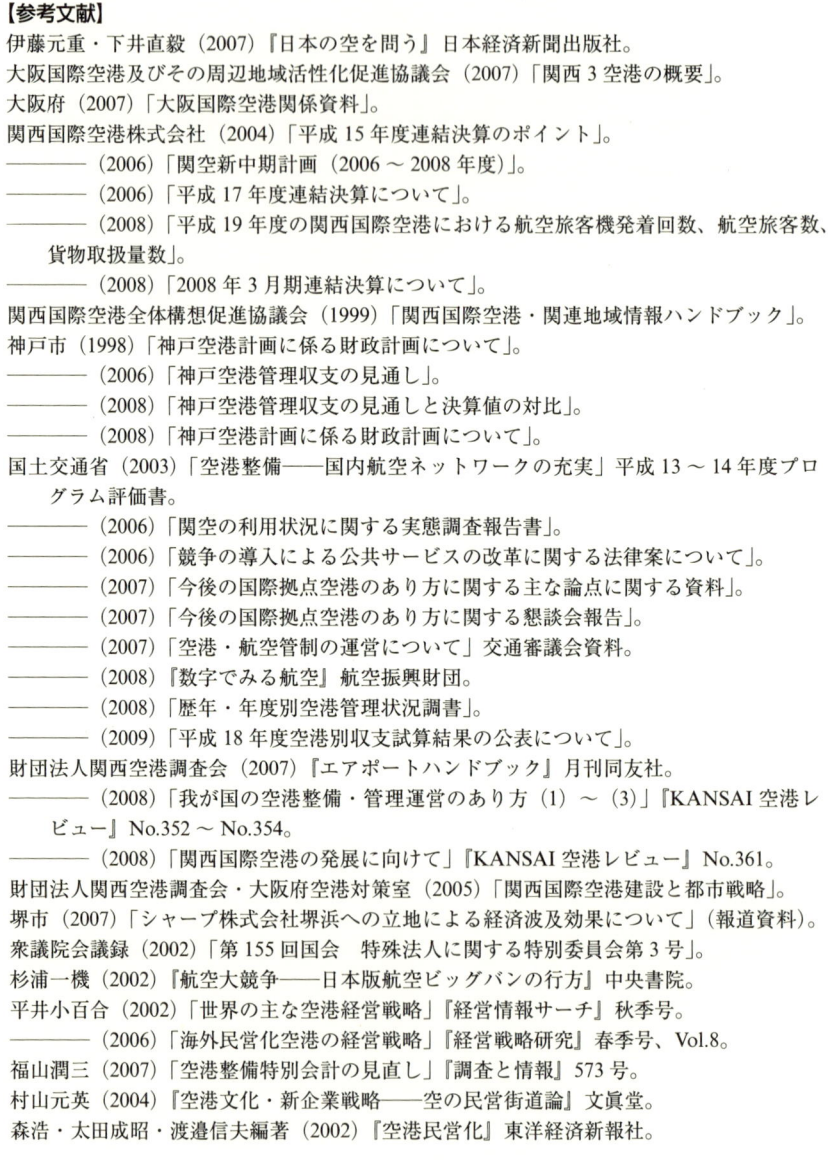

【参考文献】

伊藤元重・下井直毅（2007）『日本の空を問う』日本経済新聞出版社。
大阪国際空港及びその周辺地域活性化促進協議会（2007）「関西3空港の概要」。
大阪府（2007）「大阪国際空港関係資料」。
関西国際空港株式会社（2004）「平成15年度連結決算のポイント」。
――――（2006）「関空新中期計画（2006～2008年度）」。
――――（2006）「平成17年度連結決算について」。
――――（2008）「平成19年度の関西国際空港における航空旅客機発着回数、航空旅客数、貨物取扱量数」。
――――（2008）「2008年3月期連結決算について」。
関西国際空港全体構想促進協議会（1999）「関西国際空港・関連地域情報ハンドブック」。
神戸市（1998）「神戸空港計画に係る財政計画について」。
――――（2006）「神戸空港管理収支の見通し」。
――――（2008）「神戸空港管理収支の見通しと決算値の対比」。
――――（2008）「神戸空港計画に係る財政計画について」。
国土交通省（2003）「空港整備――国内航空ネットワークの充実」平成13～14年度プログラム評価書。
――――（2006）「関空の利用状況に関する実態調査報告書」。
――――（2006）「競争の導入による公共サービスの改革に関する法律案について」。
――――（2007）「今後の国際拠点空港のあり方に関する主な論点に関する資料」。
――――（2007）「今後の国際拠点空港のあり方に関する懇談会報告」。
――――（2007）「空港・航空管制の運営について」交通審議会資料。
――――（2008）『数字でみる航空』航空振興財団。
――――（2008）「歴年・年度別空港管理状況調書」。
――――（2009）「平成18年度空港別収支試算結果の公表について」。
財団法人関西空港調査会（2007）『エアポートハンドブック』月刊同友社。
――――（2008）「我が国の空港整備・管理運営のあり方（1）～（3）」『KANSAI 空港レビュー』No.352～No.354。
――――（2008）「関西国際空港の発展に向けて」『KANSAI 空港レビュー』No.361。
財団法人関西空港調査会・大阪府空港対策室（2005）「関西国際空港建設と都市戦略」。
堺市（2007）「シャープ株式会社堺浜への立地による経済波及効果について」（報道資料）。
衆議院会議録（2002）「第155回国会　特殊法人に関する特別委員会第3号」。
杉浦一機（2002）『航空大競争――日本版航空ビッグバンの行方』中央書院。
平井小百合（2002）「世界の主な空港経営戦略」『経営情報サーチ』秋季号。
――――（2006）「海外民営化空港の経営戦略」『経営戦略研究』春季号、Vol.8。
福山潤三（2007）「空港整備特別会計の見直し」『調査と情報』573号。
村山元英（2004）『空港文化・新企業戦略――空の民営街道論』文眞堂。
森浩・太田成昭・渡邉信夫編著（2002）『空港民営化』東洋経済新報社。

◇ 本章の検討課題 ◇

1. 関西の3空港の経営形態と経営主体を整理しなさい。
2. 関西の3空港はそれぞれ誰が出資して作ったのでしょうか。また設立後、国はどのように関与してきたのでしょうか。
3. 関西空港（以下「関空」）はなぜ長年、赤字に悩まされてきたのでしょうか。
4. 本章では関空に対するこれまでの国の政策を批判していますが、そのポイントを整理しなさい。
5. 関空再生に向けて必要な航空政策の見直しとはどういうものでしょうか。
6. 関空を債務処理する方法としてはどのようなことが考えられますか。
7. 空港の収益を改善する方策としては、コストダウンのほかにどのようなことが考えられるでしょうか。
8. 空港が地域にもたらす意義と効果を整理しなさい。

第13章
河川統制から治水政策へのパラダイム転換
──管理からガバナンスへ

Summary

　本章の目的は、日本における治水のための河川政策を分析の対象とし、その課題を明らかにしたうえで、政策形成過程における転換の方向性を考察し、今後の方向性を提示することにある。本章のテーマは、政策の転換についての考察である。対象として河川政策を取り上げた背景には、河川政策をめぐる社会情勢が変貌しつつあることが理由にある。

　2009年、前原誠司国土交通大臣（以降、肩書きはいずれも当時）は、全国のダム事業のうち、本体工事着工前の89事業を一時凍結すると表明し、その後、検証が進んでいる。地方でも、2011年、大阪府の橋下徹知事は、すでに本体工事に着工していた槇尾川ダム事業を中止にすると決めた。本体工事に入っていたダム事業が中止になったのは異例である。

　振り返れば、これまでの日本の河川政策は、明治以降の近代化に伴い、海外の土木技術を取り入れたダム建設や河川改修などの政策が大きな成果を上げてきた。水害による死傷者も、浸水による家屋の被害面積も減少した。にもかかわらず、河川政策には、環境や地域社会への影響のみならず、時間と費用の点からも批判が続出している。それがこういった政策へのブレーキサインである。国も地方も財政難で、これまでと同様の政策を、同様の方法で、同様の時間と費用をかけて、進めるのは難しい状況にある。加えて、2011年の東日本大震災では、想定を超える地震と津波が発生し、これまでの治水の概念を大きく覆した。

　このような社会情勢を受けて、治水政策も大きく変容しつつある。本章では、この変容を次の3点から考察している。第1に、治水政策の「目標」が従来の河川統制、つまり河川の管理から流域防災へと拡大したこと、これを受けて第2に、ダム建設偏重だった政策の「手段」が、時間と費用に対する効果を考慮したうえで、これまでの「全国一律」の内容での政策形成から「個別事例」への対応に移行する試みが起きていること、そして第3に、政策形成過程に流域住民が参加し、社会的合意と、河川だけではなく、街づくりとの連携も視野に入れた防災効果を高める方向へと「ガバナンス」の仕組みが変容してきたことである。ここでは政策形成過程の「透明性」も重要視されている。

　これらは単なる政策上の改革にとどまらず、問題の認識枠組みの変更を伴うという意味で、本章ではこれを「治水政策へのパラダイム転換」を呼ぶ。

01　日本の河川政策

河川政策の概要

　本章では、国と地方による河川政策のうち、治水を目的とする政策に絞って考えることとする。治水とは一般的には、「人の生命と財産を水害から守ること」と定義されている。まず、ここでは、(1) 何を実施しているのか、(2) 費用はどのぐらいかかっているのか、(3) 誰が行っているのか、(4) どのように行っているのか、(5) その成果、の順に述べる。

(1)　河川政策の事業内容

　筆者は、河川政策の内容は大きく3つの分野に分かれると考えている。1つ目は、河川を流れてきた降水を河川内のいずれかの地点に「ためる（貯水）」、2つ目は河川を流れてきた降水を河川内で「うまく流す（流水）」、3つ目は河川から溢れた水に「備える（防災等）」、である。

　「ためる」という機能を果たすのはダム[1]、堰、遊水池が挙げられ、すでに完成した施設の維持管理および、現在、調査や建設が実施されているものを合わせた事業数は、ダム142、堰51、遊水池7で、「うまく流す」は、川幅の拡張や堤防の造成、護岸工事などが該当し、事業数は348、「備える」は、ハザードマップの作成や避難路の確保、地域の防災の取り組みや、水害に備えた街づくりなどが挙げられる。

(2)　予算

　それぞれの分野につく予算は次のとおりである。2010年度現在の国の予算の枠組みでは、治水政策に該当するものは、主に社会資本整備事業特別会計の「治水勘定」に分類されている。2010年度では、約8,066億円の規模である（図表13-1）。

---

1) 河川法の定義では、河川の流水を貯留し、または取水するためのもので、堤の高さが15メートル以上のもの。堤の高さが15メートル未満のものは、堰として扱われている。

図表 13-1 河川政策における治水事業の概要（2010年度）

	事業の内容	主な事業主が国や水資源公団の事業数	予算
ためる	ダム	142	1,805億円
	堰	51	4,668億円
	遊水池	7	
うまく流す	河川改修、堤防の強化	348	
備える	ハザードマップの作成、避難路の確保、防災の取り組み	192	約104億円

注と出所：ダムの事業数は治水機能を持つダムを充当、堰の事業数は固定堰、可動堰、多目的堰の合計、「うまく流す」の事業数は、平成22年度予算の「都道府県別事業実施箇所」の河川局管轄分のうち「河川改修」に該当する事業数の総計、「備える」の事業数は「総合流域防災事業」の河川の圏域数を充当、予算はこの事業費を充当した（平成22年度から同事業の一部が交付金化されたため、この項目のみ平成21年度予算を参考）。他の項目の予算は、平成22年度社会資本整備事業特別会計治水勘定と平成22年度国土交通省河川局予算を参照した。

　歳出の内訳を見ると、まず、「ためる」の中のダム事業費が1,805億円と全体の2割以上を占め、ダム以外の「ためる」および「うまく流す」に該当する事業費が約4,668億円で、「ためる」と「うまく流す」の2分野だけで全体の約8割を占める。「備える」は約1％にすぎず、河川政策は、ほぼ「ためる」「うまく流す」に集約される河川を管理する政策であることがわかる（予算上の残り約20％は、他の勘定項目への繰入や都市の水環境整備事業費などに充てられている）。

　現在の河川政策が「ためる」「うまく流す」の2分野が中心となっているのは、政策形成過程によるものである。河川における治水政策は、備えるべき雨量を「何年に1度の雨」に想定するかで、その概要が決まる。「何年に1度の雨」が降ったとき、雨水が河川を流れ下っても、河川から外に水が溢れないことが政策の目標とされる。この「何年に1度の雨」が降ったときに、河川に流れ込むと想定される水の量すなわち「基本高水」[2]から、河川を改修することで、河川内を流れることが可能な最大の水量「計画高水」をマイナスしたものを、ダムで処理すると考える。つまり、河川改修で処理できな

い水量をダムで対応するという考え方だ。「水量計算主義」(嘉田他、2010)という指摘もある。明治以降、この考え方が日本の河川政策の根幹となっていて、それが現在まで続いている。溢れた場合に「備える」は、これまでの日本の治水政策の「枠の外」になっているのだが、これについてはあとでくわしく述べる。

(3) 実施者

日本にあるほとんどの河川は、国か都道府県か市町村が管理している。国が管理する河川は一級水系[3]と呼ばれ、109の一級水系を国が管理している。都道府県が管理するのは二級水系、市町村が管理する河川は、準用河川と呼ばれている。重要な河川の管理のほとんどを国が担っている（図表13-2）。

(4) 河川政策における政策形成過程

現在の河川政策は、1997年に河川法が改正されて以降、次のような政策立案、形成および執行の流れになっている。第1段階は「方針の策定」である。一級水系については国が、二級水系については都道府県が、その水系の100年のビジョンと基本的な方針を示す「河川整備基本方針」[4]を策定する。第2段階は、「計画の策定」である。個々の河川ごとに、どこにダムをつくり、どこを改修するかを定めた「河川整備計画」を策定する。第3段階は、計画に沿った事業の実施で、国はこの「河川整備計画」をもとに、個別の事業を実施する（図表13-3）。第1段階においては、専門家などから構成される委員会が2つあるものの、委員の選任は国が行い、公募などはない。住民の参加はできない。第2段階においては、専門家や関係自治体の首長の意見

---

2) 河川管理者が各河川の重要度に応じて決めている、氾濫を防ぐ洪水の規模のこと。河川政策の基本となり、河川法では、「河川整備基本方針」で定めるものとされている。その算定方法の基準は国が決める。利根川や淀川は200年に1度、信濃川は150年に1度、千曲川は100年に1度の洪水規模である。

3) 1964年の河川法で、「国土保全上又は国民経済上特に重要な水系で、政令で指定したものに係る河川で、建設大臣が指定したもの」とされたもの。都道府県を横断して流れる河川のほとんどが一級水系で、一級河川とは一級水系に関わる河川である。

4) 1995年の河川法改正以降、それまでの「工事実施基本計画」に代わり、河川管理者が河川における治水の方針を定めたもの。河川ごとに定める必要がある。

図表 13-2　河川の管理者

管理者	国	都道府県	市町村
管理する河川の種類	一級水系	二級水系	準用河川
水系の数	109	2,715	2,582

出所：国土交通省（2012）より。

図表 13-3　河川政策における政策形成過程——一級水系の場合

	第1段階：方針策定	第2段階：計画策定	第3段階：事業実施
行為	「河川整備基本方針」の策定	「河川整備計画」の策定	「計画」に基づいた事業の実施
内容	・100年程度のビジョンの作成 ・基本高水の決定	・ダムや河川改修の内容や場所の決定	・ダムの建設や河川改修の実施
作成するアクター	国	国	国
意見を述べるアクター	・社会資本審議会河川分科会 ・河川整備基本方針検討委員会	・学識者・住民（必要に応じて） ・都道府県知事	※場合によっては、事業評価委員会
決定するアクター	国	国	国

出所：国土交通省HP「河川整備基本方針・河川整備計画」より筆者作成。

を聴くことが義務づけられているが、決定権者は国である。また、第2段階において、国が「必要に応じて」と判断した場合に限り、専門家や住民の意見を聴取する。

　いずれの段階でも、国の力が最も強く、それ以外のアクターが意見を述べる場はあるものの、その意見を取り入れるか否かは、国の判断に委ねられている。都道府県が管理する二級水系においても、基本となるこの政策決定の流れは同じである。

(5)　河川政策の成果

　次にこれまでの日本の河川政策の成果を見てみよう。日本は前述のような

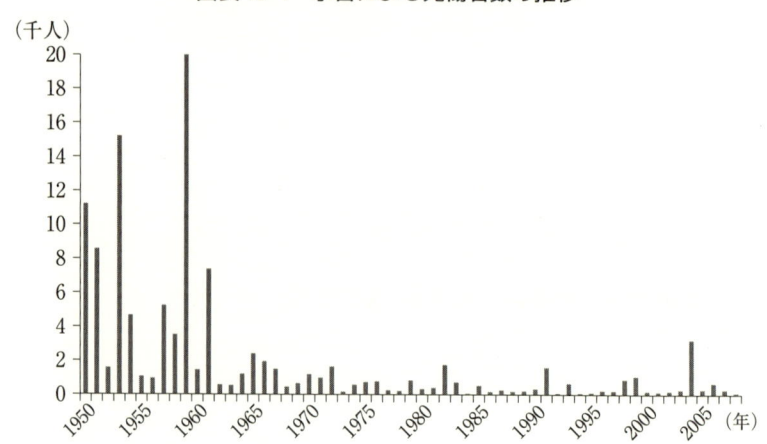

図表 13-4　水害による死傷者数の推移

出所：政府統計「平成 20 年水害統計調査」より筆者作成。

政策を進めた結果、死傷・行方不明者は、1959 年の伊勢湾台風の 47,271 人以降、減り続け、2008 年には 94 人まで減った。これまでの治水政策は一定の成果を上げたといえる（図表 13-4）。

河川政策の歴史

次に、河川政策はどのような変化をたどってきたか概観する。明治以降、現在に至るまで主に 3 期に分けられる。第 1 期は、行政主導による河川整備の時代、第 2 期目は、行政 vs 住民の時代、第 3 期は、その対決構造に対して政治が動いた時代である。

(1)　第 1 期　行政主導による河川整備の時代――明治初期～ 1970 年頃まで

第 1 期は、国による河川工事推進の時期である。

明治以降、国は全国で相次いだ水害に対応するため、1896 年に河川法を制定した。河川法では、それまで各地域が行ってきた河川の管理の多くを国が実施することを決め、「何年に 1 度の雨に対応する治水」という考え方を盛り込んだ。その後、高度成長時代を迎え、都市部では人口の増加と工業化が進み、大量の水資源を必要とした時期でもあり、国は、米国の TVA（テ

ネシー川流域開発公社)[5]から、利水も治水も目的とすることができる"多目的ダム"の概念を導入した。

この時期は、治水と利水の両面から、国は河川の管理を進めた。その成果として1,000人以上が死亡する大水害はなくなった。河川政策の主役は行政であった。

(2) 第2期　行政 vs 住民の時代——1970年代〜1997年頃

　第2期は、第1期の「行政による河川工事推進」に対し、住民が大きく反旗を翻しはじめた時期である。

　まず、第1に「水害訴訟」が相次いで起きた。大雨による被害を受けた住民らが、河川を管理している国など相手に「河川管理に問題があった」として訴訟を相次いで起こした。1972年の「大東水害訴訟」[6]、1974年には、「多摩川水害訴訟」が起きた。最高裁の判断では、前者は「原告敗訴」、後者は「原告勝訴」となった。住民が河川政策の瑕疵を問題とした象徴的な訴訟であった。

　第2に、大型公共事業への住民の反対である。長良川河口堰反対運動[7]は、住民がこれまでにない規模で大型公共事業への批判を行ったもので、長良川流域だけではなく全国的な広がりを見せ、大きな論争を呼んだ。この時期は、河川政策において、行政 vs 住民という構図が続いた時期であった。主役は行政のままではあるが、舞台の脇には住民が登場したのである。

(3) 第3期　政治の介入と改正河川法の限界を示した時代——1997年〜

　第3期は、「行政 vs 住民」の対決構図に対し、首相（国）や首長（地方）などが強いリーダーシップを発揮して政策転換を図った時期であった。

　舞台の主役である行政、対立相手として現れた住民、そして、さらにその

5）1993年に設立され、米国のテネシー川で約30以上のダムを建設した。
6）淀川水系支流の大東市内に住む住民が、1972年の豪雨で床上浸水などの被害を受け、国、大阪府、大東市を被告として国家賠償法に基づく損害賠償を求める訴訟を起こした。
7）当時の水資源公団が三重県の長良川に洪水を防ぐことなどを目的として計画した堰をめぐって起きた大規模な建設反対運動。総事業費は約1,840億円。1995年に運用がスタート。

対立に伴ってこれまであまり顕在化してこなかった政治家というアクターも活発に行動するようになった。

　第1に、大型公共事業への批判を受け、政府が対策に乗り出した。当時の橋本内閣が「公共工事再評価システム」をスタートさせ、2000年には自由民主党の亀井静香政調会長（以降、肩書はいずれも当時）直属の「公共事業の抜本的見直し検討会」が発足し、多くのダム事業が中止を勧告された。徳島県の細川内ダム[8]や和歌山の紀伊丹生川ダム[9]などは中止された。小泉政権では、公共事業費の大幅削減が始まり、100カ所以上のダム事業が見直しの対象になった。さらに2009年の政権交代後、89のダム事業が現在も見直し作業の対象となっている。

　第2に、地方でも同様の動きが起きた。2001年は、田中康夫長野県知事が「脱ダム宣言」[10]を行い、2009年、熊本県の蒲島郁夫知事は川辺川ダム[11]について「見直し」を表明し、滋賀県の嘉田由紀子知事、京都の山田啓二知事、大阪の橋下知事は、共同で大戸川ダム[12]の「中止」を表明した。

　国や地方で政治の動きがある一方、1997年、河川法が改正され、「環境への配慮」と「住民参加」[13]が法律に盛り込まれた。しかし、「環境への配慮」「住民参加」を重視した議論をめざした国の諮問機関「淀川水系流域委員会」[14]は、国と対立し、国が「休止」とした。地元の住民および首長が反対を表明した徳島県の吉野川可動堰[15]の建設をめぐっては、国が策定した「河川整備計画」では、「中止」とされなかった。

---

8) 国が徳島県那賀川流域に計画していた多目的ダムで、1972年の計画発表直後から地元村長を中心に反対運動が展開された。1996年に当時の亀井静香建設大臣が事業の凍結を発表した。
9) 国が和歌山県紀伊丹生川に計画していたダム。水需要の減少で、建設場所を途中で変更するなどしたが、移転先で地質に問題があることがわかり、事業費が増加した。2002年、国が中止を決めた。
10) 当時の田中康夫長野県知事が、2001年に県議会で発表した政策。浅川ダムや下諏訪ダム事業などを中止した。
11) 国が1967年に熊本県で着工した治水ダム。当初は多目的ダムであった。
12) 国が滋賀県に建設を計画したダム。近畿地方整備局の諮問機関「淀川水系流域委員会」が2003年、大戸川ダムを含む計5つのダム事業を「中止が妥当」とし、近畿地方整備局も「中止」とした。
13)「環境への配慮」は改正河川法第1条、「住民参加」は改正河川法第16条2に盛り込まれた。

この時期は、政治家というアクターの登場で、第1期の明治以降続いてきた「行政主導による河川整備」を住民も加わる形で変革しようという萌芽は見えた。しかしながら、「何年に1度の雨に対応する治水」を目指す政策を形成する仕組みはきわめて堅固で、1997年の河川法改正で、「環境への配慮」や「住民参加」が盛り込まれたにもかかわらず、河川政策の決定システムそのものを大きく変えることはできなかった。

　日本の河川政策を振り返ると、一定の成果は上げたものの、政策を進めてきたのは基本的には行政で、途中で住民や政治家が登場したものの所詮は脇役にすぎず、彼らが政策立案や形成過程において主役になることはなかった。内容も、「ためる」「うまく流す」に偏った管理型の政策である。次に、今、この河川政策で起きている問題点を整理したい。

河川政策をめぐる問題点

　日本の河川政策をめぐっては、これまで指摘されてきた課題は多い。その課題は大きくは以下の7つに分けられる。ダムの技術的な限界、地域社会や環境への負荷、事業に要する時間と費用が適切かどうか、政策形成過程で起きる批判、住民への説明とアカウンタビリティの現状、政策決定のスピードの問題、行政機関の責任の所在の問題、などである。その具体的な内容について、先行研究と筆者の調査によるものを交えて、順に述べる。

(1) ダムの技術的な限界

　ダムの技術的な限界とは、ダムという構造物が災害時に水を「ためる」効果を、政策の目的を達するほど十分に発揮するのかという疑問である。この

---

14) 流域委員会とは、1997年に改正された河川法第16条の2に規定された「河川整備計画」の策定に際し、河川について学識経験を有する者、関係住民の意見を聴くこと、また意見を聴く方法について議論すること、を設置目的に含んでいる委員会。設置は河川法では義務づけられておらず、設置の有無や、流域委員会の委員の人選、その運営方法などは、設置者の判断に任されている。流域委員会という名称でない場合もある。

15) 吉野川には、1752年、農業用利水を目的とした「第十堰」が農民らによって作られていて、1967年、徳島県は「第十堰」の改修を国に要望したが、国は利水に加えて治水も目的にした「可動堰」計画を提示した。2000年の住民投票の結果、「可動堰」反対の住民は過半数を超え、以降、反対派の知事や市長が当選したが、「可動堰」計画は存続している。

際の政策の目的とは、「人の命と財産を水害から守る」ということである。
　しかしながら、たとえば「2004 年に新潟で発生した豪雨では、ダムによる調整機能は働いたが、至るところで洪水が堤防を越流し、12 人の死者を出した」(大熊、2007)、「2003 年の台風 10 号では、越流によるダム決壊を防ぐための放流で、ダム下流に被害を出した」(政野、2008) などダムの水を「ためる」機能の限界は指摘されていた。東日本大震災でも、福島県須賀川市の藤沼ダムは地震発生直後に決壊し、下流の 7 世帯 8 人が行方不明になった。想定を超える水量にはダムはきわめて無力であり、「ダムは想定を超える洪水には対応出来ず、壊滅的な被害が生じる」(たとえば、宮本、2009；今本、2009；古市他、2007) との指摘がある。滋賀県の嘉田知事は「多目的ダム計画は、水量管理の観点から合理性・効率性を追求し、施設の安全性という部分最適が目的化され、人の命と暮らしにとっての被害最小化というそもそもの目的が埋没してきた」としたうえで、「ダムがあるから大丈夫」と考える流域住民の「ハード安全信仰」にも警鐘を鳴らしている。

(2) 地域社会や環境への負荷

　河川内にダムや堰を建設する事業は、自然を人為的に大規模に変更するため、地域社会や環境へのダメージも大きい (たとえば、町村、2011)。「社会的共通資本」として河川を捉え、その持続可能性について議論した論考もある (宇沢・大熊、2010)。また、計画時には問題が予想・把握されておらず、完成後や建設途中に問題が表面化するケースもある。水質の悪化、水量の減少、それに伴う農林漁業へのダメージ (たとえばアユの漁獲高の減少について、川中、2008)、流砂サイクルの寸断 (保屋野、2007) などについても多くの事例が議論されてきた。

(3) 事業に要する時間と費用が適切かどうか

① 時間

　次に、ダム建設にかかる時間と費用について述べる。ダムは計画ができてから完成するまで非常に長い時間を要する。筆者は、実施計画調査に入って以降 35 年、という時点で区切ってみて、全国の未竣工のダムを調べた。判

図表 13-5　調査開始から 35 年以上が経過し未竣工の主なダム

水系	ダムの名称	事業者	開始年	経過年数	進捗状況
利根川	八ッ場	国交省	1952	60	本体工事着工前
紀の川	大滝	国交省	1962	50	暫定運用
球磨川	川辺川	国交省	1967	45	本体工事着工前
球磨川	五木	熊本県	1968	44	本体工事着工前
利根川	南摩	水資源機構	1969	43	本体工事着工前
北上川	長沼	宮城県	1971	41	本体工事
米代川	森吉山	国交省	1973	39	試験湛水
嘉瀬川	嘉瀬川	国交省	1973	39	試験湛水
沙流川	平取	国交省	1973	39	本体工事着工前
江の川	波積	島根県	1973	39	本体工事着工前
錦川	平瀬	山口県	1973	39	本体工事着工前
川棚川	石木	長崎県	1973	39	本体工事着工前
祓川	伊良原	福岡県	1974	38	本体工事着工前
鵜川	鵜川	新潟県	1975	37	本体工事
犀川	辰巳	石川県	1975	37	本体工事
神通川	丹生川	岐阜県	1975	37	本体工事
深川川	大河内川	山口県	1975	37	本体工事着工前

注：開始年は、「実施計画調査」を開始した年を該当。
出所：国土交通省や都道府県の事業計画等から筆者作成。

明しただけでも 17 の例があり、うち約半分は本体工事にも着工できていない（図表 13-5）。

　ダム建設は、広大な用地の取得を必要とするため、取得に時間がかかる。水没する地域が発生する場合もあり、移転や生活再建などの補償も必要となる。これら一連のダメージへの補償と地元住民との合意が必要となるが、この過程に多大な時間を要することが大きな理由である。

② 費用

　時間が延びると、それに呼応して費用も膨らむ。計画から完成まで長期間を要しているダムのうち、いくつかを例に挙げると、八ッ場ダムは、利根川水系の治水政策の一環であるが、計画当初の事業費 2,100 億円が現在、4,600 億円に増額されている。関西では奈良の大滝ダム[16]は計画当初の 230 億

---

16) 国が奈良県の紀の川水系に建設を進めている多目的ダム。1962 年に計画が発表されたが、付近で別のダムの地滑りが発生したり、水没する地域の住民との補償交渉が難航したりして遅れ、1996 年に本体工事に着工した。

図表 13-6　増えるダムの事業費例

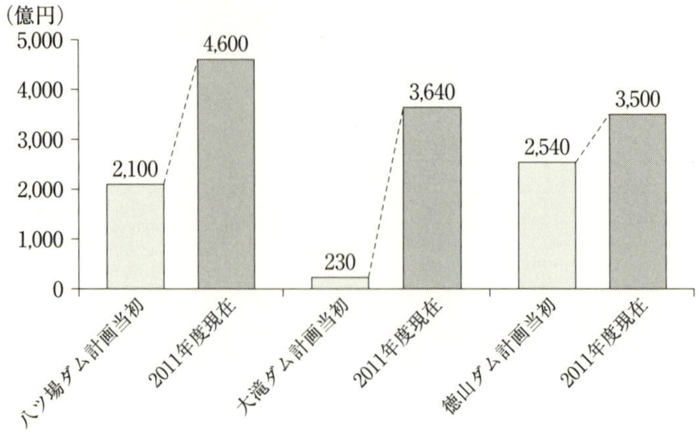

(億円)
- 八ツ場ダム計画当初: 2,100 → 2011年度現在: 4,600
- 大滝ダム計画当初: 230 → 2011年度現在: 3,640
- 徳山ダム計画当初: 2,540 → 2011年度現在: 3,500

注：2011年度現在。
出所：国交省データ等から作成。

が3,640億円に増額された。ちなみに八ツ場ダムは、2011年現在で事業費の約8割をすでに費消しているにもかかわらず、本体工事には着工できておらず、取りつけ道路の工事がほぼ終わった段階である。残り2割の事業費で、本体工事すべてを終えることができるとは想像しがたく、事業費はさらに増えることが想定される（図表13-6）。

　ダム事業は多大な時間と膨大な費用を必要とする政策であり、効果が十分にあると見極めてから計画をスタートさせるのが肝要といえる。しかし、途中で見直しとされるダム事業もあることから、準備段階からの見通しが不十分であったといわざるを得ない。そうなると、そもそもの政策を立案および形成した過程は適切なのか、ということが問題になってくる。

(4)　政策形成過程で起きる批判

　政策形成過程が適切かどうかを検証するうえで、まず第1に、ダム建設が決まるまでの具体的な工程を説明し、第2にその工程において指摘されてきた問題点を段階別に述べる。

①　ダム建設が決まるまで

　先に述べた河川政策の形成過程において、ダム事業が決定されるまでをあ

図表 13-7　一級水系でのダム事業実施までの政策形成過程

	第1段階：方針策定	第2段階：計画策定	第3段階：事業実施
法律で決められた行為	「河川整備基本方針」の策定	「河川整備計画」の策定	「計画」に基づいた事業の実施
ダム事業における政策策定内容	「基本高水」の決定に伴って、必要なダムの規模や数を決める	「方針」に基づき、ダムの種類や場所を決める	土地収用、住民との交渉、環境調査、本体工事、試験湛水、運用
作成・決定するアクター	国	国	国
意見を述べるアクター	・社会資本審議会河川分科会 ・河川整備基本方針検討小委員会	・学識者・住民（必要に応じて） ・都道府県知事	※場合によっては、事業評価委員会
決定するアクター	国	国	国

出所：国土交通省 HP「河川整備基本方針・河川整備計画」より筆者作成。

てはめると、おおまかに次のようになる。

第1段階の「方針の策定」では、「基本高水」が決まる。前述のように「基本高水から計画高水をマイナスしたものをダムで処理する」とする考え方から、この時点で、この河川に必要なダムの規模と数などがおおまかに決まる。次に、第2段階の「計画の策定」では、河川のどの地点にどのような種類のダムを建設するかを決定する。第3段階の「事業の実施」では具体的な調査、建設が始まる。この流れを示すと、図表13-7のようになる。

② 政策形成過程での問題点

この政策形成過程の3つの段階それぞれで、多くの問題が起きることがこれまで指摘されてきた。「第1段階」、「第2段階」、「第3段階」に分けて述べる。

まず、「第3段階」では、住民訴訟が相次いで起きている。たとえば、熊本県川辺川ダムで水没する地域の住民が「補償内容が十分でない」「利水計画が適切でない」として提訴した。北海道の二風谷ダムでも、地元住民が提訴している[17]（実際に訴訟が起きたのは、いずれも、この政策形成過程ができる河川法改正以前のことであるが、旧制度では、「第1段階」と「第2段階」は「工事実施基本計画」の策定がほぼ該当するため、それに準じた）。ほかにも、この

「第3段階」で、事業費の負担の重さや利水計画の縮小を理由に、地元自治体が、ダム計画から離脱し、中止になった例もある。建設が進んでいた戸倉ダムは、2003年、埼玉県と東京都が「利水需要の縮小」を理由に事業からの撤退を決め、それに伴い、事業主体の水資源機構は事業の中止を決めた。

「第2段階」では、どういった種類のダムを、河川のいずれの地点に建設するのか、そもそもそのダムは必要なのか、というテーマをめぐって、激しい意見対立が起きることもある。「必要」とする国の意見と、「不要」とする学識者や住民の代表で構成される淀川水系流域委員会、および地元自治体の首長の意見が対立する、淀川水系のような問題も起きた。

また「第1段階」で決めたことが妥当なものか、という批判が「第2段階」で出てくることもある。たとえば、淀川水系では、「第1段階」で策定された方針の基礎となる「200年に1度の雨に対応する」という考え方に、「第2段階」になって、「淀川水系流域委員会」から疑問が呈され、国と淀川水系流域委員会が対立した。利根川水系でも、「基本高水は妥当か」という指摘をはじめとして、「第1段階」で決まった内容の妥当性を問う議論も多くあるが、これらものちになって顕在化している。つまり、多くの問題が明らかになるのは、「第2段階」か「第3段階」で、その内容は、「第1段階」や「第2段階」で決定されたことの妥当性にまで遡って、住民らが問うものが多いことがわかる。

(5) 住民への説明とアカウンタビリティの現状

では、住民はどこまで河川政策について知っているのだろうか。

これら一連の過程については住民の存在は小さい。第2段階になって初めて「国が必要に応じて」と判断した場合に限り、意見を聴取されるのである。さらに、この過程で流域の自治体の議会が入る余地はほとんどないこともわかる。

---

17) 国が北海道沙流川沿いに建設した多目的ダム。水没予定地に住むアイヌ系の住民が反対し、補償交渉に応じなかった。国が土地収用法に基づき、強制収用を行ったため、反対派はこれを不服とし、土地収用は違法であるとして、1993年に札幌地裁に提訴した。1997年に札幌地裁は「収用は違法である」としたが、収用裁決を取り消すことはせず、原告の請求を棄却した。

図表 13-8　都道府県が管理する河川における「流域委員会」の設置状況

都道府県が管理する河川の総数	「流域委員会」が設置された河川	「流域委員会」の設置率
1,236	340	27.5％

出所：日本弁護士会連合会（2005）より筆者作成。

図表 13-9　都道府県から住民へ河川政策の説明があった河川数

都道府県が管理する河川の総数	河川政策の説明があった河川数	説明率
1,236	209	16.9％

出所：日本弁護士連合会（2005）より筆者作成。

　2005年に日本弁護士連合会（以下、日弁連）が都道府県などに対してアンケートを行った結果を示したい。この結果によると、回答があった37の都道府県が管理する河川は1,236あるが、そのうち、「河川整備計画」を策定する際、「流域委員会」が設置された河川は340で、3割に満たない（図表13-8）。つまり、残り7割の河川については、専門家や住民が意見を述べる場がない。また、都道府県が住民へ河川政策の内容について説明した河川も209河川と、17％にすぎないとされた（図表13-9）。つまり、約8割の河川で、地域の住民は河川に対してどういう政策が実施されるのか、あるいは実施されているのか、行政側から知らされていないことになる。

　その他、日弁連は「「流域委員会」については、「その設置・活動状況の実態を見るに、単に法の要件を満たすために形式的に設置されたとしか評価出来ないものがその大半であり、法の趣旨が反映されているとは到底言い得ない状況」「委員は、ほとんど全ての河川について、行政側の人間により選任されていた」と批判している（日本弁護士連合会、2005）。

　情報を得ることができない住民は関心が薄れがちで、「一部の河川を除く大多数の河川では、多くの住民が計画策定過程に無関心である」（蔵治、2009）などの問題点も指摘されている。水害が起きた場合、真っ先に被害を受けることが想定される地域住民は、「河川政策」からかなり「遠い」ところにいるといえよう。

図表 13-10 都道府県における河川整備計画策定の進捗状況

策定率	25%以下	26〜50%	51〜75%	76〜100%
都道府県数	24都道県	4府県	1府	6県

出所：日本弁護士連合会（2005）より筆者作成。

(6) 政策形成のスピードが遅い

　都道府県が管理する河川のうち、1997年の河川法改正から10年以上たっても、河川整備計画が策定された河川は、わずか156にすぎず、全河川における策定率の平均は10%にしかならなかった。加えて、まったく策定できていないところが、8都県あることがわかった。都道府県における河川整備計画の策定率と、今後の策定進捗予測を表にすると、**図表13-10**のようになる。

　この遅延にはいくつか理由が推測される。まず、自治体の予算は「単年度主義」であるため、長期計画を立てにくい。また、「河川整備計画」が策定されていない状態でも、旧法上の「工事実施基本計画」が経過措置として充当されるため、事業を続けたり実施したりするには困らないという事情がある。そのため「新法の導入をさぼった」（政野、2008）、「殆どの河川で治水計画は、計画通り進まず、あと100年たっても200年たっても完結しない状況にある。しかしその間の洪水発生への配慮すらほとんどない」（大熊、2007）とする批判がある。また、たとえば、委員会を設置したがために、「淀川水系流域委員会」のような対立を招くことを避けたいと行政が考えれば、「河川整備計画をつくらない」状態のまま、既存のダム計画を進めることも難しくない状況である。

(7) 行政機関の責任の所在の問題

　また、政策が実施されたのち、あるいは実施途中の段階において水害が起きた場合、これまでその被害や対策の責任が行政に問われた事例がほとんどなかった、という事実がある。

　大東水害訴訟の判決は原告の住民が敗訴し、判決内容は、「決められた政策に沿って、整備を進めている限り、その途中で水害が起きても、その時期、同じ種類の河川で同様の整備が行われている限り、行政責任は問われない」

と多くの行政関係者には解釈されている。この判決の影響については、「行政側の河川管理責任は限定的に解釈されるようになり、改修途上の堤防が破提した場合などは、水害訴訟は住民側の敗訴が続いている」(大熊、2007)、「現在の法制下では、いずれの整備段階でも、基本高水を河道内で処理することが河川管理の責務であり、これを超える洪水の防御については、"同種同規模格別不合理"でない限り、河川管理の義務的責任外」(嘉田、2010)という議論がある。2002年の岐阜県で大谷川が氾濫したあとの荒崎水害訴訟[18]でも、2007年の東海豪雨訴訟でも、行政側の責任を問う訴訟は、大東水害訴訟の判決をほぼ踏襲する形で原告側の請求は棄却された。

日本の河川政策の成果と問題の所在

近代日本の治水を目的とした河川政策の問題点を見ると、これまでにある一定の成果を収めたものの、目的を河川管理とする政策から脱却できず、多くの問題が指摘されていることが明らかになった。また、原因は、先述の(1)(2)は政策実施の結果によるもの、(3)(4)(5)(6)は政策形成過程によるもの、(7)はガバナンスによるもの、の3つにあることが推測された。そして、一方、行政はこれらに、政治や住民が納得するほど十分に応答してこなかったこともわかった。時代や社会環境の変化に伴い、河川政策の分野においても、行政以外のアクターの登場を促しているにもかかわらず、国はいまだ中央集権的に、行政主導のもと、河川を管理し続けようとしている。

次は、こうした問題点の背景と原因を検証するとともに、今後めざすべき転換の方向を特に政策形成過程とガバナンスに着目した視点から提示したい。

02 問題が生まれた原因と今後の方向性

問題が生まれた原因と背景

第1節では、治水を目的とした河川政策の課題を整理した。その結果、政

---

18) 2009年の岐阜地裁の判決では、「洗堰が洪水調節のため、越流堤としての機能を有し、歴史的に地区が事実上の遊水池になってきたのは否定できないものの、県の河川管理に責任はない」として、住民側の請求を棄却した。

策実施の結果によるもの、政策形成過程によるもの、ガバナンスによるもの、に分類された。そして、多くの問題は、事業の実施が決まった時点で、すでに決定された政策内容の是非について、政策形成過程を遡って問う形で起きることも明らかになった。ここでは、なぜ、このような問題が起きるのかについて考えてみたい。

　筆者はその理由を、次のように推測している。第1に、「第1段階」はほとんど行政関係者や専門家のみで決められ、「第2段階」か「第3段階」になって、ようやく住民らが認識することが多く、その時点で「知らされなかった」ことに気づいた住民の批判が噴出することが多い。第2に、第1段階や第2段階を経過するのに多大な時間を要し、そのことが第3段階の事業実施過程に悪影響を及ぼす。第3に、第1段階や第2段階で決められたことが、第3段階の事業実施後、想定された政策効果を十分に発揮しなかった場合でも、それについての責任を問われた例がほとんどなかったことなどがある。結局、政策形成過程において必要十分なアクターが参加しておらず、また情報も公開されていないため、議論の透明性も不十分で「情報の非対称性」の問題が起きているといえよう。

今後の方向性

　こういったシステムが崩壊しない限り、河川法が改正されたり、流域委員会が意見を述べたりしても、抜本的な解決はないだろう。河川政策の構造そのもののパラダイム転換が必要である。

(1)　政策のパラダイム転換とは

　政策パラダイム（問題認識の枠組み）の転換の研究はこれまで多くなされている。そこでは、政策は、次のような段階を移行しながら変容する、という考え方がある。まず、問題認識の枠組みを構成する要因として、「政策手段の設定」、「政策手段の変更」、「政策目標自体の変更」という3つがあり、これが、①「政策手段の設定のみの変更」②「政策手段の設定の変更、に加えて、政策手段も変更」③「政策手段の設定の変更と政策手段の変更に加えて、さらに政策目標自体も変更」という3段階を踏みながら、①から③の順

で、政策は変容していくという指摘である (Hall, 1993)。また政策変容の過程においては、秋吉が、①政策パラダイムの転換、②政策アイデアの構築、③政策のアイデアの制度化、という3つの段階が存在するとしている（秋吉、2007)。また、政策自体が自己崩壊する内的要因や社会経済状況の変化などの外的要因でも、パラダイムの限界は認識されている。これまで筆者が指摘してきた河川政策の課題は、いずれも政策パラダイムの限界を示していると考えられる。

(2) 河川政策におけるパラダイム転換とは

筆者は、河川政策におけるパラダイム転換を、次の3つと位置づける。第1に、政策内容の変更、第2に、政策手段の変更、第3に、ガバナンス[19]の転換、である。順に以下、具体的にその内容について述べる。

① 政策内容の変更

まず、政策内容の変更であるが、その中身は対象、目標、設定の3つに分けた。まず、対象をこれまでの「河川偏重」から「地域」に広げることを提案したい。河川という「線」から、流域という「面」への変更である。同時に、目標も変える。対象が広がったことで、従来の「河川から水を一滴も溢れさせない」とする目標設定の意義は消滅し、河川から溢れたときに少しでも地域の被害を少なくする「減災」の考え方へ目標を変更する。第3に、そのための設定も変更する。これまでの「ためる偏重型」から、「備える」にも重点を置く。これも対象が「地域」へ、目標が「減災」へ、と変更したことに伴うもので、「備える」内容も、地域で考える（図表13-11)。

これまでの「河川偏重型」で「河川から水を一滴も溢れさせない」という河川統制型の管理行政から、「地域全体」で洪水を受け止め、「災害を少しでも少なく」し、地域全体で洪水に「備える」方向に政策を転換するのである。

---

19) ガバナンスという概念は、もともと1980年代〜90年代にかけて、援助機関が開発途上国に対して、援助付与条件として、その実効性を高めるために普及したとされている。今では「コーポレート・ガバナンス」や「グローバル・ガバナンス」のように企業の経営統治や国際的な秩序の形成などさまざまな領域で使われている。共通するのは、「従来型の管理・運営の失敗に代わる新たな代替手段としての管理・運営方式」（大塚、2008）として捉えられている点である。

図表 13-11　政策内容の変更

	対象	目標	設定
これまで	河川偏重型	河川から水を一滴も溢れさせない	「ためる」「うまく流す」
今後	地域全体型	河川から溢れたときに備える	「備える」も重視

出所：筆者作成。

図表 13-12　政策手段の変更

	時間と費用	政策対応
これまで	重視されてこなかった	全国一律
今後	重視	個別対応

出所：筆者作成。

② 政策手段の変更

次に変更するのは、政策を実施する手段である。第1に、時間と費用重視、第2に、個別対応、である。ダム事業のように時間と費用がほとんど考慮されてこなかったものはとりやめて、ある程度の期間で政策の効果が見える方法を考える。

さらに、河川法に基づく全国一律の管理行政では、個別事例には対応できない。もともと河川は1本ずつ、とりまく環境、歴史的経緯、地域社会との関わりなどそれぞれが異なるものである。それぞれの河川に対応した政策が必要で、今の全国一律「金太郎飴」のような政策から脱却しなければならない（図表 13-12）。

③ ガバナンス転換

近代の日本において行政主導の治水政策は大きな成果を上げてきたが、治水をめぐる環境も変わった。国も地方も財政難で、治水政策の予算は、1996年度のピークに比べて半減した。「河川から水を一滴も溢れさせない」ために、さらにダムや堤防をつくり続けることは不可能である。目標達成に半世紀近くかかる政策では、明日、発生するかもしれない豪雨には間に合わない。現実を見据えた方向に転換すべきである。それには、これまでの行政主導の政策からのガバナンス転換が必要と考えられる（図表 13-13）。

第13章 河川統制から治水政策へのパラダイム転換　343

図表13-13　ガバナンスの転換

	アクターの多様化	手段の多様化	地域の河川へ
これまで	行政のみ	ダム偏重	住民から遠い
今後	行政、住民、NPO、議会、専門家	ダム＋その他の政策	住民から近い

出所：筆者作成。

　行政主導の政策からの転換には、第1に、アクターの多様化、第2に、手段の多様化、第3に、地域の治水へ、という発想の転換、の3つが必要である。

　アクターの多様化は、まず、これまで行政の河川担当者がほぼ独占してきた河川政策を、多様なアクターが参加するガバナンスへ転換することが必要である。行政、住民だけではなく、NPO、議会、専門家などが連携して河川政策を進めるべきである。

　手段の多様化は、先の「政策手段」でも述べたが、まず「水量計算主義」によって引き算で自動的に「ダム」をはじき出す、という現在の考え方から脱却して、もっとダム以外の、河川の外の街づくりとの連携を視野に入れた治水政策との組み合わせを進める方法を検討すべきである。最も注目すべきは、街づくりとの連携であろう。

　また、河川は、行政だけのものではなく、地域社会の財産でもある。生活と結びついた川の素晴らしさと怖さを最もよく知っているのは、行政ではなく、そこに長く住んでいる地域の住民であろう。地域住民の約8割が、地元の河川でどういった政策が行われているかを知らないという現状を転換し、河川政策をもっと住民の手に近いところに取り戻すべきである。

パラダイム転換の必要性

　これまで述べてきたようなパラダイム転換は容易ではない。しかし、明治以降、大きな成果を上げてきたこれまでの河川政策は、明らかに、今の時代に合わなくなっている。ダムや堰、堤防で河川を固める物量作戦のような政策と、それらに向き合うはずの多くの住民が対立しているか、無関心、という現在の構図からの脱却が必要である。気候変動によるゲリラ豪雨で、国土

交通省（以下、国交省）は今から100年後には、1.5倍の量の雨が降ると予想している。そもそも、気象条件の前提が変わってしまうのに、「200年に1度の雨」などというこれまでの河川政策の指標、つまり「安全のものさし」はまったく役に立たなくなる日が早晩やってくる。加えて東日本大震災のような事態には、これまでの治水対策の多くは効果を十分に発揮しないことも露呈している。

次に、国と地方で今、行われている転換事例を紹介し、この方向性の中での転換事例の位置づけと、真のパラダイム転換とは何かを考えたい。

03　地方と国で模索されている転換

ここでは、第2節で述べた方向性を見据えて、それに向かって取り組んでいる事例を紹介および評価したい。第1に、地方で行われている試み、第2に、国で行われている試みについて述べる。

地方では、それぞれの自治体が抱える河川政策における「時間」「費用」「川の中のみの管理の限界」などの課題を解消することを目的とし、従来の政策からのパラダイム転換をめざしている。事例としては、「個別対応」に取り組んでいる大阪府、「ガバナンス転換」をめざす滋賀県、治水を目的とした条例の制定を実現した兵庫県・武庫川の流域委員会の取り組みを取り上げる。これら3つの事例は、いずれも当事者がこれまでの政策パラダイムの限界を認識し、それについて「転換」を模索し、一定程度の成果を上げている「先行事例」である。

地方政府がめざしている転換
(1)　大阪府がめざす「府内多制度型」河川政策
　① 　大阪府が抱えている問題
大阪府は、これまで河川政策の目標を、"すべての河川で「100年に1度」の雨に対応できること"と設定してきた。しかし、改修予定の河川区域のうち2010年当時で、すでに終了したのはまだ6割で、完成するまであと1兆400億円の事業費と52年の歳月を必要としていた。府は、整備途中の段階

図表13-14　大阪府の氾濫解析の考え方

	10年に1度	30年に1度	100年に1度	200年に1度
危険度Ⅲ　建物の1階が浸水	最優先			
危険度Ⅱ　床上浸水				最後尾
危険度Ⅰ　床下浸水				最後尾

出所：筆者作成。

で豪雨の被害を受ける地域が発生する恐れがあることや、半世紀先に完成する政策の効果を府民が実感できないことを危惧していた。

②　大阪府の「個別対応」への転換

通常、こういった場合、行政機関はこれまでの計画を微調整しながら続けることが多いのだが、府は抜本的な転換に踏み切った。2010年5月、府内を流れる全154河川沿いの氾濫解析を行うとした。具体的には、10年に1度、30年に1度、100年に1度、200年に1度の雨が降った場合を想定し、それぞれの地域で「床下浸水」が想定されるところを「危険度Ⅰ」、「床上浸水」が想定されるところを「危険度Ⅱ」、「建物の1階が水没する」ところを「危険度Ⅲ」に分けた。そして、「10年に1度の雨で、危険度Ⅲに該当する」とされた地域を対象に、最優先で整備を進めるとした。河川政策の内容もその川ごと、地域ごとに設定し、10年で住民に効果が見えることを目標とした（図表13-14）。

この「氾濫解析」の全結果は府のウェブサイトで順次公開されており、2012年6月現在、すでに全154河川のうち73河川が掲載されている。同サイトを見れば、住民は、自分が住んでいるところが、何年に1度の雨で、どのくらいの被害を受けるか、の予測内容を把握できる。図表13-15も同サイトに公開されているもので、10年に1度の雨が降った場合の大阪府内を流れる芥川の氾濫解析の一部である。地域も細かく記され、丁単位で、危険度がわかるようになっている。

これまで「何をやっているのかよくわからない」とされてきた河川政策が、

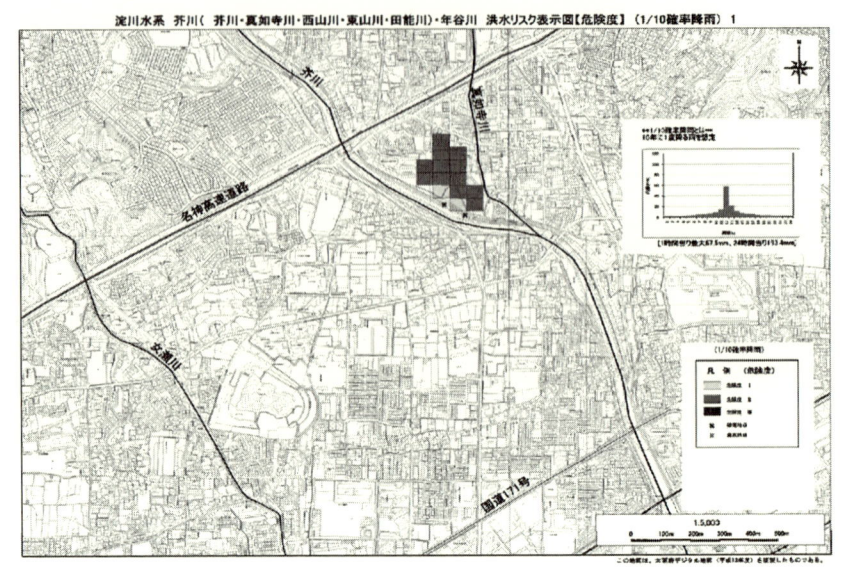

図表13-15　大阪府の洪水リスク表示図

出所：大阪府HP「洪水リスク表示図」4。

住民に近いところまでやってきたといえるだろう。府はこれまでの一律「100年に1度」という基準を捨てたのである。

③　本体工事着工後のダムの中止

府はこういった政策転換の一環として、府が管理する槇尾川に建設を予定していた「槇尾川ダム」[20]の事業中止を決定した。「槇尾川ダム」は本体工事に着工しており、本体工事着工後のダム事業の中止は異例である。専門家で構成される「大阪府河川整備委員会」は槇尾川の河川政策について、「ダム案」「河川改修案」の2案のいずれかに絞ることはできなかったものの、槇尾川のダム周辺地域では「30年に1度」の雨に対応する、とした。「100年に1度」の発想を捨てたことにより可能となった基準である。その後、橋下知事は何度か現地を視察し、「ダムと河川改修が、治水効果上"五分と五分"であるのならば、ダムで水を止めるだけでなく、真に水害に強い街づく

---

20) 1982年、台風の被害（槇尾川流域の約530戸が床下浸水）をきっかけに大阪府が1991年に調査に着手した府営の治水用ダム。2009年9月、本体工事が着工されていた。

りを次世代に引き継ぐべきだ」として、ダム中止を決定した。「それぞれの街に応じて何をしなくてはいけないか総合的に判断した」結果であるという。府は、「河川改修の方が、ダム建設より費用も少なく環境への影響も小さく、水害に強い街づくりへの転換もできる」とダム中止の判断理由を挙げている。「五分と五分」という専門家判断を踏まえて、橋下知事は「合理的な政策判断」とした。「ダムありき」からの脱却である。

　④府の取り組みから見えてきたもの

　府はこれまでの「府内一律」から脱却し、「個別対応」に転換したといえる。その代表的な例が槇尾川ダムの中止である。府は、「一国多制度」、「府内多制度」を採用したのである。

(2)　滋賀県がめざしている「流域治水」
　①　滋賀県が抱えている問題

　滋賀県は、古来から琵琶湖の氾濫という事態に何度も直面し、地域の防災活動が活発に行われていた地域であるが、大阪府と同様の財政難を抱え、河川整備予算は減少傾向で、それまでのペースで整備を進めても、完成するまであと100年以上を必要とした。また都市化に伴い、これまで住宅が建たなかった河川際での居住人口も増え、水害リスクの増大にも直面していた。

　②　滋賀県の「ガバナンス」転換

　これまでの治水政策は先述のとおり、「川の中」を中心に考えられてきたため、都市計画との連携に乏しく、水害を見据えて「川の外」のエリアでの建築制限や土地利用制限をすることは難しかった。滋賀県は2006年頃から、治水政策のあり方の転換をめざした。転換点は主に次の2つである。第1に、「川から水は溢れるものと考え、溢れた水は流域全体で受け止める」というもので、第2に、「街づくりとの連携」を図る、とした。

　まず、滋賀県は大阪府と同様に「河川の危険度調査」を行い、県が管理する502の河川をA〜Dまでの4ランクに分類し、公表した。そして「Aランク」とされた危険度の高い35河川を今後20年で整備するとした。また、「溢れた水を流域全体で受け止める」ために、ダムだけに頼らず、川から溢れた水は、水田や校庭などにためることとした。河川沿いには防水樹林帯を

拡充する。

次に、「川の外」まで溢れることを想定した場合、街づくりとの連携が必須となる。県は、「氾濫原管理者」[21]と呼ばれる「川の外」の土地管理者の新設も進め、浸水のリスクが高い地域では、この「氾濫原管理者」が住宅建築や土地の利用に制限をかけたり、既存の建物をかさあげしたりする権利を盛り込むことを検討している。

また、滋賀県古来の知恵であった水害対策用の「避溢橋(ひいつきょう)」[22]の保存、地元住民による「水防団」の復活、堤防をあらかじめ故意に切っておき、水を安全な方向に流す「霞堤(かすみてい)」[23]の拡充も進めるとした。政策のイメージは図表13-16のような図で示される。

県はこれまでの「河川整備基本方針」を残しつつ、「流域治水基本方針」[24]の策定を進め、2012年3月、県議会の採決を経て、成立させた。

整備の「優先順位」をつけ、溢れることを想定する政策を進めると、地域住民の不公平感を招くことは否めない。その対策として、県は水害の被害にあった場合、その地域を支援するための「共済制度」やあらかじめ積み立てておく「基金」の創設も検討している。

③ 滋賀県の取り組みから見えてきたもの

滋賀県は、「河川」から「流域」への転換を行った。これまでの河川、農地、市街地と対象がばらばらであったいわゆる「縦割り問題」を解消し、水害に備えるとした。「河川整備基本方針」などを存続させたことで、これまでの河川政策の考え方を残しながら、別の考え方を付け加えるというやり方からは、国との全面対立を避けたい嘉田知事の政治手法がうかがえる。

---

21) 2010年、滋賀県は、川から溢れる水を管理することを目的に設置を検討するとした。河川と土地利用の行政単位を一元化するため、としている。
22) 水害のリスクが高い地域を通る高速道路や新幹線を高架橋の形で建設し、豪雨の際、氾濫した水を高架橋の下に流し、地域全体の水没を避けるためのもの。滋賀県では東海道新幹線が整備された際、一部を避溢橋構造にすることを要望し、実現させた。北陸道の一部も避溢橋構造となっている。
23) 堤防の種類のひとつで、洪水の際に予定された場所に排水させ、堤防の決壊を防ぐことを目的とする。
24) 滋賀県は、氾濫原の管理などを盛り込んで、2008年に住民会議などを発足させた。従来の河川管理に加えて、流域治水を進めることを目的とした。

図表 13-16　滋賀県の流域治水のイメージ図

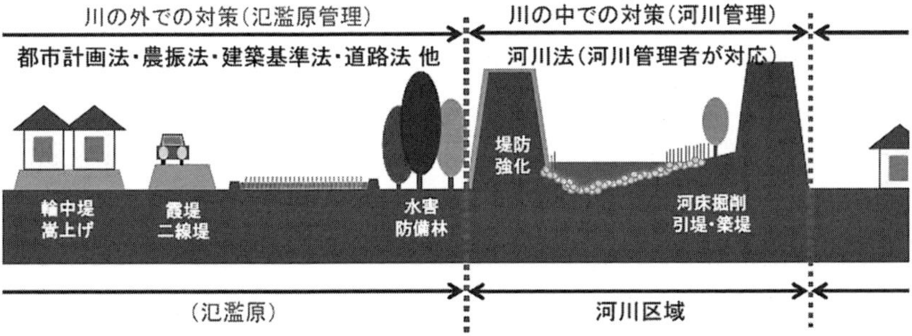

出所：滋賀県流域治水政策室ウェブサイトより一部抜粋、2012 年 4 月確認。

(3)　兵庫県・武庫川流域委員会が提案した「総合治水条例」
①　兵庫県・武庫川が抱えている問題
　兵庫県が管理する武庫川における河川政策が抱える主な問題は、第 1 に、県が見直すとした「武庫川ダム」の是非、第 2 に、川の両脇に進んだ宅地化の水害対策、であった。
②　「武庫川流域委員会」[25]の取り組み
　現在の河川政策における課題のひとつは、「流域委員会」を設置するかどうかは行政判断に任され、仮に設置されたとしても、十分な審議時間はない場合が多く、その場で出た専門家や住民の意見を政策に反映させるかどうかも行政判断であるということ、また、多くの流域住民は無関心、という状態にあることは繰り返し述べた。しかし、兵庫県の諮問機関である「武庫川流域委員会」は、これまでの流域委員会とは少し異なっていた。まず、メンバーの半分弱が公募で選ばれた地域住民で、ダムの是非のみならず、河川の流量や基本高水の問題、異常気象、森林の洪水抑制機能などの勉強会も行い、治水条例の制定を求めるところにまで踏み込んだ。審議期間も 7 年に及び、約 300 回に及ぶ協議を重ねた。
　2010 年 10 月の答申で、①新規ダムは原則中止、②水害を完全に防ぐこと

---

25) 兵庫県の諮問機関。県が武庫川流域に計画した武庫川ダムをきっかけに、流域の住民らが県に対し「総合的な治水対策を検討する場」の設置を求めたことを受けて、県が 2004 年に設けたもの。

は難しいため、治水政策には「減災」が重要、これまでの「ためる」「流す」だけではなく、「避ける」「備える」も含めた総合的な治水をめざすとし、これらを進める法律的根拠となる「総合治水条例」(仮称)の制定を県に求め、県は、2012年4月に「総合治水条例」を施行した。治水のみを目的とした条例が制定されたのは全国初である。

③ 「武庫川流域委員会」の答申が意味するもの

現在、日本には、河川法や都市計画法はあっても、治水を目的とした法律はない。そのため、武庫川流域委員会は、兵庫県独自で、治水政策を対象に危機管理や土地利用との連携も含めて、法律的な根拠をつくることを提案し、実現させた。その過程で、これまで河川行政担当者と河川工学の専門家の間でだけ決められ「ブラックボックス化」されていた分野にまで、議論を広げている。「行政主導」から脱却し、治水政策の議論を一定程度、住民の手に取り戻したといえる。

国がめざしている転換

次に、国で行われている取り組みを見る。取り組みの内容は大きくは3つの方向性がある。第2節で述べた方向性を基礎に考えると、1つ目は、ダムの是非(ダム事業の見直し)、2つ目は、時間と費用の問題(「スーパー堤防」を対象とした事業仕分け)、3つ目は、河川から流域へ(行政や専門家の仕事の問い直し)、である。

(1) ダムの是非

2009年、国交省の前原大臣は、全国のダム事業のうち、本体工事着工前の89事業について、一時凍結し、検証作業をすると表明した。あまりにも長い工事期間と増える費用、その効果をゼロベースで見直すためである。しかし、3年後の2012年現在、この作業はまだ終わっていない。

また、2010年7月、国交省の有識者会議は、ダムを建設する場合と、ダム以外の治水対策を組み合わせる場合について、安全性やコストを比較考量し、関係住民の意見も聞いて判断するという内容の提言をまとめた。水没する上流地域だけに犠牲を強いるのではなく、下流域の都市住民も含めた流域

全体での総合的な治水政策への合意と負担をめざしている。これには、滋賀県がめざしている方向との共通点が見受けられる。

(2) 時間と費用

　国が「川の外」対策として進めてきた「スーパー堤防」事業が、2010年10月に行われた第3回目の「事業仕分け」で「廃止」と判断された。「完成まであと400年」とされる事業に、蓮舫行政刷新大臣は「現実的な話ではない」と述べ、費用と時間を重視するとした。しかし、東日本大震災後、一部については「復活」が決まっている。

(3) 行政や専門家の仕事の問い直し

　武庫川の例と同様に、国でもこれまで行政や専門家の領域で行われてきたことの妥当性を問い直す動きもある。2010年10月、馬淵澄夫国交大臣は、利根川水系の治水目標の根拠となる基本高水の見直しを行うと発表した。基本高水は八ツ場ダム建設の根拠となった数字であり、これが見直されると、全国の他の河川の基本高水の算出方法への影響も予想される。

国と地方で行われている転換への取り組みについての評価

　これまで、地方と国でのこれまでの河川政策の転換を模索する試みについて見てきた。第2節で述べた方向性から考えると、地方政府の方が、国よりも転換が深化している。大阪府は、政策達成目標を100年から10年に変更し、事業の優先順位を公表し、ダムを中止した。「100年に1度」という目標も捨てて、個別対応に切り替えた。滋賀県はそれらに加えて、「河川」から「流域」へという転換をめざしている。武庫川流域委員会の取り組みも同様である。しかし、国については、「流域」をめざしてはいるが、浸透した事例は多くない。「ダム事業の見直し」や「スーパー堤防の廃止」などは時間と費用を重視した結果であるといえるが、おおむね個別事業の改革レベルにとどまっている。国の取り組みについては、筆者が調べたところ、残念ながら、上記3つの取り組み以外に大きな「転換例」は見当たらなかった。それらを評価すると図表13-17のようになる。地方の取り組みはガバナンス転

図表 13-17 国と地方で行われている転換についての評価

	政策内容の変更			政策手段の変更		ガバナンスの転換		
	対象の転換	目標の転換	設定の転換	時間と費用	個別対応	アクターの多様化	手段の多様化	地域の河川へ
	河川→地域	河川内→河川外	「ためる」「流す」→「備える」も	重視へ	一律→個別	行政のみ→+住民、専門家、議会	ダムのみ→ダム以外も	住民の近くへ
大阪府		○	○	○	○		○	○
滋賀県	○	○	○	○	○	○	○	○
武庫川流域委員会	○	○	○					
国	△	○	△	○			△	

出所：筆者作成。

換をめざし、それを達成しつつあることがわかる。

　一方、国の取り組みは、3つの事例を見る限りにおいては、「個別対応」や「アクターの多様化」、「住民の近くへ」をめざして実現したものは見られなかった。

真のパラダイム転換とは

　ここで、今、起きている問題点と改革の方向性を示すと、図表 13-18 のようになる。

　縦軸は「何を」転換するか、を示している。まず、「ダムかそれ以外か」という「もの」の転換から始まり、次に「時間と費用」の転換を図り、最後は「住民参加」など「人」の問題を問うている。

　一方、横軸は、対象の広がりである。従来の「河川の中に閉じ込める」だけから川の外へ広げた「流域治水」、そして「減災と街づくり」へと、政策の対象が河川という「線」から流域や地域という「面」に広がっていることを示した。下から上へ、左から右へ、と進むに従って、事業レベルの「改革」からパラダイム転換をめざす「ガバナンス」の転換へと変わっていく。

　たとえば、滋賀県や兵庫県・武庫川流域委員会の場合は、明確に最も外側、つまり「ガバナンス」転換をめざしているといえる。一方、国で起きている

図表 13-18　河川政策における転換の深化の方向性

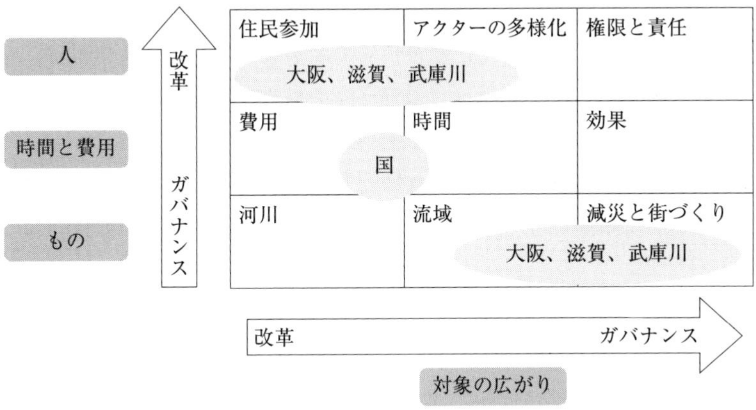
人
時間と費用
もの
改革
ガバナンス
住民参加
アクターの多様化
権限と責任
大阪、滋賀、武庫川
費用
時間
効果
国
河川
流域
減災と街づくり
大阪、滋賀、武庫川
改革
ガバナンス
対象の広がり

出所：筆者作成。

取り組みは、個別事業の改革にすぎず、一番外側の「ガバナンス」レベルまで達成しているとはいいがたい。ガバナンスまで達したものが真のパラダイム転換へとつながっていく。

04　まとめ

国と地方の取り組みを比較すると、河川政策においては、国より地方で先行事例が多く見られた。国は、1980 年代後半に「総合治水」政策の作成を検討しはじめていた。しかし、ダム事業を包含した形での政策は乏しく、2011 年度予算を見ても、まだこの分野はシステムが十分に出来上がっていない。早急なその制度化が必要である。

滋賀県で「流域治水基本方針」が成立したことは画期的で、兵庫県で「総合治水条例」が施行されたことも考えれば、「アイデアの制度化」は、国より地方で先に実現したことになる。しかし、地方の取り組みにも課題は残る。河川整備に優先順位をつけるとすれば、「一番後回し」にされた地域住民の「不公平感」をどうするのかが課題である。滋賀県の嘉田知事が提唱する「共済制度」や「基金」などがどのくらいの効果を上げるかにも注目したい。

さらに地方においては、今後、河川政策の枠を広げて、たとえば、排出権取引の「流域版」や森林環境税の「治水版」のような、地域社会全体で公平に治水の費用を負担したうえで、政策の効果を享受できるような仕組みについての検討も必要だろう。地域独自のローカルルールを形成しつつ、政策課題の解決を図るシステムの構築をめざすべきである。

東日本大震災を経験し、われわれは「もの」というハードによる安全確保に頼り過ぎることの危うさを十分過ぎるほど学んだ。今こそが転換期なのだと思う。

[戸田香]

［付記］本章の見解は筆者個人のものであり、勤務する組織の見解ではない。

【キーワード】
ダム、基本高水、一級水系、河川整備基本方針、河川整備計画、流域委員会、水量計算主義、ガバナンス、水害訴訟、河川法改正、住民参加、環境への配慮、時間と費用、政策形成過程、パラダイム転換、個別対応、街づくりとの連携、情報の非対称性、ガバナンスの転換、アカウンタビリティ

【参考文献】
秋吉貴雄（2007）『公共政策の変容と政策科学』有斐閣。
今本博健（2009）「これからの河川整備のあり方について」『都市問題』2009 年 12 月号。
宇沢弘文・大熊孝（2010）『社会的共通資本としての川』東京大学出版会。
大熊孝（2007）『洪水と治水の河川史——水害の制圧から受容へ』平凡社。
大阪府「大阪府洪水リスク表示図」http://www.river.pref.osaka.jp/（2012 年 4 月確認）。
大塚健司編（2008）『流域ガバナンス——中国・日本の課題と国際協力の展望』アジア経済研究所。
嘉田由紀子編（2003）『水をめぐる人と自然——日本と世界の現場から』有斐閣。
嘉田由紀子・中谷惠剛・西嶌照毅・瀧健太郎・中西宣敬・前田晴美（2010）「生活環境主義を基調とした治水政策論——環境社会学の政策的境位」『環境社会学研究』第 16 号。
カルダー、イアン（2008）『水の革命——森林・食糧生産・河川・流域圏の統合的管理』築地書館。
川中麻衣（2008）「川と流域のガバナンス（2）「物部川方式」を考える」『水をめぐるガバナンス』東信堂。
蔵治光一郎編（2008）『水をめぐるガバナンス』東信堂。

蔵治光一郎（2009）「流域圏管理の実践に向けて」『都市問題』2009 年 2 月号。
建設省河川法研究会（1997）『改正河川法の解説とこれからの河川行政』ぎょうせい。
国土交通省統計情報「河川関係情報・データ」http://www.mlit.go.jp/statistics/details/river_list.html（2012 年 4 月確認）。
国土交通省「河川整備基本方針・河川整備計画」http://www.mlit.go.jp/river/basic_info/jigyo_keikaku/gaiyou/seibi/flowchart.html（2012 年 4 月確認）。
滋賀県「流域治水基本方針」http://www.pref.shiga.jp/h/ryuiki/（2012 年 4 月確認）。
焦従勉（2009）「ダム事業をめぐる流域ガバナンス――大戸川ダムを事例に」日本公共政策学会報告論文集。
政府統計の総合窓口「平成 20 年の水害統計調査」http://www.e-stat.go.jp/SG1/estat/GL08020101.do?_toGL08020101_&tstatCode=000001036977&requestSender=search（2012 年 4 月確認）。
東京大学編（2010）『水の知――自然と人と社会をめぐる 14 の視点』化学同人。
仲上健一（2008）「淀川水系整備計画をめぐる対立と合意形成」『計画行政』2008 年 2 月号。
新川達郎（2008）「河川整備計画における住民参加と協働――その実践と展開可能性」『計画行政』2008 年 2 月号。
日本弁護士連合会（2005）『河川管理と住民参加』日弁連公害対策・環境保全委員会 35 周年記念シンポジウム基調報告書。
古市佐絵子・立川康人・宝馨（2007）「治水事業と地域計画との連携における課題抽出とその解決への一考察」『京都大学防災研究所年報』。
保屋野初子（2007）「ダム堆砂は川と海への 20 世紀負の遺産」『世界』2007 年 7 月号。
政野淳子（2008）「河川計画行政とその課題」『計画行政』2008 年 2 月号。
町村敬志（2011）「開発主義の構造と心性――戦後日本がダムで見た夢と現実」お茶の水書房。
三田妃路佳（2008）「河川行政の政策転換における政治家と官僚――新河川法改正と淀川水系流域委員会を事例として」『社会とマネジメント』2008 年 3 月号。
宮本博司（2009）「淀川で生まれる新しき自治の流れ」『地方自治職員研修』2009 年 2 月号。
Hall, P. A. (1993), "Policy Paradigms, Social Learning, and the State," *Comparative Politics*, Vol.25, No.3, pp.275-296.

◇ 本章の検討課題 ◇

1. 河川政策をめぐるマクロ（環境・制度）要因は何でしょうか？
2. 大阪府の河川政策に関するミクロ（個別・特殊）要因は何でしょうか？
3. 国が地方の先進的な取り組みを実現するために克服すべき課題（財政、組織・人材、制度など）は何でしょうか？
4. 本章では、河川政策のうち、「治水」をテーマにした政策内容が「ためる」「うまく流す」に偏っていることを明らかにするため、「予算」を用いました。「予算」以外で、明らかにする方法を考えて下さい。
5. 本章では、「先行事例」として、大阪府、滋賀県、兵庫県・武庫川の流域委員会を取り上げましたが、他の地方政府における河川政策「先行事例」を調査して示して下さい。そのうえで、本章での評価軸に沿って、なぜ、その事例を「先行事例」としたのかも説明して下さい。
6. 本章で提案した「パラダイム転換」の枠組みに沿って、今後の河川政策において、あなたが必要と考える事業や政策などの提案を行って下さい。
7. あなたが「パラダイム転換が行われた」と考える他の政策事例の検討を行い、その評価軸を示したうえで、政策を紹介して下さい。その政策が抱えてきた課題 → 行われた転換方法 → 転換事例の順番で示して下さい。
8. 本章の分析を経ても、なお残された課題、あるいは新たに見えてきた課題は何でしょうか？　あなたはどんな疑問・問題を感じましたか？

第14章
米作のビジネスモデルと政策の評価

Summary

　わが国においては、米農業は常に政治の関心事である。農業がわが国のGDPや雇用に占める比重はそれぞれ2%弱、5%弱にとどまり決して大きくない。だが緑地環境保全や食糧安全保障、地域の開発や土地利用の観点から見た場合、農業、とりわけ米農業のあり方は重要な政策課題となる。こうした事情を反映して、わが国の米作農業は高い関税率、各種補助金、税の減免などさまざまな保護政策の対象となってきた。また農家や農協も保護政策を要求して政治力を発揮してきた。

　米農業の担い手は零細な個人事業者が中心である。それにもかかわらず政府は彼らを公共の担い手と位置づけ、保護するのみならず、生産量の調整にも政府が深く関与してきた。葉タバコほどではないが、ある意味で社会主義的な生産体制にあり、政策テーマとしては特異な領域であるため、政治的議論が絶えない。

　さて、手厚い保護政策にもかかわらず（あるいはそのせいで）、わが国の米農業は総じて非効率かつ高コストであり、産業として自立し国際競争力を発揮する見込みは薄いと見られている。なぜそうなってしまったのか（あるいはそうならざるを得ないのか）。そして、なぜ政府の米農業政策は常に厳しい批判にさらされるのか。本章ではこれらの問いに対して経営学の視点から実態の解明を試みた。

　農業の担い手はあくまで生産者、農家である。そこで今回は全国レベルのマクロ指標をもとにした議論ではなく、新潟市の農家の実態をふまえた収支構造と行動原理の分析を行った。具体的には、最初に米作農家がどのような収益構造にあるのか、またどういう条件のもとに米どころ新潟の米作のビジネスモデルが構築されてきたか、そして政府の補助金や規制がどのように作用したかを見る。そのうえで、それが近年の環境変化で改変を迫られている事情を説明するとともに、今後の米作農業のビジネスモデルの方向性を考える。

　本章では米農業が直面する課題の変質とそれに伴うアクターの変化についても触れる。すなわち、これまでは米作農業のあり方はすべて国主導で決めてきた。だが、わが国の米農業は規制緩和、国際化、自由化の流れの中でいやおうなしに変容を迫られている。これからは個々の農家が市場動向を見ながら、自ら今後の方針を選択していく必要がある。また国だけでなく各地域の特性をよく知る自治体がもっと関与する必要がある。本章ではこういった視点から今後の政策のあり方を模索したい。

01 はじめに

新潟市は2005年に周辺の市町村と広域合併し80万人都市となった。また、2007年4月には政令指定都市となった。

新潟市の市域の4割は水田である。そのあり方は今後の都市の姿に大きな影響を与える。そこで、新潟市の都市政策研究所では、市の将来構想を考えるにあたって水田と米作りの実態を経営分析の手法で分析した。

米作りとその政策支援のあり方については全国レベルでさまざまな議論がある。しかし地域の視点からはあまり整理されてこなかった。本章では新潟市の事例をもとに、地域発の地に足のついた政策論の手がかりを提供したい。

なお、本章では、「02 稲作産業の特性と位置づけ」、「03 新潟市の米作りの現状」、「04 新潟の米作りの成立基盤」、「05 持続可能性の評価」、「06 今後の課題」の順に解説していきたい。

02 稲作産業の特性と位置づけ

新潟市の米農業の分析に入る前に米作の全国的な動向を概観しよう。稲作農業は産業としての競争力はあまり強くない。また米から他の作物への転作が難しいうえに土地当たりの生産性が低い。しかし日本人の生活にとってはきわめて身近で重要な品目である。また米作りは高齢化や人手不足にも対応しやすく、これからの時代にマッチしている。

日本にとっての米の重要性

米は全国の農地の54％、食糧生産高の24％、そしてカロリーベースの食糧消費の23％を占める。面積当たりの収穫カロリーはイモ類に次いで高く、また設備を整えれば栽培が容易である。連作障害もないので、国土面積が限られた日本では非常に重要なカロリー源で、食糧安全保障上の主食用作物として重要である。しかし面積当たりの産出額は小さくビジネスとして見ると魅力は薄い。

米作は現状では政府が778％もの関税をかけて輸入を阻止したうえに数々の保護策を打ったうえでやっと成り立っている。非常に脆弱な産業といわざるをえない。また先般のWTO協議の破綻、輸入米（ミニマムアクセス米）の汚染問題などで少々の時間的な猶予はできたが徐々にグローバルな競争にさらされつつある。

　これまで政府は米農家の経営を手厚く保護・助成してきた。しかし財政に余裕がない中で補助金の総額を抑制していく必要がある。そこで相対的に効率が高く収支状況のよい農家を残し全体の効率改善を進めていくことが正攻法とされている。

米作の手間の少なさと転作の難しさ

　労働時間当たりの所得額を農産物別にみていくと、新潟の場合、米の1日（8時間）当たり所得額は約18,000円（2001年の新潟県資料）だった。イチゴ、にんじんが14,000円台、キャベツが10,000円なので、他の多くの作物を大きく上回る。また、すいか、トマト、バラ、きゅうりなどは米の半分を下回る（図表14-1）。

　米作は労働時間が少なく、高度に機械化され、体力の負担が少ない。米作の年間の労働時間は900時間（4ヘクタールを耕作する典型的な米農家の場合）である。その内訳を見ると田植えとその準備をする4月、5月、収穫の9月の3カ月は比較的労働時間が多いが、それ以外の月は60時間未満である。そのため早朝、夕方や週末を活用すると米以外の仕事と兼業できる。また、作業内容も高度に機械化が進んだ結果、あまり体力を必要としない。田植え機に苗をセットする体力さえあれば高齢者でも米作りはできるといわれる。

　また、栽培プロセスの標準化が進んでいる。そのうえ近年はやや下がってきたものの買い取り価格も安定している。絶え間ない創意工夫が必要ないという意味で精神的な負担も少ない。農家が米作に慣れると他の作物に取り組むのは難しいといわれる。

土地生産性の低さ

　米作の面積当たりの売上高は高くない。新潟市の農業における耕地面積と

図表 14-1 米作の効率性 (2001 年)

労働1日（8時間）当たりの所得額

西洋ナシ	27,300
カリフラワー	22,000
米	17,829
イチゴ	14,500
にんじん	14,300
枝豆	12,300
キャベツ	10,000
すいか	6,900
トマト	6,700
バラ	8,700
チューリップ	9,400
きゅうり	7,900

年間所得額（万円／10a）	年間労働時間（時間／10a）	機械化進展度	作物
93	273	×	西洋ナシ
29	106	△苗植え付け	カリフラワー
2001年 6.2 / 2006年 5.7	2001年 28 / 2006年 24	◎ほぼ全工程	米
175	966	×	イチゴ
15	84	△種まき若干	にんじん
10	63	○一通り	枝豆
10	76	×	キャベツ
14	160	△出荷工程	すいか
80	958	×	トマト
226	2,076	×	バラ
22	184	×	チューリップ
91	922	×	きゅうり

出所：新潟県農林水産部「園芸作物の作物別・作型別経営指標（2001）」、農林水産省「2001、2006年米生産費（新潟）」。

産出額を作物別に見ると、1ヘクタール当たりの産出額は米が125万円（2006年データ）であるのに対し、米以外は平均で632万円と約5倍の差がある。つまり米作で他の作物と同じ収入を得ようとすると5倍の土地が必要になる（図表14-2）。

03　新潟市の米作りの現状

次に地域としての新潟に視点を絞って米農業の実態を分析していこう。新潟市の農業産出額は全国17の政令指定都市中で第1位である。また、全国1,787市町村（2008年9月時点）の中でも第3位を誇る農業市である。そして米比率の高さ、大規模農家の多さ、米作りのコストの高さなどが特徴として挙げられる。

図表14-2 米作の収量（新潟市）

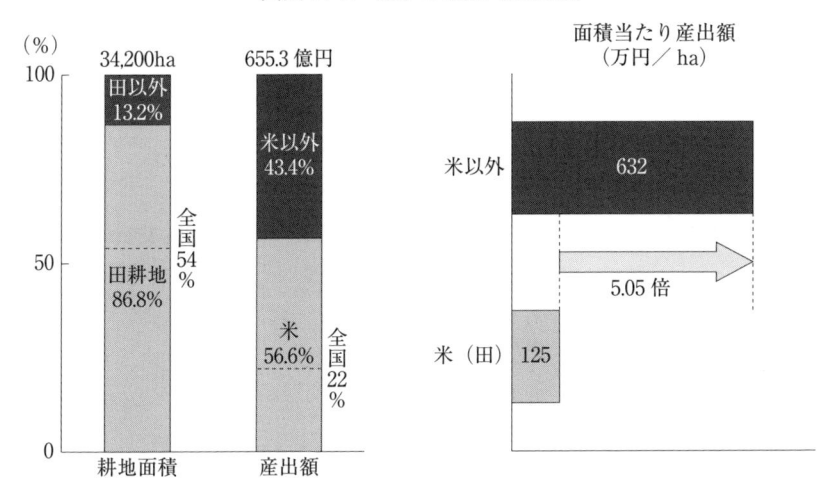

耕地面積 34,200ha：田以外 13.2%、田耕地 86.8%（全国 54%）
産出額 655.3億円：米以外 43.4%、米 56.6%（全国 22%）
面積当たり産出額（万円／ha）：米以外 632、米（田）125　5.05倍

出所：耕地面積：農林水産省「新潟農林統計年報　2005～2006（2006年数値）」、農業産出額：農林水産省「2006農業産出額市町村別データ」。

水田都市、新潟

　農地比率、就農者比率、農業生産比率を他の各政令指定都市と比べてみる（図表14-3）。新潟市の市域に占める農地の比率は47％と圧倒的に高い。就農者比率は1位の浜松市と2位の新潟市が他都市を圧倒する。市内総生産に占める農業生産比率も1位の新潟市と2位の浜松市が図抜けている。

　農地の中の水田の比率も高い。水田だけで市域の41％を占める。米どころとして知られる新潟県全体の平均値が農地16％、水田15％（全国では農地12％、水田7％弱）であることに照らすと新潟市の特殊性がよくわかる（図表14-4）。

　一方で、就業人口に占める就農者比率は5.4％と新潟県全体の10％よりかなり低く、全国平均の5.1％と同等である。さらに総生産に占める農業生産の割合は2.2％で、新潟県全体の3.2％、全国の1.7％と比べて、農地比率ほどの差がない。

　新潟市の農業は、雇用を生み出す能力、産業としての生産力は全国平均並みにとどまるが、水田面積の比率が突出している。新潟市はいわば水田都市

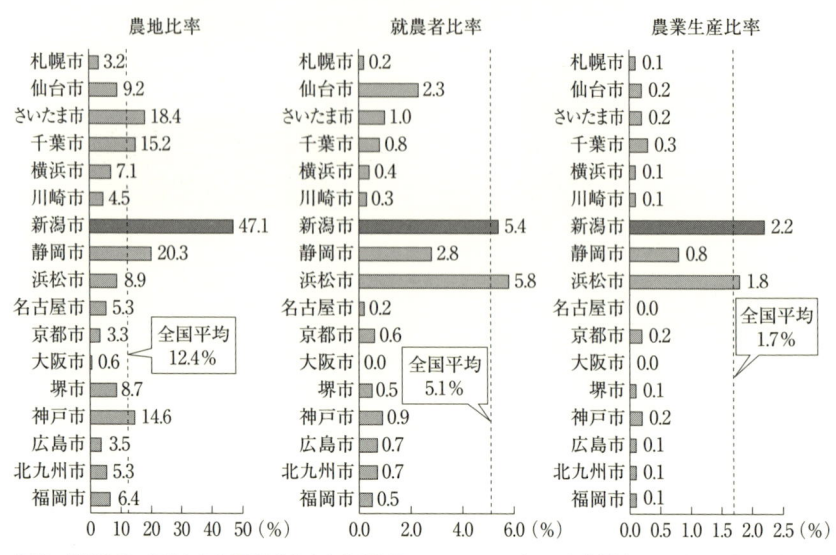

図表 14-3　各政令指定都市に占める農業の比率

農地比率	就農者比率	農業生産比率
札幌市 3.2	札幌市 0.2	札幌市 0.1
仙台市 9.2	仙台市 2.3	仙台市 0.2
さいたま市 18.4	さいたま市 1.0	さいたま市 0.2
千葉市 15.2	千葉市 0.8	千葉市 0.3
横浜市 7.1	横浜市 0.4	横浜市 0.1
川崎市 4.5	川崎市 0.3	川崎市 0.1
新潟市 47.1	新潟市 5.4	新潟市 2.2
静岡市 20.3	静岡市 2.8	静岡市 0.8
浜松市 8.9	浜松市 5.8	浜松市 1.8
名古屋市 5.3	名古屋市 0.2	名古屋市 0.0
京都市 3.3	京都市 0.6	京都市 0.2
大阪市 0.6	大阪市 0.0	大阪市 0.0
堺市 8.7	堺市 0.5	堺市 0.1
神戸市 14.6	神戸市 0.9	神戸市 0.2
広島市 3.5	広島市 0.7	広島市 0.1
北九州市 5.3	北九州市 0.7	北九州市 0.1
福岡市 6.4	福岡市 0.5	福岡市 0.1

全国平均　農地比率 12.4%　就農者比率 5.1%　農業生産比率 1.7%

出所：農地比率：農林水産省「新潟農林水産統計年報　2005〜2006（2006年数値）」；国土交通省「2006年全国都道府県市区町村別面積調」。
　　　就農者比率：農林水産省「2005年農林業センサス　新潟市・販売農家・農業就業人口」；総務省「2005年国勢調査　労働人口」。
　　　農業生産比率：農林水産省「2006年農業産出額市町村別データ」；大都市比較統計年表ほか「市内総生産（支出側・名目）」。

であるといえる。

　新潟市の産業および就労に占める農業の比重は全国並みだが、大きな市であるため農業産出額は大きく、愛知県田原市、宮崎県都城市に次いで全国1,787市町村の中で3位に位置する。農業産出額の全国トップ5市の中で比較しても、耕地面積34,000ヘクタールに占める水田の比率が87％（図表14-2）というのは突出している。逆に1ヘクタール当たりの農業産出額は他市の半分から5分の1と低い。産出額は多いが、その多くが米であるという点も農業市の中で特異である。

比較的恵まれた農家

　新潟市では、比較的大きな収入を上げている農家が多い（図表14-5）。販

図表 14-4　農業および米作のウエイト・大きさ

	新潟市	新潟県	全国
全面積に占める農地比率	47.1	16.4	12.4
（うち水田）	40.9	14.6	6.7
就業人口に占める就農者比率	5.4	10.0	5.1
総生産に占める農業生産比率	2.2	3.2	1.7

出所：農地面積：農林水産省「新潟農林水産統計年報　2005～2006（2006年数値）」。
　　　就業人口：総務省「2005年国勢調査　労働人口」。
　　　就農者：農林水産省「2005年農林水産センサス新潟市・販売農家・農業就業者数」。
　　　総生産：新潟県市町村民経済計算　平成19年度版（平成8年度～平成17年度・16年数値）」全国「国内総生産勘定（支出側）」。

売農家に占める販売金額1,000万円以上の農家の比率を見ると、全国では7.3％、新潟県全体では3.6％であるのに対し、新潟市は10.3％とかなり多い。全国では約8割が販売金額300万円未満の零細農家だが、新潟市ではそれは半分強にすぎない。

しかも高収入を兼業で達成している。新潟市は兼業が7割である。一方、専業農家は全農家の中の11％、販売農家の中では約14％である。新潟県全体でもほぼ同じ割合だが、全国では専業農家の比率は全農家中で16％、販売農家中では23％とかなり比率が高い。

この背景には耕地面積の広さがある。全国では耕地面積1ヘクタール未満の農家が6割近いのに対し、新潟市ではそれが2割未満である。耕地面積4ヘクタール以上の農家は、農業の担い手として補助の対象とすべきとの議論があるが、全国では6％にすぎない。ところが新潟市では2割近くになる（図表14-6）。

このように新潟市の米作は全国平均とはかなり構造が異なり、もともと効率が高い農業を可能にする条件がそろっている。この事実は、少なくとも新

図表 14-5　農家の事業規模（販売金額）

	新潟市 (11,171戸)	新潟県 (82,011戸)	全国 (1,963,424戸)
1,000万円以上	10.3%	3.6%	7.3%
300万円～1,000万円未満	37.3%	15.8%	13.6%
300万円未満	52.4%	80.5%	79.0%

注：農業生産法人は118法人を数え、その中には野菜や果樹栽培など1～3億円を超す大規模な農業経営体も少なからず登場している。ただ、現状では米主体の農業法人（67法人）がまだ多数派（56%）である。
出所：農林水産省「2005年農林業センサス（新潟県・販売農家・販売金額規模別農家数）」。

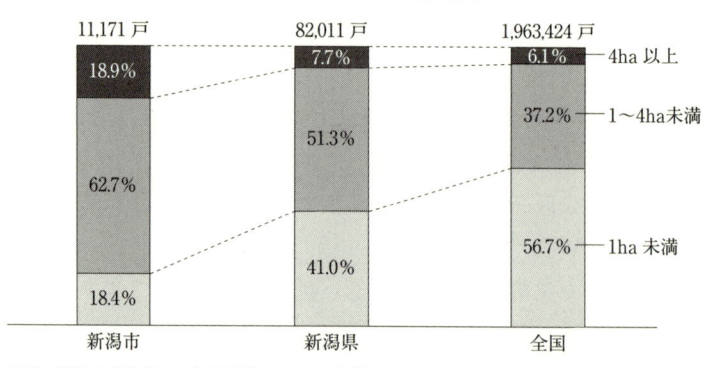

図表 14-6　農家の耕作面積

	新潟市 (11,171戸)	新潟県 (82,011戸)	全国 (1,963,424戸)
4ha以上	18.9%	7.7%	6.1%
1～4ha未満	62.7%	51.3%	37.2%
1ha未満	18.4%	41.0%	56.7%

出所：農林水産省「2005年農林業センサス（新潟県・販売農家・経営耕地面積規模別農家数）」。

潟市については全国一律の農業政策があてはまらないということを示唆する。

　農家の担い手の高齢化問題はどうか。新潟市でも農業就業者の年齢構成は、65歳以上が51%と、過半数になっている。しかし新潟県全体の63%、全国の59%と比較すると、65歳未満の若い人がかなり多い。19歳以下は全国の2.4%に対して新潟市、新潟県全体はその1.5倍くらいである。20代、30代まで含めると、新潟県全体、全国が9%なのに対し、新潟市は2.4ポイント高い（図表14-7）。担い手問題の深刻さはまだかなりましといえる。

図表14-7 農業就業者の年齢構成

	新潟市 (22,526人)	新潟県 (127,986人)	全国 (3,332,679人)
65歳以上	51.3%	63.0%	58.5%
40～64歳	37.2%	28.0%	32.5%
20～39歳	7.7%	5.2%	6.6%
19歳以下	3.7%	3.8%	2.4%

出所：農林水産省「2005年農林業センサス（販売農家・年齢別農業就業人口・年齢別）」。

高コストの米作り

新潟県全体の米の生産コストは、全国平均とほぼ同じで、60キログラム当たり16,800円程度である。耕地面積が大きく効率が高いはずだが、コストが全国平均並みになっている理由は、地代、土地改良費・水利費が高いことによる（図表14-8）。新潟市の土地改良費・水利費は全国と比べてはもとより新潟県全体と比べても高い。もともと地名に「潟」がついているとおり、海抜ゼロメートル地帯が市域の3分の1を占める。こうした湿地帯を、排水機場などの整備で米作に向くよう変えてきた。これは先人の努力の賜（たまもの）だが、排水にお金がかかる構造が固定化されている。新潟市の米の生産コストは新潟県全体の平均と比べても60キログラム当たり300円くらい高い。

新潟の相対的なコスト・ポジションを見るために、全国の米のインダストリー・コスト・カーブを作成した。インダストリー・コスト・カーブは、主として鉄鋼や化学品などのコモディティ商品について、生産コストの低い順番にその生産者を並べて産業全体のコスト構造を解明し、総需要の変化によりどのような値段や利益になるのかを見る分析手法である。ここでは米について都道府県別に生産コストの低い順に左から並べている（図表14-9）。

その結果、北海道が60キログラム当たり12,000円程度となり、突出してコストが低かった。一方で、和歌山県、福岡県などは県平均で25,000円を超過している。新潟県は全国平均並みで、宮城、茨城とほぼ同じだが、北海

図表 14-8 米作にかかる土地改良費・水利費（土地改良区賦課金）

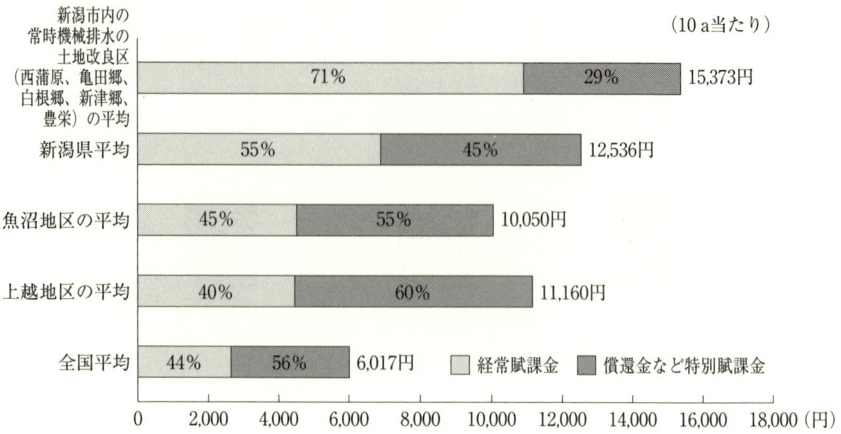

（10a当たり）

区分	経常賦課金	償還金など特別賦課金	合計
新潟市内の常時機械排水の土地改良区（西蒲原、亀田郷、白根郷、新津郷、豊栄）の平均	71%	29%	15,373円
新潟県平均	55%	45%	12,536円
魚沼地区の平均	45%	55%	10,050円
上越地区の平均	40%	60%	11,160円
全国平均	44%	56%	6,017円

出所：新潟県農地計画課・全国土地改良連合会「1999年調査」。

道、山形、秋田、岩手など他の米どころと比べると高い。

日本全体のことを考えると、米作はコスト高の地域を中心に生産調整を行い、低コストで高品質のところで集中的に作るべきだろう。ところが、政府は現在のところ全国一律に生産調整を求めている。この分析は全国一律型の農業政策の限界を示唆する。

農業政策の評価

新潟市の場合、市域の4割を占める水田の動向は、都市政策はもとより、交通、環境、水資源など多くの基礎自治体の行政のあり方に影響を与える。ところが、市町村が関与できる権限は限られている。米作農業は、公費投入でも税制上の保護でも手厚い。政策依存型の産業となっているうえ、国が政策決定の主体となっている。

(1) 手厚い公的支援

新潟市の農業に市、県、国がそれぞれどれくらいの農業関連の支出をし、また農業関連の事務官・技官を擁しているかを推計してみた（**図表14-10**）。

図表14-9 米作のインダストリー・コスト・カーブ（都道府県別）

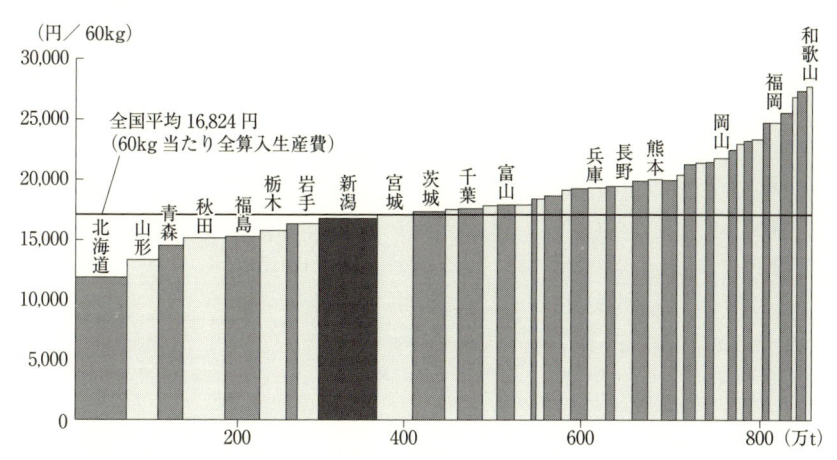

（円／60kg）

全国平均 16,824 円
（60kg 当たり全算入生産費）

北海道、山形、青森、秋田、福島、栃木、岩手、新潟、宮城、茨城、千葉、富山、兵庫、長野、熊本、岡山、福岡、和歌山

注：42道府県の総収穫高は8,413,900tである。これに東京、神奈川、佐賀、長崎、沖縄の5都県を加えた総収穫高は 8,556,239tである。
出所：農林水産省「2006年　米生産費」。

　なお、県、国レベルでは新潟県にかかる費用・人員の25％が新潟市にかかるとの前提を置いている。

　この推計によると、農業関連予算額は農業新潟市から80億円、新潟県から300億円、農林水産省（以下、農水省）から200億、合計で580億円となった。すなわち695億円の農業生産額を達成するために、その80％の額にあたる公的費用をかけていることがわかった。これでは産業として自立しているとはいいにくい。ちなみにこれは、新潟市民1人当たり72,000円、農家1戸当たり約500万円の補助金が使われていることになる（ただし、この金額は農家に直接支払われているというわけではない。むしろ、米価を下げるための消費者に対する補助という見方が適切だろう）。

　なお新潟市の農業に関わる公務員数は、市で200人、県で500人、農水省で380人であり、合計で1,000人以上の公務員が仕事をしている。このうち大半が米作担当と推測できる。

　以上に加えて税制を通じた支援がある。現在の制度では、農地の担い手への相続・譲渡については税のほとんどが免除され、また営農時の固定資産税も市街地以外では約半額になるなど、手厚い保護政策がある。

図表 14-10 農業への公的支援額（推計）

	農業関連支出額			農業関連事務官・技官数
	予算額	新潟市民1人当たり	新潟市農家1戸当たり	
新潟市	80 億円	1 万円	71 万円	200 人
新潟県	300 億円	3.7 万円	268 万円	500 人
農林水産省	200 億円	2.5 万円	179 万円	380 人
合計	580 億円	7.2 万円	495 万円	1,080 人

注：県予算は農水・農地合計で 1,254 億円、この 25％を新潟市関係とみなし、そこから市予算の県拠出分 11 億円を差し引いて概算 300 億円とした。北陸農政局は直轄・補助に国営土地改良事業特別会計で総計 1,485 億円。その 55％、820 億円を新潟県関係とみなし、その 25％が新潟市関係分とした。

もちろん、このように多額の公的支出、多数の公務員が農業に注ぎ込まれているのは新潟市だけの特別な事情ではない。日本国内はすべてこのような状態である。さらにいえば、農業への公的支援は日本だけの事情ではない。ヨーロッパ、米国を含む他国でも同様であり、どこの国でも農業にはかなりのお金を注ぎ込んでいる。しかし、ここで確認しておくべきことは、わが国が市場経済のもとで食糧自給率の向上をめざすと、農業は政策浸けになるということ、そして補助金政策で農家の収益性が大きく変わるということだろう。

(2) 限定的な市の権限

農業政策の策定、実施指導、調整認可はどこが担っているのか。米を含む農産物の生産、畜産全般、土地利用等、ほとんどの政策策定は国が主体となっている。米の販売については、影響力は低下しつつあるものの、JA が主体である。つまり、市には農業についての政策策定権限はほとんどない。土地利用については実施主導の権限を持っているものの、それ以外の領域では調整認可を任されているのみである。このため市は農業について大きな政策決定ができない状況にある（図表 14-11）。

第14章　米作のビジネスモデルと政策の評価　369

図表14-11　農業政策の権限の所在

■政策策定　■実施指導　□調整認可

	米生産	米販売	野菜・果樹・花の生産・販売	畜産	土地利用ほか
国（農林水産省）	・需給見通しを作成し、生産目標数量の決定 ・「産地づくり交付金」（旧転作奨励金）の予算措置	・米穀の輸入の実施 ・輸出米穀の届出を受ける ・備蓄米の買入、売渡	・奨励品種について県の申し出を受け産地指定し、予算措置を決める	・酪農、肉用牛生産・牛乳生産の基本指針策定。牛肉生産量の需給調整、鶏卵の自主調整。業界の自主調整。 ・BSE、鳥インフルエンザなど疫病予防措置の施行	・農地法の施行、4ha超の農地転用の許可権限 ・農振法の基本指針を策定し、農振地域内で農地以外の利用を禁じる ・JAS法に基づき産地、品目の表示細則を定める
県（農林水産部）	・国からのガイドラインに従って、農家、JA等で「地域協議会」を構成し、生産量を決め、米の品種改良・栽培技術の指導	・県輸出研究会の設置 ・販売方法についてJA、農家を組織して販路を協議	・産地指定し県単独の予算措置 ・県産ブランド品目を決め、販売促進	・家畜伝染病の予防対策指導	・農地法の施行管理、4ha未満の農地転用許可権限は市町村に移譲（新潟市、阿賀野市） ・農振法の基本方針の策定、市町村整備計画の協議、同意（解除）
市（農林水産部）	・県の配分枠に従い、市の協議会を設置して、農家協議会を設置し、農家への配分方法は市の裁量により決め、JA等の裁量により決め、JA等を介し農家に通知 ・補助事業等による支援	・販売行為には介入せず ・補助事業等による支援	・原則自由。生産、販売について独自活動が可能 ・補助事業等による支援	・補助事業等による支援	・農振法の整備計画（エリア）の設定、変更（解除）の際に県と協議を行う ・農地法の4ha未満の農地転用許可判断（農業委員会） ・強化法の耕作放棄地解消の基本計画の策定 ・農業委員会で標準小作料を決める
JA	・生産目標数量に従って農家組合員に徹底通知、競争 ・肥料、水管理等で営農指導 ・秋に米を集荷し全農ルートで販売	・収穫米を集荷。一般の集穀業者との競争は全農に依存・販売見通しを示で農家に仮渡金を提示し全農ルートで主要卸業者への販売	・県内外での販売先の開拓 ・農業組合員で品種研究会 ・特産品のブランド化事業	・販売先の開拓 ・品種研究会 ・ブランド化事業	ー
農家	・生産目標数量に従って、作付け耕作 ・肥料、水管理等手入れ ・収穫米の販売先を全農か直販かを選択して決める	・JAに出荷か、あるいは米穀商との取引かの選択 ・消費者への直販開拓も	・仲間で協議し、生産組合を組織 ・品種改良と販路開拓	・仲間で協議し、生産組合を組織 ・肥育等の改良と販路開拓	ー

04 新潟の米作りの成立基盤

次に、新潟の米作りの成立基盤について見ていきたい。戦後日本の米農業政策は、大きく3つの時期に分かれる。1969年までの食糧管理法（以下、食管法）時代、1969年から1994年までの生産調整・自主流通米の時代、1994年以降の新食糧法の時代である（図表14-12）。この区分に沿って見ていく。

(1) 食糧管理法の時代

食管法の時代は食糧自給率が低く食糧供給に不安がある中、いかに農家に米を作ってもらう条件を整えるかが課題だった。農業政策は戦時中の1942年に成立した食管法を手始めに、戦後の農地改革、土地改良法などのさまざまな法律を制定することで進められた。

これらの施策によって、農家が収入の心配をせずに安心して米を作れる体制ができた。新潟でもこの頃から米の増産に取り組んでいたが、1950年代に育種されたコシヒカリはまだ新潟ではさほど浸透しておらず、その作付け面積は10%未満であった。

米の増産につれて米の消費量は伸びて1963年にはピークとなった（1年に1人当たり120キログラムぐらい食べていた）。その後はパンなどの小麦製品の消費が増加し、米の消費は伸びない。一方で、栽培技術の向上で米の収穫量は増加し、ついに供給過剰となった。

ところが制度上、政府米の買い取り価格は農家や農協、土地改良区など、米の生産・流通に関わる団体を支えられるレベルに設定されていた。これに対して、販売価格は消費促進のため低めに設定されていた。そのため、いわゆる逆ざやが生じた。

(2) 生産調整・自主流通米の時代

1970年代以降は、米の需給バランスが崩れ、食管法の使命があいまいになっていく。その中で、いくつかの変化が起きた。

まず、それまで基本は農協を通じてすべて国で一括管理していた米の流通

図表 14-12　米作の歴史

	食管法の時代 1942〜1969	生産調整・自主流通米の時代 1969〜1994	新食糧法の時代 1994〜
時代背景	食糧供給量の確保・不足の解決 戦後体制の創設	米の供給過剰・需給バランス 生産調整の開始、量から質への転換	WHO 体制下の農業 需給・価格形成に市場原理導入
法体制政策の狙い	1942 年　食糧管理法 1947 年　農地改革 1951 年　土地改良法 1952 年　農地法 1961 年　農業基本法	1969 年　自主流通米制度 1970 年　減反政策 1980 年　農業経営基盤強化促進法 1987 年　米価審議会で31年ぶり生産者米価下げ	1994 年　食管法を廃止、食糧法へ 1999 年　農業基本法から食料・農業・農村基本法へ 2003 年　食糧庁の廃止 2004 年　米政策改革大綱
新潟の主な動き	1949 年　農林1号×農林22号を人工交配（F1） 1953 年　F1を福井県農試が改良し越南17号（F8）に 1956 年　F8からコシヒカリを育種し、県奨励品種に指定 1961 年　新潟市でのコシヒカリ作付率が7.0％ 1962 年　日本一うまい米作り運動 1967 年　米作り100万トン運動	1988 年　31年ぶりの米価下げののち、コシヒカリの県内作付面積が900haも急増し、新潟市も作付率51％に	1995 年　自主流通米、新潟コシヒカリの価格は23,265円 2004 年　新潟市のコシヒカリ作付率が83％に 2008 年　新潟市の米生産量14万トン、全国シェア1.6％
米価格消費と生産	1950 年　米生産量965万トン 1960 年　1人当たり米消費量114.9キロ 1963 年　日本の米消費量1,341万トンでピーク	1969 年　生産者米価＝8,250円/60キロ 1975 年　生産者米価＝15,570円/60キロ 1979 年　コシヒカリの作付面積が日本一に 1980 年　コシヒカリ出荷量がササニシキを超える 1986 年　生産者米価＝18,668円/60キロ	2007 年　1人当たり米消費量61.4キロ 2008 年　日本の米生産量855万トン

を、1969 年には正式に自主流通米として独自ルートで売買してよいことになった。さらに 1970 年にはいわゆる減反政策が始まり、整備の進んだ水田を計画的に休耕させ、生産調整するようになった。

　その後、1980 年には農業経営基盤強化促進法が成立する。1987 年には米価審議会で生産者米価を下げ、徐々に食管法体制が崩れていった。

こうした流れは新潟にも変化をもたらした。自主流通米制度によって、コシヒカリは政府米の一律買い取り価格よりも高く売れた。そのためコシヒカリの作付けが増加する。その後、生産者米価が切り下げられるとコシヒカリの作付けはいっそう急増した。

(3) 新食糧法の時代

1994年以降は食管法体制から脱却し、GATT・WTO体制下の農業を想定した動きが具体化した。1994年には食管法が廃止されて食糧法が成立する。1999年には農業基本法から食料・農業・農村基本法へ移行し、2003年に食糧庁が廃止された。2004年には農水省が米政策改革大綱を発表し、徐々に国の関与を減らして、需給・価格形成に市場原理を導入する大きな流れができた。この間にも米の消費量は減り続け、1人当たりの年間消費量はピークの半分の60キログラムとなった。新潟ではさらにコシヒカリへのシフトが進み、2004年には作付率が83％に達した。

新潟モデルの成立

こうした歴史の中、生産調整・自主流通米の時代には米作りの"新潟モデル"とでもいうべきビジネスモデルが成立し、その後の繁栄の基盤となった（図表14-13）。このモデルには、①土地改良・圃場整備、②機械化の進展、③コシヒカリと営農努力、という3つの要素があった。

1つ目の要素は土地改良・圃場整備である。もともと新潟は低地の湿田が多く、腰から胸まで泥に漬かっての農作業を強いられる地域が多かった。それが1949年の土地改良法成立によって全国の農地が土地改良区に組み込まれ、圃場整備が進んでいった。

新潟でも1940～50年代に栗ノ木川排水機場をはじめとする大規模かんがい工事とともに、土地改良区による基盤事業や用・排水路の整備が行われ、水田の乾田化が進んでいった。亀田郷では1957年に乾田化が完了し、農作業の負担が大幅に軽減されるとともに、農業機械が水田に入る下地ができた。さらに1960年代以降の親松排水機場、白根郷排水機場、大秋排水機場などの完成により、大雨による増水・氾濫もなくなり、理想的な水田が完成して

図表 14-13　新潟モデルの 3 要素

年代	土地改良・圃場整備 戦後～1960 年代	機械化の進展 1960 年代～1980 年代	コシヒカリと営農努力 1956 年～
主な出来事	1948　栗ノ木川排水機場 1949　土地改良法の施行 1952　新川右岸排水機場 1954　新井郷排水機場 1957　亀田郷で湿田がほぼ姿を消し、半乾田、乾田化へ 1968　親松排水機場 1972　白根郷排水機場 1973　大秋排水機場	1960年代～　人力、牛馬耕から、徐々に耕運機を皮切りに田植え機、コンバインなどへ 1980年代　トラクター、ライスセンターなど大型化へ拡大	1956　福井県農試の改良種・越南 17 号を新潟県がコシヒカリと命名して、奨励品種に決定した。 はじめ、コシヒカリは山間地で普及したが、平場で多肥多収型に慣れた新潟市では面積が広がらなかった（1961年の作付率 7％）。 1962　新潟県の「うまい米作り運動」で、早生種で越路早生、中生種（なかて）でコシヒカリの普及促進。 1969　自主流通米制度。良質米奨励金もあり、自主流通米市場ではしだいに高値がつき、新潟市でも急速に作付が拡大した。
内容	戦前の水利組合が土地改良区に組織替えし、米作りに焦点を絞った基盤事業や用排水路の整備へ。河川氾濫に対しては、国・県の公共事業による大型のかんがい排水事業で対応。	耕運機、田植え機、コンバインの 3 点セットで、労働集約型の米作りが一変し、労働時間は一気に短縮。 圃場整備に合わせたトラクター導入により、兼業の週末営農でも規模拡大が容易となった。	新潟県全農などによるブランド維持努力、県、JAでの栽培法の改良などもあり、安定した人気を確立した。

いった。

　2 つ目の要素は機械化の進展で、1960 ～ 80 年代に進んだ。1960 年代には人力、馬、牛から耕運機へのシフトを皮切りに、田植え機、コンバインなどの導入が進み、労働集約的なきつい作業が急速に機械化された。さらに1980 年代にはトラクター、ライスセンターなどの大型機械・設備が普及し効率化が進んだ。

新潟市では、水田のほぼすべてが平地にあり圃場整備が進んでいるため機械化による効率化の効果は大きかった。ちなみに、この頃は米の買い取り価格が高値で安定しており、農家は農業機械に十分な投資ができた。

上記の2つの要素は全国に共通していた。しかし3つ目の要素であるコシヒカリと営農努力は新潟独特の事情である。コシヒカリは1956年に育種され新潟県の「日本一うまい米作り運動」によって中生種として推奨された。すぐには広がらなかったがおいしいと評判を呼び、自主流通米制度のもとで高い値段で売れるようになる。そして作付面積が急上昇していった。

当初、コシヒカリは山間地を中心に普及し、平場の新潟市には普及しなかった。気候のうえでは問題なかったものの、新潟市の農家は、多肥多収型の稲作に慣れていたため多肥を嫌い栽培が容易でないコシヒカリは扱いにくい品種だった。しかし、自主流通米制度、生産者米価引き下げ、良質米奨励金などの経済的あと押しに加え、農協の指導による営農努力もあって、コシヒカリはしだいに普及する。そして競争力の高い米作を可能とした。

以上のように、新潟市の米作りでは土地改良・圃場整備、機械化の進展、コシヒカリと営農努力の3つがそろった。それによって低い農家負担、高効率、高収入という成果を誇る米農業ができあがっていった。

直近30年の変化

新潟モデルの完成時からあとの変化はどうか（図表14-14）。農業就業人口は1975〜2005年の30年間で、46,000人から23,000人へ減った。農家戸数も22,000戸から11,000戸へとおよそ半分になった。

しかし、耕地面積は2割減にとどまり、農業産出額は全体で4％減っただけである。その内訳をみると米が16％減ったのに対し、米以外の産出額が17％増えた。全国平均に比べると水田面積や米の産出額の落ち込みは小さく、新潟市では全国に比べ米の比重が下がっていない。

農家戸数は半分になったが産出額は変わらないということは、1戸当たりの生産性が2倍になったことを意味する。30年間のGDPデフレーター変化は50％増であるので、実質でも各農家の収入は30％以上増えた。農家が集約化され規模が拡大して効率化が進み、より生き残りやすくなったという見

図表 14-14　新潟モデルの変化

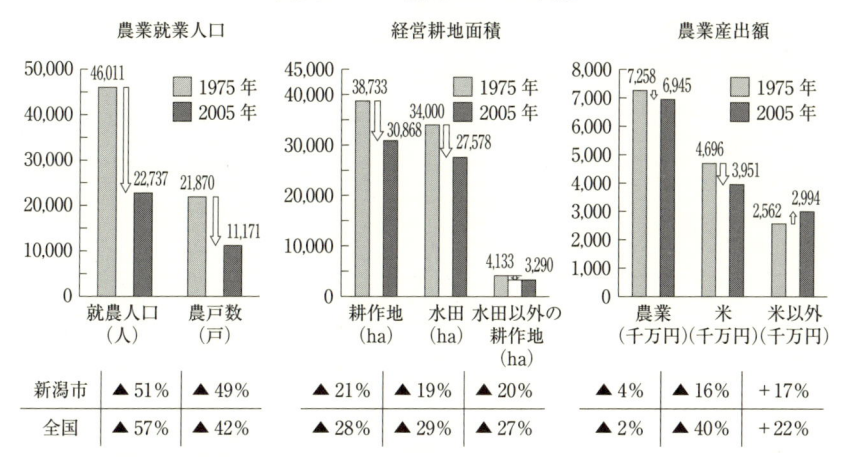

	農業就業人口		経営耕地面積			農業産出額		
	就農人口（人）	農戸数（戸）	耕作地（ha）	水田（ha）	水田以外の耕作地（ha）	農業（千万円）	米（千万円）	米以外（千万円）
1975年	46,011	21,870	38,733	34,000	4,133	7,258	4,696	2,562
2005年	22,737	11,171	30,868	27,578	3,290	6,945	3,951	2,994
新潟市	▲51%	▲49%	▲21%	▲19%	▲20%	▲4%	▲16%	+17%
全国	▲57%	▲42%	▲28%	▲29%	▲27%	▲2%	▲40%	+22%

出所：農業就業人口：農林水産省「1975年、2005年農林業センサス（新潟市・販売農家・農業就業人口）」。
　　　経営耕地面積：農林水産省「1975年、2005年農林業センサス（新潟市・販売農家・経営耕地面積）」。
　　　農業産出額：農林水産省「2006年農業産出額市町村別データ」。

方もできる。

05　持続可能性の評価

　"新潟モデル"によって繁栄した新潟市の米農業は、新食糧法体制のもとでの、米の買い取り価格の低下などによって徐々に厳しい状況に追い込まれつつある。特に2006年以降は今までにない変化が起こり、米農家の経営を圧迫している。背景にはJA単協の集約力低下、米価の下落、減反達成力の低下、農家の足並みの乱れなどの秩序崩壊の進行がある。

　食糧安全保障のため、今後も米農業を支える政策はとられていくだろう。相対的に経済効率の高い稲作ができる農家は生き残っていけるはずである。しかし、今後、米価がさらに低下すると、米農業全体が崩壊するリスクがある。

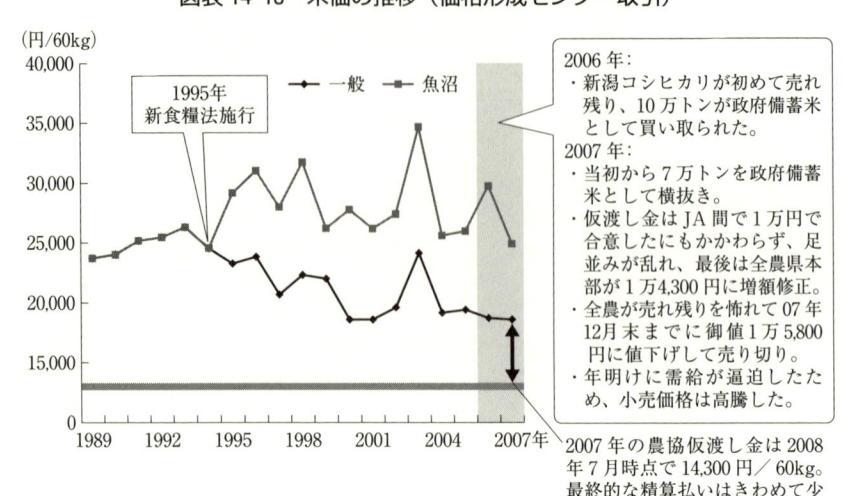

図表 14-15　米価の推移（価格形成センター取引）

（円/60kg）

凡例：一般、魚沼

注記：
- 1995年 新食糧法施行
- 2006年：
  ・新潟コシヒカリが初めて売れ残り、10万トンが政府備蓄米として買い取られた。
- 2007年：
  ・当初から7万トンを政府備蓄米として横抜き。
  ・仮渡し金はJA間で1万円で合意したにもかかわらず、足並みが乱れ、最後は全農県本部が1万4,300円に増額修正。
  ・全農が売れ残りを怖れて07年12月末までに御値1万5,800円に値下げして売り切り。
  ・年明けに需給が逼迫したため、小売価格は高騰した。

2007年の農協仮渡し金は2008年7月時点で14,300円／60kg。最終的な精算払いはきわめて少額になる農家が多かった。

出所：(社) 米穀安定供給確保支援機構「米穀の年産別落札銘柄平均価格の推移」。

米価低落化の流れ

　JA を通じた米の流通、いわばメインルートにおける買い取り価格が価格形成センター取引価格である。その推移（図表 14-15）を見ると 1995 年までは新潟県全体で 1 つの価格が表示されており、おおむね 25,000 円（60 キログラム当たり）程度で推移してきた。それが新食糧法施行に伴い魚沼コシヒカリ、新潟一般コシヒカリなどと地域別に値段が分かれるようになった。そして魚沼コシヒカリは価格が維持もしくは上昇しているのに対し、一般コシヒカリは価格が右肩下がりとなっている。

供給サイドの足並みの乱れ

　さらに、2006 年からは大きな変化が起こった。全農の統率力低下、JA 単協の集約力低下、農家の足並みの乱れなどによって、全体に秩序の崩壊が進んできたのである。

　全農は 1995 年に魚沼、佐渡、岩船、新潟一般と分離するまでは「新潟コシヒカリ」1 本でのブランド形成に尽力してきた。その後も徹底して安売り

をせず、価格とブランドイメージの維持に努めてきた。しかし、2006年に初めて売れ残りが出た。そして翌2007年には売れ残りを恐れて自ら売り急いだ。それまで米価格の番人だった全農が、その機能を発揮しにくい状況になった。

　JA単協はどうか。1970年までは基本的に農家を完全に把握していた。しかし、1970年の自主流通米制度の発足で米農家が米を農協以外の米登録集荷業者に販売できることになり、農協の集荷率が下がった。現在の新潟市内では5割程度にまで下がっている。こうして農家の米の売り先がJAでなくなると、JAの生産指導や生産量の調整の要請も浸透しにくくなる。

　加えて新潟の農家は、米作りの初期から収量アップに走って肥料を与えすぎる傾向があった。収量を減らして質のよいものを作っても各農家の目立った収入増にはつながらないので、生産調整への反応が悪い。

　さらに現状では価格低下による収入減をカバーするため、むしろ作付けの増加に走る農家もいる。減反奨励金が下がったため、増産した方が確実に収入を上げられるからである。このように国の政策やJAの指導に従わず、抜け駆けする農家が出ている。

　このような生産調整の失敗は他の米どころでも起こっているが、新潟市においてより顕著である。米生産量トップ10の道県のうち北海道を除く9県はいずれも過剰作付である（図表14-16）。そして、新潟県の過剰作付面積の4,800ヘクタールのうちの半分近くの約2,000ヘクタールを新潟市分が占める。

おいしい米作りへの取り組み

　米の小売価格は全体として低下傾向にある。しかし、銘柄間の差はあまりない（図表14-17）。新潟一般コシヒカリは一番高い魚沼コシヒカリより約2,500円低く、北海道のきららよりも約1,000円高い状況で推移している。

　背景にある米の品質を見てみよう。1等米の比率を新潟県内で比較すると、魚沼では9割以上、佐渡でも8〜9割に対し新潟市は6〜9割とやや低めである。食味ランキングも魚沼、佐渡は特Aランクだが、新潟市の一般コシヒカリはA評価でA′の秋田産あきたこまちには優るものの、北海道きらら

図表 14-16　過剰作付の実態

米生産トップ10道県	過剰作付面積(%)	
1. 新潟県	4.3	4,791 ha
2. 北海道	▲1.3	▲1,481 ha
3. 秋田県	5.4	4,737 ha
4. 福島県	19.5	13,376 ha
5. 山形県	2.8	1,866 ha
6. 宮城県	2.3	1,689 ha
7. 茨城県	11.0	7,604 ha
8. 栃木県	6.2	3,876 ha
9. 千葉県	25.1	12,573 ha
10. 岩手県	1.1	621 ha
新潟市	11.0	1,950 ha

出所：農林水産省「2007年11月　自民党農政部会資料」。

と同じランクにある（図表14-18）。コシヒカリの高ブランドイメージと高い価格に見合った品質を保つことが課題である。

　米の食味を決める要素は気候、品種、土壌、水管理、農家の技術である。そして、この順番に変えるのが難しいといわれる。気候はコントロールできない。品種はスイッチできるが育種には多大な時間とエネルギーがかかる。土壌は肥料などである程度コントロールできるが、立地やかんがい施設の要素が大きい。水管理は施設に依存するものの工夫の余地があり、農家の技術にはもっと大きな工夫の余地がある。それぞれの要素について地区別に評価すると、魚沼はもともとコントロールしにくい気候に恵まれている。また、努力できる要素のすべてについて非常に高い評価である。結果的に最高の食味となっている。なお北海道はもともと食味のよいコシヒカリなどの品種が作れなかったが、寒冷気候に合う品種の育種で気候と品種の課題がクリアされつつある。

　これに対し、新潟市の米作りはコシヒカリに適合した気候であるにもかかわらず、前述のとおり収量を優先する傾向があり、肥料、水管理、農家技術など工夫の余地のある要素について評価が低い。結果として魚沼に一段劣り、

図表 14-17　銘柄別の米価の推移

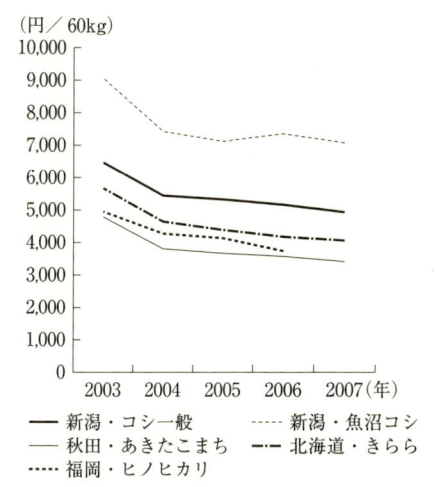

（円／60kg）

── 新潟・コシ一般　　　…… 新潟・魚沼コシ
── 秋田・あきたこまち　 ─・─ 北海道・きらら
……… 福岡・ヒノヒカリ

出所：(社) 米穀安定供給確保支援機構「米穀の年産別落札銘柄平均価格の推移、米の年産別小売価格の推移」；(財) 日本穀物検定協会「米の食味ランキング」。

図表 14-18　食味比較

	1等米比率	食味ランキング
新潟市コシヒカリ	市内域 60%−90%	A
魚沼コシヒカリ	魚沼地区 90%以上	特A
佐渡コシヒカリ	佐渡島内 80%−90%	特A
秋田あきたこまち	―	A′
北海道きらら397	―	A
福岡ヒノヒカリ	―	A′

注：食味試験のランクは複数産地コシヒカリのブレンド米を基準米すなわち「A」とし、これと同等なものを「A′」、特に良好なものを「特A」、やや劣るものを「B」と判定。
出所：図表14-17と同じ。

北海道と同等の食味評価ランクとなっている。

以上から、新潟市の米作りについてはまだまだ努力による品質向上の余地があることがわかる。

農家の米作り継続性のシミュレーション

近年のように米価が低迷すると米作りを続ける農家が減るという懸念がある。そこで農家の収益のメカニズムの分析をもとに農家にとっての米作りの経済性をシミュレーションした（**図表14-19**）。

(1) 産業的限界点と生業的限界点

この分析においては、米の生産コストを「自家費用」、「減価償却費」、「その他費用」の3つに分けた。自家費用とは家族や自分の労務費、自分で保有する農地の地代、自己資本利子など会計上は費用となるが、現実にはキャッシュアウト（資金の流出、支払い）のない費用である。減価償却費は主に農

図表14-19 農家の収益シミュレーション

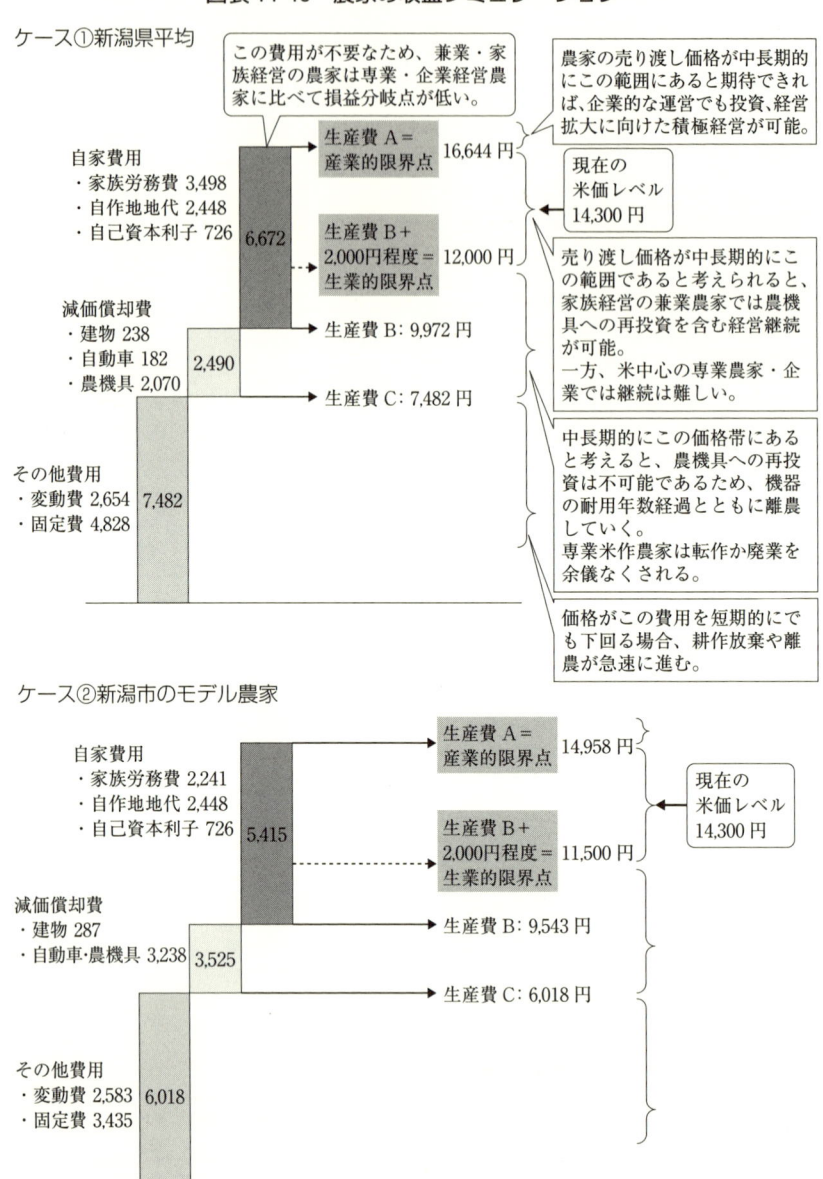

ケース①新潟県平均

自家費用
・家族労務費 3,498
・自作地地代 2,448
・自己資本利子 726
6,672

減価償却費
・建物 238
・自動車 182
・農機具 2,070
2,490

その他費用
・変動費 2,654
・固定費 4,828
7,482

この費用が不要なため、兼業・家族経営の農家は専業・企業経営農家に比べて損益分岐点が低い。

生産費A＝産業的限界点 16,644円

生産費B＋2,000円程度＝12,000円 生業的限界点

生産費B: 9,972円

生産費C: 7,482円

現在の米価レベル 14,300円

農家の売り渡し価格が中長期的にこの範囲にあると期待できれば、企業的な運営でも投資、経営拡大に向けた積極経営が可能。

売り渡し価格が中長期的にこの範囲であると考えられると、家族経営の兼業農家では農機具への再投資を含む経営継続が可能。
一方、米中心の専業農家・企業では継続は難しい。

中長期的にこの価格帯にあると考えると、農機具への再投資は不可能であるため、機器の耐用年数経過とともに離農していく。
専業米作農家は転作か廃業を余儀なくされる。

価格がこの費用を短期的にでも下回る場合、耕作放棄や離農が急速に進む。

ケース②新潟市のモデル農家

自家費用
・家族労務費 2,241
・自作地地代 2,448
・自己資本利子 726
5,415

減価償却費
・建物 287
・自動車・農機具 3,238
3,525

その他費用
・変動費 2,583
・固定費 3,435
6,018

生産費A＝産業の限界点 14,958円

生産費B＋2,000円程度＝11,500円 生業の限界点

生産費B: 9,543円

生産費C: 6,018円

現在の米価レベル 14,300円

注：小作料の改定などを受けて、持続可能性のハードルは上記よりも多少下がる可能性がある。
出所：新潟県新潟地域振興局農地振興部　地域モデル試算。

機具のもので農家の感覚ではローンとして、キャッシュアウトするものである。3番目のその他費用とは土地改良費などの固定費や肥料代、農薬代などの変動費を含む毎年現金で支払う費用全体である。

シミュレーションにおいては、生産費について3つのレベルを設定した。一番高いレベルが生産費Aで、これは自家費用までを含む全費用である。次に減価償却費とその他費用の合計で生産費Bである。これは全費用から自家費用を除いたもので、実際に農家がキャッシュアウトするコストである。3つ目が減価償却費も含まない生産費Cである。これは仮に農機具のローンが終わっていても、農業を続けるうえで確実に毎年発生する費用である。

なお生産費Aは「産業的限界点」と呼ぶこともできる。大規模農家や生産法人など産業として農業を営む場合、米の販売価格がこの費用を中長期的に上回ると考えられれば、利潤が期待でき、積極的な米作りに取り組めるからである。

同様に、生産費B、つまり米作りの直接費用と将来投資に必要な減価償却費を足した費用に60キログラム当たり2,000円程度を加えたものを「生業的限界点」と呼ぶ。家族経営の兼業農家であれば、このレベルを超える価格で米が売れれば、農機具への再投資を行っても十分食べていける利益が出る。この生業的限界点を超える販売価格が続くと考えられれば、米作りを続けていく意欲を維持できる。

一方、米の販売価格が生産費Cにも達する見込みがない場合は、米作りの継続は困難になるだろう。高齢者の中にはこの際、農業を辞めてしまおうと考える人も出てくる。そして農地を売るか賃貸しする、あるいは、耕作を放棄する。そして、土地改良区の組合費などの固定費も払えない場合も出てくる。実際に2008年には全国で多くの酪農家がこの状況に陥り、廃業に追い込まれた。

最も危険なのは、米価が生産費Cは上回るが生業的限界点は下回る場合である。この場合、農業は続けられるが、農機具への再投資余力はない。そのため、使っている農機具が使えなくなった時点で五月雨(さみだれ)式に廃業が進むことになる。

(2) 2つのコスト分析

このモデルに沿って新潟における米の生産コストのあるべき姿を考えてみる。2つのデータに基づいて分析してみた。

ケース①は新潟県全体の平均を見たものである。基本の費用である生産費Cが約7,500円、生産費Bが10,000円弱で、生業的限界点は約12,000円。生産費A＝産業的限界点が17,000円弱。2007年は買い取り価格が14,300円だったので、家族経営であればどうにかやっていけたが、再投資、産業的限界点は大きく下回っている。

もう1つのデータ、ケース②は新潟市のモデル農家で、8.5ヘクタールの米農家の場合である。生産費Cは約6,000円、生産費Bが9,500円なので生業的限界点は11,500円程度となる。2008年の小作料引き下げを勘案しても11,000円は下回らない。生産費A＝産業的限界点は約15,000円となる。買い取り価格の14,300円というのは、さらに大規模な農家にとっても産業として続けていく限界付近であると考えられる。

2つのデータから、各農家にとっての生業的限界点は買い取り価格60キログラム当たり11,000〜13,000円、産業的限界点は14,000〜16,000円程度と推定される。この米価水準は、効率の高い企業経営でぎりぎりである。さらに一段の価格低下があると、政策による補塡がなければいきなり廃業に追い込まれる懸念がある。大多数を占める家族経営の農家はまだ多くが持ちこたえている。しかし、これ以上米価が下がって11,000円を下回ると、ほとんどの農家が農機具への再投資を停止し、5〜10年で廃業あるいは耕作放棄を選択しかねない。

(3) 米農業を支える収入補助の試算

以上のコスト分析を前提に、米の買い取り価格が10,000円になった場合、米農業を支えるためにどのくらいの収入補助が必要か、粗いシミュレーションをしてみた。

まず専業・企業的米作りを中心にしていった場合は、産業的限界点をクリアするような補助が必要となるため、1ヘクタール当たり40万〜60万円かかる（反収8.5俵としても34万〜51万円）。これをベースに新潟市の水田

27,000ヘクタールのうち20,000ヘクタールを維持すると考えると、100億円規模の収入保証が必要となる。一方、現在の兼業・家族経営での米作りを中心にすると補助は1ヘクタール当たり10万〜30万円（反収8.5俵として9万〜25万円）で、収入保証の総額は30億〜40億円ですむと考えられる。

産業的経営でも生業的経営でも、農地の集積化、大規模化によるさらなる効率の向上は可能であり、これに取り組むべきである。しかし将来の農業のあり方の理想と現実とを考えていくと、特に米農業については、専業中心の複合経営による産業としての農業という姿を描くのか、家族経営の兼業でよしとするのかについてもっと議論があってもよい。

日本全国を一律に見る国・農水省レベルの議論では、ヨーロッパ的な専業大規模農家による複合経営の農業の将来像が語られ、一方、兼業米作中心の新潟市では、そうとは限らない。現に農家やJAなど現場に近い人ほど家族的経営のねばり腰に着目し、これに頼って農業の持続性を維持することが現実的ではないかという意見が根強い。

06　今後の課題

以上の分析に基づき本節では新潟市の米農業を持続させていくための3つのオプションを挙げる。

① 米作中心の農業で生き残りを図るオプション
② 米作を中心としながらも他の園芸作物を取り入れた複合化を進め、農業の産業化を図るオプション
③ 市域の41％を占める水田の維持にこだわらず、土地利用を見直すことで緑地の維持をめざすオプション

これらのオプションそれぞれについて、その必要条件や課題を議論したい。また、具体的な政策を進めていくうえでの課題、すなわち農家やJAに自律的な行動を求めることの難しさ、行政側も限られた経費の中で一律的な手法では政策効果が小さいことなどについても考えていきたい。

課題対応への3つのオプション

(1) 米作の維持

　第1のオプションでは、これまでどおり米作中心の農業での生き残りを図っていく。米が日本の食糧安全保障上の最重要品目である限り、一定数の米農家は維持する必要がある。このため、効率が高く赤字幅が相対的に低い地域・農家の米作は収入補助などの政策で生き残れるだろう。

　このオプションを追求するためには、他の米どころと比較して相対的に米の生産コストが高い新潟市では、高コストをカバーできるだけの高価格を達成する必要がある。そのためには1等米比率や食味検査の数値に見られるような「おいしい」米作りにとどまらず、安全・安心を生産や流通の過程で確保する仕組みなど広範な価値を含むブランド戦略が必要だ。また、前節で述べたように、産業としての米作りよりも、生業的米作りを中心とした支援が有効だろう。

　しかし、このオプションは、価格安定に向けた需給・生産調整に各農家が協力するかどうかという不安がある。抜け駆けで得をする状況だと自律的な生産調整は期待できない。また今後の米の需要増が保証されていないという問題もある。

(2) 複合化・産業化

　第2のオプションは、専業農家を中心に米と園芸作物との複合化により、産業として持続性のあるものに育てていくというものである。これは全国レベルでの国の政策に近い。

　このオプションでも米が屋台骨を支えることは変わらないため、米で安定した利益を出す必要があり、(1)での課題はほとんどすべて当てはまる。

　一方、園芸作物で安定的利益を出していくには、有機栽培などによる価値向上や、ブランド価値創出に向け、生産だけでなく流通まできちんとコントロールしていく必要がある。

　なお、このオプションは専業が基本となる。兼業・高齢でも対応可能な米と比べると担い手問題が深刻になる。現在のところ新潟市の3分の2の農家は米以外の園芸作物を販売作物として作っていない。技術も労働条件も異な

る園芸作物へのシフトは心理的にも難しいだろう。

(3) 土地利用の見直し

　第3のオプションは、水田維持にこだわらず、土地を緑地として維持することをめざす。

　しかし用途転換といっても農業の廃業や耕作放棄地はまばらに発生する。そして公園や食糧用以外の農地として使うためには、耕作放棄地・遊休地をとりまとめる必要がある。しかも将来における土地売却益への期待を持つ地主は、簡単には譲らないだろう。中山間地では組合などでとりまとめをしているが、新潟市には強制力を持ったとりまとめの仕組みがない。市の指導で実現する方法を考える必要がある。

　また、とりまとめた遊休地を緑地・公園等として利用するコストを最小化する方法も課題となる。農業をやめて緑地にした方が財政支出は減るかもしれない。しかし農地でなくなると農水省からの補助金が期待できなくなる。

伝統的政策手法の限界

　以上3つのオプションを提示したが、どのオプションが望ましいかという議論に加えて重要な視点がある。それは、いずれのオプションも法令や制度に基づく伝統的な政策では実行が難しいということである。

　この問題は各農家が理性・経済合理性に基づいて行動すると全体最適解に至らず、危機が拡大する。いわゆる「囚人のジレンマ」の構図になっている。生産調整のペナルティーがなくなり、転作奨励金などのインセンティブも薄くなってきた。そのため各農家は収入を最大化するためにコシヒカリを増産するからだ。

　また前述のとおり、米からの転作は身体的にも心理的にも負担が大きく、高齢者の多い農業従事者に今さらあえて転作しようという気概を期待するのは難しい。そのため全体最適の実現はいっそう困難である。

　現状では農水省をはじめ農業政策を司る行政組織においては、効果のある施策を行うのは非常に難しい。米の生産調整や転作について、現在の農家の経済合理性を覆すほどのインセンティブを設定することは財政的に困難だ。

一方でペナルティーの設定も政治的な抵抗が大きい。

大規模農家に絞った収入補助による効率の高い農業への誘導にしても、家族的経営の小農にこそ活路が見出されるという反論がある。難しい政治判断がからむ。

このままでは自律的安定の名のもとに実質的に無策となるか、あるいは大規模な離農・耕作放棄などの重大な結果を避けるための場当たり的な政策しかとれず、根本的な解決にはつながりにくい。

新潟市による努力の余地

こうした中で、新潟市に限らず市町村が、限られた権限と財源のもと、条例や金銭的インセンティブなどの伝統的一律手法で米農業に関わる課題解決を実現していくことは容易ではない。

しかし、市町村は市民生活や地域、コミュニティーに最も近い行政体である。さまざまなことが総合的に見えるゆえにできることがある。たとえば市町村は農政以外にも福祉や医療を通じて、農業従事者にさまざまな働きかけができる。これを活用して農家間の協力関係の構築を促せないだろうか。また、米の需要拡大に向けた地道な取り組みや、コシヒカリに代わる新品種の開発など、長期的な視野に立った対策も必要であろう。

全体の流れとしては、徐々に市場原理が導入されていく。これからの農政に求められるのは「護送船団方式」で農家を保護することではない。また単に「市場経済」に任せて農家を危機にさらすことでもない。今後求められるのは、価値の高い農産物を高い効率で生産して利益を上げていくことだろう。それに向けて行政は個人や集団の行動をあと押しするべきだ。その手法は必ずしも補助金や税制に限らないのではないか。

農業の担い手は農家であり、農地の利活用の仕方は基本的には農家が決める。また米価や生産調整など、農業政策の根幹は国政レベルで決まる。だが農業、特に米作の将来は地域全体の土地利用や都市計画、雇用や人口構成の将来を左右する重要要因である。基礎自治体は米作りの実態をしっかり把握したうえでそこに関与していくべきである。

たとえば本章の分析で明らかになったような課題は、農家と共有すべきで

ある。また農地は公的な性格を帯びており、農家だけのものではない。一般市民にも理解を求めるべきだろう。これからの基礎自治体は、農家や農協と連携しつつ、地に足の着いた政策を国や県に求めていくべきである。

[池末浩規・上山信一]

【キーワード】
生産性、ビジネスモデル、インダストリー・コスト・カーブ、減価償却、キャッシュアウト、オプション、限界点、シミュレーション、変動費、固定費、囚人のジレンマ、インセンティブ、ペナルティー

【参考文献】
新潟市都市政策研究所　報告書2007〜2009年版（上）「新潟市の米農業――強さと弱さの構造分析」http://www.city.niigata.jp/info/toshi_ken/newsrelease/houkokujou-5.pdf

◇ **本章の検討課題** ◇

1. 米作は他の作物に比べどのような特性があるのでしょうか。
2. 米作の価格優位性を決める要素にはどのようなものがあるでしょうか。
3. 米作農家が自らの収入を増やすにはどうすればよいでしょうか。
4. 政府（国、県、市）は米作に対してどのような政策上の関与や支援をしているのでしょうか。
5. 国策として税金の投入によって米作を維持する必要性があると思いますか。思うとしたら理由は何ですか。
6. 新潟市の米作のこれまでの優位性はどのようにして構築されたのでしょうか。
7. 米作農業の"新潟モデル"とはどのようなものでしょうか。
8. "新潟モデル"を今後も持続可能にしていくために、農家と国は地元でそれぞれ何をすべきでしょうか。また、農協と市町村などの自治体が果たすべき役割はあるでしょうか。

索　引

【あ】

アイデアの制度化　353
アウトカム　76, 79, 80, 91, 138, 145, 150
アウトプット　76, 79, 80, 90, 91, 109, 137, 150
アカウンタビリティ（説明責任）　5, 7, 169, 336
赤字　300
足による投票　92
新しい公共　92, 93
天下り　88, 101
暗黙の保証　190

【い】

意思決定費用　55
医師誘発需要　214
伊丹空港　313
伊丹シフト　297
一元的な公共サービス供給　146
一類疾病　218, 220, 221
一級水系　326
一般会計　87
一般財団法人　88
イニシアティブ　115
イノベーション　107
医療保険　213, 214
インセンティブ　23, 31, 32, 38, 80-83, 85, 89, 90, 93, 106, 115, 229, 386
　——・システム　7
　——賃金　83, 84
インダストリー・コスト・カーブ　365
インプット　109, 138, 150

【う】

うまく流す　324, 325, 331
上物法人　316
運用時間　297

【え】

英国病　127
エージェンシー　117, 131, 134
　——化　117, 129
エージェント　80-84, 90, 92
エンパワメント　145, 146

【お】

大阪国際空港　295
逢坂誠二　160
オプション　385
親方日の丸　114
オレゴン・ベンチマークス　157
オンブズマン制度　8

【か】

改革イニシアティブ　126, 134, 143, 144
　——の重視　142
海上空港　297
介入の効果　222
外部
　——委託　117
　——環境　144
　——効果　20, 28, 29, 216, 246, 247, 263, 305
　——性　215, 216, 218, 220, 222, 235, 246
　——評価　171
　——不経済効果　20, 28, 30, 31
価格　2, 81, 270
　——規制　29
　——決定メカニズム　108
　——支配力　19
　——需要者　271
科学的管理法　98
学習し続ける組織　111
学習する組織　145

仮説的補償原理　287, 289, 290
河川
　——政策　324
　——整備基本方針　326, 327, 348
　——整備計画　326, 327, 330, 337, 338
　——法改正　330, 335
家族経営　383
価値
　——基準　16
　——共創　145
　——判断　15
学級規模　262
稼働率　108
　——の向上　304
ガバナンス　113, 183
　——転換　342, 344
株式会社　119
借入制約　246
環境汚染　28
環境への配慮　330
関空支援策　297
関空シフト　298
関西空港　296
　——株式会社　296
関西3空港　295
　——問題　308
監察官　166
間接効果　317
間接民主制（代議制）　55, 64
完全競争　19
官房学　102
管理委託制度　89
管理作用　17
管理ツール　116
官僚　4, 56, 66
　——機構の非効率性・非革新性　127
　——主義　162

【き】
機会　144
議会　5
議会制民主主義　15, 162
機会費用　63, 225, 226, 228, 243, 275

機関委任事務　86
企業　2, 14
　——会計　7, 8
　——価値の向上　115
　——統治　113, 163
　——誘致　317, 318
疑似実験（準実験）的　251, 252
疑似民営化　120
技術開発インセンティブ　26
技術革新　26
技術的限界　331
規制　26, 78, 87, 91
　——型　77
　——緩和　3, 4
基礎医学　99
基礎自治体　86
期待便益　63
北川正恭　160
既得権　38
機能分担　296
規模の経済性　19, 89
基本高水　325, 335, 336, 349, 351
逆選択　213, 214
客観的リスク　228
キャッシュアウト　379
旧空港整備法　294
教育
　——需要　245
　——生産関数　242, 246, 248, 249, 253
　——達成度　248, 253-255, 260
　——投資　242, 244, 247
　——投資水準　244
　——投資量　246
　——の便益と費用　243
　——バウチャー　256, 262
　——費　241
協議制　190
供給曲線　35, 36
行政　4
　——改革会議　161
　——改革推進協議会　179
　——学　98
　——監視院（GAO）　166

──機関が行う政策の評価に関する法
　　律　150
　　──刷新会議　319
　　──主導　339, 350
　　──主導による河川整備　328, 331
　　──手続法　9
　　──の無謬性　8
　　──評価　150
　　──評価局　170
　　──評価・独立行政法人評価委員会　170
　　──評価ブーム　161
　　──評価法　150
　　──法　4
強制競争入札（市場化テスト）　128, 136
業績契約の導入　129
業績測定の義務化　132, 133
業績評価　7, 112, 117, 168, 171
競争　2, 92
　　──均衡　18
　　──市場　270
　　──条件の不成立　19
　　──促進政策　26
業務改善運動（TQM）　151
均一料金　268, 269
金銭給付　212

【く】
空港　294
　　──系収入　295
　　──・航空戦略　313
　　──整備特別会計　294
　　──設置・管理者　294
　　──ターミナル　314
　　──別収支　294
　　──法　294
　　──利用率　298
クラスサイズ　248, 252-255
繰り上げ償還　200
黒字　300

【け】
経営　101, 107
　　──委員会　180

──学　98
──課題　302, 308
──管理　152
──管理委員会　179
──形態　119
──原則　121
──効率化　5
──審議会　180
──体制　296
──単位　173
──ツール　98
──の透明性　113
──分析　173
──リスク　302
──レベル　164
計画高水　325
経験工学　100
経済原則　99, 119
経済的規制の撤廃　26
計量経済学　249, 250, 259
欠陥空港　210
結託　61, 62
限界効用　39
限界支払意思額曲線　34
限界費用　35
　　──価格　3
　　──曲線　35, 36
減価償却費　379
兼業　383
現金主義　87
権限移譲と業績契約　134, 135
健康保険　212, 226
限定合理性　227
現場改善活動　112
現場への権限の委譲　119
現物給付　212
権力作用　17

【こ】
合意　16
広域連合　86
合意形成　9
公営企業　85, 87, 187, 190

──債　187
公益　115
　──財団法人　88
　──法人　93
公害　28
　──訴訟　295
公開性　162
公共　2, 99
　──インフラ　309
　──経営　5, 104
　──財　3, 20
　──事業　29, 150
　──事業規制　29
　──性　21, 295
　──政策　14
　──選択　55
　──的意思決定システム　24
　──投資　29
　──の経営学　98
　──の福祉　21
　──の福祉の増進　4
　──福祉の極大化　142
　──料金　29, 269, 270
　──料金規制　272
公教育費　241
航空自由化　297
航空審議会　296
航空ネットワーク　295
公衆衛生　212, 213, 215, 235
厚生経済学の基本定理　19
公正妥当　275
　──主義　269
公正取引委員会　27
公的
　──支出　368
　──な意思決定　54
　──扶助　212, 213, 215
　──部門の暴走　4
行動経済学　227
行動原理　28
公費負担　221, 224
公平性　18, 38, 39, 41, 48, 115, 247, 269, 290

神戸空港　296
　──の管理収支の見通し　302
公務員法　82
公衆衛生　235
合理性の科学　14
合理性の仮定　14
効率　5, 172
　──性　17, 32, 38, 42, 48, 79, 214, 216, 235, 287
　──性基準　28
公立学校　247
合理的経済人の仮定　16
合理的無知　63
コースの定理　30
ゴール　145, 146
コールマン報告　253
顧客　108, 160
　──起点　5, 134, 137
　──志向　119
　──システムの設計　137
　──満足度　135
国営空港　296
国営企業　119
国債　192
国際
　──拠点空港　319
　──空港　311
　──連合　86
国土創生事業　315
個人主義　16
護送船団方式　386
国家行政組織法　161
国家戦略施設　314
固定資産税　87
固定資本　7
固定費　381
個別対応　342, 344, 345, 347
コミュニティー　386
コンテクストの提供　141
コンテンツの提供　141
コンパラビリティ（比較可能性）　5, 6

【さ】

サービス第一の新憲章プログラム　132
サイクル（循環）　60
財政民主主義　163
財団法人　87
最低賃金制度　27
最適生産量　30
財務
　——管理新構想　130
　——経営　194
　——経営評価　196
　——戦略　192
　——マネジメント　190, 197
債務処理　314-316
サイレント・マジョリティ　181
作戦シナリオ　112
サッチャー政権　121
参加　28
産業的経営　383
参入規制　29

【し】

市営空港　296
時間　344
　——制限　304
　——選好率　49
　——と費用　332, 350
　——割引率　246
事業会計　87
事業仕分け　175
資金調達　187
　——達コスト　190
資源　2
　——配分　216
　——配分効率　26, 54
自己点検　172
自己評価（内部評価）　171
事後評価　73
自己負担額　223, 224
資産価値　275
市場　2, 14, 26, 270
　——化　32
　——介入政策　27
　——化テスト　6, 117
　——機構の補完的役割　2
　——競争原理　119
　——経済　121, 386
　——原理　386
　——差別　272
　——の欠落　19
　——の限界　19
　——の失敗　2, 19, 21, 41, 214, 215
　——の制限　28
　——の不完全性　246, 247, 263
　——の歪み　220
　——メカニズム　81, 127, 134, 136
システム　100
　——化　100
市政改革推進会議　179
事前規定による統制　140, 141
事前評価　73
持続可能性　108
下物法人　316
実験的評価方法　242
実験的方法　250
執行管理型　153
執行部門　120
執行レベル　164
実地調査　104
指定管理者制度　89, 117
私的な意思決定　54
自発的な改革・改善活動　128
支払意思額　33
支払利息　300
資本　108, 109
　——コスト　7
　——の生産性　108
シミュレーション　382
市民憲章　131
市民社会　133, 146
事務組合　86
事務事業制度　150
事務事業評価　153
使命（ミッション）　112
社会
　——厚生　279, 288

──実験　250, 251, 255, 258
──指標　157
──指標型　153, 157
──的限界費用　216
──的限界便益　216, 217
──的厚生関数　39
──的費用　247
──的便益　216, 247
──的割引率　48-51
──福祉　212, 215
──保険　212, 213, 215
──保障制度　212, 213, 235
社団法人　87
シャドー・プライス　7
収穫逓減　244
私有財産　81
自由主義　16
囚人のジレンマ　385
住宅開発　317
住民　5
──参加　9, 330
──投票　8
従量税　28
受益者負担　275
主観的リスク　228
主観によるバイアス　227
主体的均衡　58
首長マニフェスト　174
シュムペーター　78
需要　2
──曲線　34
──の価格弾力性　222, 225, 227, 271
使用価値　275
償還期間　273
償還主義　269, 273, 274
商業的事業の民営化　127
上下分離　314
──方式　316
証券格付け市場　165
小選挙区制　65
消費者　2, 17, 33, 270
──余剰　33-35, 270, 279

情報　2, 90
──共有　9
──公開（ディスクロージャー）　74, 91, 161, 163
──公開法（条例）　9, 167
──市場　183
──の非対称性　91, 213-215
──の不確実性　20
──の不完全性　7, 20
食糧安全保障　384
所有権　2, 29, 30, 81, 83, 84
所有の実態　119
私立高校生徒に対する授業料等補助事業　261
自律的な活動単位　134
仕分け人　177
新幹線新駅問題対策専門委員会　178
新規海外路線の開拓　309
審議会行政　177
人事評価　168
新自由主義　121
人的資本　242, 244, 246, 248
──理論　243

【す】
推移律　59
水害訴訟　329, 338, 339
水量計算主義　326, 343
数値目標　159
ステークホルダー（利害関係者）　108, 133, 146

【せ】
成果・結果による統制　140, 159, 172
政官財の鉄のトライアングル　71
生業的経営　383
政権公約　161
政策　3
──アイデアの構築　341
──アイデアの制度化　341
──形成過程　55, 56, 326, 327, 334, 335, 339, 340
──選択　3

――パラダイムの転換　341
――評価　91, 150
――評価制度　73
――立案部門　120
――論　99
生産
　――者　2, 18, 33, 270
　――者余剰　34, 35, 36, 279
　――性　108
　――性向上　109
　――性向上メカニズム　108
　――調整　386
　――の効率性　54
　――費　381
政治　56
　――家　55, 64
　――主導　116, 175
　――的レント　70
　――の失敗　55, 69, 71, 91
成長戦略会議　319
制度論　99
正の外部性　215, 220
政府　54, 80
　――介入　41
　――の失敗　91
責任の所在　338
接種に関する意思決定　222
接種費用　221, 223
接種費用の公的負担　221
選挙　8
専業　383
選好　2, 4, 55, 58
泉州沖　296
選択と集中　143, 144
専門家評価　153
戦略　143
　――経営　112
　――計画　112, 144, 146
　――計画型　153, 157
　――マネジメント　143-145
前例踏襲　115, 159

【そ】
騒音規制　297
騒音対策費　300
騒音問題　295
相関分析　252
総合治水条例　349, 350, 353
創造的適応行動　144
総余剰　38, 41, 270, 272, 273, 279, 287
　――分析　38, 273, 287, 289
組織　5
　――階層　111
　――文化　110
　――マネジメント　143, 145, 146
租税　78
　――優遇制度　93
即興演奏　107
備える　324, 325, 341, 350

【た】
大気汚染　31
大規模住宅開発　318
対距離料金制　269, 274
第三者　171
　――委員　175
　――評価委員会　151, 177
第3セクター　85, 88
第三の道　133
代理人　55
多元的な公共サービス供給　146
多数決投票均衡　58
多大な時間と膨大な費用　334
脱国有化　117
棚卸　160
ダム　324
ためる　324, 325, 331, 341, 350
単純多数決（過半数）　55, 57
　――投票　57
単年度収支　299

【ち】
地域経済効果　295
小さな政府　127
チーフ・エグゼクティブ　131

チェックリスト　157
地方　85
　——公営企業　87
　——公営企業法　82
　——債　87, 188, 198
　——債改革　204
　——自治　86
　——自治法　82, 89
　——分権　92
　——分権改革　73
　——分権推進委員会　86
チャータースクール　119
中位投票者の選好　4
中位投票者モデル　58
直接監査請求制度　8
直接効果　317
直接民主制　55

【つ】
ツール（道具・手法）　138

【て】
定期接種　218, 221
　——化　224
ディスクロージャー（情報開示）　113
ティボー　92
テーラー　98
手続き　115
デフォルト・バイアス　228

【と】
東京電力福島原子力発電所事故調査委員会　178
同種同規模格別不合理　339
投票　8, 55
　——のパラドックス　60
透明性　162
道路　3, 29
　——整備特別措置法　269
時のアセスメント　161
独占　2, 19, 92, 271
　——禁止政策　27
　——市場　23

　——力　271
特別会計　87
独立行政法人　85, 87, 88
　——通則法　159
都市
　——型空港　296
　——計画　386
　——高速道路　268
　——事業サービス　186
トップダウン　181
取引費用　90
トレンスペアレンシー（透明性）　5, 8

【な】
内部
　——化　31
　——環境　144
　——収益率　43, 244, 261
　——収益率法　43
流す　350
中曽根民活　312
何年に一度の雨　325, 328

【に】
新潟市美術館の評価及び改革に関する委員会　178
二級水系　326, 327
2次評価　112, 171
24時間の国際貨物機能　310
二類疾病　218, 220-224
任意接種　221

【ね】
ネットワーク拡大　304
ネットワークビジネス　311

【の】
農業政策　386
農水省　383

【は】
ハード安全信仰　332
排出権取引市場　31

配分の効率性　54
バウチャー制　31, 32, 136, 117, 119
発生主義　87
発着規制　297
発着容量　298
ハブ空港　312
パブリック・インボルブメント（PI）　9
パラダイム転換　341, 343
パレート改善　18, 289
パレート効率　245, 246
パレート最適状態　18
範囲の経済性　19
反独占政策　27
氾濫原管理者　348

【ひ】
ヒエラルキー構造　134
ピグウ　272
非空港系収入　295
ビジネスモデル　372
費用　2, 9, 344
　——効果分析　242, 248, 254
　——削減インセンティブ　26
　——対効果　7, 150
　——負担　224
　——便益比　43-45, 47
　——便益比率法　43, 44, 47
　——便益分析　3, 39, 41-44, 46-48, 50, 261
評価
　——会　179
　——基準　32
　——シート　157
　——システム　5, 134
　——手法　152
　——委報告書　169
比例代表制　65
便数制限　304

【ふ】
フィードバック　151
不確実性　90, 144
福祉国家　100

普通会計　87
負の外部性　215, 220
フランチャイズ制　118, 119
ブランド価値　384
プリンシパル（依頼人）　80, 81-84, 90, 91
　——・エージェント問題　5, 7, 81-84, 90
プレーヤー　106
フレキシビリティ（柔軟性）　5
分権化定理　72
分権的意思決定　73
分析手法　104

【へ】
米価　386
平均費用価格形成　272
平成18年度空港別収支試算結果　299
ペナルティー　386
便益　14
ベンチマーキング　109
変動債　203

【ほ】
法　76
包括外部監査　179
法人税　87
法定受託事務　86
方法論的個人主義　16
法令遵守　115
ポートフォリオ　195
補完性の原則　22
補償原理　38-40, 280
補助金　28
　——給付　221
骨太の方針2008　300

【ま】
マーケティングマネジメント　143, 146
マイクロ・ベースド・マクロ　105
槇尾川ダム　346
増田寛也　160
街づくり　352

──との連携　343, 347
マニフェスト　161
マネジメント・サイクル　168

【み】
見える化　151, 162
ミクロ経済学　2
ミクロ経済計量学　250
ミッション　145, 146
民営
　──空港　296
　──化　90, 117, 136
　──化論（privatization）　117
　──空港　297
民間　2
　──委託　85, 88-90, 92, 117, 136
　──非営利団体　93
民主主義　16, 55, 122
民主政治　183

【む】
武庫川流域委員会　349
無作為配置　255
無作為割り当て　250
無謬性　160

【め】
免許制　29

【も】
目標　172
　──管理（MBO）　112, 151, 162
モニタリング　5, 7, 81, 83, 84, 90
モラル・ハザード　92

【ゆ】
誘因　234
有識者会議　177
郵政民営化　91
優先順位　44, 46
有利子負債の解消　314
有利子負債の償還　304
有利子負債の償還支援　302

輸入自由化　39

【よ】
良い経営　108, 164
横浜市立動物園のあり方懇談会　179
予算　76
　──最大化仮説　4, 67
　──編成　169
　──要求　159
余剰　33
淀川水系流域委員会　177, 336, 338
予防行動　227
予防接種
　──需要の価格弾力性　225
　──政策　215, 218, 235
　──の意思決定　225, 227
　──の個人の意思決定　223
　──の需要　222
　──法　218, 230

【ら】
ラムゼイ料金　270, 272, 279
ランキング　183
ランダム化比較実験　256

【り】
リーダーシップ　102
利益　4
　──集団　57, 69
　──団体　4
　──の最大化　142
利害関係者　4, 9
利潤　2, 81, 381
　──追求　115
リスク　144, 194
　──の軽減　213
　──の分散　212, 213
利便性　295, 305
流域　341, 348, 354
　──委員会　337, 349
　──治水　347
　──治水基本方針　348, 353
流動性制約　244

利用者負担　269
旅客数　297
臨時行政調査会　179
臨床医学　99
リンダール均衡　71

【る】
累積収支　300
ルール（運営基準）　138

【れ】
レベニュー債　205
レントシーキング　4, 57, 70

【ろ】
労働　108, 109
　──基準法　27
ローカル空港　308
ロール（果たす役割）　138
ログローリング（暗黙の票の取引）　61
路線数拡大　304
ロビー活動　4
ロビイング　69

【わ】
ワクチン分配　230, 232, 233

【アルファベット】
B/S　183
CCT（Conditional Cash Transfer）　229
CFO　196
Collaboration（協調）　8
Communication（対話）　8
Consensus（合意）　8
CRM（Customer Relationship Marketing）　146
DID（Differnce-in-Difference）法　251, 252
EU　86
GPRA（Government Performance and Results Act）　166
IR　183
JA　383

LCC　319
Master of Public Administration　98
MBA　98
Medicare　231
National Performance Review 運動　166
NCLB（No Children Behind）法　256, 258
Niskanen モデル　67
Niskanen　4
NPM（New Public Management）　5, 115, 117
NPO　93, 107
nudge　229
P/L　183
PDCA（Plan, Do, Check, Action）　112, 172
PDS（Plan, Do, See）　112
Perry Preschool Program　255, 256
PFI（Private Finance Initiative）　6, 32, 85, 91, 115, 136
PPP（Public Private Partnership）　32
Samuelson の効率性条件　58
Solution（解決策）　8
STAR 実験　255, 256
VFM（Value for Money）　7
WTO　86
X 非効率　80, 82

[執筆者紹介]　＊は編者、以下目次順。［　］内は担当章。

山内弘隆（やまうち ひろたか）＊　［はじめに・第1章］
　　一橋大学大学院商学研究科教授。
　　専門は、公共経済学、交通経済学、公益事業論。
　　慶應義塾大学商学部卒業、同大学院商学研究科修士課程修了、同博士課程修了。中京大学経済学部専任講師、一橋大学商学部専任講師・助教授を経て現職。
　　主要著作に、『航空輸送』（共著、晃洋書房、1990年、1990年度日本交通学会賞受賞）、『講座・公的規制と産業　④交通』（共著、NTT出版、1995年、1995年度交通図書賞受賞）、『航空運賃の攻防』（NTT出版、2000年）、『交通経済学』（共著、有斐閣、2002年、2002年度国際交通安全学会賞受賞）、『パブリック・セクターの経済・経営学』（共編、NTT出版、2003年）など。

上山信一（うえやま しんいち）＊　［第5・7・12・14章］
　　慶應義塾大学総合政策学部教授。
　　専門は、企業の経営改革、行政評価、行政経営。
　　京都大学法学部卒業、プリンストン大学大学院（公共経営学修士）修了。運輸省（現・国土交通省）、マッキンゼー（共同経営者）、米ジョージタウン大学研究教授、慶應義塾大学特別研究教授等を経て2007年より現職。大阪府・市特別顧問、愛知県政策顧問、新潟市都市政策研究所長、国土交通省政策評価会座長等を兼務。
　　主要著作に、『政策連携の時代』（日本評論社、2002年、第1回日本NPO学会賞受賞）、『ミュージアムが都市を再生する』（共著、日本経済新聞社、2003年）、『行政の経営分析　大阪市の挑戦』（共著、時事通信出版局、2008年）、『行政の解体と再生』（共著、東洋経済新報社、2008年）、『自治体改革の突破口』（日経BP社、2009年）、『公共経営の再構築』（日経BP社、2012年）など。

太田和博（おおた かずひろ）　［第1・2・11章］
　　専修大学商学部教授。
　　専門は、公共経済学、交通経済学、社会資本整備論。
　　慶應義塾大学商学部卒業、同大学院商学研究科修士課程修了、同博士課程修了（商学博士）。慶應義塾大学総合政策学部助手、東京電機大学理工学部専任講師・助教授、専修大学商学部助教授を経て現職。
　　主要著作に、『集計の経済学』（文眞堂、1995年）、『インターモーダリズム』（共著、勁草書房、1999年）、『自由化時代の交通政策』（共編著、東京大学出版会、2001年）、『交通の産業連関分析』（共著、日本評論社、2006年）など。

長峯純一（ながみね じゅんいち）［第3章］
　関西学院大学総合政策学部教授。
　専門は、財政学、公共選択論、政策分析評価。
　茨城大学人文学部卒業、横浜国立大学大学院経済学研究科修士課程修了、慶應義塾大学大学院経済学研究科博士課程単位取得退学。博士（経済学、関西学院大学）。追手門学院大学経済学部専任講師、助教授、関西学院大学総合政策学部助教授を経て現職。公共選択学会理事、日本公共政策学会理事。
　主要著作に、『公共選択と地方分権』（勁草書房、1998年）、『公共投資と道路政策』（共編著、勁草書房、2001年）、『選挙の経済学』（監訳、ブライアン・カプラン著、日経BP社、2009年）、『比較環境ガバナンス』（編著、ミネルヴァ書房、2011年）など。

片山泰輔（かたやま たいすけ）［第4章］
　静岡文化芸術大学文化政策学部教授・大学院文化政策研究科長。
　専門は、財政・公共経済、芸術文化政策
　慶應義塾大学経済学部卒業、東京大学大学院経済学研究科修士課程修了、同博士課程単位取得満期退学。三和総合研究所主任研究員、跡見学園女子大学マネジメント学部助教授等を経て現職。日本文化政策学会理事長、日本アートマネジメント学会関東部会長。
　主要著作に、『図解国家予算のしくみ』（編著、東洋経済新報社、1999年）、『アメリカの芸術文化政策』（日本経済評論社、2006年、日本公共政策学会著作賞受賞）、『アーツ・マネジメント概論 三訂版』（監修・編著、水曜社、2009年）、『アメリカの芸術文化政策と公共性──民間主導と分権システム』（共編著、昭和堂、2011年）など。

玉村雅敏（たまむら まさとし）［第6章］
　慶應義塾大学総合政策学部准教授。
　専門は、公共経営、ソーシャルマーケティング、評価システム設計など。
　慶應義塾大学総合政策学部卒業、同大学院政策・メディア研究科修士課程修了、同博士課程単位取得退学。博士（政策・メディア）。千葉商科大学政策情報学部助教授を経て現職。新潟市都市政策研究所客員研究員、横須賀市政策研究専門委員、文部科学省科学技術政策研究所客員研究官、内閣官房・地域活性化伝道師等を兼務。
　主要著作に、『住民幸福度に基づく都市の実力評価』（副監修、時事通信社、2012年）、『社会イノベータへの招待』（共著、慶應義塾大学出版会、2010年）、『コミュニティ科学──技術と社会のイノベーション』（編著、勁草書房、2009年）、『行政マーケティングの時代──生活者起点の公共経営デザイン』（第一法規、2005年）など。

大庫直樹（おおご なおき）［第8章］
　プライスウォーターハウスクーパース株式会社パートナー。
　専門は、金融機関に対する経営コンサルティング。
　東京大学理学部数学科卒業。マッキンゼー・アンド・カンパニーにてパートナーとして金融分野を主導。独立してルートエフ株式会社を設立、代表取締役。大阪府・市特別参与。
　主要著作に、『「新」銀行論』（ダイヤモンド社、2004年）、『あしたのための「銀行学」入門』（PHPビジネス新書、2009年）など。

井深陽子（いぶか ようこ）［第9章］
　京都大学大学院薬学研究科特定准教授。
　専門は、医療経済学。
　慶應義塾大学経済学部卒業、同大学院経済学研究科修士課程修了、米ラトガース大学博士課程修了（Ph.D（経済学））。米イェール大学公衆衛生大学院博士研究員、一橋大学国際・公共政策大学院／経済学研究科講師を経て現職。
　主要業績に、"Impact of Program Scale and Indirect Effects on the Cost-effectiveness of Vaccination Programs"（共著、*Medical Decision Making*, 2012）、"The Dynamics of Risk Perceptions and Precautionary Behavior in Response to 2009 (H1N1) Pandemic Influenza"（共著、*BMC Infectious Diseases*, 2010）、"Health-Related Activities in the American Time Use Survey"（共著、*Medical Care*, 2007）など。

赤林英夫（あかばやし ひでお）［第10章］
　慶應義塾大学経済学部教授
　専門は、労働経済学、応用ミクロ経済学（家族・教育）。
　東京大学教養学部基礎科学科第二卒業。同総合文化研究科広域科学専攻修了。シカゴ大学経済学大学院博士課程修了。PH.D.（Economics）。通商産業省（現・経済産業省）職員、マイアミ大学経済学部客員講師、世界銀行コンサルタントエコノミスト、慶應義塾大学助教授を経て現職。
　主要著作に、「学校選択と教育バウチャー」『現代経済学の潮流2007』（共著、東洋経済新報社、2007年）、"The Labor Supply of Married Women and Spousal Tax Deductions in Japan: A Structural Estimation," *Review of Economics of the Household*, 4 (4), 2006, "Private Universities and Government Policy in Japan," *International Higher Education*, 42 (Winter), 2006など。

荒木宏子（あらき ひろこ）［第10章］
　慶應義塾大学経済学部助教。
　専門は、応用ミクロ経済学（労働、教育）。
　慶應義塾大学経済学部卒業、同大学院経済学研究科修士課程修了、同博士課程修了（経済学博士）。
　主要著作に、「総合学科設置（コンプリヘンシブ・カリキュラム）が高等学校生徒の中退行動に与えた影響の計量分析」『経済分析』第185号（内閣府、2011年）、『グローバル社会の人材育成・活用（第1章）』（共著、勁草書房、2012年）、"Do Education Vouchers Prevent Dropout at Private High Schools? Evidence from Japanese Policy Changes," *Journal of the Japanese and International Economies*, 25 (3)（共著、2011年）など。

山本貢（やまもと みつぐ）［第12章］
　大阪府和泉市市長公室次長。
　大阪経済大学経営学部卒業。大阪市立大学大学院（都市政策修士）修了。大阪府和泉市入職後、大阪府出向を経て現職。
　主要著作に「これからの公債管理」『自治大阪』（大阪府地方自治振興会、1986年1月15日）など。

戸田香（とだ かおり）［第13章］
　京都女子大学文学部卒業、大阪市立大学大学院創造都市研究科（都市政策専攻）修了（都市政策修士）、神戸大学大学院法学研究科（政治学専攻）博士後期課程在籍。
　専門は、地方政治や行政の政策における政治過程の分析、「道の駅」と地域社会の関係など。
　朝日放送株式会社勤務。

池末浩規（いけすえ ひろき）［第14章］
　株式会社パブリックパートナーズ代表取締役。
　専門は企業及び行政組織の改革。
　東京大学法学部卒業。マッキンゼー社マネージャー、ITベンチャー企業取締役等を経て現職。
　大阪府・市特別参与、大阪府泉北ニュータウンのあり方を考える懇談会委員などを兼務。

公共の経済・経営学
──市場と組織からのアプローチ

2012年11月30日　初版第1刷発行

編著者────山内弘隆・上山信一
発行者────坂上　弘
発行所────慶應義塾大学出版会株式会社
　　　　　　〒108-8346　東京都港区三田2-19-30
　　　　　　TEL〔編集部〕03-3451-0931
　　　　　　　　〔営業部〕03-3451-3584〈ご注文〉
　　　　　　　　〔　〃　〕03-3451-6926
　　　　　　FAX〔営業部〕03-3451-3122
　　　　　　振替00190-8-155497
　　　　　　http://www.keio-up.co.jp/
装　丁────後藤トシノブ
印刷・製本──萩原印刷株式会社
カバー印刷──株式会社太平印刷社

　　　　　　Ⓒ2012　Hirotaka Yamauchi, Shinichi Ueyama
　　　　　　Printed in Japan　ISBN978-4-7664-1963-4

慶應義塾大学出版会

自治体 ICT ネットワーキング
―3.11 後の災害対応・情報発信・教育・地域活性化

櫻井美穂子・國領二郎 著　キーワードは「アプリ化」と「共有」――。慶應義塾大学 SFC 研究所主催の「自治体 ICT プロジェクト」における幅広い ICT 利用の議論や実践例を挙げて、東日本大震災後に重要性を増した自治体連携の新たなモデルを提示する。　●1,900 円

コミュニティのちから
―"遠慮がちな"ソーシャル・キャピタルの発見

今村晴彦・園田紫乃・金子郁容 著　健康でかつ医療費が低い地域や、複雑な医療問題が見事に解決された背後には「コミュニティのちから」が存在する。そのちからをどう発揮させて「いいコミュニティ」をどう作るか。豊富な事例に基づいてそのレシピを示す。　●2,500 円

ケース・ブックⅣ 社会イノベータ

飯盛義徳 著　ケース・メソッドを活用し地域の起業家を育成する佐賀・鳳雛塾、誰でも講師になれ自由に学べる富山・インターネット市民塾など、卓抜したアイデアと行動力ある人々によって、「まち」の未来を力強く切り開く事例6編を収録。　●2,000 円

叢書 21COE-CCC 多文化世界における市民意識の動態 22
市民社会と地方自治

片山善博 著　三位一体政策の問題点を指摘し、地方税制、地方議会制度、公務員制度や透明性が問われる入札システムなどに、鳥取県知事として型破りな改革を行った著者が、「納税者の視点」からの地方自治体の改革を提言する　●3,000 円

表示価格は刊行時の本体価格(税別)です。